CYMRY'R RHYFEL BYD CYNTAF

y Lolfa

CYMRY'R RHYFEL BYD CYNTAF

GWYN JENKINS

I'm plant,
Luned a Ioan

Argraffiad cyntaf: 2014

Dymuna'r cyhoeddwyr gydnabod cymorth ariannol
Cyngor Llyfrau Cymru

Gwnaed pob ymdrech i ganfod deiliaid hawlfraint y lluniau a geir yn y gyfrol hon
ond yn achos unrhyw ymholiad dylid cysylltu â'r cyhoeddwyr

Llun y clawr: Cefn Pilckem, Awst 1917 (drwy garedigrwydd Amgueddfa Gatrodol y Cymry Brenhinol)
Dylunio: Elgan Griffiths

Rhif Llyfr Rhyngwladol: 978 1 84771 878 5

Cyhoeddwyd ac argraffwyd yng Nghymru
ar bapur o goedwigoedd cynaladwy gan
Y Lolfa Cyf., Talybont, Ceredigion SY24 5HE
gwefan www.ylolfa.com
e-bost ylolfa@ylolfa.com
ffôn 01970 832 304
ffacs 832 782

CYNNWYS

RHAGAIR

Nid hwn fydd yr unig lyfr ar y Rhyfel Byd Cyntaf i ymddangos eleni – ddim o bell ffordd, a hithau'n gan mlynedd ers i wladwriaethau'r byd droi at y cledd. Ond efallai mai dyma'r unig gyfrol fydd yn ceisio edrych yn lled gynhwysfawr ar y gyflafan fawr honno drwy'r iaith Gymraeg ac o bersbectif Cymreig.

Ceisiais yn y gyfrol gyfleu hanes y Cymry yn bennaf drwy adrodd am brofiadau unigolion o'r cyfnod – dros 170 ohonynt – a'u plethu i'r hanes, yn gronolegol fwy neu lai. Profiadau personol, *snapshots* o albwm hanes y cyfnod, ydynt, rhai'n ymddangos yn loyw o glir ond eraill mewn cysgod ac wedi'u melynu gan amser. Mae'r cyfan wedi'i rannu'n 33 pennod, gyda rhagymadrodd i bob pennod yn esbonio'r cefndir. Gobeithiaf hefyd fod y ffotograffau trawiadol a gasglwyd ar gyfer y gyfrol yn ychwanegu at ein dealltwriaeth o natur y rhyfel.

Er nad oes neb a fu'n ymladd yn y rhyfel yn dal yn fyw erbyn hyn, mae'r cysylltiadau teuluol yn parhau, gyda llawer yn cofio tad-cu neu hen ewythr a'u straeon am y cyfnod neu, yn amlach fyth, eu cyndynrwydd i ddweud yr un gair am eu profiadau. Ar y cyfan, ceisiais osgoi atgofion ail-law, gan ddefnyddio'n bennaf ffynonellau o'r cyfnod, ac ychwanegu yma ac acw ambell hanes o hunangofiannau a luniwyd rai blynyddoedd wedi'r rhyfel. Mae'n wir nad yw'r rhain o angenrheidrwydd mor ddibynadwy fel tystiolaeth ond, ar yr un pryd, nid yw llythyr o gyfnod y rhyfel wedi'i anfon o 'somewhere in France' yn cyfleu'r holl wirionedd bob amser chwaith.

Er y ceir hanes ambell berson enwog yma, yr wyf yn canolbwyntio'n bennaf ar unigolion di-sôn-amdanynt. Bu'r bobl hyn, am gyfnod, yn rhan o un o ddigwyddiadau mwyaf cynhyrfus a dylanwadol y byd. Wedi'r cyffro, llithrodd y rhai a oroesodd y rhyfela yn ôl i fywyd o ddydd i ddydd, a hwnnw'n lled undonog ei natur. O blith y Cymry a ymunodd â'r lluoedd arfog, ni ddychwelodd oddeutu 12 y cant ohonynt o faes y gad, a dyma'r rhai y telir teyrnged iddynt ar gofgolofnau rhyfel ar hyd a lled y wlad. Ceir y byw a'r marw yn y gyfrol hon yn ddiwahân.

Mae hanes cyfnod 1914–1918 yn hynod gymhleth, ac er i mi geisio talu sylw i'r holl elfennau sydd o ddiddordeb i'r Cymry, ni cheir sylw arbennig yma i, er enghraifft, y brwydro mawr rhwng yr Almaen a Rwsia, y brwydro rhwng yr Eidal ac Awstria-Hwngari na'r rhyfela *guerrilla* yn nwyrain Affrica. Nid hanes milwrol sydd yma chwaith, er nad oes modd osgoi adrodd hanes yr ymladd gwaedlyd ar faes y gad; yn briodol iawn, defnyddid y term 'maes y gwaed' gan lawer yn y dyddiau hynny. Defnyddiais ddull haneswyr milwrol o gyfeirio at fataliynau fel 5/Catrawd Gymreig yn hytrach na 5ed bataliwn y Gatrawd Gymreig a thalfyrrais enwau rhai fel y Royal Welsh Fusiliers i Ffiwsilwyr Cymreig. Ceisiais osgoi rhai o'r troadau ymadrodd sy'n parhau'n boblogaidd ac eto, yn fy marn i, sy'n camliwio'r sefyllfa; mae termau fel 'aberth' ac 'arwr' yn codi cwestiynau yn fy meddwl i. Defnyddiais ambell air gweddol anghyfarwydd, fel 'rhyfel athreuliol' am 'war of attrition'. Wrth ddyfynnu, cedwais at yr orgraff wreiddiol oni bai fod yr ystyr yn amwys a chyfieithwyd rhai dyfyniadau o'r Saesneg.

Mae gen i le i ddiolch i sawl un am fy nghynorthwyo ar hyd y daith. Rhoddodd Ifor ap Glyn fynediad hael i mi i'r ymchwil werthfawr a wnaed ar gyfer y gyfres deledu wych *Lleisiau'r Rhyfel Mawr*. Wrth ymchwilio i hanes rhai unigolion a'r ffotograffau cefais gymorth arbennig gan Howard Williams, Prys Edwards, Gil Jones, Celia Green, Eiriona Metcalfe, Ieuan Roberts, Steffan John,

Beryl Griffiths, Gwynne Williams, Enid Gruffudd, Michael Freeman, Richard Williams, Huw Walters, Siwan Jones, Einion Thomas a Dinah Jones. Darllenodd Aled L Jones, Aled Eirug a Paul O'Leary rai o'r penodau ac rwy'n ddiolchgar iawn am eu hawgrymiadau a'u cywiriadau gwerthfawr; serch hynny, derbyniaf mai fi yn unig sy'n gyfrifol am unrhyw gamgymeriadau ffeithiol.

Treuliais oriau lawer yn ymchwilio yn fy hen gynefin, y Llyfrgell Genedlaethol, gan dderbyn pob cymorth gan y staff amyneddgar yno. Manteisiais ar gyngor doeth Lefi Gruffudd a chymorth parod staff y Lolfa yn gyffredinol. Dyluniwyd y gyfrol yn ddyfeisgar a chymen gan Elgan Griffiths. Mae fy niolch pennaf i Nia Peris am ei golygu trylwyr a'i hamynedd gydag awdur anwadal.

Mae fy ngwraig Fal wedi bod yn gefn di-ffael i mi, nid yn unig dros y tair blynedd y bues i wrthi'n paratoi'r gyfrol, ond hefyd dros flynyddoedd lawer. Diolchaf iddi o waelod calon.

Gwyn Jenkins
Tal-y-bont
Mehefin 2014

CRONOLEG 1914–1918

1914

28 Mehefin: Llofruddiaeth yr Arch-ddug Franz Ferdinand a'i wraig yn Sarajevo gan genedlaetholwr Serbiaidd

28 Gorffennaf: Awstria-Hwngari yn cyhoeddi rhyfel yn erbyn Serbia

1 Awst: Yr Almaen yn cyhoeddi rhyfel yn erbyn Rwsia ac yn cyhoeddi wltimatwm i Wlad Belg

3 Awst: Yr Almaen yn cyhoeddi rhyfel yn erbyn Ffrainc ac yn ymosod ar Wlad Belg

4 Awst: Prydain yn cyhoeddi rhyfel yn erbyn yr Almaen

5 Awst: Awstria-Hwngari yn cyhoeddi rhyfel yn erbyn Rwsia

7 Awst: Yr Ysgrifennydd Gwladol dros Ryfel, yr Arglwydd Kitchener, yn galw am 100,000 o wirfoddolwyr i ymrestru yn ei 'fyddin newydd'

8 Awst: Cyflwyno Deddf Amddiffyn y Deyrnas (DORA) gan gynyddu pwerau'r wladwriaeth

12 Awst: Prydain a Ffrainc yn cyhoeddi rhyfel yn erbyn Awstria-Hwngari

16 Awst: Y lluoedd arfog cyntaf o Brydain yn croesi i Ffrainc

20 Awst: Prydain yn gosod blocâd economaidd ar yr Almaen

23 Awst: Brwydr Mons

5 Medi: Dechrau'r gwrthymosodiad gan fyddinoedd Ffrainc a Phrydain ar lannau afon Marne

10 Hydref: Sefydlu'r Corfflu Cymreig yn swyddogol

15 Hydref: Dechrau brwydr gyntaf Ypres

29 Hydref: Ymerodraeth Ottoman yn ymuno yn y rhyfel ar ochr y Pwerau Canol

3 Rhagfyr: Sefydlu'r Gymdeithas Dim Gorfodaeth Filwrol (NCF)

24–25 Rhagfyr: Cadoediad answyddogol ar rannau o'r ffrynt gorllewinol

28 Rhagfyr: Cyfarfod cyntaf Cymdeithas y Cymod yng Nghaergrawnt

1915

19 Ionawr: Yr ymosodiad cyntaf ar Brydain gan Zeppelin

18 Chwefror: Yr Almaen yn dechrau blocâd o Brydain gan ddefnyddio llongau tanfor

19 Chwefror: Dechrau'r cyrch yn y Dardanelles gan Brydain a Ffrainc

10 Mawrth: Brwydr Neuve Chapelle

22 Ebrill: Dechrau ail frwydr Ypres

7 Mai: Suddo'r *RMS Lusitania* gan long danfor

24 Mai: Yr Eidal yn cyhoeddi rhyfel yn erbyn Awstria-Hwngari

26 Mai: Ffurfio llywodraeth glymblaid ym Mhrydain dan y Prif Weinidog Asquith

16 Mehefin: Lloyd George yn dod yn weinidog gyda chyfrifoldeb am y Weinyddiaeth Arfau newydd

8 Awst: Glaniad milwyr Prydain ym Mae Suvla, Gallipoli

15 Awst: Cyflwyno'r Ddeddf Cofrestru Cenedlaethol

25 Medi: Brwydr Loos

5 Hydref: Lluoedd arfog Ffrainc a Phrydain yn glanio yn Salonica

12 Hydref: Yr Almaenwyr yn dienyddio'r nyrs Edith Cavell

19 Tachwedd: Dechrau'r cyrch ar Baghdad

5 Rhagfyr: Dechrau'r gwarchae ar Kut, Mesopotamia, gan fyddin Twrci

19 Rhagfyr: Syr Douglas Haig yn olynu Syr John French fel pencadlywydd byddin Prydain

1916

8 Ionawr: Cwblhau'r ymgiliad o Gallipoli

28 Ionawr: Myfyrwyr yn ymrestru yn Rhyl gyda Chwmni Myfyrwyr Cymreig y Corfflu Meddygol Brenhinol

9 Chwefror: Y Ddeddf Gwasanaeth Milwrol yn cyflwyno gorfodaeth filwrol i ddynion dibriod

21 **Chwefror**: Dechrau brwydr Verdun

24 **Ebrill**: Gwrthryfel y Pasg yn Nulyn yn dechrau

29 **Ebrill**: Byddin Twrci yn cipio Kut

2 **Mai**: Ymestyn gorfodaeth filwrol i ddynion priod

31 **Mai**: Dechrau brwydr forwrol Jutland

5 **Mehefin**: Yr Ysgrifennydd Gwladol dros Ryfel, Kitchener, yn boddi wedi i'r *HMS Hampshire* suddo ger yr Orkneys

7 **Mehefin**: Dechrau'r gwrthryfel gan lwythau Arabaidd yn y Dwyrain Canol dan arweiniad T E Lawrence

1 **Gorffennaf**: Dechrau brwydr y Somme

6 **Gorffennaf**: Penodi Lloyd George yn Ysgrifennydd Gwladol dros Ryfel

7 **Gorffennaf**: Dechrau'r frwydr i gipio Coedwig Mametz, gyda'r 'fyddin Gymreig' yn flaenllaw

27 **Awst**: Yr Eidal yn cyhoeddi rhyfel yn erbyn yr Almaen

15 **Medi**: Tanciau yn ymddangos ar faes y gad am y tro cyntaf

18 **Tachwedd**: Brwydr y Somme yn dod i ben gyda'r Cynghreiriaid wedi colli tri chwarter miliwn o ddynion wrth ennill saith milltir o dir

1 **Rhagfyr**: Sefydlu Corfflu Ategol y Menywod (WAAC)

6 **Rhagfyr**: Lloyd George yn dod yn Brif Weinidog

15 **Rhagfyr**: Diwedd brwydr Verdun

1917

1 **Chwefror**: Yr Almaen yn cyhoeddi rhyfela heb gyfyngiad gan ei llongau tanfor

2 **Chwefror**: Cyflwyno dogni bara ym Mhrydain

11 **Mawrth**: Baghdad yn syrthio i fyddin Prydain

14–15 **Mawrth**: Ffurfio llywodraeth dros dro yn Rwsia, gyda Nicholas II yn ildio ei statws fel Tsar

26 **Mawrth**: Dechrau'r ymosodiad ar Balestina gan fyddin Prydain

6 **Ebrill**: Unol Daleithiau America yn cyhoeddi rhyfel yn erbyn yr Almaen

7 **Mehefin**: Brwydr Messines

19 **Mehefin**: Newid enw teulu brenhinol Prydain o Saxe-Coburg-Gotha i Windsor

31 **Gorffennaf**: Dechrau trydydd brwydr Ypres (Passchendaele); y bardd Hedd Wyn yn cael ei ladd ar Gefn Pilckem

2 **Tachwedd**: Y Gweinidog Tramor, Arthur Balfour, yn cyhoeddi cefnogaeth Prydain i sefydlu 'mamwlad' i'r Iddewon ym Mhalestina

8 **Tachwedd**: *Coup d'état* gan y Bolsieficiaid yn Petrograd, Rwsia

11 **Tachwedd**: Trydydd brwydr Ypres yn dod i ben

20 **Tachwedd**: Dechrau brwydr Cambrai, gyda'r defnydd o danciau ar raddfa eang am y tro cyntaf

9 **Rhagfyr**: Byddin Prydain yn goresgyn Jerwsalem

31 **Rhagfyr**: Cyflwyno dogni siwgr ym Mhrydain, gyda bwydydd eraill yn dilyn

1918

8 **Ionawr**: Cyhoeddi'r 'Fourteen Points' gan Arlywydd yr Unol Daleithiau, Woodrow Wilson

3 **Mawrth**: Cytundeb heddwch Brest-Litovsk rhwng yr Almaen a llywodraeth Folsieficaidd Rwsia

21 **Mawrth**: Dechrau 'Kaiserschlacht', ymosodiad yr Almaenwyr ar y ffrynt gorllewinol

1 **Ebrill**: Sefydlu'r Awyrlu Brenhinol

18 **Ebrill**: Ymestyn gorfodaeth filwrol i ddynion hyd at 50 mlwydd oed

10 **Mehefin**: Deddf Cynrychiolaeth y Bobl yn rhoi'r bleidlais i fenywod dros 30 mlwydd oed

16 **Gorffennaf**: Dienyddiad y cyn-Tsar a'i deulu yn Rwsia

8 **Awst**: Brwydr Amiens ('diwrnod du' byddin yr Almaen)

18 **Medi**: Dechrau brwydr Doiran ym Macedonia

27 **Medi**: Byddin y Cynghreiriaid yn torri llinell amddiffynnol Hindenburg ger camlas du Nord

10 **Hydref**: Suddo'r *RMS Leinster* gan long danfor

30 **Hydref**: Twrci a Bwlgaria yn arwyddo cadoediad gyda'r Cynghreiriaid

3 **Tachwedd**: Awstria-Hwngari yn arwyddo cadoediad gyda'r Cynghreiriaid

9 **Tachwedd**: Y Kaiser Wilhelm II yn ildio'i goron

11 **Tachwedd**: Yr Almaen yn arwyddo cadoediad gyda'r Cynghreiriaid

14 **Rhagfyr**: Yn yr etholiad cyffredinol, llywodraeth glymblaid Lloyd George yn ennill mwyafrif

RHAGYMADRODD: Y RHYFEL MAWR

Adwaenid y Rhyfel Byd Cyntaf fel y Rhyfel Mawr hyd nes y daeth rhyfel arall byd-eang rhwng 1939 ac 1945. Roedd yr enw gwreiddiol yn ddisgrifiad cywir o'r gyflafan hunllefus a ddioddefodd pobloedd cyfandir Ewrop, yn ogystal â rhannau eraill o'r byd, rhwng 1914 ac 1918.

Er mai yng ngorllewin a dwyrain Ewrop y bu prif frwydrau'r rhyfel, gwelwyd ymladd hefyd mewn rhannau eraill o'r byd. Roedd bataliwn o Gyffinwyr De Cymru yn bresennol pan oresgynnwyd dinas Tsingtao yn Tsieina yn 1914 a gwasanaethodd llawer o Gymry yn y rhyfel *guerrilla* yn nwyrain Affrica, gyda rhai'n marw o heintiau. Gydag Ymerodraeth Ottoman yn ochri â'r Pwerau Canol, gwelwyd brwydro yn Nhwrci, Palestina (Israel a Gaza heddiw), Persia (Iran) a Mesopotamia (Irac). Yn ne Ewrop, cafwyd ymladd yn yr Eidal ac yn Salonica a Macedonia.

Daeth miloedd o filwyr o wledydd yr Ymerodraeth Brydeinig i Ewrop, yn arbennig o India a Chanada, ynghyd â'r 'Anzacs' o Awstralia a Seland Newydd, a fu'n flaenllaw yn y rhyfelgyrch yn Gallipoli. Yn 1917 ymunodd yr Unol Daleithiau â'r rhyfel, gan anfon dros ddwy filiwn o filwyr, y *doughboys*, i droi'r fantol o blaid y Cynghreiriaid ar y ffrynt gorllewinol. Anfonodd gwledydd llai fel Portiwgal a Rwmania eu dynion ifanc i faes y gad, tra dioddefodd gwledydd niwtral effeithiau economaidd andwyol. Roedd dylanwad y rhyfel, felly, yn fyd-eang.

Hwn oedd y rhyfel mwyaf ac, i raddau helaeth, y cyntaf i gwmpasu poblogaethau cyfan yn hytrach na byddinoedd yn unig. Rheolid bywydau unigolion gan y wladwriaeth yr oeddent yn digwydd byw dan ei grym – gorchmynnwyd hwy i wasanaethu ar faes y gad neu i baratoi arfau a defnyddiau a fyddai'n gymorth i achos y rhyfel. Cynyddodd ymyrraeth y wladwriaeth ym mywydau pawb o ddydd i ddydd, gyda Phrydain, er enghraifft, yn pasio deddf (Deddf Amddiffyn y Deyrnas, a adwaenid fel DORA) ar 8 Awst 1914 yn cyfyngu ar hawliau a gweithgareddau o bob math. Nid oedd hawl bwydo ceffylau ac ieir â bara na phrynu brandi na sbinglasys; yn bwysicach, roedd hawl gan y llywodraeth i feddiannu tiroedd a ffatrïoedd a, phe bai angen, i sensro papurau newydd.

Mae'n wir i drwch poblogaeth gwladwriaethau Ewrop gyd-fynd â'r disgwyliadau ohonynt, gan ystyried eu bod yn amddiffyn eu gwlad a'u haelwydydd. Dim ond yn hwyrach yn y rhyfel y gwelwyd dadrithio ac anufudd-dod mewn rhai gwledydd, neu, fel yn Rwsia, chwyldro. Roedd canlyniad y 'rhyfel cyflawn' hwn yn erchyll i lawer, gydag 16 miliwn yn colli eu bywydau ar faes y gad neu o ganlyniad i

Golygfa gyffredin yn y rhyfel: elorgludwyr yn cludo milwr o faes y gad.

Y Frenhines Fictoria gydag aelodau o'i theulu, y Saxe-Coburg-Gotha, yn 1894. Mae'r Frenhines yn y rhes flaen, gyda'r Kaiser Wilhelm ar ei hochr dde. Hefyd yn y llun mae Tywysog Cymru (Edward VII yn ddiweddarach) a'r Tsar Nicholas II.

newyn a chlefydau, a dyfodol eraill wedi'i ddistrywio gan glwyfau corfforol a meddyliol. Esgorodd y rhyfel hefyd ar newidiadau cymdeithasol, buddiol ar y cyfan, i drwch trigolion rhai gwledydd, ond eto i gyd, arweiniodd hefyd at ymddygiad anwaraidd gan rai gwladwriaethau gormesol ac, ymhen y rhawg, at ryfel byd arall.

Bu'r dyn olaf a gymerodd ran yn y Rhyfel Mawr farw yn 2011 ac, er bod ymwybyddiaeth o'r hyn a ddigwyddodd yn parhau'n fyw o fewn cof cyfunol teuluoedd a chymunedau, anodd yw gwir amgyffred profiadau personol amrywiol y cyfnod. Mae'r hanes cyffredinol bellach yn nwylo haneswyr sy'n ceisio gwahaniaethu rhwng chwedl a ffaith a rhwng y rhagfarnllyd a'r cytbwys. Mae'n amlwg hefyd bod y farn gyhoeddus heddiw yn cael ei lliwio gan bropaganda unllygeidiog rhai gwleidyddion a'r wasg, yn union fel a ddigwyddodd ganrif yn ôl.

Mae haneswyr yn parhau i ddadlau ynglŷn â'r rhesymau pam yr aeth gwladwriaethau mwyaf Ewrop – Prydain, Ffrainc, Rwsia, yr Almaen ac Awstria-Hwngari – i ryfel yn 1914. Roedd un cysylltiad amlwg rhyngddynt. Yng nghasgliad y Frenhines Elizabeth yn Windsor ceir ffotograff trawiadol iawn o'i chyndeidiau a dynnwyd yn Coburg, yr Almaen yn 1894. Ffotograff ydyw o aelodau o deulu Saxe-Coburg, gan gynnwys

ei hen fam-gu, y Frenhines Fictoria, Kaiser Wilhelm II, Nicholas, a fyddai'n dod yn Tsar Rwsia, a sawl un arall o deulu brenhinol mwyaf pwerus Ewrop. Erbyn 1914, roedd Tsar Nicholas II yn unben i bob pwrpas, a'r Kaiser oedd â'r grym mwyaf yn yr Almaen. Hyd yn oed ar drothwy'r rhyfel, byddai'r Kaiser yn cychwyn ei lythyron at ei gefnder â'r cyfarchiad 'Annwyl Nic'. Roedd dylanwad y Brenin Siôr V, a orseddwyd yn 1910, ar benderfyniadau llywodraeth Prydain yn llai o lawer na dylanwad ei gefndryd yn eu gwledydd hwy, ond roedd y cysylltiad rhwng y teuluoedd rhwysgfawr hyn yn ddylanwadol yn y gwrthdaro a arweiniodd at ryfel. O blith gwladwriaethau mawr Ewrop, dim ond Ffrainc, a oedd wedi cael gwared ar y frenhiniaeth ers tro byd, a safai y tu allan i'r cylchoedd teuluol hyn.

Er bod democratiaeth yn bodoli i raddau amrywiol yng ngwladwriaethau Ewrop, roedd dylanwad diwydianwyr, bancwyr a chadfridogion ar arweinwyr gwleidyddol a diplomyddol yn sylweddol. Tueddent i ddylanwadu llawer mwy ar benderfyniadau llywodraethau nag a wnâi'r mudiadau dyngarol, sosialaidd neu grefyddol eu naws a ffafriai heddwch drwy ddealltwriaeth ryngwladol. Roedd yr Aelod Seneddol dros Ferthyr Tudful, Keir Hardie, yn llygad ei le wrth ddatgan ar droad y ganrif mai militariaeth fyddai'r perygl mwyaf i'r byd yn y ganrif newydd.

Nid oes amheuaeth fod y sefyllfa ryngwladol yn 1914 yn hynod gymhleth ac yn anodd i'w deall ond yn gefndir i'r cyfan roedd cystadleuaeth frwd rhwng gwladwriaethau imperialaidd a geisiai rannu'r byd i'w mantais hwy er mwyn cynyddu eu pwerau economaidd. Gwelid hyn yn fwyaf amlwg yn yr 'ymgiprys am Affrica', wrth i wladwriaethau Ewrop gystadlu am drefedigaethau ar y cyfandir hwnnw. Ond er bod y cystadlu hwn yn Affrica, ynghyd ag anghydfodau eraill, wedi esgor ar densiynau ym mlynyddoedd olaf y 19eg ganrif a dechrau'r 20fed ganrif, nid oedd rhyfel yn anochel yn 1914 a gallasai prif wladwriaethau Ewrop fod wedi'i osgoi. Wedi'r cyfan, nid trychineb naturiol oedd y rhyfel ond gweithred gan ddynion.

Roedd y gwladwriaethau mawr hyn i gyd wedi adeiladu peirianwaith milwrol i amddiffyn eu buddiannau strategol ond buan y trodd yr amddiffyn milwrol yn arf ymosodol, yn arbennig wrth iddynt gynghreirio at ddibenion amddiffyn ei gilydd. Roedd Rwsia a Ffrainc wedi cynghreirio er 1894, a Phrydain hithau gyda Ffrainc drwy'r Entente Cordiale, a

EWROP, 1914

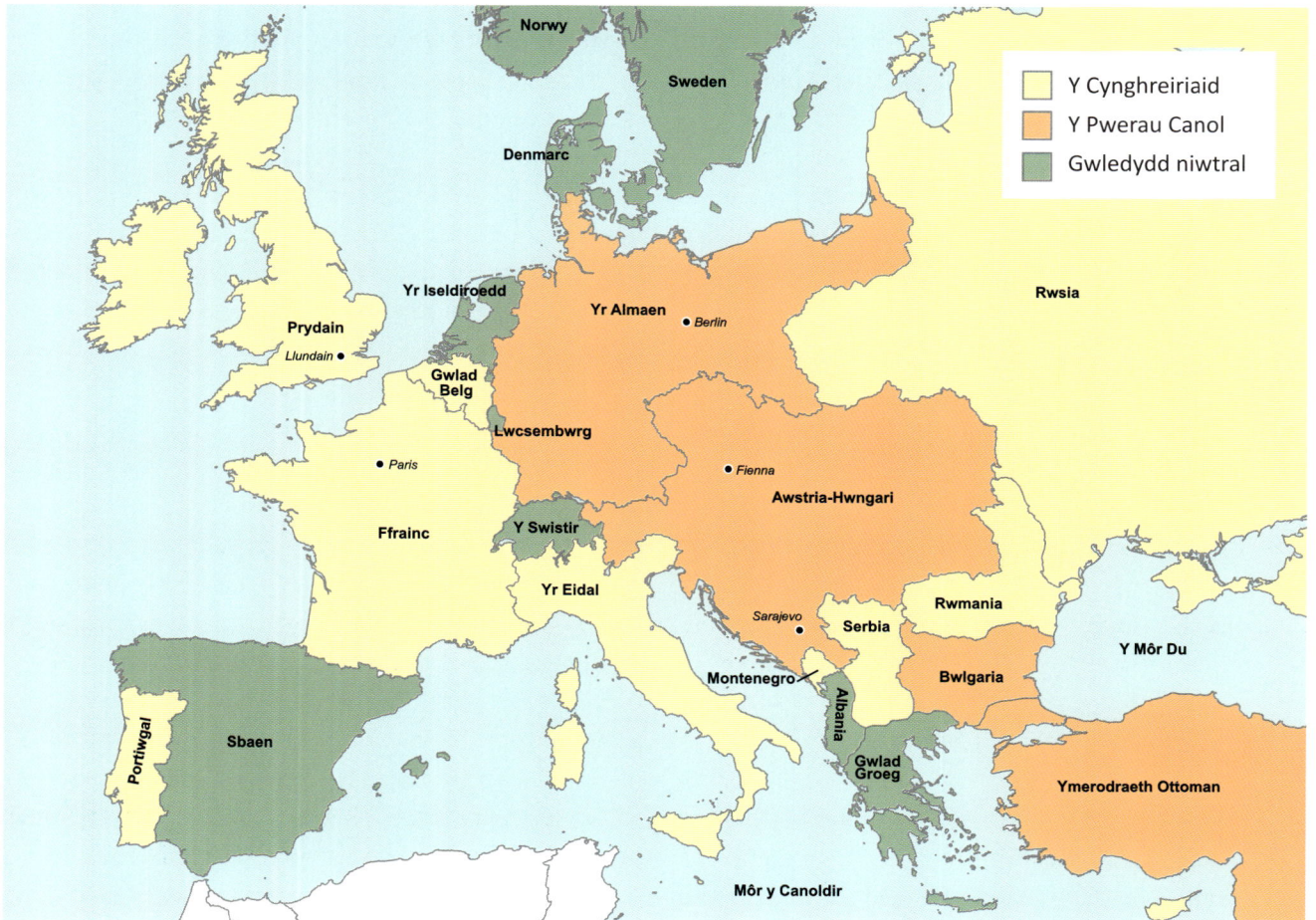

arwyddwyd yn 1904, yn wyneb bygythiad honedig o gyfeiriad Almaen oedd yn ehangu. Â'r Almaen yn ofni cael ei hamgylchynu, cadarnhawyd ei chynghrair naturiol ag ymerodraeth fregus Awstria-Hwngari, ac am gyfnod gyda'r Eidal. Meddiannwyd y pwerau imperialaidd hyn gan ryw fath o baranoia yn 1914, a achosodd gyfres o benderfyniadau byrbwyll ac, yn eu sgil, y momentwm a arweiniodd at ryfel cyfandirol. Roedd gan bob gwladwriaeth resymau strategol ac ideolegol dros fynd i ryfel yn 1914 ac nid oedd yr un ohonynt yn ddieuog pan ystyrir beth oedd canlyniadau'r rhyfel hwnnw.

Y wreichionen a daniodd y Rhyfel Mawr oedd llofruddiaeth etifedd coron Ymerodraeth Awstria-Hwngari, yr Arch-ddug Franz Ferdinand, a'i wraig gan genedlaetholwr Serbiaidd yn Sarajevo ar 28 Mehefin 1914. Cawsai Ymerodraeth Awstria-Hwngari gryn anhawster i wrthsefyll datblygiad cenedlaetholdeb yng ngwledydd y Balcan ac roedd elfennau rhyfelgar o'r ymerodraeth yn awyddus i gosbi Serbia – aelod mwyaf

trafferthus yr ymerodraeth ers tro – am y weithred. Pan fethodd llywodraeth Serbia ag ymateb yn foddhaol i orchmynion yr ymerodraeth, ymfyddinodd Awstria-Hwngari a chyhoeddi rhyfel yn erbyn y wlad ar 28 Gorffennaf. Ddeuddydd yn ddiweddarach, cyhoeddodd Rwsia ei chefnogaeth i Serbia a dechrau ymfyddino. Roedd Rwsia'n cystadlu ag Awstria-Hwngari am ddylanwad yng ngwledydd y Balcan ac wedi cynghreirio â Serbia. Ar yr un pryd, roedd ymerodraeth y Tsar yn wynebu argyfwng cymdeithasol dwys gartref a rhagwelid y gallai rhyfel weddnewid y sefyllfa drwy adfywio'r ysbryd cenedlaetholgar.

Gan fod Ffrainc wedi cynghreirio â Rwsia, ofnai'r Almaen, a oedd wedi cynghreirio â'i chymydog, Awstria-Hwngari, yr amgylchynid hi ac roedd wedi paratoi cynllun milwrol, Cynllun Schlieffen, er mwyn osgoi hyn. Hanfod y cynllun hwn oedd ymosod ar Ffrainc yn gyntaf a'i choncro'n gyflym, cyn troi at y dwyrain i drechu'r Rwsiaid. Er mwyn gwireddu'r cynllun beiddgar hwn, roedd yn hanfodol i'r Almaen ymosod ar Ffrainc drwy Wlad Belg, gan fod amddiffynfeydd Ffrainc lawer yn gryfach ar y ffin rhyngddi hi a'r Almaen. Profodd ysfa elfennau militaraidd yn yr Almaen i fynd i ryfel yn drech na'r gwleidyddion mwy cymedrol a chyhoeddodd yr Almaen ryfel yn erbyn Rwsia ar 1 Awst ac yn erbyn Ffrainc ar 3 Awst. Gobeithiai ennill buddugoliaeth yn gyflym iawn, a hyderai hefyd na fyddai Prydain yn ymyrryd – gambl a fyddai'n costio'n ddrud iddi hi a'r cyfandir cyfan yn y pen draw.

Er bod yr Ymerodraeth Brydeinig yn rymus, ar ddechrau'r 20fed ganrif roedd ofn cyffredinol ynglŷn â'r posibilrwydd o oresgyniad o'r cyfandir, ac yn benodol gan yr Almaenwyr. Roedd y wasg yn hoff iawn o fwydo'r syniad hwn a dyma oedd testun sawl un o nofelau poblogaidd y dydd. Roedd bygythiadau eraill yn fwy real i Brydain ym mlynyddoedd cynnar y ganrif, gyda'r posibilrwydd cryf o ryfel cartref yn Iwerddon, anghydfod yn cyniwair rhwng y perchenogion a'r gweithwyr yn yr ardaloedd diwydiannol a gwrthdaro rhwng y swffragetiaid a gwleidyddion penstiff yn San Steffan.

Nid oedd y penderfyniad i fynd i ryfel yn un hawdd i Brydain. Mae rhai haneswyr Prydeinig yn dadlau nad oedd dewis gan y llywodraeth ond ymuno â'r rhyfel ar y cyfandir. Credant y byddai caniatáu i'r Almaen holl-bwerus ddominyddu'r cyfandir wedi bod yn andwyol i fuddiannau'r Ymerodraeth Brydeinig ond mae'r farn hon yn seiliedig ar ragdybiaethau amheus am wir natur yr Almaen. Serch hynny, am y rhesymau amddiffynnol hynny y penderfynodd llywodraeth Prydain ymuno â'r rhyfel yn Ewrop. Ar yr un pryd, roedd cefnogi Gwlad Belg yn unol â hen gytundeb i wneud hynny yn rheswm cyfleus dros ddadlau'r achos yn gyhoeddus.

Pan gyhoeddwyd rhyfel ddechrau Awst 1914, diflannodd y gwrthwynebiad i ryfela ym mhob gwladwriaeth yn gyflym iawn. Dim ond lleiafrif a barhaodd i ddadlau achos heddwch. Roedd y cyfiawnhad dros fynd i ryfel ym meddyliau pobl yn amrywio. Gwelai rhai y rhyfel fel crwsâd dros gyfiawnder a rhyddid, tra bod rhai dynion ifanc yn gweld cyfle am antur. Eto i gyd, ystyriai'r mwyafrif fod dyletswydd arnynt i amddiffyn gwlad ac aelwyd mewn rhyfel a oedd, yn eu golwg hwy, yn rhyfel cyfiawn.

Credai llawer y byddai'r cyfan yn dod i ben mewn mater o wythnosau ond trodd y brwydro yn ymrafael hir ac athreuliol. Rhyfel diwydiannol oedd hwn, a llawer yn dibynnu ar arfau dinistriol, sgiliau'r milwyr i'w defnyddio'n effeithiol a gallu'r gwladwriaethau i gynhyrchu digon ohonynt, ynghyd â chynhyrchu ffrwydron ar raddfa eang. Dengys yr ystadegau isod sut y cynyddodd cynnyrch arfau Prydain, a thebyg yw'r ystadegau ar gyfer gwladwriaethau eraill hefyd.

Gyda'r arfau hyn, roedd rhyfela symudol yn anos ac mewn gwirionedd roedd y milwyr traed yn fwy diogel yn eu ffosydd, er mor beryglus oedd preswylio ynddynt.

CYNNYRCH ARFAU PRYDAIN, 1914–1918

ARFAU	1914	1915	1916	1917	1918
Gynnau mawr	91	339	4,314	5,317	8,039
Gynnau peiriant	3,000	61,000	335,000	797,000	1,209,000
Reifflau (miliynau)	0.1	0.6	1.0	1.2	1.1
Sieliau (miliynau)	0.5	6.0	45.7	76.2	67.3
Peiriannau awyren	1,000	17,000	84,000	118,000	221,000
Tanciau	-	-	150	1,100	1,359

Mae'r ystadegau ysgytwol gyferbyn yn dangos effaith yr arfau dinistriol. Rhoddir y bai yn aml am y colledion affwysol hyn ar gadfridogion cibddall a di-hid. Mae haneswyr milwrol, serch hynny, wedi ceisio adfer enw da'r Cadfarsial Syr Douglas Haig ac uwch-swyddogion eraill. Mae cryn wirionedd yn yr honiad mai'r gwleidyddion oedd yn gyfrifol am y rhyfel ac mai dim ond ceisio gwneud eu gwaith orau gallent dan amgylchiadau anodd yr oedd y cadfridogion a'u byddinoedd. Fodd bynnag, nid oes amheuaeth y bu sawl camsyniad erchyll yn nhactegau'r cadfridogion a arweiniodd at laddfa ddiangen. Dywed yr haneswyr milwrol sut y bu i'r fyddin ddysgu gwersi, gan gyfeirio at gromlin ddysg y fyddin dros gyfnod yr ymladd. Eto i gyd, roeddent yn araf yn dysgu, gan i'r un camgymeriadau gael eu hailadrodd dro ar ôl tro, a'r milwyr cyffredin yn dioddef. Deuai'r cadfridogion a'r uwch-swyddogion o gefndir bonheddig breintiedig ac nid oeddent, o reidrwydd, ymhlith y mwyaf talentog fel arweinwyr milwrol.

Yn wir, roedd y fyddin wedi'i threfnu yn unol â dosbarthiadau cymdeithasol i raddau helaeth. O dan yr uwch-swyddogion bonheddig ceid is-swyddogion ifanc, cynnyrch yr ysgolion bonedd a'r colegau yn bennaf. Dyma'r capteiniaid a'r lefftenantiaid a arweiniodd y milwyr dros y top ac a laddwyd yn eu miloedd o ganlyniad i'w safleoedd amlwg mewn brwydrau. Y gorau y gallai'r milwr cyffredin ei ddisgwyl oedd cael ei ddyrchafu'n swyddog digomisiwn. Gweithwyr cyffredin gydag arfau oedd y milwyr traed, felly, a deuent â daliadau a diwylliant eu dosbarth gyda hwy. Yn wahanol i'r swyddogion, a oedd yn ystyried eu gweithgareddau yn fater o 'wasanaeth', meddylfryd 'gwaith' oedd gan y milwyr traed ar y cyfan.

Newidiodd natur y fyddin Brydeinig yn ystod cyfnod y rhyfel. Roedd y fyddin wreiddiol yn cynnwys milwyr proffesiynol profiadol ac aelodau o'r Cefnlu a oedd wedi cael elfen o hyfforddiant. Chwalwyd y fyddin honno erbyn diwedd 1914, ac atgyfnerthwyd y rhengoedd â Thiriogaethwyr lled ddibrofiad ac yna â milwyr traed y 'byddinoedd newydd'. Ffurfiwyd y rhain dan ofal yr Arglwydd Kitchener, y Gweinidog dros Ryfel, ac roeddent

Y DWYRAIN CANOL A DE-DDWYRAIN EWROP, 1914

COLLEDION MILWROL, 1914–1918

Gwlad	Cyfanswm aelodau'r lluoedd arfog	Lladdwyd	Clwyfwyd	Carcharorion ac ar goll	Cyfanswm y colledion	Colledion fel canran o'r lluoedd arfog
Y Cynghreiriaid a gwledydd cysylltiol						
Rwsia	12,000,000	1,700,000	4,950,000	2,500,000	9,150,000	76.3
Yr Ymerodraeth Brydeinig	8,904,467	908,371	2,090,212	191,652	3,190,235	35.8
Ffrainc	8,410,000	1,357,800	4,266,000	537,000	6,160,800	73.3
Yr Eidal	5,615,000	650,000	947,000	600,000	2,197,000	39.1
Yr Unol Daleithiau	4,355,000	116,516	204,002	4,500	323,018	7.1
Japan	800,000	300	907	3	1,210	0.2
Rwmania	750,000	335,706	120,000	80,000	535,706	71.4
Serbia	707,343	45,000	133,148	152,958	331,106	46.8
Gwlad Belg	267,000	13,716	44,686	34,659	93,061	34.9
Gwlad Groeg	230,000	5,000	21,000	1,000	27,000	11.7
Portiwgal	100,000	7,222	13,751	12,318	33,291	33.3
Montenegro	50,000	3,000	10,000	7,000	20,000	40.0
CYFANSWM	**42,188,810**	**5,142,631**	**12,800,706**	**4,121,090**	**22,062,427**	**52.3**
Y Pwerau Canol						
Yr Almaen	11,000,000	1,773,700	4,216,058	1,152,800	7,142,558	64.9
Awstria-Hwngari	7,800,000	1,200,000	3,620,000	2,200,000	7,020,000	90.0
Twrci	2,850,000	325,000	400,000	250,000	975,000	34.2
Bwlgaria	1,200,000	87,500	152,390	27,029	266,919	22.2
CYFANSWM	**22,850,000**	**3,386,200**	**8,388,448**	**3,629,829**	**15,404,477**	**67.4**
CYFANSWM CYFFREDINOL	**65,038,810**	**8,528,831**	**21,189,154**	**7,750,919**	**37,466,904**	**57.5**

Poster recriwtio yn defnyddio'r cytundeb â Gwlad Belg fel cyfiawnhad dros fynd i ryfel.

WOMEN OF BRITAIN
SAY –
"GO!"

Published by the PARLIAMENTARY RECRUITING COMMITTEE, London. Poster No. 75

Printed by HILL, SIFFKEN & Co. (L.P.A. Ltd.), Grafton Work., London, N. W. 13741 25 M. 3.15

Poster recriwtio, 1915. Ceisiwyd dylanwadu ar wragedd i roi pwysau ar eu gwŷr i ymuno â'r lluoedd arfog.

yn cynnwys recriwtiaid gwirfoddol a ymrestrodd â'r lluoedd o Awst 1914 ymlaen. Gyda dyfodiad gorfodaeth filwrol yn 1916, gwysiwyd dynion llai brwdfrydig i ymrestru, er y byddai rhai dynion a oedd wedi cyrraedd eu pen blwydd yn 18 oed wedi ymuno beth bynnag. O ganlyniad, roedd y safbwyntiau a fynegwyd gan filwyr cyffredin yn amrywio ac yn newid dros amser.

Er yr holl ddioddefaint, fe lwyddodd Prydain a Ffrainc, gyda chymorth yr Unol Daleithiau, i ennill y dydd yng ngorllewin Ewrop yn ystod hydref 1918. Hoffai rhai gwleidyddion a haneswyr milwrol i ni ddathlu'r fuddugoliaeth heddiw, ond buddugoliaeth wag ydoedd yn y pen draw. Arweiniodd y rhyfel nid at ddiwedd rhyfela,

fel y gobeithid ar un adeg, ond at gyfnod o ffasgiaeth, totalitariaeth gomiwnyddol, hiliaeth, cynnydd mewn gwrth-semitiaeth, trais dieflig, hil-laddiad a diflaniad gwerthoedd gwâr ar draws y cyfandir. Ar yr un pryd, mae cnewyllyn llawer o'r anghydfodau a welir heddiw yn y Dwyrain Canol ac Affrica yn deillio o benderfyniadau dichellgar a wnaed, gan Ffrainc a Phrydain yn bennaf, yn ystod ac wedi'r rhyfel.

Mae modd i ni fynd ati i geisio ystyried sut y syrthiodd gwladwriaethau Ewrop i bydew gwaedlyd yn 1914, a hyd yn oed ddeall eu rhesymeg wrth droi at arfau, ond roedd y canlyniad yn drychineb o'r mwyaf ac nid oes modd gwadu nad oferedd oedd y cyfan.

Y FFRYNT GORLLEWINOL, 1914–1918

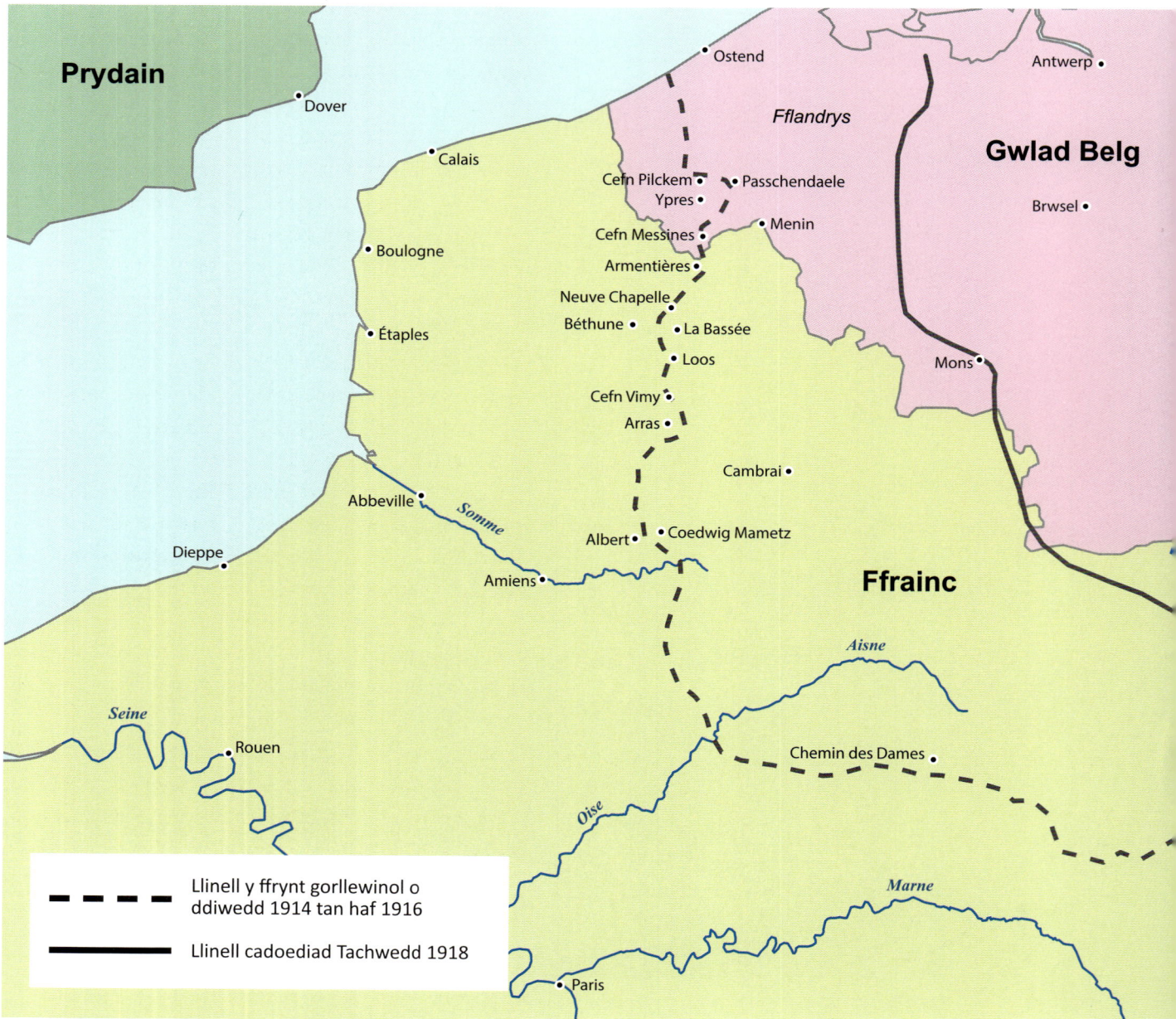

Ar gyrion Ewrop y mae Cymru ac, yn ffodus iawn, ni fu ymladd ar ei thiroedd hi yn ystod y rhyfel. Serch hynny, fel rhan o'r Ymerodraeth Brydeinig roedd disgwyl iddi ysgwyddo ei chyfran o'r baich wrth gynnal achos y rhyfel.

Cyn y rhyfel roedd Cymru'n wlad a oedd yn elwa o'r trawsnewidiad yn ei heconomi o ganlyniad i ddatblygiadau diwydiannol sylweddol y 19eg ganrif. Roedd y cynnydd economaidd, yn arbennig yn y meysydd glo, wedi esgor ar adfywiad diwylliannol a rhywfaint o hunanhyder yn y genedl, er yr amlygid hyn yn aml drwy geisio ennill anrhydedd o fewn yr Ymerodraeth Brydeinig. Roedd llwyddiannau gwleidyddol David Lloyd George yn ymgorfforiad o uchelgais y Cymry

a'r dymuniad cyffredinol i ennill lle yng ngwres haul llwyddiant yr ymerodraeth. Byddai Lloyd George yn chwarae rhan ddylanwadol iawn yn cynnal cefnogaeth Cymru i'r rhyfel.

Mewn sawl ffordd, roedd Cymru'n fwy unedig nag erioed o'r blaen, gyda rhwydwaith o reilffyrdd yn cysylltu pob rhan o'r wlad a datblygiad gwasg ffyniannus a fanteisiai ar boblogaeth a oedd yn fwyfwy llythrennog ac a roddai arlliw Cymreig i newyddion y dydd. Ar yr un pryd, roedd undod gwleidyddol hefyd, gyda'r Blaid Ryddfrydol yn tra-arglwyddiaethu wedi iddi ennill y mwyafrif llethol o seddi yng Nghymru yn etholiadau cyffredinol 1906 ac 1910. Fodd bynnag, roedd rhai newidiadau ar y gweill, gan gynnwys twf y mudiad llafur yn yr ardaloedd diwydiannol.

Nid oes modd cyffredinoli'n llwyr wrth geisio dirnad ymateb y Cymry i'r rhyfel. Roedd gwahaniaethau mewn agwedd o ardal i ardal, rhwng capel ac eglwys, rhwng y glöwr a'r amaethwr a rhwng y di-Gymraeg a'r Cymry Cymraeg. Mae lle i gredu nad oedd y gefnogaeth mor frwd i'r rhyfel yng nghefn gwlad a'r ardaloedd lle roedd yr iaith Gymraeg a'r capeli Anghydffurfiol ar eu cryfaf, ond amrywiai'r ymateb o fan i fan. Ar ben hynny, newidiodd y farn a fynegid yn breifat i raddau dros gyfnod y rhyfel, er i'r gefnogaeth gyhoeddus i'r achos dueddu i aros yn ddi-syfl.

Yn ystod y rhyfel yng Nghymru roedd galw ar amaethwyr i gynhyrchu mwy o fwydydd, sefydlwyd ffatrïoedd arfau lle gweithiai miloedd o ferched yn cynhyrchu ffrwydron o bob math a chloddiwyd am lo ar raddfa eang er mwyn bwydo diwydiant ac i bweru'r llongau rhyfel. Ar ben hynny, recriwtiwyd dynion i'r lluoedd arfog ac o 1916 ymlaen gorfodwyd miloedd i ymrestru, llawer ohonynt yn erbyn eu hewyllys. Nid oedd y fyddin yn gwahaniaethu rhwng Cymro a Sais ond amcangyfrifir i gyfanswm o tua 272,000 o Gymry wasanaethu yn y lluoedd arfog, gydag oddeutu 32,000 ohonynt yn colli eu bywydau, sef tua 12 y cant.

Mae ystadegau'n ddadlennol ond y tu ôl iddynt mae hanes personol o alar a balchder, gwrhydri a llwfrdra, hunanaberth a dichellgarwch, dycnwch ac anobaith, trallod a rhyddhad, rhagfarn a ffyddlondeb, urddas a dirywiad, drama a thrawma, anrhydedd a gwarth a brawdgarwch a chasineb.

Hanes y profiadau amrywiol hyn yw testun y gyfrol hon.

1

HOGI ARFAU: 1900–1913

F el gwladwriaethau eraill Ewrop ar ddechrau'r 20fed ganrif, roedd Prydain yn paratoi'n gydwybodol ar gyfer pob bygythiad. Roedd yn benderfynol o amddiffyn ei hymerodraeth a'i safle pwerus yn y byd. Golygai hynny fod angen iddi gynnal ei goruchafiaeth forwrol yn wyneb datblygiad llynges rymus yr Almaen – sefyllfa y llwyddodd i'w chyrraedd, i bob pwrpas, erbyn 1913. Ar yr un pryd, aeth Prydain ati i ad-drefnu ei byddin o 1907 ymlaen. Ffurfiwyd Byddin Alldeithiol o filwyr proffesiynol, ynghyd â Chefnlu Arbennig o filwyr hyfforddedig a fyddai ar gael ar amrantiad mewn argyfwng. Ffurfiwyd hefyd Fyddin y Tiriogaethwyr, milwyr rhan-amser a fyddai ar gael i amddiffyn y wlad rhag ymosodiad gan elyn allanol. Serch hynny, roedd y fyddin yn fach o'i chymharu â byddinoedd mawr Ewrop, lle roedd gorfodaeth filwrol mewn grym, ac

Tiriogaethwyr Magnelwyr Sir Aberteifi ar ymdaith drwy Bow Street, Ceredigion, cyn y rhyfel. Yn arwain mae'r Capten T E Llewellin, y Capten Llawfeddygol Abraham Thomas a'r Uwch-gapten J C Rea.

ar y pryd nid oedd disgwyl iddi gymryd rhan mewn rhyfel tymor hir ar gyfandir Ewrop.

Ystyrid bod gan y Cymry agweddau negyddol at y lluoedd arfog ac mae'n wir mai dim ond 1.5 y cant o aelodau'r fyddin a ddeuai o Gymru yn 1913, a oedd yn

Er bod llawer o weithgareddau cynddethasol Cymreig yn parhau i ddeillio o gylchoedd y capel a'r eglwys, roedd mudiadau eraill hefyd yn dechrau ffynnu. Nid corff milwrol oedd y Sgowtiaid, a ddenodd lawer o fechgyn o Gymru i'w rengoedd o 1908 ymlaen, ond roedd y pwyslais ar wersylla a gweithgareddau awyr-agored yn rhagflas o'r bywyd milwrol a fyddai'n dilyn maes o law. Mae'n debygol fod y Sgowt 15 oed yn 1908 ymhlith y rhai a groesodd gyda'r fyddin i'r cyfandir yn 1914.

Ni ellid dweud bod y Cymry yn 1914 yn barod am y rhyfel a fyddai'n cael cymaint o effaith ar eu bywydau, ond ni ellid chwaith osgoi'r casgliad bod dylanwadau milwrol a theyrngarol Prydeinig ar waith. Yn hyn o beth roedd Cymru, er ei bod yn wahanol mewn sawl ffordd i rannau eraill o'r deyrnas, yn ddarostyngedig i'r drefn Brydeinig.

HYFFORDDI SWYDDOGION

Er mwyn meithrin swyddogion, bu'r lluoedd arfog yn hyrwyddo Corffluoedd Hyfforddi Swyddogion (OTC) ymhlith myfyrwyr colegau'r wlad o 1908 ymlaen. Roedd brwdfrydedd mawr ymhlith myfyrwyr Bangor, gyda'r Cofrestrydd Cynorthwyol Richard Williams (g.1867) yn flaenllaw o ran eu recriwtio a'u hyfforddi. Trefnid gwersyll yn Nhrawsfynydd yn flynyddol lle cynhelid ymarfer tanio magnelau mawr. Nid oedd hynny'n boblogaidd ymhlith rhai o drigolion y cylch gan i'r ergydion chwalu ffenestri un o gapeli'r pentref a bu eraill yn ddilornus iawn o gampau'r cyw-filwyr drwy awgrymu 'mai un rifolfer oedd ganddynt, dwy getrysen, pedwar gefyn bach, chwe dernyn o fricsen, a hanner miliwn o boteli o gwrw!'

Roedd Richard Williams (neu 'Dicky Sixpence' fel yr adwaenid ef, am mai iddo ef y telid dirwyon chwecheiniog am droseddau pitw yn erbyn rheolau'r coleg) yn gapten gyda'r Magnelwyr Garsiwn Brenhinol yn ystod y rhyfel, a dangosodd drugaredd i'r bardd ifanc R Williams Parry drwy drefnu iddo wneud gwaith clerigol. Rai blynyddoedd yn ddiweddarach, lluniodd y bardd englyn deifiol i'r swyddog:

Y Capt. Richard Williams
Yn dy galon diogeli – nwyd gynnes
Dy genedl a'i theithi;
Y rhan oedd oer ohoni
Roet i Sais a'r O.T.C.

ffigwr isel o ran y cyfartaledd o'r boblogaeth. Eto i gyd, recriwtiwyd llawer o fechgyn i'r Cefnlu, gyda'r addewid o 'wyliau' rhad yn yr haf mewn gwersylloedd hyfforddi, ac roedd dros 20,000 o aelodau o filwyr rhan-amser y Tiriogaethwyr yn dod o Gymru a'r Gororau.

'CLEDDYF TANBAID DIALEDD'

Ddiwedd Gorffennaf 1910 daeth tua 14,000 o aelodau Adran Gymreig Byddin y Tiriogaethwyr i wersylla yn Bow Street a Gelli Angharad yng ngogledd Ceredigion. Dyma'r fyddin fwyaf i wersylla yn yr ardal ers dyddiau Glyndŵr a Harri Tudur. Buont yn ymarfer ymosodiad dychmygol o gyfeiriad Glandyfi tua'r de, gyda'r nod o gipio Aberystwyth, a cheisiai unedau o Diriogaethwyr eraill eu hatal. Clywid sŵn tanio ar hyd a lled yr ardal ond adroddwyd i'r milwyr dderbyn croeso da, gydag ychydig eithriadau, gan drigolion cefn gwlad. Rhoed llaeth a diodydd i'r milwyr wrth iddynt orffwys ar y mynydd-dir.

Yn arwain y Tiriogaethwyr roedd y Brigadydd Francis Lloyd (1853–1926) o Aston Hall ger Croesoswallt. Ar ddiwedd yr ymarferiadau yn Aberystwyth ar 30 Gorffennaf, rhoddodd araith o ddiolch mewn derbyniad a fynychwyd gan bwysigion yr ardal. Mynegodd ei ddymuniad y byddai'r Fyddin Diriogaethol yn ffynnu gan gyfeirio gyda balchder at yr 20,000 o ddynion a wasanaethai yng Nghymru a'r Gororau er mwyn amddiffyn y wlad rhag ymgais i'w goresgyn. Haerodd:

Y morlu ym Mae Ceredigion cyn y rhyfel.

'Rhaid i ddraig Cymru beidio â chysgu. Gall orffwys; ond rhaid i'w chrafangau fod yn finiog, a'r unig ffordd i sicrhau hynny yw trwy ymdrech unedig gennym i recriwtio a hyfforddi. Yna gall orffwys, ond gorffwys wedi'i hyfforddi, ac os bydd gan y gelyn yr ehofndra a'r sicrwydd i lanio ar y glannau hyn bydd yn codi ac yn sefyll yn herfeiddiol nid yn unig i amddiffyn ond hefyd i wrthergydio â chleddyf tanbaid dialedd.'

Syr Francis Lloyd yn derbyn y saliwt wrth i aelodau o Adran Gymreig Byddin y Tiriogaethwyr orymdeithio drwy Aberystwyth yn 1910.

2

DROS Y DIBYN: AWST 1914

Daeth yr argyfwng ar gyfandir Ewrop yn sgil llofruddiaeth yr Arch-ddug Franz Ferdinand a'i wraig yn Sarajevo ddiwedd Mehefin 1914 i'w benllanw ddechrau Awst. Cyhoeddodd yr Almaen ryfel yn erbyn Rwsia ar 1 Awst ac yn erbyn Ffrainc ar 3 Awst, gan baratoi i groesi drwy Wlad Belg er mwyn ymosod ar Ffrainc.

Ym Mhrydain, ni ddaeth gwir bryder fod rhyfel ar y gorwel tan ddyddiau olaf Gorffennaf. Ymdebygai'r sefyllfa i degell ar stof – er bod y dŵr yn prysur ferwi, ceir sioc pan gana'r chwiban. Ar wahân i'r Entente Cordiale gyda Ffrainc, roedd gan Brydain hen gytundeb gyda Gwlad Belg i'w hamddiffyn petai gwlad arall yn ymosod arni. Serch hynny, roedd digon o'r Rhyddfrydwyr, oedd yn y mwyafrif yn San Steffan, yn erbyn ymyrryd yn yr anghydfod ar y cyfandir, am resymau economaidd yn bennaf. Ofnent yr effaith debygol ar y fasnach rydd. Roedd disgwyl i rai aelodau o'r Cabinet, gan gynnwys Canghellor y Trysorlys, David Lloyd George, wrthwynebu ymyrryd. Onid oedd ef wedi gwrthwynebu'r rhyfel yn Ne Affrica bymtheg mlynedd ynghynt? Pledioedd ei frawd, William George, cyfreithiwr yng Nghricieth, arno i ddadlau yn erbyn mynd i ryfel. Eto i gyd, pan ymosododd byddin yr Almaen ar Wlad Belg, nid oedd hyd yn oed Lloyd George yn gallu gwrthsefyll y dadleuon o fewn y llywodraeth o blaid rhyfel.

Trefnwyd protest fawr yn erbyn y rhyfel arfaethedig yn Sgwâr Trafalgar, Llundain ar 2 Awst, gydag Aelod Seneddol Merthyr, yr heddychwr digyfaddawd Keir Hardie, yn annerch y dorf. Ond y diwrnod canlynol roedd araith yr Ysgrifennydd Tramor, Syr Edward Grey, yn y Senedd yn ddigon i droi'r fantol o blaid y rhai a gredai nad oedd modd osgoi'r cyfrifoldeb i amddiffyn Gwlad Belg.

I'r Prif Weinidog, H H Asquith, roedd rhwymedigaeth ryngwladol ddwys ar Brydain i ymyrryd, 'nid yn unig mewn cyfraith ond o ran anrhydedd'.

Y diwrnod canlynol, 4 Awst, cyhoeddwyd bod Prydain mewn stad o ryfel yn erbyn yr Almaen. Penderfyniad anfoddog oedd hwn gan Brydain, ac fe'i gwnaed nid o ganlyniad i agweddau milwrol ymosodgar nac agweddau jingoistaidd ond, yn nhyb y llywodraeth, ar sail delfrydau yn ymwneud â rhyddid a chyfiawnder. Fodd bynnag, yn gefndir i hyn oll roedd pryder y byddai Almaen ddilyffethair yn dod i ddominyddu cyfandir Ewrop, gan danseilio'r Ymerodraeth Brydeinig yn raddol. Yn y tymor byr, ofnid y gallai Almaen fuddugoliaethus reoli arfordir a phorthladdoedd y Sianel gan fygwth goruchafiaeth y llynges Brydeinig.

Cyfeirir yn aml at y 'dwymyn rhyfel' yn ystod y mis Awst hwnnw, ac mae'n wir bod rhai cannoedd wedi ymgynnull yn llawn cyffro yng nghanol dinasoedd a threfi Prydain, ond eu prif nod oedd ceisio cael newyddion yn hytrach na mawrygu rhyfel. Rhyddhau tensiwn oedd achos y bloeddio pan ddaeth y cyhoeddiad, yn hytrach na brwdfrydedd rhyfelgar go iawn. Yn gyffredinol, roedd emosiynau cymysg ymhlith y boblogaeth.

Roedd gan Gymru draddodiad anrhydeddus o heddychiaeth, yn seiliedig yn bennaf ar ddysgeidiaeth Gristnogol y capel a'r ysgol Sul, ond serch hynny, ychydig o Gymry a wrthwynebai'r rhyfel yn Awst 1914. Yn gyffredinol, roedd ymdeimlad greddfol ymhlith trwch y boblogaeth o'r angen i amddiffyn eu gwlad, eu cymunedau a'u teuluoedd. Cefnogwyd y penderfyniad i fynd i ryfel gan y sefydliad Cymreig, gydag arweinwyr y byd gwleidyddol, y wasg a'r eglwysi yn dylanwadu'n

Milwyr yn gorymdeithio trwy Aberteifi
ar ddechrau'r rhyfel.

fawr ar y farn gyhoeddus. Cafwyd gwrthwynebiad gan sosialwyr digyfaddawd a heddychwyr crefyddol, ond roedd y rhain yn y lleiafrif. I'r llenor T Gwynn Jones, y rhyfel oedd y 'drosedd fwyaf yn hanes y byd', ond sylwai fod eraill yn wirioneddol frwdfrydig ynghylch colli eu gwaed dros 'y brenin a'r ymerodraeth'. Roedd mwyafrif llethol y boblogaeth yn derbyn y sefyllfa fel yr oedd – yn bryderus am oblygiadau rhyfela, ond yn barod i gyflawni eu dyletswydd ac wynebu amgylchiadau anodd yn yr hyn a welent yn fater o egwyddor a chyfiawnder.

Ar drothwy'r rhyfel, ysgrifennodd at ei wraig, Margaret, yn mynegi ei bryderon: 'Yr wyf yn symud drwy fyd hunllef y dyddiau hyn. Yr wyf wedi ymladd yn galed dros heddwch a llwyddo hyd yma i gadw'r Cabinet allan ohono ond fe'm gyrrwyd i'r casgliad, os yw'r Almaen yn ymosod ar genedl fach Gwlad Belg, bydd fy holl draddodiadau a hyd yn oed fy rhagfarnau yn fy nhueddu i at ryfel. Yr wyf yn llawn arswyd am hynny. Yr wyf wedi fy arswydo hyd yn oed yn fwy y gallai ymddangos bod gennyf ran yn yr holl beth ond mae'n rhaid i mi ddwyn fy nghyfran o'r baich ofnadwy er bod gwneud hynny yn deifio fy nghnawd.'

BYD HUNLLEFUS LLOYD GEORGE

Er bod Canghellor y Trysorlys, David Lloyd George (1863–1945), ymhlith y Rhyddfrydwyr a geisiai osgoi mynd i ryfel, nid oedd yn heddychwr. Nid oedd ef, yn fwy na'r llywodraeth, yn mynd i ryfel mewn ysbryd rhamantaidd neu jingoistaidd; yn hytrach, credai nad oedd dewis ond cefnogi'r alwad i'r frwydr.

YSBRYD RHYFELGAR

Ddiwedd Gorffennaf 1914, teimlai'r Aelod Seneddol dros Eifion, y Rhyddfrydwr Ellis W Davies (1871–1939), ei fod ef a'i gyd-Aelodau'n cael eu cadw yn y tywyllwch gan y llywodraeth ynglŷn â'r sefyllfa ryngwladol. Yn ôl ei ddyddiadur, roedd amheuaeth ddifrifol ymhlith yr Aelodau Seneddol.

o haf. Iddo ef, roedd y sefyllfa'n hynod drist ac ofnai beth fyddai'r canlyniadau i rai o'r bobl hyn yn y pen draw.

Y diwrnod canlynol roedd wedi dychwelyd i Lundain, lle roedd y dwymyn rhyfel

Ellis W Davies AS

ar led. Roedd canol Llundain yn llawn pobl mewn 'hwyliau rhyfelgar yn canu a chwerthin a chwythu cyrn'. Iddo ef, roedd y cyfan yn drist, gyda gwareiddiad a'r holl ymdrechion i wella amodau cymdeithasol yn cael eu taflu i'r pair.

Serch hynny, erbyn 5 Awst, gyda'r rhyfel wedi'i gyhoeddi, sylwodd ar ysbryd mwy difrifol a phryderus ymhlith y boblogaeth yn gyffredinol.

FEL ANGLADD

Nid oedd fawr neb o Diriogaethwyr 4/Catrawd Gymreig yn absennol pan alwyd hwy i'r Drill Hall, Rhydaman am 6 o'r gloch fore Mercher, 4 Awst. Nid oedd rheidrwydd arnynt i gytuno i wasanaethu dramor ond mae'n debyg i 95 y cant ohonynt arwyddo yn y fan a'r lle.

I un ohonynt, David John Hughes (1893/4–1969), roedd yn ddiwrnod na fyddai byth yn ei anghofio. Roedd yn fwy fel angladd torfol na dim arall: 'Gwragedd yn crio dros eu meibion, chwiorydd yn crio dros eu brodyr neu eu cariadon, tadau a brodyr yn edrych yn drist a digalon, merched a gwragedd o bob oedran yn cusanu a chofleidio pawb mewn lifrai, heb fod yn eu hadnabod o gwbl o reidrwydd, a hynny nid mewn llawenydd ond mewn tristwch o'u gweld yn ymadael.'

Pan ddychwelodd i'w etholaeth ar 2 Awst, mynychodd gyfarfod yng Nghaernarfon lle galwodd maer y dref ar i'r llywodraeth gadw'r heddwch. Sylwodd yr Aelod Seneddol bod y gynulleidfa'n fach ond bod y strydoedd yn llawn pobl hwyliog yn mwynhau'r heulwen ar ddiwrnod hyfryd

Recriwtiaid cynnar heb iwniform yn Rhyl.

Roedd yr olygfa y tu allan i'r Drill Hall yn dra gwahanol erbyn 8 o'r gloch y bore, wrth i'r milwyr orymdeithio y tu ôl i seindorf y dref i gyfeiriad gorsaf Rhydaman. Roedd cannoedd wedi ymgynnull yno i ddymuno'n dda i'r bechgyn a chanu, yn broffwydol efallai:

Mae'n mynd, mae'n mynd
Ond i ba le
'Does neb yn gwybod ond Efe.

Y LEFELWR MAWR

Ar drothwy'r rhyfel roedd W Watkin Davies (1895–1973), y Bermo, ar wyliau yn yr Almaen a'r Swistir. Roedd yn edmygwr mawr o'r Almaen ac yn ei ddyddiadur ar gyfer 5 Awst, wedi i'r rhyfel gael ei gyhoeddi, cofnododd ei deimladau. Iddo ef, roedd y rhyfel yn 'fusnes ofnadwy' ac er nad oedd yn pryderu am ddiogelwch Lloegr (nid Prydain, sylwer), nodai y byddai'r rhyfel yn siŵr o gostio'n ddrud i'r wlad mewn gwaed a thrysorau, ac y byddai'n oedi datblygiad gwareiddiad am sawl cenhedlaeth. Credai hefyd y dylai Lloyd George fod wedi gwrthwynebu'r rhyfel ac ymddiswyddo o'r llywodraeth.

Teithiodd yn ôl i Brydain o'r Swistir ganol Awst ac ym mis Medi synnwyd ef gan yr agweddau rhyfelgar yng Nghymru: 'Gwelais Mr a Mrs Edmund Jones. Mae gan y ddau agweddau meddwl rhyfelgar a gwaetgar. Roedd Mrs Jones wedi colli arni'i hun i'r fath raddau fel ei bod yn dweud ei bod yn gobeithio y byddai'r Rwsiaid yn llosgi Berlin er mwyn dial am ddinistr Louvain. Ni allaf ddeall teimladau o'r fath o gwbl, yn enwedig gan eu bod yn cael eu harddel gan bobl ddeallus ac addysgedig. Ar lawer ystyr, mae'n berffaith wir fod rhyfel yn lefelwr mawr. Pan fydd yr ysbryd rhyfelgar wedi mynd i mewn i ddyn diwylliedig, mae'n gostwng yn fuan i gyflwr y barbariad anllythrennog! Er eu bod yn ymladd yn ein herbyn, ni allaf ddarbwyllo fy hun i deimlo unrhyw elyniaeth tuag at yr Almaenwyr. Maent yn genedl wych, odidog, a byddai'n drychineb enfawr petai rhywbeth yn digwydd i leihau eu dylanwadau gwareiddiol.'

TAITH MINI THOMAS

Merch ifanc y Cynghorydd Owen Thomas, Treigwm, Sarn, sir Gaernarfon, oedd Mini Thomas (g.1890). Yn 1912, a hithau'n 22 mlwydd oed, penderfynodd dreulio cyfnod yn yr Almaen er mwyn ceisio meistroli'r iaith. Gweithiai i deulu cefnog mewn rhanbarth a oedd ar y pryd ym meddiant yr Almaen ond sydd bellach yn rhan o Wlad Pwyl.

Gweithiai tua dau gant o ddynion a menywod ar stad sylweddol o'r enw Gernhelm (Chrząstowo yn yr iaith Bwyleg) ger tref Nakel (Nakło nad Notecią) ond daeth y rhyfel â newid byd. Ar y diwrnod pan gyhoeddwyd y rhyfel, brawychwyd trigolion yr ardal ac roedd gwir bryder y byddai'r Rwsiaid yn ymosod o'r dwyrain. Erbyn 3 o'r gloch y prynhawn daeth swyddogion milwrol yno ac o fewn chwarter awr roedd yr holl ddynion, 'o'r gweision distadlaf i'r meistr', yn barod i gael eu cludo i ffwrdd i'r fyddin. Nid oedd dewis gan fod gorfodaeth filwrol yn rhan o'r drefn. Roedd y meistr ei hun, Wilhelm Gerstenberg, yn gapten gyda chatrawd o fagnelwyr maes ym myddin yr Almaen, ond cawsai ei ryddhau o'i ddyletswyddau yn 1910 er mwyn rheoli'r stad. I'r ferch o Lŷn, roedd yr olygfa'n un druenus, gyda menywod a phlant yn eu dagrau.

Penderfynodd Mini Thomas y dylai hithau adael hefyd, a theithiodd mewn cert i dref Nakel. Roedd y dref yn llawn milwyr a phob trên wedi'i feddiannu gan y fyddin. Fodd bynnag, gwelodd swyddog gyda'r fyddin a oedd yn ei hadnabod a llwyddodd i ddal trên i Posen (Poznań). Oddi yno daliodd drên arall i Ferlin, lle ceisiodd gyngor gan lysgenhadaeth Prydain. Y neges yno oedd iddi aros ym Merlin gan fod teithio'n beryglus.

Fodd bynnag, roedd hi'n benderfynol o ddychwelyd adref cyn gynted ag y gallai. Llwyddodd i ddal trên yn llawn milwyr a oedd ar ei ffordd i Flushing (Vlissingen) yn yr Iseldiroedd. Nid oedd modd iddi ddefnyddio arian Almaenig yno a bu raid iddi newid yr arian ar gyfradd anfoddhaol iawn er mwyn talu am y llong adref. Cafodd le ar long a arferai gludo cant o deithwyr ond a oedd, y tro hwn, â 450 ar ei bwrdd. Roedd pawb yn dioddef o salwch môr ond roeddent yn falch o weld llynges Prydain yn gwarchod yr arfordir ger harbwr Queenborough, Caint.

Wedi dychwelyd i Gymru, adroddodd Mini Thomas ei hanes wrth ohebydd yr *Herald Cymraeg*, gan fynegi ei hanfodlonrwydd â dynion Prydain: 'Metha Miss Thomas yn lan â deall ymddygiad Lloegr pan mewn rhyfel o'u cymharu â'r Germaniaid. Synai weled bechgyn ieuanc cryfion iach yn gallu chwarae tennis a golff yng nglanau y moroedd a mwynhau eu hunain yn eu cerbydau modur tra yr oedd eu gwlad yn gofyn am eu gwasanaeth. Ni allai weled olion o'r un difrifwch a brwdfrydedd yma ag ydoedd i'w deimlo yn Germani.'

GWERTHA DY BAIS A PHRYNA GLEDD

Pan drefnwyd cyfarfod recriwtio i'r fyddin yn Nefyn, ymddiheurodd y Parch. T Charles Williams (1868–1927), gweinidog Capel Mawr, Porthaethwy, am ei absenoldeb mewn llythyr a gyhoeddwyd yn yr *Herald Cymraeg*:

'Casheir rhyfel gan y mwyafrif o ddynion, ac yn arbennig genym ni y Cymry. Gallwn fel cenedl ymffrostio mewn traddodiadau ardderchog ynglyn a brwydro yn y gorphenol, ond ers cenedlaethau bellach y mae ein meddyliau wedi eu troi o blaid yr hyn sydd yr llawer mwy dymunol, sef heddwch.

'Ond yn yr argyfwng presennol, y mae dyledswydd pob dyn rhydd ac iach yn hollol glir ac uwchlaw amheuaeth. Nis gallem gadw ein hunain allan o'r rhyfel bresennol heb wneud cam a'n henw da am byth; a chan ein bod ar y maes, rhaid i ni dd'od allan a buddugoliaeth o'n tu.

Nid ar unwaith y llwyddwn. Achosir llawer o dristwch ac amheuon. Trethir ein hadnoddau mewn dynion ac arian hyd yr eithaf. Y mae yr ymdrech yn un ddifrifol bwysig i wneyd i ffwrdd a bygythion arfau o'r byd.

'Fel gweinidog i Grist, yr wyf yn llawenhau fod y deyrnas ar ei gliniau, ac fod mwyafrif mawr ein pobl yn cadw eu pennau. Ymddygiad teyrngarol hefyd ydyw eiddo y rhai sydd yn llafurio i gadw pethau i fynd, ac i gynorthwyo y tlawd. Ond y mae yr alwad yma yn alwad uchel arnom i gymeryd arfau, ac yr wyf yn hyderus na bydd Cymru ar ei ol. "Yr hwn nid oes ganddo gleddyf, gwerthed ei bais, a phryned un."

'Duw a'n hamddiffyn fel Brenin a deiliaid, ac a brysuro lwyddiant ei deyrnas ei hun, yr hon sydd deyrnas heddwch dros byth.'

Y Parch. T Charles Williams, Porthaethwy, gyda gweinidog dall Pen Mount, Pwllheli, y Parch. J Puleston Jones. Tra oedd y naill yn recriwtiwr brwd i'r lluoedd arfog, roedd y llall yn gwrthwynebu'r rhyfel ar sail egwyddorion Cristnogol.

3

DADWEINIO'R CLEDD: BRWYDRAU 1914

O'i chymharu â byddinoedd gwledydd y cyfandir, byddin fechan a anfonwyd gan Brydain i gyfandir Ewrop ganol Awst 1914. Er ei bod yn cynnwys milwyr proffesiynol neu rai a gafodd hyfforddiant gyda'r Cefnlu, nid oedd wedi'i phrofi i'r eithaf ar faes y gad. Ymhlith y 80,000 a groesodd i Ffrainc yn y cyfnod hwn roedd milwyr o fataliynau Cymreig 2/Catrawd Gymreig, 1/Cyffinwyr De Cymru ac 2/Ffiwsilwyr Cymreig, ond roedd hefyd nifer fawr o Gymry mewn catrodau eraill.

Oherwydd bod gorfodaeth filwrol mewn grym yn yr Almaen, Rwsia a Ffrainc, roedd eu byddinoedd lawer yn fwy nag un Prydain ar ddechrau'r rhyfel. Honnir i'r Kaiser alw byddin Prydain yn 'contemptible little army'

ac o hynny ymlaen ymfalchïai'r milwyr yn yr enw 'the old contemptibles', 'y dirmygedig rai'. Cafwyd croeso brwd i'r milwyr gan y Ffrancwyr ym mhorthladdoedd Le Havre a Rouen, ond roedd croeso gwahanol iawn yn eu disgwyl wedi iddynt gyrraedd Fflandrys, y rhanbarth yng ngogledd Gwlad Belg lle gwelid llawer o'r brwydro yn ystod y rhyfel.

Disgrifiodd un milwr, Huw T Edwards, y profiad o glywed y gynnau mawr yn tanio am y tro cyntaf: 'Hyd at glywed sŵn y gynnau 'r oeddym oll yn hapus ryfeddol, ac yn canu'r caneuon mwyaf poblogaidd, ond pan sylweddolwyd fod y gelyn a ninnau yn siŵr o ddod wyneb yn wyneb cyn pen hir, peidiodd y canu am funud neu

Yr Almaenwyr yn ymosod ger Mons, Awst 1914.

Milwyr Prydeinig yn gorffwys yn ninas Mons, Gwlad Belg, 22 Awst 1914, ddiwrnod cyn y frwydr fawr yno.

ddau, a daeth rhyw brudd-der dwys i wedd a llais pob un ohonom. Yna dechreuodd y canu eilwaith a'r tro hwn yn uwch gyda her megis ymhob llais, ac ymlaen â ni hyd at Mons.'

Er i'r Ffrancwyr fod yn sgarmesu gyda'r Almaenwyr yn rhanbarth Alsace cyn hynny, ar gyrion dinas Mons ar 23 Awst 1914 y daeth byddin yr Almaen a byddinoedd Ffrainc a Phrydain benben â'i gilydd am y tro cyntaf. Oherwydd bod nerth a thactegau byddin yr Almaen yn rhagori, gwthiwyd y Cynghreiriaid yn ôl a phenderfynasant encilio i gyfeiriad Paris, cyn troi i wynebu'r Almaenwyr ar lannau afon Marne.

Roedd yr enciliad hwn yng ngwres crasboeth yr haf yn brofiad erchyll i lawer, gyda'r milwyr traed yn cerdded bron i 150 o filltiroedd mewn 13 diwrnod. Nododd y Preifat Elias Thomas, Rhosllannerchrugog, a oedd yn gwasanaethu gydag 2/Ffiwsilwyr Cymreig: 'Pan fyddem yn aros am ychydig funudau byddai'r dynion yn pwyso yn erbyn ei gilydd ac yn cysgu fel tyrchod.'

Llwyddodd byddinoedd Ffrainc a Phrydain i wrthsefyll yr Almaenwyr ar lannau afon Marne a chwalwyd elfennau allweddol Cynllun Schlieffen wrth iddynt encilio. Nod yr Almaenwyr bellach oedd ceisio meddiannu rhannau arfordirol Gwlad Belg. Adwaenid y brwydro hwn, yn ystod hydref 1914, fel 'y ras i'r môr'.

Roedd y catrodau Cymreig yn flaenllaw yn yr ymladd. Ar 14 Medi roedd 2/Catrawd Gymreig a 1/Cyffinwyr De Cymru yn ceisio meddiannu safle ger Chemin des Dames ar lan afon Aisne. Er mwyn ceisio tawelu gwn peiriant, rhuthrodd y Capten Mark Haggard a dau filwr arall o 2/Catrawd Gymreig ato ond lladdwyd un o'r milwyr a chlwyfwyd Haggard. Llusgwyd Haggard yn ôl gan y milwr arall, yr Is-gorpral W C Fuller (1884–1974), un

o feibion Talacharn, sir Gaerfyrddin, a enillodd Groes Fictoria am ei ddewrder. Cyn iddo farw o'i glwyfau, gwaeddodd Haggard ar ei gwmni, 'Stick it, the Welsh!', a daeth hynny'n arwyddair i'r gatrawd fyth ers hynny.

Cafodd llawer o'r brwydrau mwyaf dinistriol drwy gydol y rhyfel eu hymladd yn ardal Ypres (Ieper yn yr iaith frodorol, sef Fflemeg), tref fechan hardd yng Ngwlad Belg a faluriwyd yn llwyr gan frwydron. Ypres oedd targed yr Almaenwyr ddiwedd Hydref 1914 ac, yn wir, fe fyddai'r dref wedi syrthio iddynt oni bai am ddycnwch milwyr o gatrodau Caerwrangon a Chyffinwyr De Cymru ger pentref Gheluvelt ar ddiwrnod olaf y mis.

Methodd yr Almaenwyr yn eu nod o feddiannu holl arfordir Gwlad Belg ond roedd y rhan fwyaf o'r wlad honno dan eu rheolaeth, ynghyd â rhannau helaeth o ogledd-ddwyrain Ffrainc. Yn y dwyrain, roeddent hefyd wedi ennill buddugoliaethau trawiadol yn erbyn byddin Rwsia. Erbyn diwedd y flwyddyn roedd y rhyfel ar y ffrynt gorllewinol wedi troi'n un athreuliol, a byddai'n parhau felly i raddau helaeth hyd 1918.

Roedd brwydrau 1914 yn rhai ffyrnig, gyda'r colledion yn sylweddol ar y ddwy ochr. Drylliwyd byddin wreiddiol Prydain, gyda hufen y milwyr mwyaf profiadol yn colli eu bywydau erbyn diwedd y flwyddyn. Lladdwyd tua 1,200 o filwyr o'r tair prif gatrawd Gymreig rhwng Awst a Rhagfyr 1914, ac o fyddin Prydain yn ei chyfanrwydd collodd dros 33,000 eu bywydau a chlwyfwyd dros 52,000. Disgrifiodd yr Is-gorpral Arthur Gurney, cyn-bostmon ardal Llanwrin, Powys, y sefyllfa yn Rhagfyr 1914: 'Does dim ots i le rydych yn troi eich llygaid – mae beddau, milltiroedd o feddau.'

Milwyr yn Wylo'n Hidl

Gydag 2/Ffiwsilwyr Cymreig yr oedd y Preifat Robert Lloyd Davies (g.1887), Llwynhir, Parc, ger y Bala, ym mrwydr fawr gyntaf y rhyfel ger dinas Mons.

Wedi croesi i Ffrainc ganol Awst, martsiodd ei fataliwn gyda'r 19eg Frigâd am dros 35 awr yn ddi-stop cyn cyrraedd tref fechan Vicq ger Mons. Yno, 'hysbyswyd ni gan y trigolion fod y Germaniaid wedi eu gweled yno er's dau ddiwrnod, a rhoddwyd ni yn ddioed mewn sefyllfa i amddiffyn y lle hwn a buom yno hyd doriad y diwrnod canlynol. Ni welsom gymaint ag un o'r Germaniaid yma, ond clywsom eu swn yn tanio yn y pellder drwy y nos. Ar doriad y dydd ail gychwynasom ar ein taith oddiyno… a thra yn y fan yma beth ddaeth heibio ond llong awyr perthynol i Germani, gan hofran uwch ben y lle. Ceisiodd yr oll o'r 19th Infantry Brigade danio arni, ond yn hollol ofer fu eu hymgais, gan ei bod yn llawer rhy uchel iddynt fedru ei chyrraedd. Teithiasom ychydig, ond wedi byr amser taniwyd arnom o bob cyfeiriad, yr oedd yn frwydr erchyll. Yr oedd eu shrapnel yn ffrwydro bob haner mynyd, ond nid wyf yn meddwl iddynt ladd dim o'r 19th Infantry Brigade… O'r lle yma fe symudasom rhyw ddwy filldir, a daethom i gae o faip lle y darfu i ni ymguddio… O'r lle hwn daethom i wlad agored, ac er ein mawr syndod yma gwelsom lawer o'n milwyr ni mewn ffosydd yn barod i ymladd, a bu i ni ymuno gyda hwy. Yn y fan yma y dechreuodd ymladdfa Mons, a chymerasom ein sefyllfa i ymladd ar unwaith, ond yr oedd y Germaniaid yn rhy bell i ni danio arnynt gyda'r drylliau, ond bu i ni roddi ein gynau mawrion i weithio, ac yr oedd eu swn i'w clywed dros yr holl wlad oddiamgylch. Gyda'r rhai hyn aethom yn ein blaen am y Germaniaid, ac aethom i ymladdfa gyda'n rifles. Yno rhoddwyd gorchymyn i'r ail Fataliwn i symud yn mlaen i bwynt neillduol, er ceisio rhwystro y Germaniaid i'n cylchynu, ond gan fod ein nifer yn fychan mewn cydmariaeth iddynt hwy, gorchymynwyd i ni encilio o dan gawodydd o dân, ac encilio oedd ein hanes wedi hyn am naw neu ddeg niwrnod yn barhaus, a chollwyd llawer o ddynion ar ein taith – syrthiodd llawer i lawr wedi llwyr ddiffygio gan y daith, ac nis gallaf ddweyd beth ddaeth o honynt. Yn mhen amser cawsom orphwys ar y ffordd fawr am ryw ddwy awr, pryd y goddiweddwyd ni eto gan y Germaniaid, a bu iddynt danio arnom. Parhaodd hyn bob cam hyd nes y daethom o fewn rhyw bedair milldir ar ddeg i Paris. Yno adgyfnerthwyd ni gan y Ffrancwyr a'r Prydeinwyr…

'Yr wyf wedi gweled llawer yn y brwydrau hyn

Huw T Edwards (ar y dde) gartref am seibiant gyda Margaret Owen (ei wraig yn ddiweddarach) a'i frawd Bob, 1915.

Dwyn Afal

Ymhlith y rhai a fu yn yr enciliad o Mons roedd un a fu'n aelod o'r Cefnlu cyn y rhyfel, y Gyrrwr Huw T Edwards (1892–1970) o Ro-wen, Dyffryn Conwy. Ysgrifennodd wedi hynny: 'Ni chofiaf deimlo'r haul erioed mor danbaid ag a wneuthum ar y gwrthgiliad o Mons. Dynion yn cysgu ar gefn y meirch a'r gwŷr traed yn dal i fartsio yn eu cwsg.'

Mae'n debyg ei fod yn marchogaeth ceffyl a oedd yn tynnu wagen ar y daith hon, hyd nes iddo dorri rheol a chael ei gosbi. Roedd gorchymyn pendant gan y fyddin yn gwahardd ysbeilio ond cafodd y Cymro ifanc ei demtio pan welodd berllan a dwyn afal oddi yno. Am ei drosedd, cafodd y gosb lem o orfod cerdded y tu ôl i'r wagenni am ddau ddiwrnod.

Er iddo gael ei anafu'n ddrwg ym mis Mawrth 1918, goroesodd Huw T Edwards y rhyfel gan ddod yn adnabyddus yn ddiweddarach yn ei fywyd am ei gyfraniadau praff at fywyd cyhoeddus Cymru.

– brwydrau enbyd oeddynt. Yr oedd yr olwg ar y Belgiaid – y plant bach a'r gwragedd yn rhedeg o'u cartrefi – yn galonrwygol, a'u holl gartrefi cysurus wedi eu llosgi yn garneddau. Bu llawer o'r gwragedd a'r plant yn ein canlyn ni fel milwyr am ddyddiau, a gwelais lawer milwr yn wylo yn hidl yn yr olwg arnynt. Yr oedd y golygfeydd truenus hyn yn ddigon i wneyd i'r dyn mwyaf anystyriol deimlo i'r byw. Yr wyf yn sicr pe gwelai llawer Cymro y golygfeydd difrifol welais i nas gallai beidio ymladd hyd farw er ceisio difodi am byth y fath greulonderau. Buasai yn dda iawn gennyf weled ychwaneg o fechgyn dewrion Cymru yn cymeryd rhan yn y brwydrau hyn.'

BIDOG A BEIC

Ac yntau'n wreiddiol o'r Rhondda, postmon yn Llanidloes oedd Joseph Frank (1881–1915) cyn y rhyfel, ond erbyn Awst 1914 roedd ar gefn beic gydag uned o sgowtiaid yn Ffrainc yn yr enciliad mawr wedi brwydr Mons. Defnyddid yr unedau seiclo hyn ar gyfer rhagchwilio a chyfathrebu ond yn ystod yr enciliad bu raid i Joseph Frank ymladd hefyd.

Saethodd dri Uhlan (gwaywyr) oddi ar eu ceffylau a bu mewn sawl ymosodiad gyda bidog. Yn un ohonynt, llwyddodd i drywanu swyddog Almaenig wedi iddo yntau saethu chwe neu saith gwaith ato gyda'i rifolfer. Tystiodd fod 'rhywbeth iachusol mewn ymosodiad â bidog, a gyda'r Prydeinwyr yn gweiddi'n groch nid yw'r Almaenwyr yn medru dygymod ag ef'.

Ar un achlysur, trawyd ei feic gan ddarn o shrapnel gan ei chwalu'n deilchion. Taflwyd ef i'r awyr ond ni chafodd niwed. Iddo ef, roedd yn wyrth na chafodd ei ladd. Yn ddiweddarach, dyrchafwyd ef yn chingyll ond fe'i lladdwyd ym mis Mai 1915 yn ystod ail frwydr Ypres.

'YR OEDD MEGYS DIWRNOD GUY FAWKES'

Un o feibion Caernarfon oedd y Preifat William John Roberts (g.1894) a fu gyda 1/Cyffinwyr De Cymru ym mrwydrau cynnar y rhyfel. Gwyddom dipyn amdano gan i'w gofnod pensiwn oroesi (yn wahanol i lawer o gofnodion milwyr y cyfnod) a chan ei fod wedi cadw dyddlyfr tra oedd yn Fflandrys. Daeth hwn yn sail i erthygl amdano a gyhoeddwyd yn yr *Herald Cymraeg* yn Nhachwedd 1914.

Yn ôl y cofnodion, roedd W J Roberts yn 5 troedfedd a 3 ¾ modfedd o daldra, a phwysai 110 pwys. Roedd ganddo lygaid glas a gwallt brown ac roedd creithiau ar ei wefus, ei gefn a'i benelin dde o ganlyniad i'w gyfnod yn gweithio

W J Roberts

dan ddaear fel glöwr. Er iddo gael ei eni a'i fagu yn y Gogledd, erbyn 1913 roedd wedi symud gyda'i rieni i fyw i Aberbargoed yng Nghwm Rhymni. Yno, ac yntau'n 18 mlwydd oed, ymunodd â Thiriogaethwyr Cyffinwyr De Cymru ym Mawrth 1913.

Erbyn mis Awst 1914 roedd wedi cyrraedd maes y gad gyda 1/Cyffinwyr De Cymru, a fu ar gyrion brwydr Mons. Disgrifiodd yr enciliad oddi yno: 'Bu raid i ni gerdded yn galed ddydd a nos. Yn y dydd cerddem ar gyfartaledd rhyw bedair milldir ar hugain a rhwng deg a phymtheg milldir yn y nos.' Yna, yn ystod y frwydr ar lannau afon Marne, 'ymladdem yn y dydd a chleddem ein milwyr yn y nos'.

Ganol Medi roedd 1/Cyffinwyr De Cymru yng nghanol y brwydrau ffyrnig ar lannau afon Aisne. Nododd W J Roberts yn ei ddyddlyfr ar 19 Medi fod y 'gelyn yn tânbelennu ein ffosydd. Teimlem yn ofnus ar y dechrau, ond cyn hir roeddym wedi cynefino a hwy. Yr oedd megys diwrnod Guy Fawkes.'

Erbyn 22 Medi roedd yn cysgodi mewn hen chwarel ychydig i'r gorllewin o Vendresse: 'Daliodd y gelyn i ymosod arnom. Cawsom amser ofnadwy. Gwaethygai pethau. Gwrthsafasom eu hymosodiadau, a chawsom ychydig orphwys ac ysmôc. Gwnaethom cigarettes gyda dail te ac ychydig bapur newydd. Gorweddasom i lawr, ond nid oedd yn beth braf. Roedd ein dillad yn wlyb a'r tywydd yn oer. Yn sydyn dyma'r bwledi yn chwareu o'n cwmpas. Y funud nesaf dychrynwyd fi. Meddyliais fod fy nghoes wedi ei chwythu i ffwrdd. Mewn dychryn rhois fy llaw i lawr i edrych a oedd fy nghoes yno. Yn hwyrach gwelais fod bwled wedi mynd drwy fy nghoes ac wedi cymeryd ymaith hanner gwadn fy esgid. Llusgwyd fi o'r lle. 'Roeddwn mewn poen mawr hyd nes y cymerwyd fi i'r ysbyty.'

Cludwyd ef yn ôl i Brydain am driniaeth ond parhaodd ei ysbryd cadarnhaol: 'Yr ydym wedi diodde llawer, ond mae rhywun yn anghofio ei drafferthion yn fuan. Mae rhai ohonom yn siarad am gael ciniaw Nadolig yn Berlin. Mae ambell un arall yn barod i roi swllt i lawr y bydd y rhyfel drosodd cyn y Nadolig. Mae ein gwyr meirch wedi gwneyd gwaith ardderchog yn enwedig yn Mons. Mae'r Germaniaid yn rhedeg o flaen dur noeth. Os oes arnynt ofn rhywbeth, y bidog yw honno. Mae cydweithrediad hollol yn bod rhyngom ni y dynion a'r swyddogion. 'Rwyf wedi gweled ychydig o erchyllderau, er enghraifft plant bach yn gorwedd ac yn farw ar lawr. Mae'r Germaniaid yn lladd ein clwyfedigion os cânt gyfle. Ar y llaw arall, fe gymerwn ni ofal mawr o'u clwyfedigion nhw.'

Dychwelodd i Gaernarfon ym mis Tachwedd a phriodi merch leol, Catherine Jane Jones, ac ni fu'n ymladd yn Fflandrys wedi hynny. Trosglwyddwyd ef i'r Cefnlu am gyfnod ond, yn 1917, oherwydd y poenau yn ei droed chwith a thrafferthion gyda'i galon rhyddhawyd ef gan y fyddin. Derbyniodd bensiwn o deirpunt a deg swllt yr wythnos gan y wladwriaeth.

'GWELL YW MARW YN FACHGEN DEWR'
Gwyddonydd ifanc disglair a gafodd ei addysg yng Ngholeg y Brifysgol, Aberystwyth oedd William ('Billy') Thomas (1892–1974) o Landysilio, sir Benfro, pan gafodd ei gomisiynu'n lefftenant gyda Chatrawd Sir Gaer yn Awst 1914. Ac yntau'n llawn cyffro, roedd ar y cwch i Ffrainc o fewn dim o dro ac fe'i taflwyd i ganol berw'r frwydr waedlyd ar lan camlas La Bassée ganol Hydref.

Wedi ennill tir i'r dwyrain o dref Béthune, daeth ei gwmni dan ymosodiad ffyrnig gan yr Almaenwyr ar 13 Hydref. Enciliwyd i ffermdy o'r enw Chapelle St Roch ym mhentref Rue d'Ouvert, ger La Bassée, a gwelodd Thomas Almaenwr yn saethu ato ef a'i gyd-lefftenant, H N Harrington. Trawyd Harrington yn ei stumog ond saethodd Thomas yr Almaenwr yn ei ben fel ei fod yn 'goner', yn ôl dyddiadur y Cymro. Cludwyd Harrington gan Thomas i ysgubor gerllaw a gwlychodd ei wefusau â brandi, ond nid oedd gwella i fod i Harrington, a'i eiriau olaf oedd: 'Oh God, all is over. Thanks, Thomas, cheer-ho, go to the men – they need you more than I. Goodbye.'

Â'r ymosodiad yn parhau, o fewn dim roedd Thomas wedi'i saethu yn ei ysgwydd. Credai ei fod ar fin marw a chludwyd ef i gegin y ffermdy lle'r oedd cyrff meirw yn gorwedd. Bu yno yn anymwybodol am dros deirawr ond daeth ato'i hun a dechrau gweiddi am gymorth. Erbyn hyn roedd y ffermdy ar dân a chludwyd ef i'r seler, lle cafodd ei anaf ei drin. Roedd mewn poen ddychrynllyd ac roedd y tŷ'n crynu wrth i'r bomiau lanio. Gyda'r hwyr, gan nad oedd awgrym o achubiaeth, penderfynwyd ildio i'r Almaenwyr. O'r 70 dyn yn y cwmni'r bore hwnnw, dim ond 16 oedd yn fyw ar ddiwedd y dydd.

Cludwyd Thomas i ysbyty maes yn Billy-Berclau,

William Thomas, capten tîm gymnasteg Coleg y Brifysgol, Aberystwyth, ychydig cyn y rhyfel. Ar y dde iddo mae ei gyfaill D J Williams, Abergwaun.

lle cafodd ei drin yn dda, ac yna i garchar Paderborn, Westphalia. Bu yno tan 1918, gan dreulio'i amser yn dysgu ieithoedd a chwarae 'bridge' a gemau eraill. Serch hynny, nid oedd wedi colli ffydd yn achos Prydain. Ysgrifennodd o'r carchar at ei chwaer yn Rhagfyr 1914, gan ddweud nad oedd yn difaru gwirfoddoli ac y byddai'n fodlon ymladd eto a chael ei ladd. Meddai:

> Gwell yw marw yn fachgen dewr
> Na byw yn fachgen llwfwr.

Bu'n gohebu hefyd gyda'i hen gyfaill coleg yn Aberystwyth, D J Williams, a ddaeth yn llenor a chenedlaetholwr adnabyddus: 'Ar ddydd Mawrth 13 Hydref cefais ddiwrnod arswydus. 8.30 yn y bore fe'm trawyd â bwled yn f'ysgwydd chwith & yno y bûm yn gorwedd dan waedu drwy'r dydd mewn ffermdy oedd ar dân. Doedd gen i ddim bwyd. Dim cynorth. Dim W[illia]ms. Dim byd ond uffern oedd ganwaith gwaeth na dim a ddychmygais.'

Yn Ionawr 1918 cafodd William Thomas ei ryddhau i wlad niwtral yr Iseldiroedd a bu'n darlithio mewn gwyddoniaeth ym Mhrifysgol Groningen hyd nes i'r rhyfel ddod i ben. Wedi'r rhyfel bu'n ddarlithydd coleg cyn cael ei benodi'n arolygydd ysgolion, gan ddod wedi hynny'n Brif Arolygwdd Ysgolion Cymru. Wedi iddo ymddeol, bu'n ffermio yn Nhrefloyne, ger Dinbych-y-pysgod, lle bu farw yn 1974.

Y MARCHFILWR TALENTOG

Un o'r golygfeydd milwrol mwyaf trawiadol erioed yw gorymdaith gan wŷr meirch. Ar ddechrau'r rhyfel roedd disgwyl y byddai Uhlans yr Almaen a chafalri Prydain a Ffrainc yn allweddol mewn brwydrau ond buan y gwelwyd eu haneffeithioldeb yn wyneb y fwled a'r siel.

Ymhlith y marchfilwyr cyntaf i gyrraedd Ffrainc roedd y Capten Mervyn Crawshay, aelod o deulu busnes mwyaf llwyddiannus de Cymru. Roedd yn filwr proffesiynol gyda 5/Gwarchodlu'r Dragwniaid ac yn farchog penigamp. Cyn y rhyfel roedd yn gystadleuydd brwd mewn cystadlaethau neidio ceffylau a chipiodd Gwpan Aur y Brenin Siôr yn Olympia, Llundain.

Roedd ei brofiadau ar y ffrynt yn rhai tra gwahanol. Mewn llythyr at ei rieni yn Llanilltud Faerdref ym Medi 1914, disgrifiodd weld 'amseroedd caled, blinder, baw, budreddi, clwyfau, salwch a marwolaeth ar bob ochr'. Roedd uwch-swyddog o'i gatrawd, y Lefftenant-Cyrnol George K Ansell, nesaf ato pan gafodd hwnnw ei ladd.

Y LEFFTENANT MARTEINE KEMES ARUNDEL LLOYD

Taenwyd ton o dristwch dros ardal Llangynllo, Dyffryn Teifi, pan glywyd am farwolaeth y Lefftenant Marteine Kemes Arundel Lloyd, Bronwydd, ym mrwydr yr Aisne ar 23 Hydref 1914. Trefnwyd gorymdaith o westy Llwyngwair i'r eglwys, lle cynhaliwyd gwasanaeth coffa i gydnabod un a ddioddefodd 'farwolaeth ogoneddus'. Yna daeth y newyddion nad oedd wedi marw, er mawr embaras i'r trigolion lleol a oedd, serch hynny, yn ddiolchgar ei fod yn dal yn fyw. Gwaetha'r modd, fe'i lladdwyd yng Nghoedwig Delville ym mis Medi 1916 a'r tro hwn doedd dim 'atgyfodiad'.

Lladdwyd hefyd un o'r ddau gadfarch a oedd wedi'u cludo i Ffrainc gydag ef, tra bod y llall wedi'i glwyfo, a bu raid i Crawshay dynnu bwledi ohono. Collwyd dwy ran o dair o'r ceffylau mewn un frwydr ond llwyddwyd i chwalu'r Uhlans, gan gynnwys clamp o Warchodwr Potsdam a saethwyd drwy ei dalcen.

Tybiai Crawshay ei fod yn ddyn ffodus i oroesi brwydrau'r cyfnod ac ef oedd yr unig swyddog o'i sgwadron na chafodd ei ladd neu ei glwyfo. Ond daeth terfyn ar ei lwc ym mrwydr Messines ar 31 Hydref 1914 pan laddwyd ef gan siel a laniodd yn agos ato.

Y Corpral Franklin, digrifwr enwog yn
neuaddau diddanu'r dydd, yn recriwtio
yng Nghaerdydd, 1915.

4

BYDDIN CYMRU: RECRIWTIO A'R CORFFLU CYMREIG

Er bod y niferoedd a recriwtiwyd i'r fyddin yn ardaloedd diwydiannol a threfol Cymru yn ystod wythnosau cyntaf y rhyfel yn rhesymol, roedd pryder am y methiant i ddenu gwirfoddolwyr o'r ardaloedd gwledig ac yn arbennig felly o ogledd a gorllewin Cymru. Priodolid hyn i ddylanwad y capeli, lle roedd safbwyntiau heddychiaeth yn gryfach, ac oherwydd bod recriwtio drwy gyfrwng y Saesneg yn debygol o fod yn llai effeithiol. Serch hynny, roedd y rhesymau dros

ymrestru yn amrywio o berson i berson, gyda dylanwadau fel diweithdra, tlodi, y syniad o antur a phwysau gan gyfoedion ymhlith y ffactorau allweddol. Nid oedd dylanwadau crefyddol ac ieithyddol o angenrheidrwydd yn hollbwysig ac, yn yr un modd, nid yr alwad i ymladd dros 'y Brenin a'r Ymerodraeth' oedd yr unig ddylanwad ar y rhai a ymunodd â'r lluoedd arfog. Amrywiai nifer y recriwtiaid gwirfoddol o fis i fis, gyda llawer yn dibynnu ar y sefyllfa economaidd ar yr un llaw a'r newyddion o'r

DOWCH GYDA MI, FECHGYN!

"Yn union wedi'r alwad i fyn'd y'mlaen, yr oedd gwên ar bob wyneb."
(A gafwyd y Coffeillog Smith-Dorrien a ysgrifennwyd yn Mhapth yr Rhum)

YMRESTRWCH HEDDYW.

Gwnaeth ef ei ddyledswydd
A wnewch CHWI?

Posteri recriwtio Cymraeg. Y cadfridog yw'r Iarll Roberts, un o arwyr Rhyfel y Boër, a fu farw yn 1914.

cyfandir ar y llaw arall. Yn gyffredinol, disgynnodd y niferoedd a recriwtiwyd yn gyson o'u huchafbwynt ym Medi 1914 hyd at gyfnod dechrau gorfodaeth filwrol yn 1916.

Yn ystod wythnosau cyntaf y rhyfel, roedd y nifer a recriwtiwyd yn siroedd y Gogledd yn 5.1 y cant o ddynion cymwys, tua hanner y cyfartaledd ar gyfer yr Alban, Cymru a Lloegr gyfan. Nid oedd y sefyllfa yn ei gadarnle yn y Gogledd yn plesio Canghellor y Trysorlys, David Lloyd George. Roedd ef wedi'i argyhoeddi o gyfiawnder yr achos ac yn dod yn fwy blaenllaw yn nhrefniadaeth y rhyfel. Ar 12 Medi 1914, cynhaliwyd cyfarfod yn 11 Downing Street, cartref Lloyd George, i drafod sefydlu corfflu Cymreig. Wythnos yn ddiweddarach, rhoddodd Lloyd George araith rymus yn galw am sefydlu byddin Gymreig, gan gyfeirio at yr hen draddodiad milwrol yr honnai ei fod yn bodoli ymhlith y Cymry ganrifoedd ynghynt.

Roedd yr Ysgrifennydd Gwladol dros Ryfel, yr Arglwydd Kitchener, eisoes wedi bod yn ffurfio 'byddinoedd newydd' gan sylweddoli na fyddai'r rhyfel drosodd yn fuan ac y byddai angen o leiaf hanner miliwn o filwyr ychwanegol. Fodd bynnag, nid oedd yn frwd dros sefydlu 'byddin Gymreig' ac achosodd hyn anghydfod chwerw rhyngddo a Lloyd George. I Kitchener, roedd teyrngarwch pob milwr i'w gatrawd ac i'r Goron, nid i'w genedl, ond dadleuai Lloyd George bod angen denu Anghydffurfwyr a Chymry Cymraeg i'r rhengoedd a bod angen darpariaeth arbennig ar eu cyfer. Gwrthwynebai Kitchener gaplaniaid Anghydffurfiol ond ildiodd i bwysau gan Lloyd George. Cododd anghydfod hefyd pan waharddwyd milwyr o fataliwn Iwmyn Sir Ddinbych rhag siarad Cymraeg, gan eu bod, yn ôl y swyddogion Seisnig, yn defnyddio'r iaith i danseilio eu hawdurdod. Unwaith yn rhagor, llwyddodd Lloyd George i wyrdroi'r gorchymyn, er mai dim ond Saesneg a ganiateid ar y maes parêd o hynny allan. Llwyddodd hefyd yn ei ymgais i ganiatáu i'r Corfflu Cymreig newydd ymgynnull a hyfforddi yng Nghymru.

Sefydlwyd pwyllgor recriwtio arbennig, Pwyllgor Gweithredol Cenedlaethol Cymru, dan ysgrifenyddiaeth Owen Owen, ac aed ati i ddenu dynion ifanc o bob rhan o Gymru i'r rhengoedd. Gwrthodwyd y cais i gynnwys y bataliynau Cymreig a oedd eisoes wedi'u ffurfio felly rhaid oedd codi'r 'fyddin Gymreig' yn gyfan gwbl o'r newydd.

Roedd unrhyw frwdfrydedd dechreuol dros ymuno â'r fyddin wedi pylu i raddau helaeth erbyn hydref 2014, ond rhoddodd yr ymgyrch recriwtio newydd hwb i'r niferoedd. Cafwyd cryn lwyddiant dros yr wythnosau canlynol, gyda dros 10,000 wedi ymuno â'r Corfflu Cymreig erbyn diwedd 1914. Roedd y cynnydd hwn yn ddibynnol i ryw raddau ar recriwtio lleol mwy effeithiol ac ar y defnydd o bosteri a hysbysebion Cymraeg yn ogystal â rhai Saesneg. Yn ddiweddarach, adroddwyd bod cyfanswm o dros 120,000 o Gymry wedi ymrestru gyda'r lluoedd arfog erbyn diwedd 1915. Eto i gyd, deuai mwyafrif llethol y recriwtiaid o'r ardaloedd diwydiannol (40 y cant ohonynt o Forganwg yn unig) a cheir tystiolaeth fod rhai dynion ifanc o'r ardaloedd gwledig yn mynd i guddio yn y mynyddoedd pan ddeuai recriwtwyr i'w hardal.

Roedd dylanwad Lloyd George yn fawr ar hyn oll a llwyddodd i bwyso ar weinidogion, gwleidyddion ac arweinwyr cymunedol dylanwadol i ddwyn perswâd ar ddynion ifanc i ymrestru. Roedd Lloyd George hefyd yn awyddus i weld y corfflu yn arddel ei Gymreictod drwy benodi swyddogion Cymreig. Dylanwadodd ar y dewis o swyddogion ar gyfer y corfflu, gan gynnwys Owen Thomas a Syr Ivor Philipps. Un o feibion Lloyd George, Gwilym, oedd *aide-de-camp* Philipps.

Ni fu'r ymgais i wisgo milwyr y corfflu mewn lifrai Cymreig mor llwyddiannus. Ceisiwyd archebu brethyn llwyd Cymreig o felinau gwlân ledled Cymru ond profodd hwn yn ddrutach na'r brethyn caci arferol a chefnwyd ar y syniad. Nid oedd digon o lifreiau milwrol ar gael am gyfnod a bu rhai recriwtiaid yn ymarfer yn eu dillad arferol. Doedd dim digon o arfau chwaith, gyda rhai catrodau yn ymarfer â ffyn cerdded, ac nid oedd gynnau mawr na cheffylau ar gael ar gyfer y magnelwyr. Ymarfer ar y funud olaf cyn croesi i Ffrainc oedd profiad llawer o filwyr y corfflu.

Ailenwyd y Corfflu Cymreig yn 38ain Adran (Cymreig) yn Ebrill 1915 ac erbyn iddynt gyrraedd y ffosydd dim ond bathodyn y ddraig goch ar ysgwydd y milwr a roddai awgrym o'i gefndir Cymreig. Eto i gyd, llwyddodd yr ymgyrch recriwtio gan y Corfflu Cymreig i ddenu mwy o Gymry nag a fyddai wedi bod yn debygol dan y drefn Seisnig a fodolai cynt.

Roedd y 38ain Adran yn Ffrainc a Gwlad Belg rhwng Rhagfyr 1915 a Mawrth 1919. Yn ystod y cyfnod hwnnw, lladdwyd 275 o swyddogion a 4,144 o filwyr cyffredin yr adran, gyda 1,009 o swyddogion a 22,259 o filwyr cyffredin wedi'u clwyfo a 39 swyddog a 1,654 o filwyr traed ar goll.

DIM UN

Cartref teuluol Georgina Lees (1869–1965) oedd Gelligemlyn ger Dolgellau. Yn ystod y rhyfel, cadwodd ddyddiadur ar ffurf llythyron at ei mab bach Harry Illtyd, a oedd yn flwydd oed pan ddechreuodd y rhyfel. Treuliodd yntau y rhan fwyaf o'r cyfnod yng Nghymru tra oedd ei fam yn byw yn Llundain.

Ym mis Medi 1914 roedd Georgina Lees yng Ngelligemlyn a mynychodd gyfarfod recriwtio yn Nolgellau ar 10 Medi gyda'i gŵr, Charles. Roedd ei mam yng nghyfraith wedi'i rhybuddio eisoes nad oedd fawr neb o'r Cymry yn ymrestru â'r fyddin a'u bod yn anwybodus iawn ynglŷn â'r argyfwng.

Diben y cyfarfod oedd denu dynion ifanc Meirionnydd i'r rhengoedd gan mai dyma'r sir waethaf ym Mhrydain o safbwynt recriwtio. Ar y llwyfan roedd Syr Osmond Williams yn y gadair, gyda Syr Watkin Wynne nesaf ato, ynghyd â nifer o weinidogion, arolygwyr ysgolion ac athrawon prifysgol, gan gynnwys O M Edwards a'r Athro Richard Morris. Roedd y rhan fwyaf o'r areithiau yn Gymraeg ond gan nad oedd Georgina Lees a'i gŵr yn medru'r iaith, nid oeddent yn deall yr hyn a ddywedwyd. Eto i gyd, roeddent yn ymwybodol fod y Cymry'n 'natural orators… they speak in very soft low voices, with telling gestures and never hesitating for a word'.

Roedd y Saesnes yn obeithiol y byddai'r areithiau yn denu'r dynion lleol i ymrestru y diwrnod canlynol yn Nolgellau, ond pan ymwelodd â'r dref y prynhawn hwnnw nid oedd yr un dyn wedi ymrestru, serch holl huodledd y noson cynt.

Ni fyddai'r sefyllfa hon yn para'n hir, fodd bynnag, gan y cyhoeddwyd gyda balchder ym mhapur newydd *Y Dydd* yn Nhachwedd 1914 enwau dros 170 o feibion Meirionnydd oedd wedi ymuno â'r lluoedd arfog.

I GEHENNA

Denwyd llawer o fechgyn ifanc diniwed i ymuno â'r fyddin gan weniaith a huodledd y recriwtwyr. Dyma oedd profiad gwas fferm 18 oed o blwyf Llangristiolus, sir Fôn, yn 1914. Roedd Ifan Gruffydd (1896–1971) wedi mynd gyda'i gyfeillion i wrando ar y milwr mewn lifrai coch a fu'n annerch torf niferus ar sgwâr Llangefni. Mynnai'r milwr mai bywyd rhamantus oedd bywyd milwr. Câi gyfle 'i weld y byd ar bwrs y wlad, digon o adloniant, digon o fwyd – pwys a hanner o fara bob dydd, deuddeg owns o gig a chyflander o bethau eraill'.

Credai Ifan Gruffydd bob gair a heb ystyried ymhellach rhoddodd ei enw i'r swyddog. Arweiniwyd ef i'r Red Lion ac yno arwyddodd ffurflen a gorchmynnwyd iddo fynd i swyddfa ym Mhorthaethwy y bore canlynol. Saeson oedd yn ei archwilio yno ac nid oedd yn deall pen na chynffon o'r hyn a oedd i ddigwydd iddo. Anfonwyd ef i ganolfan y Ffiwsilwyr Cymreig yn Wrecsam – Gehenna, meddai ef – a bu'n crwydro'r gwersyll yno am gyfnod gan nad oedd neb yno'n siarad Cymraeg. Cafodd ei sarhau gan y swyddogion a thystiodd yn ddiweddarach: 'Er imi wneud fy ngorau i beidio tynnu sylw at fy nylni a'm heiddilwch fel sowldiwr, goddiweddwyd fi byth a beunydd gan ryw drwstaneiddiwch fel yna a barai imi deimlo yn llai na'r lleiaf yn eu plith.'

Er iddo gael ei anafu ym mrwydr Loos ym Medi 1915, gwasanaethodd Ifan Gruffydd gyda'r fyddin am chwe blynedd cyn dychwelyd i'w gynefin yn sir Fôn. Yno daeth yn enwog am ei ffraethineb ar lwyfan ac mewn print.

'Byddwch Ddynion'

Y gweinidog mwyaf dylanwadol ac uchel ei barch o blith y Methodistiaid Calfinaidd yng Nghymru yn ystod cyfnod y rhyfel oedd y Parch. John Williams (1854–1921), Brynsiencyn, sir Fôn. Ac yntau'n bregethwr grymus a thanbaid, tyrrai pobl i wrando arno ac ni fu Lloyd George yn hir cyn gweld cyfle i'w ddefnyddio i recriwtio dynion ifanc i'r lluoedd arfog.

Nid oedd angen fawr o berswâd ar y gweinidog, a oedd wedi'i argyhoeddi o gyfiawnder achos Prydain o gychwyn cyntaf y rhyfel. Gan fod y nifer a recriwtiwyd yn sir Fôn yn isel, aeth ar grwsâd personol dros yr ynys i ddenu bechgyn i'r rhengoedd. Ar y sgwâr yn Llangefni yn Nhachwedd 1914, apeliodd arnynt gyda'r geiriau 'Chwi fechgyn gwridgoch Môn, wnewch chi adael i fechgyn gwyneblwyd y trefi aberthu eu bywydau i'ch cadw chi'n groeniach?… Byddwch ddynion. Sefwch i fyny yn eofn dros eich gwlad, dros eich rhyddid a thros eich Duw.'

Pan ffurfiwyd y Corfflu Cymreig, gwahoddwyd ef i fod yn Brif Gaplan arno a dyfarnwyd iddo radd Cyrnol. Gwisgai iwnifform filwrol dros ei goler gron, gan ddigio'r rhai ymhlith yr Anghydffurfwyr a wrthwynebai filitariaeth. Serch hynny, cafodd gefnogaeth eang, yn arbennig yn ei sir enedigol. Roedd i'w weld yn aml mewn gwersylloedd milwrol ar hyd a lled Cymru ac ef a gafodd y fraint o roi'r bregeth, ar y testun 'Cyfiawnder a ddyrchafa genedl', pan agorwyd pabell newydd ar gyfer y milwyr Anghydffurfiol yng ngwersyll Parc Cinmel ger Abergele

Y Parch. John Williams yn ei lifrai a'i goler gron, gyda David Lloyd George a recriwtiwr brwd arall, Syr Henry Jones.

ar 20 Awst 1916. Ar yr achlysur hwnnw, dilynwyd ei bregeth gan araith gan Lloyd George, a fanteisiodd ar bob cyfle i gefnogi'r Cyrnol. Cefnogai John Williams y milwyr Cymreig gymaint ag y gallai, gan ddefnyddio ei ddylanwad ar yr awdurdodau milwrol. Byddai'n teithio i Lundain ar ei draul ei hun i unioni unrhyw anghyfiawnder i Gymro neu i ofyn am gymwynas ar ei ran.

Wedi iddo farw yn 1921, daeth yn gocyn hitio i'r rhai oedd yn beirniadu agwedd y capeli at y rhyfel ac nid oedd ei hoffter o wisgo iwnifform filwrol yn gweddu i deimladau llawer a gredai y dylai gweinidogion ymwrthod â militariaeth. Eto i gyd, yn ei ddydd roedd yn hynod boblogaidd ymhlith aelodau ei enwad, a chynrychiolai safbwynt llawer yn ei ymroddiad i achos y rhyfel.

Trefnydd Buddugoliaeth

Trefnydd gydag Undeb y Glowyr, y 'Ffed', oedd David Watts Morgan (1867–1933) o Sgiwen ger Castell Nedd. I raddau helaeth, dilynodd yn nhraddodiad cymedrol y glowyr yn hytrach na'r sosialaeth ddigymrodedd a arddelid gan rai elfennau o'r undeb. Pan ddaeth y rhyfel, roedd ymhlith y rhai cyntaf i ymrestru fel preifat gyda 10/ Catrawd Gymreig (bataliwn 1af y Rhondda).

Gwelwyd cyfle i fanteisio ar ei ddylanwad ar y glowyr a defnyddiwyd ef ar lwyfannau recriwtio yng nghymoedd y De a hefyd yn y Gogledd, lle roedd ei allu i gyfathre bu drwy gyfrwng y Gymraeg yn fanteisiol. Ymosododd ar 'grancs heddwch' a oedd yn 'sarhau'r bechgyn yr ydym oll mor falch ohonynt'. Yn 1915, disgrifiwyd ef gan y *Western Mail* fel 'trefnydd buddugoliaeth' a chyflwynwyd £100 iddo gan rai o fwysigion y Rhondda mewn gwerthfawrogiad o'i gyfraniad at recriwtio.

Erbyn 1916 roedd David Watts Morgan wedi'i drosglwyddo i Fataliwn Gwaith Catrawd Frenhinol Lerpwl a chafodd ei ddyrchafu'n Gapten. Enillodd fedal y DSO (Urdd Gwasanaeth Neilltuol) am ei ddewrder a dyrchafwyd ef drachefn yn Lefftenant-Cyrnol. Ar ddiwedd y rhyfel anrhydeddwyd ef gan y Brenin gyda CBE am ei wasanaeth ac etholwyd ef yn Aelod Seneddol Llafur dros Ddwyrain y Rhondda yn 1918. Roedd ganddo gynifer o lythrennau ar ôl ei enw fel yr adwaenid ef yn ne Cymru fel 'Dai Alphabet'.

'GYMRY IEUAINC, I'R GAD!'

Yn 1913, flwyddyn cyn y rhyfel, rhoddodd yr ysgolhaig o sir Fôn, John Morris-Jones (1864–1929), yr iaith lenyddol Gymraeg ar seiliau sicr drwy gyhoeddi'r gyfrol ddylanwadol *A Welsh Grammar, Historical and Comparative*. Erbyn Medi 1914 roedd wedi troi ei ddoniau ysgrifennu tuag at gynorthwyo'r ymgyrch i recriwtio dynion ifanc i'r fyddin.

Ar gais y wladwriaeth, ef oedd yn bennaf cyfrifol am gyfieithu dogfennau recriwtio i'r Gymraeg. Cyfieithodd araith enwog Lloyd George, hen gyfaill iddo, a gyhoeddwyd dan y teitl *Eich Gwlad a'ch Cais*. Ef hefyd oedd sefydlydd a golygydd y cylchgrawn llenyddol *Y Beirniad*, ac ynddo manteisiodd ar y cyfle i gyflwyno ei safbwynt ar y rhyfel.

Cyhoeddodd hefyd ar ei liwt ei hun y daflen *Apêl at y Cymry: Mynnwn Germani ar ei Gliniau* (1914), a oedd yn cynnwys yr apêl hon: 'Ni bydd heddwch yn Ewrop na'r byd oni chaffer Germani ar ei gliniau, a'i noethi arf o'i dwrn. Gymry ieuainc, i'r gad! Y mae Ymerodraeth Prydain Fawr heddiw yn allu o blaid popeth sy'n fwyaf annwyl inni – o blaid rhyddid a chyfiawnder, ac yn enwedig o blaid iawnderau cenhedloedd bychain. Y mae i ni le anrhydeddus yn yr Ymerodraeth; fe wnaeth Cymry eu rhan i'w seilio a'i saernïo, a diau y gwna'r Cymry eu rhan i'w hamddiffyn rhag ei gelynion, a thrwy hynny amddiffyn popeth sydd yn fwyaf cysegredig i ni fel cenedl. "Duw gadw'r Brenin."'

Cyhoeddwyd fersiwn Saesneg o'r daflen hon yn dwyn y teitl *To the Welsh People*, a dosbarthwyd y ddwy fersiwn yn rhad ac am ddim gan Morris-Jones a'i gyd-Athro yng ngholeg Bangor, E V Arnold. Mae'n amlwg i weithgareddau'r ysgolheigion hyn ddylanwadu ar fyfyrwyr a staff y Coleg ar y Bryn, gyda 554 ohonynt yn gwasanaethu yn y lluoedd arfog erbyn 1918. Am ei wasanaeth i ysgolheictod, ond hefyd i'r wladwriaeth, urddwyd John Morris-Jones yn farchog yn 1918.

Syr John Morris-Jones

'Dewch Ymlaen; Oni Chlywch?'

Er mwyn hybu recriwtio ar gyfer y Corfflu Cymreig gosodwyd cerdd ryfelgar i gerddoriaeth gan y cerddor adnabyddus David Vaughan Thomas a'i chyhoeddi'n ddwyieithog gan y *Western Mail* yn hydref 1914. Galwad ar fechgyn Cymru i godi yn erbyn y gelyn oedd y gerdd, a gyfansoddwyd gan lawfeddyg o Ferthyr Cynog, sir Frycheiniog, David M Beddoe (1869–1921). 'Come along, can't you hear?' oedd ei theitl gwreiddiol ac fe'i cyfieithwyd i'r Gymraeg o dan y teitl 'Dewch ymlaen; oni chlywch?'. Roedd y gerdd yn dechrau gyda'r pennill

Ai ni chlywch yr udgyrn alwant
O'r mynyddoedd hyd y môr,
"Dewch ymlaen, dewch ymlaen,
Y gelynion orymdeithiant, Fechgyn Cymru,
ffurfiwch gôr,
"Dewch ymlaen, dewch ymlaen,"
Oni chlywch?

Ac wedi chwe phennill arall tebyg, gorffennai'r gerdd â'r ddwy bennill

Ai ni chlywch alwad eich tadau?
"Ymladdasom i'ch rhyddhau,
Dewch ymlaen, dewch ymlaen,
Gymry, 'mlaen dros gartre' a chenedl,
Eich hoff ryddid gwnewch fawrhau,
Dewch ymlaen, dewch ymlaen,"
O! Oni chlywch?

Dim erioed yn eu holl hanes
Y plygasant wasaidd glin.
Hwy a ddeuant.
Clywch y genedl yn arfogi,
Fel twrf llanw'r môr ei hun.
Oni chlywch chwi sŵn eu hudgyrn,
"Ymlaen am Gymru a rhyddid cun!"
Mae'nt yn dyfod, mae'nt yn dyfod,
Oni chlywch?

Roedd neges ryfelgar y gerdd yn nodweddiadol o'r cyfnod a go brin fod iddi rinweddau llenyddol, ond fe'i canwyd mewn cyngherddau er mwyn codi ysbryd gwladgarol ymhlith y rhai a oedd, hyd hynny, wedi peidio ag ymuno â'r lluoedd.

Roedd Beddoe yn fab i gyfreithiwr a hyfforddodd i fod yn llawfeddyg yn Llundain, gan arbenigo yng nghlefydau'r gwddf. Wedi cyfnod yn Ysbyty Guy's, Llundain, bu'n gweithio yn Ysbyty Casnewydd, lle cafodd ei daro gan salwch difrifol. Er mwyn lleddfu ei afiechyd, symudodd i fyw i'r Aifft gan sefydlu practis llwyddiannus yng Nghairo. Yna, ar ddechrau'r rhyfel daeth yn llawfeddyg yn yr Anglo-American Hospital yn y ddinas honno. Yn ei amser hamdden, ysgrifennodd ddwy nofel gyffrous ramantaidd, yn ogystal â'r gerdd 'Come along, can't you hear?'.

'WELLINGTON Y FYDDIN GYMREIG'

Ac yntau'n fab i stiward tir, ganed Owen Thomas (1858–1923) yn Llanfechell, sir Fôn yn 1858. Ymunodd â'r milisia yn llanc ifanc ac yn Rhyfel y Böer yn ne Affrica ar droad yr 20fed ganrif gwahoddwyd ef i godi catrawd newydd, Marchoglu Ysgafn Tywysog Cymru, a oedd yn cynnwys 1,300 o farchogion. Treuliodd lawer o'i amser yn Affrica wedi'r rhyfel hwnnw, ond yn Awst 1914 roedd yn ôl yng Nghymru yn ceisio ailffurfio catrawd Marchoglu Ysgafn Tywysog Cymru a chefnogi'r ymgyrchoedd recriwtio yng Ngwynedd. 'Nid wyf yn ymbil arnoch i fynd; ymbiliaf arnoch i ddod, oherwydd yr wyf i yn mynd,' oedd ei neges, er mai aflwyddiannus fu ei ymdrechion i ailffurfio'i gatrawd.

Pan ffurfiwyd y Corfflu Cymreig yn hydref 1914, penodwyd Owen Thomas yn Gadfridog i'w arwain.

Y Cadfridog W H MacKinnon, cadbennaeth Rheolaeth y Gorllewin, ar ymweliad arolygu â'r Corfflu Cymreig yn Llandudno, 1915. Gydag ef mae'r Cyrnol David Davies a'r tu ôl iddynt mae David Lloyd George a'r Cadfridog Owen Thomas.

Y Cadfridog Owen Thomas gyda'i dri mab, Trevor, Robin a Vincent. Lladdwyd y tri yn ystod y rhyfel.

Llwyddodd i ddenu miloedd o Gymry i ymrestru, gyda llawer ohonynt yn Gymry Cymraeg o'r Gogledd a ymunai â chatrawd y Ffiwsilwyr Cymreig. Gweithredai'r Cadfridog o westy'r Wilton, Llandudno, ac aeth ati'n fwriadol i ddenu swyddogion a chaplaniaid Cymraeg eu hiaith i'w gynorthwyo. Roedd ganddo agwedd dadol at y milwyr dan ei ofal; ef oedd 'Wellington y Fyddin Gymreig', yn ôl y *North Wales Chronicle*.

Erbyn 1915 gobeithiai arwain ei frigâd i Ffrainc ond, ac yntau'n 57 mlwydd oed, penderfynwyd ei fod yn rhy hen i wasanaethu ar faes y gad. Penodwyd ef i ofalu am y 14eg Frigâd yng ngwersyll Parc Cinmel ger Abergele ond yn haf 1916 fe'i gorfodwyd i ymddiswyddo dan amgylchiadau tra amheus. Cododd ton o gynddaredd ymhlith y cyhoedd yng Nghymru ynglŷn â'r modd yr ymdriniwyd ag un a ystyrid yn arwr Cymreig. Am gyfnod daeth yn *cause célèbre* cenedlaethol ac awgrymwyd bod elfennau dichellgar, cenfigennus a gwrth-Gymreig o fewn yr awdurdodau milwrol. Cafwyd ymchwiliad swyddogol i'r achos, a ddangosodd y bu amryfusedd ac annhegwch yn

y dull o weithredu ond mai sail y penderfyniad i newid pennaeth Parc Cinmel oedd bod Owen Thomas yn henffasiwn o safbwynt ei ddulliau hyfforddi a bod angen arweinydd a oedd yn fwy cyfarwydd â chyfeiriad newydd y fyddin. Cydnabuwyd, serch hynny, gyfraniad sylweddol y Cadfridog ym maes recriwtio ac yn 1917 gwnaed ef yn farchog.

Treuliodd lawer o weddill y rhyfel yn Affrica ond yn 1918 dychwelodd i Fôn, gan ennill y sedd seneddol ar ran y Blaid Lafur, a hynny'n gwbl annisgwyl. Roedd yn amlwg felly ei fod yn parhau i fod yn boblogaidd yn ei filltir sgwâr.

DYLANWAD KITCHENER

Denwyd llawer i'r lluoedd gan recriwtwyr a phropaganda fel y posteri Cymraeg a Saesneg a osodwyd mewn mannau cyhoeddus ar hyd a lled y wlad.

Wedi gweld poster recriwtio, teithiodd William Jones-Edwards o Ffair-rhos, Ceredigion, i Aberystwyth er mwyn ymuno â'r fyddin: 'Ni ddywedais gartref beth oedd fy mwriad ond 'roedd yr ysbryd gwladgarol wedi oeri tipyn cyn imi gyrraedd Aberystwyth. Eisteddais ar sedd ar y prom a dadlau â mi fy hun beth i'w wneud. Yn fy nghyfyng-gyngor daeth rheng o filwyr heibio yn cael eu harwain gan fand *drum and fife*. Setlodd hynny'r mater. Euthum mor gyflym ag y gallwn i'r *Drill Hall* i weld y *Recruiting Officer*; 'roeddwn wedi penderfynu ymuno â'r Welsh Horse. Cefais archwiliad gan y meddyg ond er fy mawr siom cefais fy ngwrthod... Pan oeddwn yn yr orsaf ac ar y trên, dyma glerc y *Recruiting Officer* yn dod ataf ac yn dweud iddynt fod mewn cyffyrddiad â Major J. Owen James... Yr oedd ef â gofal bataliwn o wŷr traed y Gatrawd Gymreig ym Mae Colwyn, ac yr oeddent wedi ei berswadio i'm cymryd. Bûm yn ddigon ffôl i roi swllt iddo am y gymwynas.

'Pan ddywedais yr hanes gartref bu Mam druan bron â thorri ei chalon ac aeth fy nhad yn fud. Ni wyddai fy chwiorydd a'm brawd beth i'w ddweud, ac nid oes eisiau dyfalu beth oedd teimladau fy mam-gu a'm modryb.'

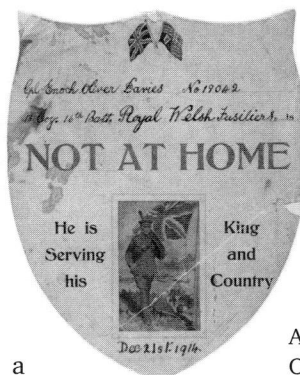

Arwydd ar ddrws cartref y Sarjant Enoch O Davies yn Horeb, Llandysul, yn 1914. Lladdwyd ef yng Ngorffennaf 1916.

Teuluoedd o ffoaduriaid tlawd yn Aberteifi yn ystod y rhyfel.

5

FFOADURIAID O WLAD BELG

Gyda'r Almaenwyr yn goresgyn Gwlad Belg yn ystod dyddiau cyntaf y rhyfel, ceisiodd llawer o Felgiaid ffoi i ddiogelwch gwledydd eraill. Croesodd y rhan fwyaf ohonynt dros y ffin i'r Iseldiroedd, a oedd yn wlad niwtral, ond amcangyfrifir i oddeutu 200,000 groesi i Brydain a cheisio am loches yma.

Cawsant groeso mawr; wedi'r cyfan, roedd y llywodraeth wedi pwysleisio mai'r rheswm yr aeth Prydain i ryfel oedd er mwyn amddiffyn 'gallant little Belgium'. Wrth i'r ffoaduriaid gael eu dosbarthu i bob rhan o'r wlad, caent groeso twymgalon. Ar 10 Hydref 1914, er enghraifft, daeth miloedd ynghyd ar strydoedd Rhyl i groesawu'r Belgiaid wrth iddynt gyrraedd yr orsaf a gorymdeithio trwy'r dref. Yn Llambed, clustnodwyd tŷ sylweddol yn y dref ar gyfer 15 o ffoaduriaid. Rhoddwyd dodrefn gan drigolion y dref a chaniatawyd i'r ffoaduriaid gael bwyd am ddim o siop leol. Sefydlwyd pwyllgorau ar hyd a lled y wlad i drefnu cartrefi i'r ffoaduriaid a chodwyd arian ar eu cyfer. Rhoddai rhai pobl ganran o'u cyflogau tuag at y cronfeydd hyn.

Serch hynny, wedi'r croeso, datblygodd tensiynau rhwng y ffoaduriaid a thrigolion lleol. Roedd rhai o'r ffoaduriaid yn fwy cefnog na'i gilydd a disgwyliai rhai ohonynt gael eu trin yn well na'r gweddill. Ar yr un pryd, ceisiai aelodau o'r dosbarth canol ym Mhrydain ddewis y Belgiaid mwyaf boneddigaidd i'w croesawu i'w cartrefi, yn hytrach na'r ffoaduriaid mwy truenus. Roedd rhai o'r Belgiaid yn anodd eu trin ac er bod llawer ohonynt wedi colli eu holl eiddo, roedd eu disgwyliadau'n uchel a chyhuddwyd rhai o fod yn farus ac anniolchgar. Cafwyd tensiynau rhwng y ffoaduriaid eu hunain hefyd, gyda sawl anghydfod yn arwain at gwffio, ac ar ben hynny roedd rhaniadau amlwg yn eu plith rhwng y Protestaniaid a'r Pabyddion.

Wedi'r rhyfel, dychwelodd y rhan fwyaf o'r Belgiaid i'w gwlad, a'r mwyafrif ohonynt yn ddiolchgar iawn am y lloches a ddarparwyd iddynt. Cyflwynwyd medalau gan frenin a brenhines Gwlad Belg i rai Cymry, fel Mrs Jeanie Mary Davies, y Bermo a Mrs G H Mathias, Aberteifi, a fu'n gweithio'n ddiflino i gynorthwyo'r ffoaduriaid.

Gwerthu baneri yn Llambed er mwyn codi arian ar gyfer y ffoaduriaid, tua 1915.

'O Ddosbarth Rhagorach'

Ddiwedd Medi 1914, yn ystod y cyfnod pan oedd y rhyfela'n digwydd yn Ffrainc, teithiodd dau Gymro, Thomas Jones, un o Gymry amlycaf a mwyaf dylanwadol y dydd, a'r Uwch-gapten W J Burdon-Evans, ysgrifennydd

David Davies, Llandinam, un o wŷr cyfoethocaf Cymru, i Wlad Belg. Gyda hwy ar y daith roedd Dr Fabrice Polderman, darlithydd ym mhrifysgol Caerdydd a oedd yn hanu o Ghent. Eu nod oedd casglu ynghyd ffoaduriaid o 'ddosbarth rhagorach' Gwlad Belg – yn arlunwyr, cerddorion ac ysgolheigion – a threfnu i'w cludo i Gymru.

Ariannwyd y fenter gan David Davies a'i ddwy chwaer,

Cerflun pren (*reredos*) o'r Swper Olaf a luniwyd gan ffoadur o Wlad Belg, Jules Bernaerts, a'i osod ger allor Eglwys Llanfihangel-y-Creuddyn, Ceredigion, yn 1918–19.

Gwendoline a Margaret, a oedd, ynghyd â'u bwriadau dyngarol, yn obeithiol y gallai'r Belgiaid hyn roi hwb i'r celfyddydau yng Nghymru. Arweiniodd y daith bysgota ryfedd hon at 91 o ffoaduriaid yn teithio i Gymru. Yn y lle cyntaf, ymgartrefodd y rhan fwyaf ohonynt yn y Barri, cartref Thomas Jones ar y pryd, ac Aberystwyth.

Byddai'r cerddorion ymhlith y ffoaduriaid yn cynnal cyngherddau er mwyn codi arian. Yn eu plith roedd dau frawd, Marcel a Nicolas Lavoureux, y naill yn bianydd a'r llall yn feiolinydd, a feiolinydd prydferth brenhines y Belgiaid, Maud Delstauche. Daeth y cerflunydd enwog Georges Minne i fyw i Aberystwyth, ynghyd â dau arlunydd, Valerius de Saedeleer (1867–1941) a Gustave van de Woestijne, a'u teuluoedd.

Daeth de Saedeleer yn gymeriad amlwg yn Aberystwyth. Ac yntau'n ddyn tal a thrawiadol yr olwg, cerddai'r dref yn ei glogyn du hir a'i het ddu gantel lydan. Byddai'n aml yn talu biliau'r doctor a'r deintydd â pheintiadau yn hytrach nag arian, llawer ohonynt yn dirluniau o ddyffryn afon Ystwyth. Pan ddychwelodd i Wlad Belg yn 1920, ailenwodd ei gartref newydd ym mhentref Etikhove, rhwng Brwsel a Lille, yn Ty'n-lôn ar ôl y tŷ yn Rhydyfelin, ger Aberystwyth, y bu ef a'i deulu'n byw ynddo yn ystod y rhyfel.

Er bod effaith y ffoaduriaid talentog hyn ar y celfyddydau yng Nghymru yn gyfyngedig, dylanwadodd profiadau eu halltudiaeth i Gymru ar eu gwaith o hynny ymlaen.

YMWELWYR O OSTEND

Ddiwedd Medi 1914, hwyliodd y dreillong *Nixe* o borthladd Ostend yng Ngwlad Belg a glanio ymhen hir a hwyr yn Aberdaugleddau, sir Benfro. Nid pysgod oedd ar ei bwrdd ond 330 o ffoaduriaid o Wlad Belg a ymgynullodd, wedi glanio, yn hen farchnad fecryll y porthladd.

Ni fu trigolion y dref yn hir yn cynorthwyo'r ffoaduriaid a oedd, fel llawer o Gymry'r ardal, yn dod o deuluoedd pysgota. Asiant llongau, masnachwr glo a chonswl tramor o'r enw George Stuart Kelway (1869–1960) a dderbyniodd y cyfrifoldeb o drefnu lloches i'r ffoaduriaid. Cawsant lety dros dro yn Neuadd y Seiri Rhyddion a bu 73 ohonynt yn aros ym Methel, Stryd Charles, a weithredai fel hostel ar gyfer pysgotwyr.

Yn ystod y dyddiau canlynol, glaniodd mwy o dreillongau yn y porthladd, dros 60 ohonynt, gan achosi cryn drafferth i Kelway ac eraill. Anfonwyd crïwr y dref i grwydro'r strydoedd er mwyn apelio am ddillad gwely.

Valerius de Saedeleer

Trosglwyddwyd 30 o'r ffoaduriaid i ofal tref Abergwaun ac eraill i drefi ar hyd a lled Cymru, ond arhosodd llawer ohonynt ym mhorthladd Aberdaugleddau am weddill y rhyfel. Priododd rhai o ferched y dref feibion o Wlad Belg ond cafwyd ambell anghydfod hefyd. Yn 1917, ceisiodd rhai Belgiaid wthio'u ffordd i mewn i ddawns a gynhaliwyd yn neuadd eglwys Babyddol y dref gan achosi ffrwgwd. Bu ymladd ar Stryd y Priordy gyda thua 50 o Felgiaid yn cwffio yn erbyn dynion lleol a morwyr o'r Unol Daleithiau a'r llynges Brydeinig. O ganlyniad i'r ffrwgwd, carcharwyd un o'r Belgiaid am fis.

Wedi'r rhyfel, cafodd Kelway fedal gan frenin y Belgiaid a gosodwyd cofeb yn Aberdaugleddau gan berchenogion treillongau a thrigolion Ostend mewn gwerthfawrogiad o'r gefnogaeth a gafwyd gan Gymry'r dref.

LLOSGI TŶ

Deuai rhai ffoaduriaid i Gymru â hanesion annifyr am eu profiadau wrth i'r Almaenwyr oresgyn eu gwlad. Cafodd un teulu loches yn y Cross Foxes, Caerwys, sir y Fflint. Dangosodd un gŵr i'r Aelod Seneddol lleol, J Herbert Lewis, ddwy fedal a gyflwynwyd iddo gan lywodraeth Gwlad Belg. Bu'n gwasanaethu yn y Congo ond ni welodd yno ddim byd tebyg i'r creulondeb a'r barbareiddiwch a ddioddefodd y Belgiaid dan law'r Almaenwyr. Adroddodd am hanes rhai milwyr a alwodd yn un tŷ a gofyn am bryd o fwyd. Cawsant y bwyd gorau a oedd ar gael. Wedi'r pryd, diolchodd yr Almaenwyr am y lluniaeth ac yna aethant ati i losgi'r tŷ yn ulw.

6

ALMAENWYR YNG NGHYMRU

Ar ddechrau'r rhyfel, roedd rhai miloedd o Almaenwyr yn digwydd byw ym Mhrydain a chafodd rhai ohonynt eu caethiwo yn syth dan y Ddeddf Cyfyngu Estroniaid, fel Herr Kohn, Gwydr Gardens, Abertawe, rheolwr gweithfeydd tiwbiau dur Mannesmann, Glandwr. Roedd yn amlwg fod y Biwro Gwasanaethau Cudd, rhagflaenydd MI5, wedi bod yn cadw golwg ar rai Almaenwyr amheus cyn y rhyfel. Ymhlith y rhain roedd perchennog siop trin gwallt yn Abercynon o'r enw Otto Moritz Walter Kruger. Arestiwyd ef ar ddiwrnod cyntaf y rhyfel, gan fod tystiolaeth ei fod mewn cysylltiad â gwasanaethau cudd yr Almaen. Ar yr un diwrnod, arestiwyd hefyd ei frawd yng nghyfraith, barbwr arall o Benarth o'r enw Fowler, ond rhyddhawyd hwnnw yn y pen draw. Y gred yng Nghwm Cynon oedd bod Kruger yn 'master spy' ond mewn gwirionedd ni chyhuddwyd ef o'r un drosedd. Er hynny, fe'i cadwyd yn y ddalfa, fel llawer i Almaenwr arall, hyd ddiwedd y rhyfel.

Roedd pob Almaenwr neu berson ag enw tramor yn cael ei amau o fod yn ysbïwr. Ataliwyd car teulu o'r enw Forester o Willey Park, swydd Amwythig, gan blismon ger Llyn Efyrnwy ar 28 Awst 1914 gan ei fod yn credu mai ysbïwyr oeddent, ac yn ystod yr un mis ataliwyd ficer o swydd Derby yn y Trallwng am yr un rheswm. Honnai gŵr o'r enw Eynon Watkin o Aberdâr ei fod wedi dal llawer o ysbïwyr Almaenig gan ei fod yn deall Almaeneg.

O ganlyniad i'r ofn hysteraidd hwn a'r straeon am erchyllterau a gyflawnwyd gan y fyddin Almaenig yn erbyn trigolion diniwed Gwlad Belg a Ffrainc, rhai ohonynt yn wir ac eraill yn bropaganda, ysgogwyd atgasedd at Almaenwyr a daniodd ysbryd o erlid ymhlith rhai. Ar 20 Hydref 1914, er enghraifft, penderfynodd glowyr Glofa Lewis ym Merthyr na fyddent yn disgyn i'r pwll hyd nes i bennaeth trydanwyr y lofa, Almaenwr o'r enw Sholback, gael ei ddiarddel o'r gweithle.

Nid oedd pob Almaenwr dan glo. Dim ond y rhai dan 45 mlwydd oed a arestiwyd, ond nid oedd hynny'n ddigon i rai. Dymuniad llawer, gan gynnwys aelodau Cyngor Tref Aberystwyth, oedd caethiwo pob estron Almaenig. Yn 1916, dadleuai'r Cynghorydd J Barclay Jenkins fod ysbïwyr yn parhau i weithredu yn y wlad, tra bod y Cynghorydd Thomas Owen, Llanbadarn Fawr, yn ystyried bod 'gwragedd estron lawn cyn berycled â dynion' a gobeithiai 'y byddai dynion a gwragedd estron fel ei gilydd yn cael eu carcharu'.

Yn ogystal â gwersylloedd ar gyfer estroniaid, sefydlwyd carchardai yng Nghymru ar gyfer aelodau o luoedd yr Almaenwyr a gipiwyd mewn brwydrau. Yr enwocaf ohonynt oedd Fron-goch ger y Bala ond roedd eraill ar hyd a lled Cymru. Yn naturiol, ceisiodd rhai o'r carcharorion ddianc ac achoswyd cyffro mewn rhai ardaloedd wrth i'r heddlu a'r fyddin chwilio am y rhai a oedd wedi dianc. Ar 4 Ebrill 1915, er enghraifft, dihangodd dau garcharor rhyfel o garchar Dyffryn Aled, hen blas tua 6 milltir i'r gorllewin o Ddinbych. Cafodd y ddau eu dal gan heddwas ger Llanbedr, sir Feirionnydd, ar 11 Ebrill, a'u cludo i orsaf yr heddlu ym Mlaenau Ffestiniog. Yn ddiweddarach, daeth gwersyll Fron-goch yn enwog fel carchar i wrthryfelwyr Gwyddelig yn dilyn y gwrthryfel yn Iwerddon yn 1916.

Er bod gwrthwynebiad chwyrn gan rai i'r fath drefn, defnyddid rhai carcharorion i weithio ar ffermydd lleol. Barn un ffermwr o'r Gogledd am ei was Almaenig oedd: 'Y mae'n weithiwr ardderchog ac ewyllysgar, ac yn ddyn ieuanc dymunol iawn.'

Carcharorion Almaenig yng ngwersyll Fron-goch.

'I'R AFON Â FO'

Cododd cynnwrf yn Llanrwst ym mis Hydref 1914 gan fod Almaenwr yn parhau i fod yn rheolwr ar westy'r Belle Vue, Trefriw. Cynhaliwyd cyfarfod cyhoeddus yn Sgwâr Ancaster, Llanrwst, dan arweiniad y Cynghorydd Albert Hughes (g.1871), Tanyfynwent, is-gadeirydd cyngor y dref.

O flaen torf sylweddol, haerodd y cynghorydd fod pawb am weld yr Almaenwyr yn cael eu clirio o'r dyffryn, a bod pob un a fu'n gweithio yng ngwestai'r cylch wedi ymadael ac eithrio un. Heb i hwnnw adael, ni fyddai neb yn ddiogel rhag yr 'haint hyn'. 'I'r afon â fo' oedd y waedd pan aeth y cynghorydd yn ei flaen i enwi Emil Gipprich, yr Almaenwr a reolai'r Belle Vue. Sbarsiwyd y dyrfa o tua 250 o bobl i orymdeithio i Drefriw ond i beidio â thorri'r gyfraith. Y nod oedd rhybuddio Gipprich i ymadael â'r ardal.

Dechreuwyd canu 'Rule, Britannia' wrth i'r orymdaith gyrraedd Trefriw a bu rhai'n gwneud y *goose step* er mwyn gwawdio'r Almaenwr. Roedd dau heddwas wrth ddrws y gwesty ond caniatawyd i ddirprwyaeth drafod gyda Gipprich. Dywedodd yntau ei fod wedi cysylltu â pherchennog y gwesty, a oedd yn byw yn Llundain, am gyngor. Hawliodd hefyd ei fod wedi byw ym Mhrydain am 41 mlynedd ac iddo briodi Saesnes 31 mlynedd ynghynt. Honnodd ei fod yn deyrngar i achos Prydain yn y rhyfel, ond nid oedd hynny'n ddigon i'r ddirprwyaeth a rhybuddiwyd ef i adael yr ardal.

Penderfynwyd cynnal cyfarfod arall yn Llanrwst petai'r Almaenwr yn gwrthod gadael, ond cafwyd ar ddeall iddo adael y gwesty yn fuan wedi'r brotest. Y flwyddyn ganlynol, mae'n debyg i Gipprich a'i wraig ymfudo i Altoona yn nhalaith Pennsylvania, yr Unol Daleithiau.

'Bravo, Aberystwyth'

Athro hynod ddysgedig ond ecsentrig yng Ngholeg y Brifysgol, Aberystwyth oedd yr Almaenwr Hermann Ethé. Bu'n darlithio yno er 1875, gan ymgartrefu gyda'i wraig yn y dref wedi iddo adael ei wlad enedigol oherwydd ei atgasedd at bolisïau militaraidd y wladwriaeth. Cyfrannodd lawer at fywyd y coleg yn academaidd ac yn gymdeithasol a disgwyliai dreulio gweddill ei fywyd yn Aberystwyth. Ond gyda dyfodiad y rhyfel roedd llawer o drigolion y dref am waed pob Almaenwr ac ni fyddai'r hen ŵr diniwed hwn yn cael ei eithrio.

Pan ddechreuodd y rhyfel roedd Ethé ar ei wyliau yn yr Almaen ond trefnwyd iddo ddychwelyd i Brydain, a bwriadai ailgydio yn ei waith yn y coleg yn yr hydref. Roedd yn arferiad i brifathro'r coleg, T F Roberts, gwrdd ag Ethé yng ngorsaf y dref a threfnu i'w gludo i'w gartref. Y tro hwn, yn hwyr y prynhawn ar 13 Hydref 1914, aeth â chofrestrydd y coleg gydag ef i gwrdd â'r Almaenwr, gan ei fod wedi clywed am y teimladau chwerw a oedd yn cyniwair yn y dref. Daeth ciwed o brotestwyr i'r orsaf hefyd a gwaeddwyd 'Cywilydd!' wrth i'r Almaenwr gyrraedd yno ar y trên.

Y diwrnod canlynol, trefnwyd protest fwy sylweddol a chyfarfu rhwng 2,000 a 3,000 o bobl y tu allan i gapel Seilo yn Aberystwyth i wrando ar areithiau ymosodol gan rai o gynghorwyr mwyaf blaenllaw'r dref. Yna gorymdeithiwyd i Ffordd Caradog, lle roedd cartref Ethé. Canfuwyd nad oedd yr Almaenwr yno, dim ond ei wraig, Saesnes o Reading. Ceisiodd dau Athro a oedd yn digwydd bod yn y cyffiniau ei hamddiffyn ond cawsant eu cam-drin gan y dorf, cyn i'r heddlu eu hachub.

Roedd Ethé ei hun wedi cael lloches yn y coleg a gwnaed penderfyniad yn ddiymdroi i drefnu iddo ef a'i wraig ddianc o'r dref, a oedd bellach yn berwi o atgasedd. Aethant i fyw i Loegr, ac ni ddychwelasant erioed i'w hen gartref. Ond nid oedd y dial ar ben, a phwysodd cyngor y dref ar i'r coleg beidio â thalu pensiwn i'r Almaenwr. Chwerwodd y berthynas rhwng y dref a'r coleg wrth i gyngor y coleg wrthod yr alwad.

Wedi'r holl ffrwgwd, anfonwyd llythyron i'r wasg, llawer ohonynt gan gyn-fyfyrwyr, yn cwyno am agweddau anwaraidd trigolion Aberystwyth, ond derbyniodd rhai cynghorwyr gyfarchion yn llawn cefnogaeth. 'Bravo, Aberystwyth' oedd ymateb un dinesydd o Lerpwl.

Bu Ethé farw yn 1917 ond ystyrir hanes ei erlid yn staen ar enw da tref Aberystwyth a'i thrigolion.

Cartŵn o Hermann Ethé gan y cartwnydd o'r Borth, Ceredigion, 'Ap Rhobert' (Howard Lloyd Roberts).

Llongau Tanfor yn Llandudno

Cadwai W S Herbert (1858–1929) siop gwerthu tybaco yn Llandudno yn 1915, ond ym mis Awst y flwyddyn honno roedd hefyd ymhlith y rhai a oedd yn gyfrifol am ddal tri Almaenwr a oedd wedi dianc o garchar yn sir Ddinbych ac a oedd yn disgwyl cael eu cludo'n ôl i'r Almaen gan long danfor.

Roedd y tri, Kapitänleutnant Heinrich von Henning, Korvettenkapitän Hermann Tholens a Gardes du Corps Rittmeister Wolff-Dietrich Baron von Helldorf, wedi'u carcharu ym mhlas Dyffryn Aled. Cafodd Tholens ei ddal pan suddwyd y criwser *Mainz* ym mrwydr Heligoland ar 28 Awst 1914, tra mai capten llong danfor *U-18* oedd von Henning a gipiwyd yn y Pentland Skerries yng ngogledd yr Alban. Yn ystod eu cyfnod yn Nyffryn Aled, llwyddasant i gael neges i'r Almaen drwy garcharor a ffeiriwyd mewn cynllun cyfnewid adeg y Nadolig.

Roedd gan Tholens a von Henning gynllun beiddgar i ddianc o Ddyffryn Aled a chwrdd ar amser penodedig ag un o ddwy long danfor, *U-38* neu *U-27*, ger y Gogarth, Llandudno. Ymunodd von Helldorf â'r fenter a dros nos ar 13 Awst 1915 llwyddodd y tri i ddianc o'r carchar. Gwisgent ddillad cyffredin a guddiwyd yn y carchar a mater o gynllunio gofalus oedd torri bar haearn a thorri clo cyn diflannu i'r nos.

Llwyddasant i gerdded i Landudno dros nos a chael brecwast yn ddibryder yn un o gaffis y dref, gan wybod na fyddai gwarchodwyr Dyffryn Aled yn darganfod eu bod wedi dianc tan naw o'r gloch y bore. Yna aethant i guddio mewn llwyni ar ben y Gogarth.

Er mwyn cadw oed gyda'r llongau tanfor am 10 yr hwyr, ceisiasant ddarganfod llwybr i lawr drwy'r clogwyni at y môr. Roedd yr *U-38* yn eu disgwyl ger y goleudy ar droed y Gogarth ond methodd y carcharorion â chyrraedd y creigiau islaw. Serch hynny, roedd trefniant y byddai'r *U-38* yn aros ger y lan am y ddwy noson ganlynol. Ar 15 Awst, llwyddodd y carcharorion i gyrraedd glan y môr ond er mai dim ond 500 llath oddi wrthynt yr oedd yr *U-38*, methasant â'i gweld. Ar y drydedd noson cafwyd tywydd garw, a chan eu bod yn llwgu ac wedi colli gobaith, penderfynodd y tri roi'r gorau i'r cynllun a cheisio dianc ar wahân er mwyn chwilio am ffordd arall o ddychwelyd i'r Almaen.

Tholens oedd y cyntaf i gael ei ddal. Aeth i siop W S Herbert yn Stryd Mostyn i brynu paced o sigarennau. Er ei fod yn medru siarad Saesneg yn rhugl, tynnodd ei acen anarferol sylw'r siopwr. Mynegodd Herbert ei amheuon wrth gwsmer arall drwy gyfrwng y Gymraeg a chytunodd hwnnw ddilyn Tholens. Yn y pen draw cafodd yr heddlu wybod bod yr Almaenwr mewn gwesty o'r enw Tudno Hotel ac fe'i harestiwyd yno.

Daliwyd y ddau arall gan yrrwr tacsi o'r enw Alfred Davies. Yn ddiweddarach, carcharwyd y tri yng ngharchar Chelmsford am dri mis ond wedi hynny cawsant eu hanfon yn ôl i Ddyffryn Aled, lle buont dan glo tan 1918.

TERFYSG YN RHYL

Cynyddodd y ffieidd-dra at yr Almaenwyr wedi i'r *Lusitania* gael ei suddo gan long danfor ddechrau Mai 1915 (gweler tt. 87–89) ac amlygwyd hynny mewn terfysg yn nhref Rhyl ddiwedd y mis. Milwyr o wersyll Parc Cinmel gerllaw oedd yn bennaf cyfrifol am y trafferthion, a gychwynnodd ar 21 Mai wedi i ddyn ecsentrig o'r enw Brougham, tiwniwr piano wrth ei waith, gael ei arestio. Ei drosedd honedig oedd iddo ddweud bod gwersyll Parc Cinmel am gael ei chwythu i fyny.

Pan gludwyd ef i orsaf yr heddlu, dilynwyd yr osgordd gan dorf o filwyr meddw a rhai o drigolion y dref. Tra oedd y dorf yn Stryd y Frenhines, ymosodwyd ar siop trin gwallt a oedd yn eiddo i ddyn o'r enw Robert Fassy. Ac yntau'n enedigol o'r Swistir, roedd Fassy wedi sefydlu ei fusnes yn Rhyl yn 1904. Ar ddechrau'r rhyfel, canfuwyd iddo wasanaethu am gyfnod ym myddin yr Almaen yn 1907 ond taerai nad oedd dewis ganddo gan y byddai wedi colli tiroedd yn yr Almaen, a oedd yn eiddo i'w fam, oherwydd y drefn a fodolai yn y wlad honno. Caethiwyd ef am gyfnod byr yng ngwersyll Queensferry yn Hydref 1914 ond wedi hynny dychwelodd i Rhyl, gan gynnal ei fusnes fel o'r blaen.

Er hynny, roedd busnes Fassy yn darged amlwg i derfysgwyr ym Mai 1915, a chwalwyd ffenestri'r siop a dwyn oddi yno ffyn cerdded, gwallt gosod artiffisial, brwsys gwallt, cribau a deunydd ysmygu. Disgrifiwyd y sefyllfa gan y Capten Dafydd Jones, a oedd yn swyddog yng ngwersyll Parc Cinmel ar y pryd: 'Torrwyd yr oll o'i eiddo yn dameidiau ac erbyn heddyw mae'r cwbl wedi ei ystyllo i fyny.' Hebryngwyd Fassy, ei wraig Edith a'u dau blentyn bach i ddiogelwch gorsaf yr heddlu ond ymosodwyd ar yr orsaf gan filwyr meddw a thorrwyd ffenestri a dinistrio eiddo yno. Dim ond pan gyrhaeddodd swyddogion o Barc Cinmel y dref y tawelwyd y dyrfa. Cludwyd Fassy (mewn dillad menyw yn ôl un hanes) a'i deulu i gartref cyfaill ac wedi hynny fe adawsant y dref am Birmingham. Yn ddiweddarach, methodd ei gais am iawndal.

Priodolwyd y terfysg i'r yfed trwm gan y milwyr ac argymhellodd y prif gwnstabl y dylid cau tafarndai'r dref am 6 o'r gloch yr hwyr. Wedi mwy o brotestio gan y milwyr, newidiwyd yr amser hwnnw i 9 o'r gloch.

7

NADOLIG 1914

Un o ddigwyddiadau rhyfeddaf y rhyfel oedd y cadoediad digymell ac answyddogol ar rannau o'r ffrynt gorllewinol dros Nadolig 1914. Roedd y cyfnod cyn y Nadolig yn hynod ddiflas i'r milwyr o'r ddwy ochr a gysgodai mewn ffosydd gwlyb a mwdlyd. Mewn llythyr adref, tystiodd un o feibion Bethesda, y Preifat Ellis Roberts, mai 'Nadolig gwael iawn gefais i. Nid oes dim yma ond sŵn magnelau ddydd a nos.'

Serch hynny, gwnaed ymgais i godi calonnau'r milwyr. Anfonwyd 'cysuron' iddynt, gan gynnwys 450,000 o barseli a 2.5 miliwn o lythyron. Yn y parseli roedd sanau, sgarffiau, menig a dillad cynnes, yn ogystal â thybaco, sigarennau a bwydydd. Cafodd pob milwr hefyd flwch pres deniadol yn anrheg gan y Dywysoges Mary, merch y Brenin, yn cynnwys sigarennau, tybaco, cerdyn Nadolig a llun o'r Dywysoges ei hun, ynghyd â phibell. Ar gyfer y rhai nad oeddent yn ysmygu, roedd blychau yn cynnwys melysion a chas pensiliau.

Roedd pryder ymhlith uwch-swyddogion y fyddin y gallai cyfnod y Nadolig fod yn anodd o safbwynt morâl y milwyr cyffredin ac y gallai agwedd gyfeillgar at y gelyn ddatblygu dros yr ŵyl. Rhybuddiwyd y swyddogion i fod ar eu gwyliadwriaeth am unrhyw gyfeillachu rhwng y ddwy ochr.

Ar noswyl Nadolig newidiodd y tywydd, gydag eira'n disgyn a llwydrew yn dilyn dros nos – tywydd a roddai naws arbennig i'r ŵyl. Cafwyd canu carolau, gyda'r garol enwog 'Stille Nacht', 'Dawel Nos', yn atseinio o ffosydd

Milwyr Prydeinig ac Almaenig yn cwrdd yn nhir neb ar ddydd Nadolig 1914.

'Dyden ni ddim am ymladd heddiw.'

yr Almaenwyr, a gosododd y milwyr oleuadau ar barapet eu ffosydd. Peintiodd un Cymro o 2/Ffiwsilwyr Cymreig y geiriau 'A Merry Christmas to you all' a llun o'r Kaiser ar ddarn o gynfas a'i arddangos ar barapet y ffos. Fore Nadolig, ymddangosodd ateb yr Almaenwyr: 'Esteemed thanks.'

Yn ystod y dydd, cododd rhai milwyr o'r ddwy ochr o'r ffosydd a chroesi tir neb i gwrdd â'i gilydd. Cyflwynwyd anrhegion: corn-bîff, stiw, jamiau, cacennau, bisgedi, siocled, te, sigarennau a phwdinau Nadolig gan y Prydeinwyr, a sigarau, losin, cnau, siocledi, selsig, *sauerkraut*, coffi, *cognac, schnapps* a gwin gan yr Almaenwyr. Yn ôl y Preifat C Hunter, 2/Catrawd Mynwy, hen ddyn oedd y milwr cyntaf iddo

Blwch y Dywysoges Mary.

gwrdd ag ef a phan ysgydwodd ei law 'credais nad oedd am ollwng gafael ar fy llaw'. Chwaraewyd gemau pêl-droed anffurfiol a thynnwyd ffotograffau o'r milwyr a'u swyddogion yn cyfeillachu â'i gilydd. Rhoddwyd cyfle hefyd i gladdu cyrff y meirwon a oedd yn gorwedd ar dir neb. Yn ôl un swyddog, 'Nid oedd ronyn o gasineb y diwrnod hwnnw.'

Dim ond mewn rhai mannau ar y ffrynt y cafwyd y cyfeillachu anarferol hwn, ac roedd llawer ohono'n dibynnu ar agwedd y swyddogion at y sefyllfa. Byrhoedlog oedd y cadoediad answyddogol ac wedi'r ŵyl diflannodd y cyfeillgarwch a dychwelwyd i'r drefn o geisio cael y gorau ar y gelyn drwy fwled a bom. Ni fu chwaith fawr ddim tebyg yn ystod y Nadoligau dilynol, gan y cafwyd gorchymyn pendant gan uwch-swyddogion byddinoedd y ddwy ochr i beidio dathlu'r ŵyl yng nghwmni'r gelyn. Tystiodd y Lefftenant Llywelyn Wyn Griffith iddynt dderbyn gorchymyn eu bod i gyfyngu eu hewyllys da i gyd-Gristnogion y Cynghreiriaid ac y dylid parhau i arddel ysbryd o gasineb at y gelyn, gan ateb unrhyw gynnig gyda bwled.

Eto i gyd, ymddangosodd adroddiadau am gadoediad Nadolig 1914 yn y wasg a gwelid y digwyddiadau gan rai fel arwydd y gallai cenhedloedd ddod at ei gilydd ac osgoi rhyfela yn y dyfodol.

Y Gasgen Gwrw

Yn Rhagfyr 1914 roedd 2/Ffiwsilwyr Cymreig wedi ymgartrefu mewn ffosydd i'r gogledd o Houplines, ar gyrion afon Lys yng ngogledd Ffrainc. Ar brynhawn dydd Nadolig, cododd rhai milwyr Almaenig o'u ffosydd heb eu harfau gan weiddi eidiwch â saethu. Dyden ni ddim am ymladd heddiw. Fe anfonwn ni ychydig o gwrw atoch chi.' Codasant gasgen o'r ffos a'i rholio i ganol tir neb. Nid oedd y Cymry am fentro allan hyd nes i'r Capten Charles Stockwell alw ar yr Almaenwyr i anfon swyddog cyfatebol i gwrdd ag ef. Daeth swyddog allan a chytunodd y capten dderbyn y gasgen o gwrw. Trefnodd fod y swyddog Almaenig yn derbyn pwdin Nadolig. Mae'n debyg mai Cymro 29 mlwydd oed o ardal Wrecsam, y Corpral Herbert Piper (1885–?1957), a gafodd y fraint o godi'r gasgen ar ei gefn a'i chludo i'r ffosydd. Mewn llythyr at ei rieni, a oedd yn byw yn Rhiwabon, dywedodd i'r Almaenwyr roi cymeradwyaeth iddo. Adroddodd hefyd ei fod wedi synnu o weld bod milwyr yr Almaen ynteu'n ifanc iawn neu'n hen.

Hen filwr a oedd wedi ymuno â'r fyddin cyn y rhyfel oedd Piper, a milwr o'r un cefndir oedd y Preifat Frank Richards o Blaenau, sir Fynwy (gweler t. 213). Cwynodd ef fod y cwrw'n wael ac mae'n debyg iddo gael ei ddwyn o fragdy Frelinghien gan yr Almaenwyr. Hen filwr profiadol arall a oedd yno oedd y Lefftenant Murphy, a fu'n byw yng Nghaernarfon am gyfnod. Roedd yntau wedi codi trwy'r rhengoedd ac ef a fu'n hyfforddi'r milwyr i daflu bomiau llaw. Agwedd negyddol oedd ganddo tuag at y 'cadoediad', yn ôl y cyfweliad a roddodd i ohebydd Y Werin a'r Eco, papur newydd Caernarfon, ym mis Chwefror 1915. Ni fu'n cyfathrebu gyda'r Almaenwyr gan nad oedd 'yn hidio fawr am y peth'.

Mae'n debyg bod y milwyr yn sgwrsio â'i gilydd am hyd at ddwyawr, a buont yn cyfnewid jam a sigarennau. Cytunodd un Almaenwr y byddai'n llythyru gyda milwr Cymreig petai'n goroesi'r rhyfel.

Ar Ŵyl San Steffan roedd cytundeb rhwng y ddwy ochr y byddai'r cadoediad yn dod i ben am 8.30 y bore, ond ni fu saethu y diwrnod hwnnw chwaith, gyda'r ddwy ochr yn gyndyn i geisio lladd y rhai y buont yn eu trin fel ffrindiau y diwrnod cynt. Cafodd 2/Ffiwsilwyr Cymreig eu symud o'r ffosydd blaen y noson honno a phan oeddent yn martsio trwy dref Armentières cawsant eu gwawdio gan fenywod a oedd wedi clywed am y cyfeillachu â'r Almaenwyr ac am y cwrw a dderbyniwyd yn anrheg.

Er bod y tri Chymro hyn o'r bataliwn, Piper, Richards a Murphy, yn aelodau o'r fyddin wreiddiol – yr 'old contemptibles' – ac iddynt gymryd rhan yn rhai o frwydrau mwyaf gwaedlyd y cyfnod, goroesodd y tri y rhyfel.

Llwfrgwn Brwnt

Nid oedd ceisio cyfeillachu yn nhir neb yn ddiogel bob amser. Collodd dau filwr o 2/Catrawd Mynwy eu bywydau ar ddydd Nadolig. Roedd y Preifat Ernest Palfrey, cyn-löwr 21 mlwydd oed, wedi bod yn claddu cyrff y meirw yn nhir neb gan ei fod yn credu bod cadoediad yn bodoli rhwng y ddwy ochr yn y ffosydd ger Coedwig Ploegsteert, Fflandrys. Gwaetha'r modd, wrth iddo ddychwelyd i'w ffos, saethwyd ef yng nghefn ei wddf a bu farw'n syth.

Mewn achos arall, croesodd y Sarjant Frank Collins dir neb er mwyn cynnig sigarennau i'r Almaenwyr. Adroddodd y Sarjant William 'Blackwood' Jones (g.1879), pêl-droediwr amlwg i glwb Pont-y-pŵl yn ei lencyndod, iddo yntau groesi tir neb tua'r un pryd gyda phapur newydd ar ben ei reiffl fel arwydd o gadoediad. Cludodd jam a sigarennau i'r Almaenwyr cyn dychwelyd yn ddiogel i'w ffos. Ond nid felly Collins, a gafodd ei saethu yn ei gefn. Mae'n debyg iddo syrthio i'r llawr a'i eiriau olaf oedd 'My God, I'm done.' Ym marn 'Blackwood' Jones, roedd yr Almaenwyr yn 'llwfrgwn brwnt'.

Cofnodwyd marwolaeth Collins, cyn-bostmon 39 mlwydd oed a adawodd wraig a thri phlentyn, fel 'killed in action', ond mewn gwirionedd cludo pecyn o Woodbines yr oedd. Anfonodd yr Almaenwyr ymddiheuriad wedi'r digwyddiad a chredir mai gwallgofddyn yn eu plith oedd yn gyfrifol am y weithred, ond cafodd heddwch yr ŵyl ei chwalu gan y digwyddiad.

Ernest Palfrey

8

MAES Y GWAED:
BYWYD Y MILWR

Erbyn diwedd 1914 roedd y ffosydd blaen rhwng y ddwy ochr yn ymestyn yn lled sefydlog am tua 450 o filltiroedd o Fflandrys yn y gogledd hyd at y ffin rhwng Ffrainc a'r Swistir (gweler y map ar tt. 18–19). Yn ei hanfod, ni fyddai'r ffrynt gorllewinol hwn yn newid hyd nes frwydrau gwanwyn 1918, ac eithrio yma ac acw o ganlyniad i ryfelgyrch llwyddiannus. Mewn rhyfel athreuliol felly, tynged y milwyr oedd amddiffyn a chynnal y ffosydd a dyrchwyd ar hyd y ffrynt a chymryd rhan mewn ambell gyrch neu frwydr ar draws 'tir neb', y darn o dir rhwng y ddwy ochr.

Gan fod byddin Prydain wedi dioddef colledion enbyd ym misoedd cyntaf y rhyfel, llenwyd y bylchau yn y fyddin gan filwyr llai profiadol, gan gynnwys y Tiriogaethwyr ac, ymhen hir a hwyr, recriwtiaid newydd na fuont erioed yn nhalwrn gwaedlyd maes y gad. Roedd y rhain yn cael eu hyfforddi mewn gwersylloedd ledled Prydain cyn cael eu hanfon i'r ffrynt, gyda'r lluoedd arfog yn ceisio troi Alun Mabon yn 'Ddei Bach y Sowldiwr' neu'n 'Tommy' (neu 'Taffy') 'Atkins'.

Roedd llawer o'r Cymry yn cael eu hyfforddi mewn gwersylloedd ar Lannau Mersi, fel Litherland a Sniggery, ac yng Nghymru, ym Mharc Cinmel ger Abergele, Llandudno a Phorthcawl. Roedd natur yr hyfforddiant yn sioc i'r system i lawer o fechgyn cefn gwlad. Nid oedd y Preifat Caledfryn Evans o Dal-y-bont yn gyfforddus â'r gorchymyn i weiddi rhegfeydd wrth ymarfer gyda'r fidog ac yntau wedi'i fagu'n Fethodist

Caledfryn Evans

pybyr. O Barc Cinmel ysgrifennodd y Preifat W G Jones at ei weinidog gartref ym Mlaenau Ffestiniog yn cwyno am ymddygiad llawer o'r

Byddai rhai bechgyn ifanc iawn yn ymuno â'r lluoedd arfog, fel y Preifat Ivor Evans o Abertawe a ymrestrodd yn 15 mlwydd oed yn Awst 1914. Wedi cyfnodau yn Gallipoli a Macedonia, dychwelodd adref yn dioddef o ddysentri a malaria ond yn Hydref 1916 roedd ar y ffrynt gorllewinol. Cafodd ei ladd yn Nhachwedd 1917. Roedd yn 18 oed ar y pryd.

Ymarfer saethu ger pier Bae Colwyn, tua 1915.

milwyr, gyda dim ond rhai ohonynt yn mynychu'r gwasanaethau crefyddol a ddarperid ar eu cyfer. Cyfeiriodd at y 'cannoedd lawer o fechgyn yn chwarae cardiau &c am arian, dyna ydyw ei pryf beth, ac mae yn boenus i weled rhai ohonynt a'r iaith y mae yn ei arfer'. Serch hynny, cynhaliwyd Eisteddfod y Milwyr yn Llandudno yn Ionawr 1915.

Pan atgyfnerthwyd y lluoedd dramor gan y milwyr traed newydd, treuliasant gyfnod yn cael hyfforddiant pellach mewn gwersylloedd llym eu disgyblaeth fel y rhai ger tref Étaples yn Ffrainc. Rhoddid hyfforddiant mewn saethu, yn arbennig ar gyfer sneipwyr, a thaflu bomiau llaw. Ceisiwyd hefyd feithrin disgyblaeth er, mewn gwirionedd, nad oedd modd paratoi milwyr ar gyfer natur drawmatig yr ymladdfa.

Ceisiai rhai swyddogion gynnal disgyblaeth drwy gosbi unrhyw droseddwr yn llym. Cafodd y Preifat Herbert Paine Smith o 11/Catrawd Gymreig ei gosbi am daflu crys brwnt a phryfedog i ffwrdd. Clymwyd ef i olwyn cert am ddwy awr bob dydd am wythnos.

Wedi iddynt gyrraedd y ffrynt, byddai'r milwyr yn treulio cyfnodau yn y ffosydd blaen, a oedd fel arfer tua 7 troedfedd o ddyfnder ac wedi'u hadeiladu'n fwriadol igam-ogam

er mwyn lleihau effaith ffrwydron a allai lanio yn eu canol. O fewn y ffosydd roedd tyllau ymochel lle gallai milwr nad oedd ar y rota wylio geisio cysgu ar ei eistedd. Roedd y gwyliwr mewn perygl o gael ei saethu gan sneipwyr ond o Chwefror 1915 ymlaen darparwyd perisgopau i wylio symudiadau'r gelyn.

Mewn tywydd garw roedd cyflwr y ffosydd blaen yn dueddol o fod yn annioddefol o oer a gwlyb ac roedd yn fangre boblogaidd i lygod mawr. Yn Ebrill 1917 disgrifiodd yr Is-gorpral John Howell Roberts o Gorwen gyflwr truenus y ffosydd: 'Mae'r ffosydd mewn cyflwr gwael yn awr, rydym dros ein gliniau mewn dŵr,

er tua thair wythnos yn ôl roeddem hyd at ein canol mewn dŵr. Rydym yn fwd i gyd. Pan oeddwn yn casglu llythyrau yn y ffosydd, fe es i'n sownd mewn ffos gysylltiol a doedd neb yn agos ataf. Roeddwn i mewn trafferth ync am awr. Roeddwn yn gwisgo esgidiau rwber mawr – o'r diwedd tynnais fy nhraed allan ohonynt a'u rhoi yn ôl arno ar ben y daith. Yn aml iawn gwelwn gymrodyr yn cerdded gydag un esgid neu ddim esgidiau o gwbl. Maent yn mynd yn sownd yn y ffos gan eu gorfodi i adael eu hesgidiau ar ôl.'

Gallai fod cyn lleied â 40 llath rhwng ffosydd y ddwy ochr a byddai'r milwyr yn medru gweiddi ar ei

gilydd. Ar adegau byddent yn difyrru ei gilydd drwy godi negeseuon ar fyrddau neu drwy ganu. Roedd canu un tenor o Gymro yn boblogaidd iawn ymhlith yr Almaenwyr yn ôl adroddiad yn Y Faner yn Chwefror 1915. Gwaeddodd un Almaenwr o'i ffos 'A yw Caruso yna gyda chwi?' wrth i'r Cymro eu difyrru â'r caneuon traddodiadol 'Hob y Deri Dando' a 'Mentra, Gwen'

Tueddai tir neb i fod yn frith o byllau a grëwyd gan ffrwydron, a byddai'r rhain yn llenwi'n gyflym â dŵr glaw. Prin oedd unrhyw dyfiant, gyda'r coed wedi'u dryllio'n llwyr. Disgrifiodd William Thomas Williams o Lanllechid, sir Gaernarfon, natur y tir mewn llythyr a anfonodd adref ym Mehefin 1917: 'Nid oes croen ar y tir yn unman, ac y mae fel pe baech yn byw mewn cae tatws gwlyb ar hyd y dydd. Nid gwlydd tatws welwch yn ymgodi o'r ddaear yma, ond coesau a phennau dynion. Ar ôl y rhyfel bydd yma le da am gnwd o datws, oblegid ar ochr y bryn yma mae ugeiniau o gyrph pydredig, sef gweddillion y dynion na chawsant eu claddu yn y brwydrau ffyrnig.'

Aelodau o 16/Catrawd Gymreig yn ymarfer gyda'r fidog ym Mae Colwyn, 1915.

Sarjant mewn ffos yn llawn dŵr.

Llechai sneipwyr ym mhob twll a chornel yn nhir neb a saethwyd llawer un a oedd yn rhy ddiofal wrth godi'i ben uwchlaw parapet y ffos. Dyma oedd tynged y Capten George Oliver Thomas o Langollen, a saethwyd yn ei wddf gan sneipiwr ym Medi 1915.

Anfonid criwiau o filwyr i dir neb yn ystod y nos er mwyn casglu gwybodaeth neu dorri weiren bigog y gelyn. Gwaith hynod beryglus oedd hwn a gadawyd llawer o filwyr yn gelain yn nhir neb wedi cyrch aflwyddiannus.

Daeth milwyr y ddwy ochr benben â'i gilydd yn nhir neb mewn cyrchoedd mawr a bach. Mae'r disgrifiadau o'r brwydro wyneb yn wyneb hwn yn erchyll ond, trwy'r cyfan, rhesymeg y milwr wrth frwydro am ei einioes oedd 'efe neu myfi'. Ystyriai Robert Pugh, gynnwr peiriant o Dal-y-waun, sir Fynwy, ei fod yn 'lladdwr proffesiynol', gan fwynhau pob munud o'r rhyfel.

Cafodd llawer eu lladd neu eu clwyfo gan ffrwydron a daniwyd gan fagnelau a oedd yn aml wedi'u gosod ymhell y tu ôl i'r rhengoedd blaen. Câi'r ffrwydron

eu hadwaen gan enwau rhyfedd fel *whizz-bangs*, *rum-jars* a *Jack Johnsons*, ar ôl y pencampwr bocsio mawr croenddu. Gyda'r magnelwyr roedd y Sarjant Bob Edwards o Fetws Gwerful Goch, sir Ddinbych, a ddisgrifiodd 'weld dynion ieuainc ein gwlad yn cael eu hurddio i dragwyddoldeb ar amrantiad – profiad dychrynllyd yw gweld y trueiniaid yn gorwedd yn eu gwaed, ac yn gruddfan o dan eu clwyfau'.

Byddai rhai milwyr yn ceisio'u gorau i gael anaf i goes neu fraich na fyddai'n peri niwed parhaol ond a fyddai'n ddigon i'w tynnu o'r rhengoedd blaen a'u hanfon adref i Brydain. I lawer, roedd cael 'Blighty wound', fel yr adwaenid y fath anaf ('Blighty' oedd slang y milwyr am Brydain), yn fwy gwerthfawr nag ennill medal.

Nid oedd y milwyr bob amser yn derbyn gair yr Almaenwyr pan fyddent yn ildio mewn brwydr. Ar un achlysur yn Nhachwedd 1915, nododd y Capten John Fitzwilliams fod yr Almaenwyr 'yn ildio neu'n ceisio ildio am ddim rheswm amlwg; ond nid yw pob dyn sy'n

Roedd cadw'n gynnes yn y ffosydd yn anodd ar adegau a dosbarthwyd cotiau croen gafr yn ystod gaeaf 1914–15. 'Ry'n ni'n edrych fel tedi bêrs' oedd sylw un Cymro.

codi ei ddwylo o angenrheidrwydd yn cael ei gymryd yn garcharor! Mae Tommy yn gwybod gormod am ei driciau i ymddiried ynddo'n llwyr.'

Ar gyfartaledd, treuliai'r milwyr tua 15 y cant o'u hamser yn y ffosydd blaen, 40 y cant o'u hamser mewn ffosydd wrth gefn neu rai ategol a'r 45 y cant oedd yn weddill o'u hamser oddi allan i'r rhengoedd blaen yn cael hyfforddiant pellach ac yn gorffwys. Wrth orffwys, caent eu difyrru gan gantorion fel Nesta Morgan, a deithiodd o Aberystwyth i'r ffrynt, a grwpiau fel The Welsh Wails, parti cyngerdd y 38ain Adran.

Ar y cyfan, roedd y milwyr traed cyffredin, er eu bod yn ofnus, yn stoicaidd o safbwynt eu tynged, yn cwyno llawer ond yn amddiffynnol o'u cymrodyr, yn feirniadol o'r 'shirkers' gartref a wrthodai ymuno â hwy ac yn barod i wneud eu dyletswydd dros yr achos. Roedd rhai yn eu plith yn ymfalchïo yn y cyfle i ladd y gelyn 'dros Dduw a'r Brenin' tra bod eraill yn casáu'r profiad ac yn ystyried eu bod, fel y nododd y Preifat Jack Samuel, yn 'is na bwystfilod'. Ychydig o feddwl oedd gan lawer ohonynt o uwch-swyddogion y fyddin ac o'r gwleidyddion a feiwyd am y gyflafan, fel y nododd y Preifat Owen Ashton, Llawr-y-glyn, sir Drefaldwyn, mewn llythyr a anfonodd adref yn ei Saesneg sigledig: 'Them men that is keeping this war on ought to come and stand in these places, and [see] what we have to go through for few minutes to see how would they like it.'

'DAETH RHYWBETH FEL LWMP I'M GWDDF'

Gallai damweiniau ddigwydd wrth ymarfer gydag arfau. Ddiwedd Mawrth 1917 cafodd y Lefftenant Howell Davies (1896–1985), Nantgaredig, sir Gaerfyrddin, glywed bod hen gyfaill ysgol iddo, y Lefftenant Arthur D Thomas, Llanfynydd, wedi'i glwyfo'n ddrwg mewn ymarferiad gyda bomiau llaw. Roedd y ddau'n gwasanaethu gyda Ffiwsilwyr Northumberland ar y pryd a phan glywodd Howell Davies am y ddamwain, rhuthrodd draw i weld ei gyfaill.

'Daeth rhywbeth fel lwmp i'm gwddf pan welais ef – Artie o'm hen ddyddiau ysgol – yn welw ac yn dawel ar stretsier. Yr oedd mewn poen ddychrynllyd, ond ysgwyddai hynny'n stoicaidd. Un yn ei ysgwydd dde, dau yn ei ochr chwith, ac un yn ei glun... Anlwc pur. Bron na allwn glywed chwerthin cythreulig ei dynged faleisus wrth i mi edrych arno yno, a dweud ffarwél.'

Yn ddiweddarach, roedd Howell Davies yn rhan o'r ymchwiliad i'r ddamwain. Mewn llythyr, disgrifiodd yr hyn a ddigwyddodd ar 27 Mawrth 1918: 'Mae'n ymddangos bod Cwmni W yn gwneud rhywfaint o fomio y bore hwnnw, a bod y swyddogion wedi mynd i'w gweld wrth eu gwaith. Er mwyn rhoi hyder i'r dynion, y swyddogion a fu'n taflu'n gyntaf. Agorodd Mr Phillips, cadlywydd y cwmni, focs newydd, a mynd i'w safle er mwyn taflu'r bom. Wrth ei ochr roedd y sarjant a oedd yn gyfrifol am hyfforddi'r bomwyr, ac mewn ffos gyswllt yn y cefn roedd y swyddogion a'r dynion yn aros eu tro.

Disgrifiodd y sarjant – a fu mewn damweiniau bomio o'r blaen, ac sy'n tueddu at y llenyddol – sut y sylwodd ar fysedd main Phillips yn dal y bom yn dynn, ei weld yn siglo ei gorff yn ôl, a thaflu. Roedd fflach ar unwaith ac ergyd uchel. Arhosodd llaw Phillips yn yr awyr am eiliad, cyn troi'n rhuddgoch, ac yna syrthio fel plwm i'w ochr. Daeth gwaedd "Rwy wedi 'nharo, rwy wedi 'nharo" o'r ffos tu cefn. Er gwaethaf y clwyfau ofnadwy ar ei ddwy law a'i frest, trodd Phillips yn dawel at y sarjant gan ddweud "Peidiwch poeni amdana i, ewch i weld faint yn fwy sydd wedi'u taro," ac yna syrthio i'r llawr gan besychu. Roedd y dyn cyntaf i'r sarjant ei weld yn chwerthin, er iddo gael ei glwyfo'n ddifrifol. Gorweddai Thomas yn flêr ar ei hyd y tu ôl iddo, ac ymhellach draw roedd yna ddau arall a chanddynt glwyfau amrywiol. Roedd y sarjant ei hun, er mai ef oedd yn y safle mwyaf peryglus, heb ei gyffwrdd.'

Mae'n debyg bod y ffrwydron eraill yn y bocs yn iawn ac yn tanio wedi'r pum eiliad ddisgwyliedig. Un yn unig oedd yn ddiffygiol, ac fe achosodd anafiadau difrifol i sawl un. Serch hynny, gwellodd Arthur D Thomas o'i glwyfau a goroesodd Howell Davies yntau y rhyfel. Ef a gyfieithodd gerdd ddadleuol Prosser Rhys, 'Atgof', i'r Saesneg. Daeth yn ddarlledwr gyda'r BBC, gan arbenigo ar Dde America, er na theithiodd i'r cyfandir hwnnw erioed. Cyhoeddodd hefyd nofelau ffuglen wyddonol, gan gynnwys *Congratulate the Devil*, a ailgyhoeddwyd yn 2008.

Arthur E Morris

'Yr Oedd yn Beryg Bywyd Yno'

Aelod o'r Peirianwyr Brenhinol oedd yr Arloeswr Arthur E Morris (1886–1959), Plasdeon, Llanuwchllyn. Dioddefodd o effeithiau nwy a chafodd ei gludo adref i ysbyty ym Manceinion yn Ebrill 1917. Oddi yno, ysgrifennodd nifer o lythyron dadlennol at ei deulu a gyhoeddwyd yn y papur newydd lleol, *Y Seren*.

Yn ardal Arras yng ngogledd-ddwyrain Ffrainc ddechrau 1917 y cafodd ei brofiad cyntaf yn y rhengoedd blaen: 'Yr wyf yn cofio fy nheimladau fel yr oeddwn yn agoshau at y ffosydd. Clywn ergydion y gwahanol ynau, a gallaswn weled y cyfeiriad gymerai'r ffosydd oddiwrth y goleuadau nos (star-lights) a deflid i fyny ohonynt. Ar ôl cael fy nghludo am oriau ar hyd ffordd ddrwg oedd wedi ei dryllio gan shells, yr oedd yn dda gennyf gyrraedd ein

billet yn Arras, a chael gorwedd yn fy nillad ar lawr pren yn un o'r tai oedd eto heb ei ddryllio. Bore drannoeth yr oedd fy enw, ym mysg eraill, i fyned i'r ffosydd blaenaf (front line) i adgyweirio lleoedd priodol i gynnwys y nwy gwenwynol. Yr oedd llawer o'r ffosydd yn cychwyn yn heolydd y ddinas, ac felly mewn ychydig o amser cefais fy hunan ynddynt am y waith gyntaf. Yr oedd fy argraff cyntaf o'r ffosydd yn foddhaol; teimlwn eu bod o leiaf yn gysgodol rhag y gwynt oer. Yr oeddynt hefyd ar y dechrau yn ddyfnion, gydag eitha lled, ac wedi eu llorio a choed. Ond wrth fyned yn mlaen yr oeddwn yn dechreu deall fod eu cyflwr yn gyfnewidiol iawn. Weithiau byddem yn glynu mewn troedfedd o fwd; dro arall yn gorfod myned yn mlaen wisg ein hochrau mewn lleoedd cul. Wedi tua ugain munud o gerdded, a throi a throsi i'r aswy ac

Cloddwyr ger Arras yn 1917. Roedd Arthur Morris yn aelod o un o'r bataliynau hyn.

i'r dde, yr oeddwn wedi colli fy nghyfeiriad yn lân, ac hefyd yn dechrau colli fy ngwynt. Daethom i ffos a oedd mewn cyflwr hynod o ddrwg, a synnais pan ddeallais ein bod yn y 'front line', rhyw gan llath a hanner o ffosydd y gelyn. Dyma y lle yr oeddym i weithio ynddo, ac y buom yn gweithio wedi hyn am wythnosau yn ystod y gauaf. Ein gwaith y diwrnod cyntaf oedd symud y mwd o'r pyllau oedd i dderbyn a dal y "Gas Cylinders", a thrwy gamgymeriad neu rywbeth, caib oedd yr erfyn gan y rhan fwyaf ohonom at y gwaith yma. Bu agos i mi a thori fy nghalon mor ddi-lun oeddwn, ac yn sefyll mewn mwd bron at ben fy nglin. Yr oedd y shells a bwledi yn chwibanu weithiau dros ein pennau, ond nid oeddent ar y pryd yn aflonyddu arnom ni. Wrth godi y mwd a fy nwylaw deuais o hyd i Officer's Kit-bag wedi ei gladdu. Cynwysai ganhwyllau, tybaco, Oxo Cubes, menyg, a chôt ledr, a thra yr oeddwn ac un o'm cyfeillion yn synnu uwchben y bag, clywem rhyw sŵn newydd, tebyg i injan y trên yn suntio, a'r eiliad nesaf dyma shell (Trench Mortar) yn disgyn rhyw bymtheg neu ugain llath oddiwrthym. Daeth un arall a disgynnodd yn nes atom, ac yna dechreusant a dyfod o ddifrif hyd nes oedd pridd, cerryg mân a mwd yn disgyn yn gawodydd ar ein pennau. Dim ond Fritz [yr Almaenwyr] yn peledu ein front line! Teimlwn fy hun yn oeri mewn dychryn, achos cofiwch mai hwn oedd y tro cyntaf i mi fod tan dân. O! am rywle cadarn i lechu; ond nid oedd unlle i'w gael ond swatio yng ngwaelod y ffos. A chofiaf yn dda fel y swatiem am ein bywydau pan glywem sŵn shell yn dyfod i'n cyfeiriad. Ar yr un pryd byddai dychryn i'w ddarllen ar ein gwynebau. O'r diwedd clywem ein shells ein hunain yn chwibanu uwch ein pennau ar eu ffordd i ffosydd Fritz, a bron yn syth cawsom lonydd gan y Trench Mortars. Llawer gwaith wedi hyn y bum, tra mewn caledi, yn disgwyl clywed ein gynau ni yn dechrau tanio yn ôl, a chwarae teg iddynt y rhan amlaf ni byddent yn ein siomi. Yr oedd rhai o'r Trench Mortar Shells wedi disgyn i'r Trench, ac wedi ei chau i fyny yn union fel pe bae rhywun wedi tywallt llwythi o bridd a choed iddi. Gwelais Swyddog yn syllu yn syn ar y llanastr, a dywedodd wrthym ei fod yn ofni fod ganddo ddau ddyn (sentries) wedi eu claddu dan y cyfan. Cefais gyfleusdra i edrych dros y top, ond nid oedd dim i'w weled ond ein wire bigog ni, a wire bigog a ffos flaenaf y gelyn. Tynai y coed fy sylw. Yr oeddynt yn sefyll yn stympiau noethion, eu brigau a'u cangau wedi eu rhwygo ymaith gan "shell-fire". Yr oedd erbyn hyn yn dechreu nosi, a daeth yr amser i fyned yn ol i'r billet. Yr oeddym yn faw o'n hysgwyddau i'n sodlau, ac yn barod i orwedd. Tua deg y noson honno gorfod i ni gyfodi, gwisgo ein Gas masks, a chilio i'r seler i lechu, am fod y Germans yn saethu Gas shells i'r rhan hwnnw o'r ddinas lle yr oeddym yn aros. Nid oedd y nwy yma yn wenwynol iawn, ond achosai i'r llygaid ddyfrio yn boenus. Am ychydig cyfrifais ddisgyniad y shells; yr oeddynt yn disgyn tua deugain y munyd am beth amser. Hwn oedd fy niwrnod cyntaf yn y ffosydd. Yr oedd wedi bod yn ddiwrnod pur lawn i mi; ond eto y mae yn debyg iddo gael ei gyfrif fel diwrnod distaw, a dim llawer o bwys wedi digwydd gyferbyn a dinas Arras.'

Mewn llythyr arall cyfeiria at y dulliau amrywiol o anfon nwy gwenwynig i ffosydd y gelyn: 'Weithiau byddem yn ei saethu mewn pelennau. Byddem bob amser yn ceisio gweithio yn ddirgel, ac yn aml liw nos. Un noson aeth ychydig o honom i ffos oedd heb fod yn bell oddiwrth y gelyn, i osod ein gynau. Yr oedd ychydig o leuad, a gallwch fod yn sicr ein bod yn gweithio yn ddystaw rhag tynnu tân arnom ein hunain. Tua dau o'r gloch y boreu daeth yr Infantry a'n gynau i fyny, a thrwy fod y gynau yn bethau anhwylus i'w cludo ar hyd ffos gul a bylchog, yr oedd yno duchan a digon o sŵn. Aeth y gwyr traed ymaith, a gadawyd ni i drugaredd y gelyn oedd bellach wedi deall fod yno rywbeth yn myned ym mlaen

yn y pwt ffos honno; a chawsom wybod hynny yn fuan. Dechreuodd y pelennau sydyn – y whizz-bangs – ddyfod trosodd. Gallwch glywed eu su am eiliad, ac yna daw y 'bang'. Disgynent ar fin y ffos, yn y ffos, a thu hwnt i'r ffos, a ninau yn cwrcwd am ein bywydau bach yn ngwaelod y ffos. Mor gynted ag y clywem ffrwydriad un belen clywem su y belen nesaf yn dyfod. Hefyd dechreuodd y shrapnel shells ffrwydro uwch ein pennau; clywn rhywbeth yn chwyrnu heibio fy nghlust, a dyna lwmp o shrapnel yn claddu ei hun yn mur y ffos. Rhoddais fy mys arno; yr oedd yn boeth i'w ymhél. Lle garw oedd yno. Y mae yn anhawdd ei ddesgrifio, ond gallaf yn onest ddefnyddio yr hen frawddeg – "Yr oedd yn beryg bywyd yno." Daeth ein swyddog o rywle, a chawsom orchymyn i ddianc. Nid oedd angen ail-ddweyd wrthym. Yr oedd y ffos wedi ei dryllio ac wedi ei haner lenwi mewn mannau, fel mai llafur caled ydoedd ceisio rhedeg ar hyd-ddi, a'r pelennau yn parhau i'n dychryn. Da gennym oedd cyrraedd rhiniog dug-out dyogel, a rhuthro i lawr ei risiau serth hyd nes oeddym tua ugain troedfedd dan wyneb y ddaear.

'Yr oedd yn rhyfel ar hyd y noson hono – shells yn rhwygo llwybrau bwa uwch ben, machune guns yn clecian, y gwyr traed yn myned i "dir neb" i daflu bombs, ac ychydig oddiwrthym cymylau o nwy yn cael

Signalwyr yn gwylio symudiadau'r gelyn ger Arras yn Ebrill 1917. Anfonid negeseuon at y magnelwyr drwy ffonau maes er mwyn iddynt dargedu'n well.

eu gollwng gyda'r gwynt i ffosydd y gelyn. Gwelem yr amrywiol oleuadau a daflai yr Ellmynwr i'r awyr yn arwyddion i'w magnelau mawr. Yr oeddynt o wahanol liwiau, ac yn hofran am ychydig o eiliadau cyn disgyn a diffodd. Pan dorrodd gwawr y boreu daeth awyrlongau y gelyn i chwilio am ein ffos drwy wydrau cryfion; ond yr oeddym wedi bod wrthi'n galed ar ol i'r whizz-bangs ddystewi, ac wedi gosod ein gynau a'u cuddio yn gywrain fel nad oedd dim iddynt weled ond ffos wag. Ar godiad yr haul dechreuodd ein trench mortars hyrddio eu shells i ffosydd y gelyn. Dyfais newydd ydyw y pelennau yma (stoke's shells). Tebyg ydynt i ordd bren, ond fod y pen yn grwn, a gellir eu gweled yn troelli drwy'r awyr. Maent yn ddinystriol iawn, ond y mae coes yr ordd yn dueddol o luchio yn ol. Y boreu hwnw, wrth gymeryd cipolwg dros ymyl y ffos, gallem eu gweled yn disgyn ar dir y gelyn, ac yn eu ffrwydriad yn lluchio daear, wire a pholion i'r awyr. Fe ddichon fod Fritz y pryd hyn yn gorfod hwylio ei heglau tua rhiniog ei ddug-out!'

Cafodd Arthur Morris gyfle i ymweld â bedd ei frawd, yr Is-gorpral R J Morris o Gatrawd Llundain, a adwaenid fel 'Ton'. Roedd yntau wedi'i ladd ar 30 Mawrth 1917: 'Wrth fyned heibio ein mynwentydd sylwai [sic] fel y byddem i gyd yn ddystaw gan deimladau dwys. Troem ein gwynebau i edrych ar y croesau bychan gwynion, ac ynof fy hun, byddwn yn meddwl – tybed fydd fy enw i ar groes wen yn y fan hyn. Fe ddichon mai rhywbeth yn debyg ydoedd meddyliau fy nghyfeillion.'

Goroesodd Arthur Morris y rhyfel a dychwelyd i fyw i Blasdeon, lle arhosodd am weddill ei fywyd.

GYDA'N LLYGAID

Un swyddogaeth dra pheryglus oedd gwylio symudiadau'r gelyn o wylfa guddiedig, gan drosglwyddo negeseuon i'r magnelwyr er mwyn iddynt dargedu'n well. Dyma oedd gwaith y Signalwr J Ivor Hanson (1898–1993) o Bort Talbot.

Yn ei ddyddlyfr ar 22 Medi 1918, disgrifiodd sut y bu'n cynorthwyo'r Lefftenant Harold Sampson a signalwr arall o'r enw Oram mewn gwylfa a adwaenid fel 'Bones' ar Gefn Vimy ger trefi Gavrelle ac Izel, a oedd wedi'u dryllio'n llwyr. Yn y pellter gallent weld Llinell Hindenburg, lle roedd yr Almaenwyr wedi adeiladu amddiffynfeydd cadarn.

I Hanson, roedd 'Bones' yn 'baradwys i'r arsyllwr' gan y gallent, oddi yno, wylio criw o Almaenwyr wrth eu gwaith. Gan y gwyddai Sampson fod gan y Cymro bâr da o lygaid, byddai'n rhoi ei sbinglasys iddo, gyda'r sylw 'We observers fight the Boche with our eyes.' Gwyliai Hanson yr Almaenwyr yn gweithio, gan nodi a oedd y dynion yn fawr ynteu'n fach, a chan weld y lliw haul ar eu croen a lliw llwyd eu lifreiau. Wedi gwneud mesuriadau manwl, byddent yn anfon negeseuon i'r magnelwyr ac yna'n gwylio'r tanio dros nos. Unwaith, gwelsant storfa ffrwydron yn cael ei dinistrio gan siel gan greu sŵn byddarol a thywynnu'r awyr â lliw fermiliwn.

Roedd hi'n oer iawn eistedd yn y safle drwy'r nos. Ar un achlysur, clywsant sŵn ymosodiad a chafwyd ar ddeall mai criw o Brydeinwyr oedd yn cynnal cyrch dan gysgod sieliau a daniwyd gan y magnelwyr. Ceisiodd yr arsyllwyr weld y cyrchwyr yn dychwelyd yn y bore bach ond roedd yr olygfa wedi'i gorchuddio gan fwg a orweddai'n isel ar y ddaear.

Ar achlysur arall, dridiau'n ddiweddarach, ysgrifennodd Hanson: 'Mae rhyfel yn meithrin twyll. Yn fy marn i, mae'r Almaenwyr yn feistri ar grefft rhyfela. Mewn cymhariaeth, dim ond amaturiaid ydym ni, ond rydym o reidrwydd yn dysgu'r triciau'n gyflym. Hefyd, mae gennym y sieliau a'r sieliau fydd yn ennill y rhyfel hwn. Mae llai o sieliau gan y gelyn, ond anelant hwy yn dda iawn. Fel pe baent yn ddwbl sicr cyn eu tanio, ond er eu bod yn dal i fod yn ddinistriol, pa mor hir y gall y gelyn wrthsefyll y cenllysg a anfonwn ni drosodd?'

'LLITHRO FEL MALWOD DYNOL'

Ym mis Mawrth 1916, ysgrifennodd y Preifat Ioan Morris (1892–1949) o 16/Ffiwsilwyr Cymreig lythyr adref at ei deulu yn Lloyd Street, Rhosllannerchrugog, gan ddisgrifio ei brofiad cyntaf o groesi tir neb yn y nos er mwyn torri'r weiren bigog o flaen ffosydd yr Almaenwyr. Roedd ef ac ychydig o ddynion eraill yn aelodau o griw a ymgymerodd â'r gwaith 'peryglus' a 'chyffrous' hwn: 'Dringasom dros y parapet, gyda'r nod o gropian yn y tywyllwch nes ein bod o fewn 20 llath i rengoedd blaen yr Almaenwyr er mwyn

torri'r maglau weiren bigog. Fe aethom ar ein hynt mor dawel ag y gallem fod, heb yngan yr un gair. Roedd yn rhaid i ni fynd ar ein dwylo a'n pen-gliniau a chropian hyd nes dod yn agos at y weiren. Roedd dwy neu dair modfedd o eira ar y ddaear, felly gallwch ddychmygu'r teimlad dymunol o lithro fel malwod dynol. Ychydig cyn i ni gyrraedd y maglau weiren bigog, cododd *starlight* fry uwchben ac arhosom yn llonydd ar ein hwynebau, mor fflat â darnau ceiniog. Prin y meiddiem anadlu hyd nes i'r golau ddiffodd. Yna ymlaen am ychydig lathenni gan ymgripio'n agosach ac agosach at ben ein taith, hyd nes i ni glywed yr Hyniaid yn siarad ac yn taro'u traed ar loriau pren y ffosydd er mwyn eu cadw'n gynnes. Ymddangosai fod llawer ohonynt yn dioddef o anwydau gan eu bod yn peswch yn ddrwg. Aethom allan gyda'r bwriad o'u bomio allan o'u tyllau, ond wedi aros am tua dwy awr am gyfle manteisiol, cawsom y gorchymyn i gilio. Felly roedd yn rhaid i ni gropian yn ôl unwaith eto. Cyrhaeddom ein ffosydd yn ddiogel, ond yn wlyb at ein crwyn. Llyncom gawl poeth a newid ein dillad ac yna cilio i hen ffermdy lle yr ysmygais Woodbine i'm sadio a dechrau meddwl pa mor rhyfedd ydoedd i mi, Ioan Morris o Rhos, fod yn Ffrainc ac yn cael profiadau mor anarferol.'

Roedd Ioan Morris yn un o chwe brawd o Rhos fu'n gwasanaethu gyda'r fyddin yn y rhyfel.

'SAETHAIS I DDIM'

Swyddog gyda 12/Cyffinwyr De Cymru oedd y llenor a'r gwleidydd Saunders Lewis (1893–1985) yn ystod y rhyfel.

Mewn erthygl hunangofiannol a luniwyd tua deugain mlynedd wedi'r rhyfel, adroddodd am ddigwyddiad yn ystod patrôl yn nhir neb. Roedd gyda sarjant a thri phreifat yn cropian ar draws tir neb ganol nos er mwyn archwilio weiren bigog y gelyn, chwilio am fannau gwan a chasglu gwybodaeth am gyflwr y ffosydd.

'Fe glywsom sŵn morthwylio stwrllyd o flaen ffos yr Ellmyn… Dwsin o fechgyn yr Ellmyn oedd yno'n trwsio'r adwy, yn gosod polion newydd i ddal y gwifrau pigog a'u clymu a'u sisyrnu a'u plethu. Teirllath o'r tu blaen iddynt yr oedd un milwr yn gwylio.

'Cymaint oedd eu sŵn hwynt yn curo'r polion a llusgo'r gwifrau fel y medrais i ymgripian i bwll magnel bychan o fewn pedwar llath i'r gwyliwr heb iddo amau dim. Yn wir, yr oedd eu hyder diniwaid hwynt oll yn rhyfedd. Yr oedd amryw'n canu wrth eu gwaith.

'Yr oedd hi'n noson enbyd o oer. Yr oedd yr Almaenwr

Y Lefftenant Saunders Lewis (ar y chwith) gyda rhai o swyddogion eraill Cyffinwyr De Cymru.

ifanc o wyliwr yn rhynnu. Dododd ei ddryll ar y llawr a dechrau chwipio'i freichiau a stampio'i draed i gynhesu. Troes ei gefn ataf i edrych ar y gweithwyr a dweud rhywbeth wrthynt. Yr oedd y lleuad y tu cefn imi ac yn disgleirio arno.

'Yr oedd fy mhistol yn barod. Erbyn hyn yr oedd rhyw ddwy lath drwchus o wifren bigog rhyngddo ef a'i gymdeithion. Sylweddolais y gallwn yn ddiogel a sicr ei saethu'n farw, galw ar fy mhatrôl, a chludo'i gorff yn ôl yn sydyn i'n ffosydd ni. Felly y cynlluniais.

'Troes yr Almaenwr ei wyneb tuag ataf. Ni welai ef ddim. Aeth tri munud heibio. Saethais i ddim. Un peth yw lladd â dryll o bell neu ladd â bidog yng ngwres brwydro rhuthrol. Peth arall yw saethu at fachgen bach hapus a'i ddryll ar lawr bedair llath oddi wrthyf. Gorffennwyd y gwaith. Galwyd ar y gwyliwr. Llamodd ef dros y gwifrau a diflannu i'r ffos gyda'r lleill.

'Llithrais yn ôl at y patrôl. Anfonais adroddiad i'r Brigâd fod yr adwy ar y ffrynt wedi ei thrwsio.'

Y CORPRAL JOHN

Tir neb oedd cartref rhai o'r milwyr mwyaf mentrus a chywir eu hannel gyda reiffl. Gallai'r sneipwyr hyn, o'r ddwy ochr, greu anhrefn ymhlith y gelyn gan lechu mewn cuddfannau a dewis yr amser gorau i danio.

Un o'r mwyaf mentrus yn ystod misoedd cyntaf y rhyfel oedd y Corpral Gwilym John (m.1914) o 2/ Catrawd Gymreig. Er ei fod yn enedigol o Wilkes-Barre, Pennsylvania, yr Unol Daleithiau, roedd yn byw yn ne Cymru pan ymunodd â'r lluoedd ar ddechrau'r rhyfel. Ceir disgrifiad byw iawn ohono yn *Herald Rhos*: 'Bychan oedd o gorff, ond chwim fel gwiwer; ac yn goron ar y cwbl, yr oedd yn bregethwr eirias a diwygiadol pan gartref yn Neheudir Cymru, ac yn arddel ei grefydd yn lle'i chuddio pan gyda'i gyfoedion Khaki.'

Honnwyd mai ef oedd y sneipiwr 'sicraf ei farc yn y Fyddin' a dywedir iddo ladd 'fwy nag odid i neb o'r Germaniaid drwy'r aml gast beiddgar a di-ofn oedd ganddo o fynd i'w golwg heb gael ei weled'. Roedd hefyd yn cael ei ddefnyddio fel sgowt i gasglu gwybodaeth am symudiadau'r Almaenwyr drwy groesi tir neb a'u gwylio.

Ganol Tachwedd 1914, roedd ei gatrawd dan bwysau ger Klein Zillebeke, i'r de-orllewin o Ypres. Bu Gwilym John yn sgowtio yn nhir neb ac ar un achlysur cafodd ei ddal gan yr Almaenwyr ond llwyddodd i ddianc.

Ar 13 Tachwedd ildiwyd rhai o'r ffosydd blaen ond llwyddodd Gwilym John, a oedd yn breifat ar y pryd, i gasglu milwyr o sawl catrawd ynghyd a'u harwain i adennill y safle. Roedd hefyd yn gyfrifol am ladd sneipiwr Almaenig oedd wedi creu cryn anhrefn drwy ladd pump o filwyr, gan gynnwys dau swyddog.

Gwirfoddolodd wedi hynny i warchod criw o gloddwyr a oedd yn ceibio ffosydd newydd. Yna dychwelodd i ddiogelwch cymharol Ypres rhwng 15 a 23 Tachwedd, cyn ailymuno â'r rhengoedd blaen i'r dwyrain o Kemmel. Erbyn hynny roedd wedi'i ddyrchafu'n gorpral.

Ar 25 Tachwedd, tra oedd ar sgowt arall yn nhir neb, lladdwyd Gwilym John gan sneipiwr. Pan glywodd cadlywydd y bataliwn am ei farwolaeth, cloddiwyd bedd arbennig ar gyfer ei gorff, ond nid yw lleoliad y bedd hwnnw yn hysbys bellach a'r unig gofnod sydd o'r milwr bach beiddgar yw ei enw ar Borth Menin yn Ypres. Ym mis Ionawr 1915 dyfarnwyd y DCM (Medal Ymddygiad Neilltuol) iddo am ei wrhydri yn ystod brwydrau Tachwedd 1914.

DIODDEF AM EI FOD YN GYMRO

Cyfaddefai Edmund Davies (1891–1979) o Ddyffryn Ardudwy, sir Feirionnydd, ei fod yn llanc eithaf hyderus pan ymunodd ag 17/Ffiwsilwyr Cymreig yn ystod y rhyfel. Efallai y gellid priodoli hynny i'r ffaith iddo gael ei eni yn Kansas City yn yr Unol Daleithiau, er i'w deulu ddychwelyd i Gymru pan oedd yn bump oed.

Roedd Edmund Davies yn un o'r milwyr prin a gadwodd ddyddiadur yn disgrifio'i brofiadau yn ystod y brwydro yn Ffrainc a Fflandrys yn 1916 ac 1917.

Wedi cyrraedd Ffrainc yn Ebrill 1916, ysgrifennodd 'yr ydym yn debyg iawn fel pe baem yn mynd i rhyw Show neu Eisteddfod gan mae llawen ydym', ond yn fuan wedyn cyfeiriodd at ei iselder ysbryd wedi cyfnod yn y ffosydd blaen ac wedi ymweld â mynwent ger Laventie.

Ar 11 Mai cwynodd: 'Yr wyf yn teimlo nad ydym yn cael y chwareu teg sydd yn ddyledus i ni, yr ydym yn gweithio yn rhy galed ac yn cael rhy fach o fwyd. Yr ydym yn rhy debyg i slaves a gormod o wahaniaeth rhyngddom a'r Officers. Discipline yn rhy llym.' Yn fuan wedi hynny cafodd ei 'alw gyda R C Jones o flaen y Major gan fod corporal o'r Police wedi ein gweld yn Merville heb ddim belt'. Eglurhad Edmund Davies oedd: 'I was quite ignorant that I was commiting a crime, Sir.' 'Oh,' meddai'r Major, 'you are Welsh again, you Welsh are always pleading ignorance.' Ei gosb oedd cael ei gyfyngu i'r biled, neu'r man cysgu, am 28 diwrnod. Synnwyd ei gyfeillion gan y fath ddedfryd lem ond roedd Edmund Davies yn fwy hunanfeddiannol: 'Nid wyf yn poeni llawer yn ei gylch gan fod fy nghydwybod yn dawel... yr wyf yn teimlo ar yr un pryd fy mod yn gorfod dioddef oherwydd fy mod yn Gymro.' O fewn rhai diwrnodau nododd: 'Yr wyf yn teimlo fy hun yn hapus a chysurus heno yn eistedd yng nghornel y Dugout wrth oleu cannwyll yn darllen y Genedl ac newydd dderbyn llythyr.'

Ar ddiwedd y mis cafodd ei ddewis i hyfforddi fel sneipiwr a chafodd hyfforddiant trylwyr am rai diwrnodau. Ar wahân i annel cywir, rhinwedd pennaf sneipiwr oedd amynedd. Am 2.30 y bore ar 6 Mehefin roedd mewn 'loop hole', sef 'twll tywyll yn y ddaear gyda iron plate 3ft by 2ft. Gwynebu'r German line. Yn yr iron plate mae slide sy'n cuddio'r twll 4in by 2in ar gyfer teliscope neu rifle. 3 awr i mewn a thair awr tu allan. 2 yno un fel observer a'r llall fel saethwr.'

Y diwrnod canlynol gososodd yr Almaenwyr 'dummy man er mwyn gweld o le oedd y snipers yn cuddio' ond heb ei dwyllo. Yna, ar yr wythfed diwrnod, gwelodd 'heliograff gryn bellder oddiwrth y German line. Yr oedd yn arwydd i'r artillery neu rhywbeth. Ymhen chwarter awr observation ballon [sic] uwch ei ben, hefyd gwelais amrhyw o Germans yn gwneud trench ond nid oedd chance ei saethu. Cafodd officer o'r Oxford & Bucks [y Capten Carew Hunt, fwy na thebyg] ei saethu yn ei ben ar ôl bod yn y trenches am 10 munud.'

Erbyn dechrau Gorffennaf roedd y bataliwn wedi symud i ardal y Somme, a disgwyliai Edmund Davies y byddent ym merw'r brwydro: 'Nid wyf yn teimlo yn drist o gwbl. Na yr wyf yn hollol foddlawn ar fy sefyllfa ac os marw sydd o fy mlaen byddaf farw gyda chydwybod dawel fy mod wedi cyflawni fy nyletswyddau er fe hoffwn yn fawr pe buaswn wedi byw bywyd gwell.'

Ar 6 Gorffennaf ysgrifennodd: 'Nid ydym yn gwybod pa fynud y rhaid i ni fynd i wrthdrawiad a'r gelyn ac eto yr wyf yn methu deall syt yr ydym mor hunanfeddiannol a thawel.' Eto i gyd, ar 9 Gorffennaf nid oedd modd iddo ddisgrifio'i brofiadau yng Nghoedwig Mametz pan gollwyd 300 o'i gyd-filwyr: 'Credaf fod yr olygfa o faes y frwydr yn rhy ofnadwy i neb byth rhoddi disgrifiad cywir ohoni.'

Erbyn diwedd Awst roedd y bataliwn wedi symud i ardal Poperinge ar y ffin rhwng Ffrainc a Gwlad Belg a bu Edmund Davies yn yr ardal hon dros aeaf 1916–17.

Ar 6 Medi roedd mewn safle gwylio gyda'i bartner, Francis Thomas, 'sef coeden wedi cael ei chyfaddasu at y pwrpas, "the Iron Tree"... nis gallwn symud oddiyno o gwbl yn y dydd gan ein bod yn weledig i'r gelyn'. Yn ôl Edmund Davies, deuai Francis Thomas o Lannerch-y-medd, sir Fôn, a gwyddom ei fod yn ddyn priod 34 mlwydd oed a bod ei wraig yn byw yn Amlwch. Byddai'r ddau Gymro gyda'i gilydd yn y 'loop holes' dros y gaeaf.

Ar 12 Tachwedd ysgrifennodd y Cymro: 'Yr wyf yn trio darllen dipyn ar fy nhestament ac yn ymdrechu ei gwneyd yn debyg i ddydd Sul ond rhywfodd nid yw yn debyg i ddydd Sul – brysied y dydd pryd y cawn ddydd Sul unwaith eto.' Ddeuddydd yn ddiweddarach, disgrifiodd y magnelwyr yn peledu'r Almaenwyr, 'ac yr oeddym yn clywed ysgrechiadau y gelyn'.

Ar 5 Rhagfyr, cafodd dipyn o fraw pan daniodd Francis Thomas ei reiffl yn ddamweiniol. Tarodd y fwled yn 'erbyn y sniping plate rhyw droedfedd oddiwrth fy ngwyneb. Yr oeddwn yn ddall am ychydig o fynudau ac yr oedd fy ngwyneb yn gwaedu dipyn ond ni chefais lawer o harm fel yr oedd y goreu.'

Roedd gwaeth i ddod yn Chwefror 1917 pan laniodd 'rifle grenade' yn y 'loop hole'. Anafwyd Edmund Davies yn ddrwg yn ei fraich, ei goesau, ei ddwylo a'i ysgwydd. Lladdwyd un yn yr ymosodiad ac anafwyd dau arall, gan gynnwys ei gyfaill Francis Thomas.

Roedd y ddau gyfaill mewn gwelyau nesaf at ei gilydd mewn ysbyty maes ger Poperinge pan fu farw Francis

Thomas o'i anafiadau ar 7 Chwefror. Cludwyd Edmund Davies i Boulogne er mwyn croesi yn ôl i Brydain ac wedi hynny cafodd driniaeth mewn ysbytai yn swydd Efrog. Yn ddiweddarach gwasanaethodd yn Iwerddon, lle trawyd ef yn wael iawn. Roedd mor sâl fel y galwyd ei rieni draw ar frys i'w weld. Eto i gyd, llwyddodd i oroesi a dychwelyd i Ddyffryn Ardudwy, lle bu'n cadw siop 'London House' am flynyddoedd lawer.

'EFE NEU MYFI'

Newydd gael ei ben blwydd yn 18 oed yr oedd y Preifat William Cornelius Williams (g.1896), Mountain Street, Rhosllannerchrugog, pan groesodd i Ffrainc gyda 3/Ffiwsilwyr Cymreig yn Rhagfyr 1914.

O fewn rhai dyddiau roedd yng nghanol brwydr waedlyd pan ymosododd yr Almaenwyr ar linellau'r Ffiwsilwyr Cymreig. Disgrifiodd y Cymro ifanc ei brofiadau o'r frwydr gyda bidogau: 'Fe redon ni allan i gwrdd â nhw. Rhedodd rhai ohonynt yn ôl ond daeth eraill ymlaen. Daeth un ataf gan geisio hyrddio'i fidog yn fy mrest. Bwriais i ef a manteisiais ar y cyfle i wthio fy midog drwy ei wddf. Mater o efe neu myfi ydoedd hwn. Tynnais fy reiffl allan, cydio yn ei ganol, a swingio'r bôn at yr *Hun* a oedd yn creu trafferth i'r dyn a oedd nesaf ataf. Rhoddodd hynny'r cyfle i fy mhartner gael gafael arno'n iawn. Yn fuan roedd dau arall wedi'n cyrraedd. Roedd y rhain yn ddynion iau ond cryf yr olwg. Rhuthrodd un arnaf a thaclodd y llall fy nghyfaill. Ceisiodd fy *Hun* i fy nharo a theimlais yr ergyd yn gwibio heibio fy nghlust. Yna wrth inni ymrafael â'n gilydd dyma ein reifflau yn croesi. Daliodd fi yn ddiarwybod a'm taro. Llwyddais i'w ddal yn ei fraich. Gollyngodd ef ei reiffl, a llwyddais i ennill y dydd. Nid wyf yn cofio beth ddigwyddodd wedi hynny gan i mi syrthio o ganlyniad i'r ergydion a gefais. Pan ddeuthum ataf fy hun roeddwn mewn cerbyd y Groes Goch ar y ffordd i Rouen.'

Wedi goroesi'r rhyfel, daeth William Williams adref gan weithio yn y pyllau glo. Yn ôl ei deulu, mae'n debyg bod tipyn o natur anturus a hunanhyderus yn perthyn iddo. Un diwrnod roedd yn ardal Caer ar ei feic modur

William Cornelius Williams (ar y dde yn y rhes gefn) gyda'i deulu.

pan welodd yrrwr car mewn tipyn o benbleth oherwydd bod y car wedi torri i lawr. Er na wyddai William Williams ddim oll am geir, mynnodd edrych dan y bonet a rywsut neu'i gilydd fe'i cafodd i fynd. Rolls Royce oedd y car a'i berchennog oedd Dug Westminster. Cynigiwyd gwaith iddo fel *chauffeur* yn y fan a'r lle.

Magodd ei wraig ac ef bedwar o blant, un mab a thair merch. Yn anffodus, yn fuan wedi geni'r ferch ieuengaf diflannodd William Williams oddi ar wyneb y ddaear i bob pwrpas a thorrodd bob cysylltiad gyda'i wraig a'i blant yn ogystal â'i rieni. Ymhen blynyddoedd, canfuwyd ei fod wedi ymsefydlu yn swydd Efrog a'i fod wedi marw a chael ei gladdu yn Skipton.

'MWYNHAD DI-BEN-DRAW YN SAETHU AT YR ALMAENWYR'

Ni châi rhai swyddogion o dras filwrol drafferth lladd y gelyn. Roedd y Capten John Fitzwilliams (m.1918) yn un o bum brawd o blas Cilgwyn, Adpar, ger Castellnewydd Emlyn, a fu'n gwasanaethu yn y rhyfel. Roedd gyda Batri G enwog y Magnelwyr Marchogol Brenhinol (RHA), a byddai'n ysgrifennu'n gyson at ei wraig a'i deulu yng Nghilgwyn, gan ddisgrifio'n fanwl ei brofiadau ar faes y gad.

Adroddodd yn Nhachwedd 1914 nad oedd y ddisgyblaeth ymhlith y milwyr yn arbennig o dda a bod rhai wedi'u dienyddio, er mai drwy eu gadael i gysgu yn yr awyr agored gyda'r ceffylau y byddai'n cosbi ei filwyr ef. Cydymdeimlai â milwyr oedd yn byw mewn ffosydd oedd yn 'annisgrifiadwy o frwnt ac yn arogli'n ffiaidd'.

Y Capten John Fitzwilliams

Ddiwedd Mawrth 1915 roedd yn Kemmel, chwe milltir o Ypres, ac yn gyfrifol am fatri oedd yn saethu gwn mawr 43 siel. Nododd wedi hynny ei fod yn cael 'mwynhad di-ben-draw yn saethu at yr Almaenwyr'. Fis yn ddiweddarach, adroddodd i filwr Almaenig a gipiwyd ddweud bod gynnau'r batri wedi lladd 19 o'i gyd-filwyr y noson cynt. Sylw Fitzwilliams at ei wraig oedd: 'Hoffwn pe byddent yn anfon eu pedwar trwyn ar bymtheg draw fel cofroddion.'

Ymfalchïai yn nyfeisgarwch y milwyr. Adroddodd mewn llythyr at ei wraig ym mis Mai 1915 i'r Almaenwyr ymosod gyda nwy yn agos i Ypres a bod milwyr Prydain wedi gorwedd fel petaent wedi marw, er eu bod yn gwisgo masgiau nwy. Pan aeth yr Almaenwyr heibio, neidiodd y milwyr arnynt a'u lladd gyda'u bidogau: 'Doedd dim trugaredd. Gallwch fod yn siŵr i'n bechgyn ni fwynhau eu hunain.' Yna, ar 12 Mai adroddodd wrth ei wraig iddo ladd Almaenwr ar ddiwrnod ei phen blwydd. 'Hoffwn pe bai'n ben blwydd arnat bob diwrnod o'r flwyddyn. Rwy'n ei anfon ef atat fel anrheg pen blwydd gyda'm holl gariad. Gwn y byddi'n ei werthfawrogi'n fwy na dim arall y gallwn ei roi iti.'

Y diwrnod canlynol, adroddodd: 'Fe wnaeth yr Almaenwyr fomio un o'n ffosydd heddiw a phan roddodd un ohonynt ei ben hyll dros y parapet, fe wthiodd Tiriogaethwr ofnus ei fidog i'w wddf ac yna tynnu'r glicied, ac o ganlyniad cafodd ben cyflawn Almaenwr fel cofrodd ac mae'n falch iawn ohono'i hun.'

Yn ddiweddarach, yn Chwefror 1917, ysgrifennodd: 'Es i draw i weld Cadfridog y Troedfilwyr sy'n ifanc ac yn egnïol ac sydd wedi ymgolli'n llwyr ag un syniad, ac un yn unig, sef lladd yr Hyniaid... Y bore yma, roedd dau ar hugain o Hyniaid tew yn gorwedd yn farw y tu allan i'w weiren bigog.'

PARSEL O FWYD

Roedd Ifan ab Owen Edwards (1895–1970) o Lanuwchllyn yn ffodus ei fod yn gweithio fel mecanic ymhell y tu ôl i'r rhengoedd blaen yn Ffrainc. Roedd gyda 651/Cwmni Trafnidiaeth Fodurol rhwng 1916 ac 1918, a gwelodd y gynnau'n tanio o bell, er na wynebodd y profiad o fywyd yn y ffosydd.

Ond nid oedd bywyd yn rhwydd iddo, a dioddefodd salwch annymunol yn hydref 1916. Mae ei lythyron at ei fam yn y flwyddyn honno yn dangos natur bywyd y milwr a'i ddisgwyliadau. Dywed nad oedd gan y rhan fwyaf o'i gyd-filwyr ddime goch a bu'n eu cynorthwyo drwy brynu te neu swper iddynt. Ei ddymuniad oedd derbyn parsel o fwyd o gartref unwaith yr wythnos. Dylai hwnnw gynnwys ffrwythau tun, siocled, bisgedi a chacennau ond nid jam, caws na chorn-bîff gan fod digon o'r bwydydd hynny ar gael. Serch hynny, roedd yn canmol y bwyd a gâi yn ei wersyll a gallai ychwanegu at ei luniaeth drwy brynu bwyd ychwanegol o'r ffreutur.

Erbyn 1917, yr oedd yn gofyn am arian yn hytrach na bwyd. Roedd yn gwersylla yn agos i un o ffreuturau y Fonesig Angela Forbes, lle câi swper da am ddau ffranc a oedd yn cynnwys uwd, ham a salad, pwdin a phaned o de.

Ifan ab Owen Edwards
yn Rhydychen yn fuan
wedi'r rhyfel.

'Peidiwch â phoeni, cyhyd â bod yr arian yn para bydd gen i fwyd!' oedd ei neges.

Roedd Ifan ab Owen Edwards (Syr Ifan wedi hynny) yn fab i'r addysgwr Syr Owen M Edwards ac wedi'r rhyfel daeth yn enwog am sefydlu Urdd Gobaith Cymru.

PEGGY DEAUVILLE

Roedd darparu adloniant i'r milwyr y tu ôl i'r rhengoedd blaen yn allweddol ar gyfer cynnal morâl. Yn ogystal â threfnu chwaraeon o bob math, byddai criwiau o filwyr yn paratoi sioeau ac anfonid diddanwyr o bob math draw o Brydain i'w difyrru.

Yn eu plith roedd Tom Davies (g.1900), mab i weinidog Caersalem, capel y Bedyddwyr ym mhentref Blaengwynfi, Cwm Afan. Gwelodd yn y wasg yn 1914, pan oedd ond yn 14 mlwydd oed, bod angen dawnswyr, cantorion, jyglwyr a diddanwyr i ymuno â'r Corfflu Diddanu.

Cysuron o gartref: milwr yn y ffosydd ger Aveluy ar y Somme, Medi 1916, yn cludo parseli i'w gymrodyr.

Er ei fod yn ifanc iawn, roedd Tom Davies eisoes wedi bod yn perfformio ar lwyfannau lleol gyda'i sioe ddawnsio a 'ragtime'. Ymfalchïai yn ei allu i godi'i goesau a chicio'n uchel: 'I was a very high kicker,' meddai mewn cyfweliad flynyddoedd yn ddiweddarach. Roedd hefyd ymhlith ychydig ddynwaredwyr menywod y cyfnod.

Teithiodd i Lundain a chael ei dderbyn i'r corfflu a'i hyfforddi gan John Tiller, a ddaeth yn enwog am sefydlu'r 'Tiller Girls'. Wedi hynny, ymunodd â pharti cyngerdd Lena Ashwell a chroesi i Ffrainc. Yno, nid oedd yn gyfforddus â'r parti hwn gan ei fod erbyn hynny wedi datblygu perfformiad doniol a oedd yn cynnwys gwisgo fel merch, sgwrsio doniol gyda'r gynulleidfa a dawnsio.

Trosglwyddwyd ef i dref Deauville a dechreuodd berfformio dan yr enw Peggy Deauville. Daeth yn boblogaidd iawn gan berfformio yn Arras, Dieppe a Pharis. Fodd bynnag, câi drafferth perfformio mewn ysbytai gan ei fod yn casáu gweld y milwyr yn dioddef.

Wedi'r rhyfel, parhaodd gyda'i yrfa fel dynwaredwr menywod gan weithio am gyfnodau gyda diddanwyr enwog fel Bud Flanagan a cherddorion poblogaidd fel Lew Stone.

Amcangyfrifir i gyfanswm o tua chwe miliwn o geffylau wasanaethu yn y rhyfel. Ar wahân i
geffylau ysgafndroed y marchoglu, defnyddid ceffylau gwaith i dynnu wagenni, magnelau
ac ambiwlansys. Amcangyfrifir i 484,000 o geffylau byddin Prydain farw yn ystod y rhyfel.
Roedd yr effaith ar amaethyddiaeth hefyd yn sylweddol: ar un diwrnod ym mis Awst 1914,
er enghraifft, prynodd y lluoedd arfog bron i gant o geffylau ym marchnad Aberteifi.

Yr Is-gorpral E Jones, 6/Catrawd Gymreig, gyda dau filwr
yn Ffrainc, 1916, a'u neges.

Rhaid oedd ceisio sicrhau
bwyd maethlon i'r milwyr yn y
rhengoedd blaen. Gwelir yma
ginio'n cael ei weini i aelodau
15/Ffiwsilwyr Cymreig ger
Fleurbaix ar 28 Rhagfyr 1917.

9

GALLIPOLI, 1915–1916

Gyda gobeithion y Cynghreiriaid o dorri trwodd yn derfynol ar y ffrynt gorllewinol yn pylu erbyn 1915, chwiliai rhai o wleidyddion ac uwch-swyddogion Prydain am ddulliau eraill o danseilio'r gelyn. Credai rhai, yn arbennig Winston Churchill, Prif Arglwydd y Morlys, y gellid defnyddio llynges Prydain i gipio culfor Dardanelles. Byddai hynny'n agor llwybr i'r Môr Du ac yn creu cysylltiad â Rwsia, gan hefyd wanhau Twrci a oedd, yn rhannol oherwydd diffygion diplomyddol gan Brydain, wedi ochri â'r Almaen yn 1914.

Gwaetha'r modd, roedd y rhesymeg y tu ôl i'r fenter yn anobeithiol o ffôl a'r strategaeth yn ddiofal, heb amgyffrediad synhwyrol o'r peryglon. Ond rhoddodd Cyngor y Rhyfel ei gefnogaeth i'r strategaeth yn Ionawr 1915, heb rag-weld y gyfres o drychinebau a fyddai'n amharu ar gwrs y rhyfel am flwyddyn gron.

Dechreuodd y cyrchoedd cyntaf yn Chwefror 1915, gyda llongau'r llynges yn cael eu sielio gan y Tyrciaid wrth iddynt geisio meddiannu culfor Dardanelles. Er mwyn atal y sielio, penderfynwyd anfon y fyddin i gipio penrhyn Gallipoli. Ar wahân i wastraffu adnoddau milwrol a fyddai'n fwy defnyddiol yn Fflandrys, roedd y cynlluniau'n waradwyddus o anymarferol ac anfonwyd milwyr dibrofiad i'w tranc yn erbyn byddin fwy profiadol a dygn y Tyrciaid.

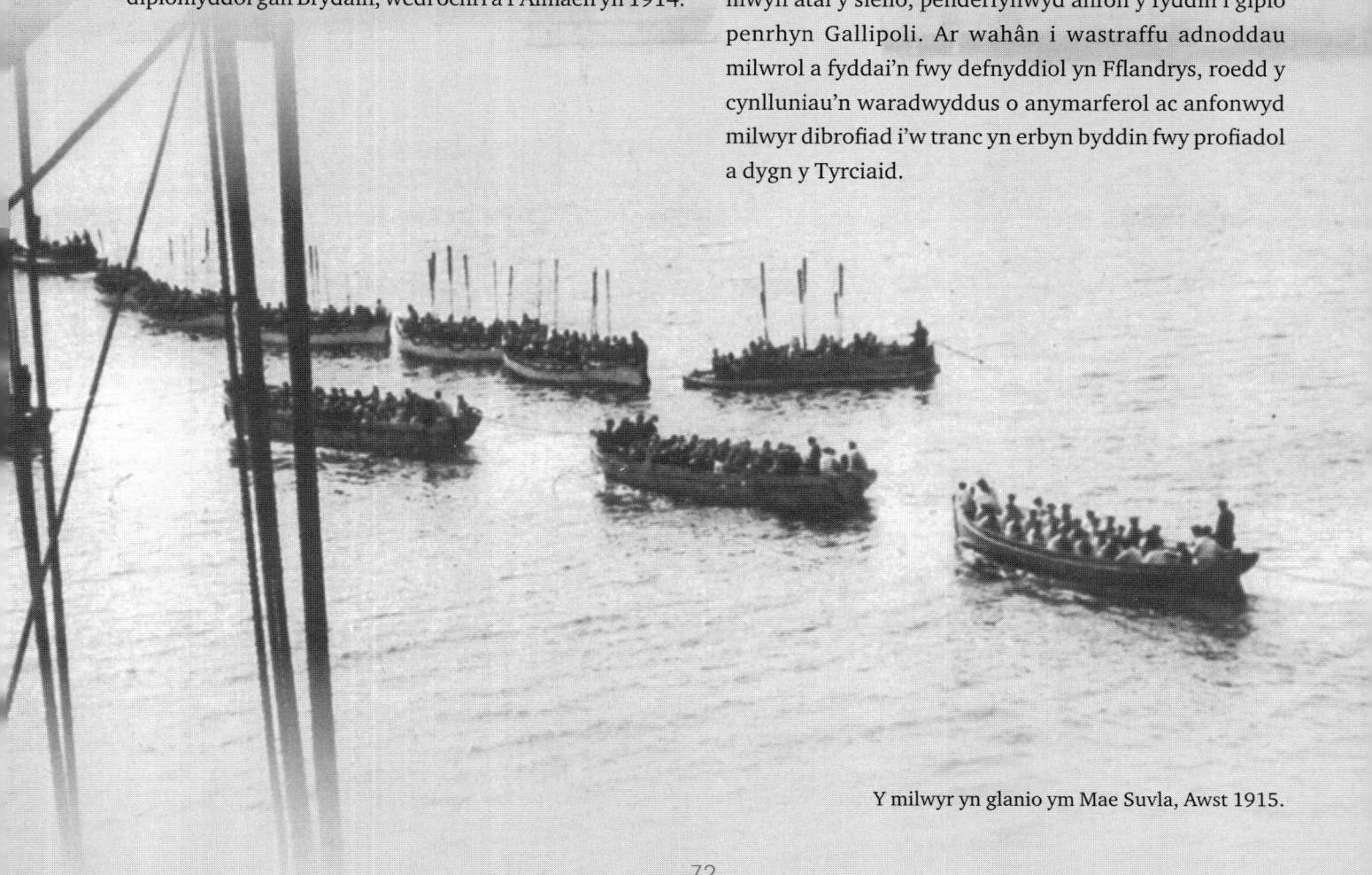

Y milwyr yn glanio ym Mae Suvla, Awst 1915.

Gwersyll yn Gallipoli.

Ym mis Ebrill, glaniodd catrodau o filwyr addawol ond dibrofiad o Awstralia a Seland Newydd – yr Anzacs (Australia and New Zealand Army Corps) – ar draeth bychan a elwid wedi hynny yn Anzac Cove. Glaniodd hefyd filwyr o Ffrainc, milwyr profiadol Adran 1af y Corps Expéditionnaire d'Orient, ac o Brydain, gan gynnwys cwmni o Gyffinwyr De Cymru, ar draethau Penrhyn Helles ychydig i'r de.

Tra llwyddwyd i feddiannu'r traethau, methiant fu pob cyrch i oresgyn y clogwyni a'r mynyddoedd i'r dwyrain, lle roedd y Tyrciaid wedi gosod amddiffynfeydd grymus. Daeth yn amlwg fod byddin y Tyrciaid wedi'i thanbrisio a'i bod yn llawer mwy profiadol a di-ildio na'r disgwyl. Saethent eu gynnau mawr ar y traethau digysgod ac roedd sneipwyr yn cuddio yn y coed ac ym mhob twll a chornel, rhai ohonynt wedi'u peintio'n wyrdd ac wedi gludo llwyni ar eu cyrff er mwyn celu eu presenoldeb. Ac fel ar y ffrynt gorllewinol, profodd yn rhwyddach i amddiffyn nag i ymosod.

Ddechrau Awst 1915, bu 8/Ffiwsilwyr Cymreig yn cynorthwyo'r Anzacs mewn brwydr ffyrnig ym mynyddoedd Sari Bair, gan ddioddef colledion sylweddol. Tra oedd y cyrchoedd hyn yn methu, ar 8 Awst glaniodd milwyr o Brydain, yn eu plith aelodau o 4 a 5/Catrawd Gymreig, ym Mae Suvla, i'r gogledd o'r brwydro. Unwaith yn rhagor, roedd arweinyddiaeth y fyddin yn ddiffygiol. Taflwyd milwyr dibrofiad yn erbyn amddiffynfeydd cadarn y Tyrciaid a methwyd ag ennill tir i'r dwyrain o'r traethau. Cafwyd colledion enbyd yn y brwydro ger y Llyn Halen ac ar Scimitar Hill ac yn ystod y cyfnod byr hwn collodd dros gant o Gymry eu bywydau. Ysgrifennodd un tyst mewn llythyr adref: 'Dioddefodd ein bechgyn laddfa ofnadwy... gyda bwledi'n chwipio o'n cwmpas rif y gwlith, fel petris cudd.'

Yn yr haf roedd y tywydd yn hynod o boeth ac, yn ôl y cloddiwr Hubert Cole o Lanelli, edrychai'r milwyr yn grotésg gan fod y pridd a orchuddiai eu hwynebau yn debyg i wyngalch. Roedd y pryfed yn hollbresennol, yn arbennig pan fyddai'r milwyr yn ceisio bwyta.

Erbyn yr hydref roedd y cyfleoedd prin i oresgyn rhengoedd y Tyrciaid wedi diflannu'n llwyr a'r milwyr yn y ffosydd yn dioddef yn arw o ddysentri ac afiechydon eraill. Pan ddaeth tywydd garw'r gaeaf, dioddefodd llawer ohonynt yn sgil yr oerfel ac o ddolur traed y ffosydd (*trench foot*).

Daeth yn amlwg fod yr holl ymdrech yn ofer a phenderfynwyd tynnu'r fyddin yn ôl o Gallipoli. Nid oedd hynny'n fater hawdd ond, am unwaith, gwnaed cynlluniau gofalus a chyfrwys gan sicrhau nad oedd y Tyrciaid yn ymwybodol o'r enciliad. Cludwyd y milwyr yn ddiogel o Gallipoli yn ystod Rhagfyr 1915 a dechrau Ionawr 1916, gan adael byddin Twrci yr fuddugol. Serch hynny, er y fuddugoliaeth, roedd colledion y Tyrciaid yn drwm hefyd, gyda dros chwarter miliwn o filwyr wedi cael eu lladd neu eu clwyfo, ac yn y pen draw gorchfygwyd Twrci yn y rhyfel.

Dysgwyd gwersi gan y Cynghreiriaid a phrofwyd bod angen digon o fagnelau a gynnau peiriant i atgyfnerthu'r milwyr traed. Collodd sawl uwch-swyddog ei gyfrifoldebau o ganlyniad i'r gyflafan a daeth cyfnod prif ladmerydd yr ymgyrch, Winston Churchill, fel Prif Arglwydd y Morlys i ben.

Ond y milwyr cyffredin a ddioddefodd fwyaf yn sgil cyrchoedd trychinebus Gallipoli. Cafodd cyfanswm o 115,000 o filwyr yr Ymerodraeth Brydeinig eu lladd neu eu clwyfo a 27,000 o Ffrancwyr. At hynny, symudwyd 90,000 o filwyr yr Ymerodraeth Brydeinig a 27,000 o Ffrancwyr a oedd yn dioddef o afiechydon oddi ar draethau Gallipoli ar longau i gleifion.

Darn o Fresys

Roedd un o feibion Aberystwyth, y Preifat D J Evans o 2/Cyffinwyr De Cymru, ymhlith y cyntaf i lanio ar draeth Bae Morto ym Mhenrhyn Helles ar 25 Ebrill 1915. Disgrifiodd sut roedd angen iddo rwyfo i'r lan mewn cwch bach ac yna rhuthro fel gafr Gymreig i gysgod y clogwyni i osgoi bwledi'r Tyrciaid. Gwelodd un o'i gyd-filwyr yn cael ei daro ac yna, wrth iddynt ymosod ar ffos, cododd y Tyrciaid faner wen. Ofnai Evans eu bod yn ffugio felly saethodd at y faner ac yna goresgynnwyd y ffos.

Yn ddiweddarach, ar 28 Ebrill, mewn cyrch gyda'i blatŵn yn ystod brwydr Krithia, saethwyd ato gan sneipwyr a bu raid iddo orwedd yn dawel am chwarter awr. Erbyn iddo godi, doedd neb o'i gyd-filwyr i'w gweld. Rhedodd dan gysgod y clogwyni yn ôl tuag at y môr ond erbyn hynny roedd cannoedd o'r gelyn ddim mwy na mil o lathenni oddi wrtho. Roedd mewn penbleth. Cerddodd am bum munud arall ond roedd y bwledi'n chwipio o'i gwmpas a phenderfynodd saethu at y Tyrciaid. Defnyddiodd 290 o rowndiau a gwelodd o leiaf bedwar o'r gelyn yn cael eu taro.

Cysgododd wedyn yn y llwyni dros nos. Y bore canlynol, credai iddo gael ei daro gan ddarn o fwd a charreg ynddo. Cododd ei ddwylo at ei lygaid gan gredu eu bod wedi syrthio i'r llawr.

D J Evans

Teimlai ei goesau a'i freichiau yn plygu i ganol ei gorff. Nid carreg a'i tarodd ond bwled sneipiwr, a gwelodd hwnnw tua 400 llath i ffwrdd, yn gorwedd ger coeden. Nid oedd y Preifat Evans yn siŵr ai ffugio ei fod wedi'i anafu yr oedd. Gan mai dim ond un fwled a oedd ganddo ar ôl, cripiodd o fewn tair llathen i'r sneipiwr a'i saethu.

Wedi hynny, llwyddodd i gael cymorth gan gyd-filwr a roddodd ddŵr iddo a rhwymo'i anaf. Yna cerddodd yn ôl bum milltir i'r traeth ac fe'i cludwyd gan long i gleifion i ysbyty yn Port Said yn yr Aifft. Yno darganfuwyd bod darn o'i fresys wedi'i gario i mewn i'w gorff gan y fwled a'i tarodd.

Dychwelodd i'r drin yn Gallipoli yng Ngorffennaf 1915 ond fe'i clwyfwyd unwaith yn rhagor a chafodd ei drosglwyddo i Ysbyty Cymreig Netley ger Southampton. Yn ddiweddarach bu'n ymladd yn Ffrainc ac roedd ymhlith y miloedd a gipiwyd gan yr Almaenwyr ym Mawrth 1918. Treuliodd fisoedd olaf y rhyfel yn gweithio ym mhyllau glo'r Almaen.

'Uffern ar y Ddaear'

Doedd profiad y Sarjant Zacheus Roberts, Hafodunos, Glanypwll, Blaenau Ffestiniog, yn Rhyfel y Böer bymtheg mlynedd ynghynt yn ddim o'i gymharu â'r hyn a wynebai yn Gallipoli yn Awst 1915. 'Uffern ar y ddaear' ydoedd, yn ôl llythyr a anfonodd adref.

Glaniodd gyda bataliwn 7/Ffiwsilwyr Cymreig ar 9 Awst ym Mae Suvla, lle a ymdebygai, meddai ef, i Fae Llandudno. Gwaith yr hen filwr oedd cludo bwyd i'r milwyr yn y ffosydd. Cludai ef a 12 milwr arall y 'caceni (biscuits) a'r corn beef' i'r ffosydd blaen ar gefn 30 o fulod. Roedd hwn yn waith peryglus, gyda'r Tyrciaid yn sielio a sneipwyr 'a [b]aentient eu hunain yr un lliw a'r dail sydd ar y coed' yn eu targedu. Ar un achlysur, saethwyd ato gan sneipwir a bu i un o'i fwledi 'grazio fy ngarddwn' ac ar achlysur arall glaniodd bom a ollyngwyd o awyren tua 15 llath oddi wrtho.

Dial y Chwarelwyr

Rheolwr chwarel ithfaen yr Eifl oedd yr Uwch-gapten Augustus Henry Wheeler cyn y rhyfel, ac roedd yn ddyn amhoblogaidd tu hwnt ymhlith y chwarelwyr oherwydd ei agweddau anoddefgar. Ymunodd rhai o chwarelwyr yr Eifl â'r Ffiwsilwyr Cymreig yn 1914 ac erbyn Awst 1915 roeddent yn nhiroedd diffaith Gallipoli, gyda'r uwch-gapten yn eu harwain. Gwyddom i Wheeler gael ei ladd ar 10 Awst ond, ar lafar gwlad yn ardal Trefor, credir mai cael ei saethu gan ei gyd-filwyr a wnaeth. Honnir i dri o'r chwarelwyr fanteisio ar y cyfle i ddial arno yn ystod brwydr.

Nid yw hyn yn gwbl anarferol. 'Fragging' oedd y term a ddefnyddid gan yr Americanwyr pan fu i filwyr ladd eu swyddogion ar sawl achlysur yn ystod rhyfel Fietnam. Gwaetha'r modd, does dim modd profi ai dyma oedd tynged yr Uwch-gapten Wheeler.

A H Wheeler

Tipyn o Wallgofddyn

Lle peryglus iawn oedd ffosydd Gallipoli, gyda sneipwyr yn chwilio am bob cyfle i saethu unrhyw un a godai ei ben. Fodd bynnag, nid oedd y cyfreithiwr ifanc o Lanelli, y Lefftenant Cecil Phillips (1892–1949), yn poeni am hyn. Crwydrai yma ac acw yn y ffosydd gan obeithio y byddai hynny'n codi ysbryd milwyr 4/Catrawd Gymreig, a oedd wedi glanio ym Mae Suvla yn Awst 1915. Am hynny, ystyrid ef yn dipyn o wallgofddyn.

Mater o farn yw ai gwallgofrwydd neu wrhydri a arweiniodd iddo, ar 14 Awst 1915, groesi tua 70 llath o dir neb yn wyneb saethu didrugaredd y Tyrciaid er mwyn cludo swyddog ifanc a oedd wedi'i glwyfo yn ôl i ddiogelwch. Gwnaeth hyn deirgwaith eto, gyda sarjant o'r enw Grundy yn ei gynorthwyo. Dyfarnwyd y Groes Filwrol i Cecil Phillips am ei wrhydri mawr a dyrchafwyd ef yn gapten ar faes y gad.

Cuddio mewn Twmpath

Tipyn o dderyn oedd David John Hughes, Glanaman (gweler hefyd tt. 25, 174). Ac yntau'n aelod o 4/Catrawd Gymreig, roedd eisoes wedi'i garcharu am ddianc o'r fyddin ond rhaid bod swyddogion y fyddin yn ei ystyried yn arweinydd naturiol oherwydd câi ei ddyrchafu yn y pen draw yn uwch-sarjant yn y gatrawd.

Ar 8 Awst roedd ymhlith y rhai a laniodd ym Mae Suvla. Roedd 1,050 o filwyr yn ei fataliwn ond wedi'r ymosodiad aflwyddiannus ar Scimitar Hill, dim ond 183 oedd yn weddill. Collodd ei blatŵn bob un o'i swyddogion a D J Hughes a arweiniodd weddill y milwyr yn ôl i'r bae. Ar ddiwedd diwrnod ei ben blwydd yn 21 mlwydd oed, cafodd ei ddyrchafu'n sarjant.

Cafodd y sarjant newydd ddau brofiad cofiadwy

Meddyg ar y Traeth

O'r traeth yn Helles yng Ngorffennaf 1915 gallai Dr E Alban Evans (1876–1932) wylio gwarchae gwaedlyd Achi Baba drwy sbinglasys. Ond lle peryglus oedd y traeth hefyd, gan fod sielio'r Tyrciaid yn achosi colledion sylweddol yn yr ysbytai yno. Er y sielio, yn ôl y meddyg, ystyrid y Tyrciaid yn wŷr bonheddig gan lawer yno, a chredent mai damweiniol oedd y bomiau a syrthiai ar yr ysbytai. Deliodd y meddyg ag achosion o anafiadau dirifedi gyda bron i ddeugain yn marw o'u clwyfau. Serch hynny, credai fod milwyr Prydain yn wych a bod y glaniad ym Mae Helles yn weithred ryfeddol.

Llawfeddyg 39 mlwydd oed yn arbenigo yn y clustiau, y trwyn a'r llwnc oedd y meddyg o Abertawe. Penodwyd ef yn Brif Swyddog y llong gleifion Grantully Castle, a oedd wedi'i hangori ar Benrhyn Helles am ddeg diwrnod ganol Gorffennaf 1915. Cafodd y Grantully Castle ei haddasu ar gyfer cleifion yn ystod haf 1915, ac roedd Dr Evans yn gyfrifol am 70 o staff, gan gynnwys 11 prif weinyddes nyrsio. Roedd angen yr holl staff, a mwy, gan i dros 80 y cant o'r milwyr yno ddioddef o ddysentri (neu 'Gallipoli Gallop', fel y'i gelwid) ar ryw adeg a bu raid cludo tua 25 y cant ohonynt o'r penrhyn ar longau fel y Grantully Castle.

Cludodd y llong dros 400 o gleifion o Gallipoli i'r Aifft ddiwedd Gorffennaf. Yno gweithiai'r meddyg mewn ysbyty a chanddo 1,400 o welyau a chafodd y fraint o gwrdd â'r Swltan lleol. Nid oedd yntau'n rhoi'r argraff i Dr Evans ei fod yn deyrn dwyreiniol ac yn ôl y meddyg, oni bai am ei het draddodiadol, y tarboosh, gallai gael ei gamgymryd am fasnachwr Seisnig aflwyddiannus.

Yr SS Grantully Castle, a ddefnyddiwyd fel llong ysbyty ym Môr y Canoldir.

yn ystod y dyddiau canlynol – y ddau'n ymwneud â'r sneipwyr a fu'n gyfrifol am ladd cynifer o filwyr yn Gallipoli.

Gan fod prinder bwyd, penderfynodd arwain grŵp o filwyr i lawr i'r traeth i gasglu dognau argyfwng oddi ar gyrff y meirw. Wrth baratoi i ddychwelyd, teimlodd fwled yn taro'i lawes a neidiodd i mewn i gwter fas a gorwedd yno. Barnai ei fod yn ddiogel yno ond, â'r milwyr eraill wedi gadael, ni fedrai symud hyd nes iddi nosi. Gwyddai na fyddai'r sneipiwr yn codi o'i guddfan yn ystod y dydd.

Wedi iddo fod yno am ychydig, teimlodd D J Hughes haid o forgrug yn crwydro ar hyd ei gorff. Roedd y rhain deirgwaith maint y morgrug yr oedd yn gyfarwydd â hwy gartref a dechreuasant ymosod ar bob rhan ohono, gan gynnwys y tu mewn i'w geg. Teimlai rai'n pigo'i dafod ond er y boen ni feiddiai godi o'i guddfan gan y gwyddai fod y sneipiwr yn disgwyl iddo godi'i ben.

Yn ffodus, daeth rhai milwyr eraill ar ei draws. Rhybuddiodd hwy am bresenoldeb y sneipiwr a llwyddasant i saethu hwnnw o'i guddfan mewn coeden. Arweiniwyd swyddog meddygol at D J Hughes a golchwyd ei gorff a rhoi eli ar y pigiadau.

O fewn dau ddiwrnod daeth D J Hughes ar draws sneipiwr arall. Gan fod prinder dŵr, roedd ef ac un o'r swyddogion o'r enw Blake wedi mynd i chwilio am ffynnon, gan ddilyn llwybr a redai heibio ymyl cae ŷd. Clywsant ergyd gwn ac roedd gofyn iddynt gropian er mwyn canfod lle i gysgodi. Roedd y fwled wedi taro sbinglasys y swyddog, gan achub ei fywyd, ond roedd y sneipiwr yn dal i chwilio am gyfle arall. Yna ymunodd pedwar milwr o Gatrawd Manceinion â hwy a phenderfynwyd chwilio am y sneipiwr gan wybod na fyddai'n saethu a rhoi amcan o'r fan lle roedd yn cuddio.

Chwiliwyd ym mhobman amdano ond heb lwyddiant. Roedd y cae ŷd yn cynnwys twmpathau o wellt ac mewn tymer ddrwg fe giciodd y swyddog un ohonynt. Wrth iddo wneud hynny, gwelodd ddarn o ddilledyn a thynnodd arno. Daeth D J Hughes draw a chicio mwy o'r gwellt a chanfuwyd menyw ifanc yn cuddio yno. Gwaeddai hithau 'Allah, Allah' wrth iddynt ei thynnu oddi yno. O dan y gwellt roedd twll sylweddol lle bu'n cuddio. Roedd digon o fwyd a bwledi yno am gyfnod hir. Darganfuwyd hefyd 27 o ddisgiau adnabod. Roedd yn amlwg ei bod hi wedi bod yn saethu milwyr wrth iddynt gasglu dŵr o'r ffynnon gan ddwyn eu disgiau adnabod a chuddio'u cyrff yn ystod y nos. Credai'r swyddog a D J Hughes ei bod am fynd â'r disgiau i awdurdodau'r Tyrciaid er mwyn derbyn cildwrn. Dyma *bounty hunter* go iawn felly.

Gofynnodd un o'r milwyr beth oedd bwriad y swyddog. Ymatebodd yntau drwy ddweud ei fod am saethu'r ferch ond cynigiodd y milwr y byddai ef a'i gyfeillion yn gwneud hynny wedi iddynt ei threisio. Roedd y swyddog yn gandryll gyda'r fath awgrym a rhoddodd orchymyn i D J Hughes glymu'r ferch i goeden. Yna saethodd y swyddog hi drwy ei chalon yn gwbl ddiseremoni.

Nid oedd gan D J Hughes ddim cydymdeimlad â'r ferch gan ei bod wedi lladd cynifer o'i gyd-filwyr yn llechwraidd.

Milwyr yn cysgodi yn y ffosydd yn Gallipoli.

10

BRWYDRAU IONAWR–MAI 1915

aerodd un hanesydd amlwg fod brwydrau 1915 yn 'battles which have no meaning except as names on a war memorial'. Roedd y nifer a laddwyd yn y cyfnod hwn yn sylweddol a'r tir a enillwyd gan y ddwy ochr i'w fesur mewn llathenni yn hytrach na milltiroedd. Erbyn hyn, roedd amddiffyn gymaint yn rhwyddach nag ymosod, a'r tactegau ymosod yn beryglus o ryfygus.

Ar 25 Ionawr ceisiodd yr Almaenwyr roi anrheg pen blwydd gynnar i'r Kaiser gydag ymosodiad grymus ar gyrion camlas La Bassée. Ymhlith y rhai a'u gwrthwynebai roedd 4/Ffiwsilwyr Cymreig, gan gynnwys rhai Tiriogaethwyr o bentref Rhosllannerchrugog. Lladdwyd pump o'r pentref clòs hwn yn ystod yr ymosodiad, er mawr dristwch yn y gymdogaeth.

Tro'r Cynghreiriaid oedd hi i ymosod ar 10 Mawrth, a hynny yn ardal Neuve Chapelle, i'r de o Armentières yng ngogledd Ffrainc. Wedi llwyddiant cynnar, gwthiwyd yr ymosodwyr yn ôl gan yr Almaenwyr gyda chryn golledion: dros 3,500 wedi'u lladd a thua 8,000 wedi'u clwyfo.

Ym misoedd Ebrill a Mai ceisiodd yr Almaenwyr gipio ardal Ypres yng Ngwlad Belg. Defnyddiwyd nwy am y tro cyntaf gan yr Almaenwyr ar 22 Ebrill gan achosi anhrefn i'r amddiffynwyr, a oedd heb fasgiau nwy. Yn wir, petai'r Almaenwyr wedi mentro mwy gallasent fod wedi ennill tir sylweddol ac o bosib fod wedi meddiannu porthladdoedd arfordir Gwlad Belg. Ymhlith y rhai a ddioddefodd golledion trwm yn ail frwydr Ypres roedd 1/Catrawd Mynwy, bataliwn a gynhwysai'n bennaf ddynion o Gasnewydd a'r cylch. O'r 23 swyddog a 565

Cofeb Le Touret ger Richebourg-l'Avoué, Ffrainc, lle cofnodir enwau'r pum milwr o Rosllannerchrugog a laddwyd yn Ionawr 1915.

o'r rhengoedd, dim ond tri swyddog a 126 o'r rhengoedd a ddychwelodd o'r brwydro ar Gefn Frezenberg, tua dwy filltir i'r gogledd-ddwyrain o Ypres.

Ymhellach i'r de cafwyd ymosodiadau trychinebus gan y Cynghreiriaid ar Gefn Aubers a Festubert ym mis Mai, gyda dros 27,000 yn cael eu lladd neu eu clwyfo mewn cyrchoedd di-drefn ac esgeulus. Beiodd y Cadfarsial Syr John French ddiffygion yn nifer ac effeithlonrwydd y sieliau a daniwyd ond ar yr un pryd beirniadwyd ei dactegau ef.

BREUDDWYD MARTHA

Ar nos Sul 24 Ionawr 1915, daeth aelodau o Gwmni Rhosllannerchrugog (Cwmni G) 4/Ffiwsilwyr Cymreig ynghyd am wasanaeth crefyddol mewn ysgubor ger camlas La Bassée, i'r de o Armentières. Gweinyddwyd y cymundeb a chanwyd emynau Cymraeg. Tiriogaethwyr oedd y rhain a alwyd i'r rheng flaen o ganlyniad i'r colledion enbyd yn ystod misoedd cyntaf y rhyfel. Yn eu plith roedd y Corpral Bob Parry o Stryd Penry, Rhos, a fu'n ymgomio â'i gyfaill William Jones ('Wiliam Susan' i'w gyfoedion) o Stryd Afoneitha y noson honno. Dywedodd Bob Parry fod un o'i blant wedi pwyso arno i gael ei glwyfo er mwyn

iddo gael dod adref. Mewn llythyr at ei deulu roedd yntau wedi ceisio'u cysuro: 'We must trust in the Lord and do our duty.'

Roedd Tiriogaethwr arall, y Preifat Edward Evans, hefyd wedi ysgrifennu adref at ei wraig ychydig ynghynt gan ddweud: 'Rydym yn y ffosydd unwaith eto, o dan saethu a sielio trwm, ond peidiwch ag ofni, oherwydd yr wyf yn wir yn credu trwy gymorth Duw y byddaf yn dod trwy'r cyfan, ac yn dychwelyd yn ddiogel atoch chi a'r plant.'

Y bore canlynol, rhuthrodd rhai cannoedd o filwyr Almaenig tuag at ffosydd bechgyn Rhos ond, yn ôl y Preifat Samuel Jordan, 'mowed down like a pack of sheep' fu eu

Y Capten Harold Thorne Edwards yn arwain 1/Catrawd Mynwy ger Ypres. *Yr Wythfed o Fai* yw teitl y darlun hwn o waith yr arlunydd Fred Roe.

tynged. Adroddodd y Preifat Richard William Richards bod un milwr yn saethu tra bod milwr arall yn ail-lwytho fel bod y milwyr wrthi'n saethu'n ddi-baid. Adroddwyd hefyd bod yr Is-gorpral Albert Prescott o Stryd Awstralia yn canu yn y ffosydd. Roedd yntau wedi ysgrifennu at ei fam ddau ddiwrnod cyn y frwydr gan ddweud wrthi beidio â phoeni gan ei fod yn iawn.

Y noson cyn y frwydr, cafodd Martha Parry, gwraig y Corpral Bob Parry, ragrybudd dychrynllyd. Aflonyddwyd hi wrth iddi gysgu a chredai iddi glywed ei gŵr yn gweiddi ei henw deirgwaith a'i fod wedi dod adref o'r rhyfel. Y bore canlynol, roedd Bob Parry ymhlith y pump o Rhos a laddwyd, ynghyd ag Albert Prescott, Edward Evans, John Griffiths a William Fail – y cyfan o'r un cwmni. Cofnodir eu henwau ar gofeb Le Touret ger Richebourg-l'Avoué.

GWRTHOD ILDIO

Roedd y Capten Harold Thorne Edwards (1883–1915) yn enedigol o Fynyddislwyn, sir Fynwy, ac yn fab i gyfreithiwr. Ar 8 Mai 1915 roedd yn arwain Cwmni D 1/Catrawd Mynwy a oedd yn ceisio amddiffyn y rhengoedd ar Gefn Frezenberg ger Ypres. Roedd 2/Catrawd Mynwy i'r gogledd iddynt a 3/Catrawd Mynwy i'r de, pob bataliwn o dan ymosodiad grymus gan yr Almaenwyr, a hynny heb gefnogaeth y magnelwyr, a oedd wedi colli cysylltiad â hwy.

Roedd y sefyllfa'n argyfyngus wrth i luoedd yr Almaen geisio amgylchynu'r bataliwn. Gwaeddwyd arnynt i ildio ond ymateb y Capten Edwards oedd 'Surrender, surrender be damned.' Gwelwyd ef am y tro olaf yn saethu at yr Almaenwyr gyda'i rifolfer. Llwyddodd rhai o'r bataliwn i ddianc ond roedd y colledion yn enbyd.

Oherwydd y colledion, dyma ddiwedd y bataliwn 1af a'r 2il a'r 3ydd bataliwn, a chyfunwyd gweddillion y tri mewn un bataliwn am gyfnod dan yr enw Catrawd Mynwy.

TALU'R PWYTH

Cymerodd y Reifflwr W Stanley Jones o Aberystwyth, aelod o 1/Reifflwyr Brenhinol y Brenin, ran mewn dwy frwydr yn 1915, y naill yn Neuve Chapelle ar 10 Mawrth a'r llall ar 15 Mai yn Festubert. Ychydig yn ddiweddarach, disgrifiodd yn fanwl ei brofiadau yn y brwydrau hyn, gan ddangos sut y caledwyd agwedd y milwyr tuag at weld eu cyd-filwyr yn dioddef yn enbyd a'u hawydd i dalu'r pwyth yn ôl i'r gelyn.

Cyn brwydr Neuve Chapelle, sylwodd fod milwyr ei gatrawd yn cyrraedd y ffosydd blaen gyda gwên ar eu hwynebau ac yn canu caneuon poblogaidd y dydd, gyda'r swyddogion yn chwarae'r tonau drwy chwythu trwy bapur sidan a oedd wedi'i osod dros grib.

Clywsant hefyd sŵn ffosydd yr Almaenwyr, a oedd tua 150 o lathenni i ffwrdd, yn cael eu bombardio, a theimlo'r ddaear yn crynu. Yna, wedi i'r bombardio ddod i ben, cododd y milwyr o'r ffosydd a chroesi tir neb: 'Dros y top aeth y bechgyn. O Dduw, dyna olygfa, – cawsant eu pladurio fel ŷd aeddfed; yn dynn ar eu sodlau daeth yr ail reng ond tynghedwyd y rhain i ddioddef yn yr un modd â'u cymrodyr a chawsant eu dinistrio'n llwyr. Heb ddangos dim ofn, rhuthrodd y drydedd reng heibio'u cyfeillion marw a chyrraedd ffos yr Almaenwyr, ond – arswyd ar ben arswyd – doedd y weiren bigog heb ei thorri. Tynnodd y bechgyn eu bidogau o'u reifflau a cheisio hacio eu ffordd drwodd, ond profodd hyn yn amhosibl – roedd y weiren yn 6 throedfedd o uchder ac yn 20 troedfedd o ddyfnder.'

Rhaid oedd encilio gyda cholledion dychrynllyd ond, yn ôl Stanley Jones, 'Wedi'r cyfan, roeddem wedi gwneud rhywbeth da, gan ein bod wedi denu milwyr ategol yr Almaenwyr atom gan ganiatáu i gatrodau eraill symud ymlaen a chipio pentref Neuve Chapelle.' Nod ei fataliwn yn awr oedd dial ar yr Almaenwyr er cof am eu cymrodyr.

Ni ddaeth y cyfle tan fis Mai ac erbyn hynny roedd Stanley Jones wedi ymuno ag uned y gynnau peiriant. Wedi colledion mawr yn ymosodiad Cefn Aubers ar 9 Mai, ceisiwyd ymosod unwaith yn rhagor ychydig i'r de yn Festubert ar 15 Mai. Y tro hwn, bombardiwyd llinellau'r Almaenwyr am ddau ddiwrnod llawn gan geisio chwalu eu hamddiffynfeydd a'r weiren bigog. Roedd yr Almaenwyr hefyd yn ymateb yn yr un modd a ffrwydrodd un siel yn y ffos lle roedd Stanley Jones yn cysgodi, gan ladd tri o'i gyd-filwyr ac anafu dau arall yn ddifrifol.

Yn wahanol i'r arfer, trefnwyd yr ymosodiad ar gyfer yn hwyr y nos. Cododd y milwyr allan o'r ffosydd ond lladdwyd llawer ohonynt yn syth a syrthiodd eu cyrff yn ôl i'r ffos. Wrth i eraill symud ymlaen, gwelodd Stanley Jones, yng ngolau'r fflachiadau, y cwmni o'i flaen yn cael ei ridyllu gan fwledi, a rhai'n ceisio cropian yn ôl i ddiogelwch eu ffosydd. Ond fe barhaodd yr ymosodiad gan y reifflwyr ac nid oedd gynnau'r Almaenwyr yn medru eu lladd yn ddigon cyflym. Wedi iddynt gyrraedd rheng flaen yr Almaenwyr, cafwyd

brwydro lawlaw yn y ffosydd. Llwyddodd un is-gorpral i ladd chwe Almaenwr ac wrth i Stanley Jones gyrraedd y parapet gwelodd bennau dau Almaenwr ond ni fedrai eu saethu gan y byddai wedi taro ei gyd-filwyr hefyd. Fodd bynnag, adroddodd yn gynnil na fyddid yn debygol o weld yr Almaenwyr hyn mewn gwersyll-garchar.

Y targed nesaf oedd ail reng yr Almaenwyr, ond dim ond atgof egwan oedd gan Stanley Jones o'r hyn a ddigwyddodd gan iddo syrthio i ffos ddofn. Roedd mwg du yn golygu na welai fawr ddim ac eithrio ffurfiau rhithiol yn ymddangos a diflannu: 'Tua thair llathen i'r chwith gwelais un o'n swyddogion a swyddog Almaenig yn saethu at ei gilydd gyda'u pistolau. Saethodd yr Almaenwr ein swyddog yn ei ben, – tua hanner eiliad wedi hynny chwalwyd ymennydd yr Almaenwr gan ergyd carn reiffl un o'n bechgyn.'

Sylweddolodd Stanley Jones ei fod wedi cael ei daro gan dywarchen fawr o ganlyniad i siel yn glanio gerllaw ac am gyfnod byr fe gollodd weddill y tîm. Er iddo sylwi hefyd iddo gael ei daro yn ei droed, parhaodd i gerdded gan ailddarganfod y gynnwyr peiriant eraill. Erbyn hyn roedd yr Almaenwyr ar ffo ac fe saethwyd atynt, 700 rownd y funud, a hwythau'n 'disgyn fel pryfed'.

Gan nad oedd y catrodau i'r dde a'r chwith wedi cael cymaint o lwyddiant, rhaid oedd atal yr ymosodiad a phenderfynwyd atgyfnerthu'r safle. Gyda'r wawr, gwelodd Stanley Jones holl gost y fuddugoliaeth: 'Y cyrff wedi'u gwasgaru a'u pentyrru ar y tir agored a groeswyd rhwng y ffosydd.' Roedd eu lifreiau caci i'w gweld yn blaen yn erbyn y gwair hir gwyrdd ac ymysg y pridd lliw siocled a daflwyd i'r wyneb gan y sielio. Yn fwy amlwg fyth, 'roedd y llygad yn dal y smotyn crwn du o ben noeth, a'r golau yn taro wyneb wen'. Collodd ei uned 19 allan o 25 o ddynion, a chafodd dros 168,000 ar y ddwy ochr eu lladd neu eu clwyfo yn ystod y frwydr waedlyd hon.

Eto i gyd, er y disgrifiadau erchyll, gallai'r Reifflwr Stanley Jones ysgrifennu adref yn hyderus gan ddeisyf ar fechgyn ei dref enedigol i ymrestru gyda Reifflwyr Brenhinol y Brenin.

W Stanley Jones

11

Y TWNELWYR

Gan fod brwydro ar y tir yn golygu colledion dirifedi, chwiliai'r ddwy ochr am ddulliau eraill o gael y gorau ar eu gelynion. Un ohonynt oedd ymosodiadau tanddaearol. Nid oedd hwn yn ddull newydd, gan fod byddinoedd ers canrifoedd wedi bod yn ceisio cloddio o dan welydd cestyll oedd dan warchae. Fodd bynnag, roedd y twneli a gloddiwyd yn y Rhyfel Mawr yn rhai dwfn a soffistigedig. Ond roeddent hefyd yn llawn peryglon i'r twnelwyr.

Yn naturiol ddigon, chwiliai'r fyddin am lowyr, daearegwyr, peirianwyr a thirfesurwyr profiadol i ymgymryd â'r dasg. Gwasanaethodd 28,000 o ddynion gyda chwmnïau'r twnelwyr yn ystod y rhyfel, llawer ohonynt yn rhy hen i ymladd ond yn barod i fentro'u bywydau ymhell o dan y ddaear. Roedd llawer o'r rhai a recriwtiwyd i gwmnïau'r twnelwyr gyda'r Peirianwyr Brenhinol yn Gymry, ac yn ogystal â glowyr y De a'r Gogledd-ddwyrain, denwyd i'w plith chwarelwyr o

Crater Lochnagar, La Boisselle, Ffrainc, safle y ffrwydrad tanddaearol mwyaf grymus a gafwyd yn ystod brwydr y Somme, a hynny ar 1 Gorffennaf 1916. Mae'r twll yn 70 troedfedd o ddyfnder.

Y Lefftenant J E Jones (ar y dde) gyda dau o'i gyd-swyddogion.

am dwnelwyr y gelyn. Ar adegau byddai'r cloddwyr yn cloddio i mewn i dwnnel y gelyn yn ddamweiniol, gan arwain at frwydro ffyrnig o dan y ddaear. Pan ddeuid o hyd i dwnnel y gelyn fe'i dinistrid drwy osod ffrwydron. Dyma sut y lladdwyd y Preifat William Arthur Lloyd, glöwr o New Broughton ger Wrecsam. Ac yntau'n aelod o'r 179fed Cwmni Twnelwyr, roedd yn cloddio mewn twnnel 80 troedfedd o dan y ddaear ger La Boiselle yn Ffrainc pan, ar 19 Rhagfyr 1915, y taniodd yr Almaenwyr ffrwydryn gan ladd y Cymro a phedwar arall. Yr un oedd tynged y Preifat Thomas Jones o Lanelli ym Mawrth 1916 wrth i'r Almaenwyr ddarganfod siafft y Prydeinwyr a'i dymchwel.

Yn 1916, dechreuwyd cloddio 20 o dyllau dan rengoedd yr Almaenwyr yn Messines. Dros y pum mis canlynol cloddiwyd twnnel mwy nag 8,000 metr o hyd a gosod 600 tunnell o ffrwydron ar ei ddiwedd. Am 3.10 y bore ar 7 Mehefin, taniwyd y ffrwydron gan chwalu Cefn Messines. Yn gwylio'r cyfan roedd y Preifat Robert Purden o'r Gatrawd Gymreig, a fu'n gweithio ar fferm Penlon yn Beulah, ger Aberteifi, cyn y rhyfel: 'Y cyfan y gallaf ei ddweud yw fy mod yn teimlo fel pe bawn i ar fwrdd llong ar fôr tonnog, a'r teimlad o salwch yn ymlusgo drosof, oherwydd teimlai fel petai'r ddaear ei hun yn ceisio codi a cherdded ymaith, a'i bod yn gwegian dan bwysau enfawr; roedd yn crynu ac yn ysgwyd, ac roedd ochrau'r ffos yn ymddangos fel petaent yn codi ac yn dod i gwrdd â ni. Doedd dim diben ceisio dal gafael ar unrhyw beth, gan fod popeth yn symud.' Yn ôl y Preifat John Roderick Jones o'r Bala, 'Ar ôl yr ergyd diflannodd y "Ridge" ac wrth i ni fyn'd i fyny at ein llinell newydd daethom ar draws lluaws o "dug-outs" y Germaniaid pa rai oeddynt wedi eu hanner claddu â pridd a choed.' Credir i tua 10,000 o Almaenwyr gael eu lladd o ganlyniad i'r ffrwydrad, a oedd i'w glywed cyn belled i ffwrdd â Llundain.

Mae olion rhai o'r craterau a grëwyd gan ffrwydradau o'r fath i'w gweld o hyd, rhai wedi'u llenwi â dŵr fel Spanbroekmolen a Chrater Caterpillar ac eraill, fel Crater

Flaenau Ffestiniog gan eu bod yn gweithio dan ddaear yno.

Roedd profiad peirianyddol o gymorth hefyd. Cyn y rhyfel, gweithiai'r Lefftenant J E Jones ym mwynfeydd aur De Affrica ac yr oedd ei brofiad yn fanteisiol iawn i'r Peirianwyr Brenhinol. Ac yntau'n un o feibion Cricieth, dychwelodd J E Jones o Dde Affrica ac ymuno â'r 175fed Cwmni Twnelwyr yn ardal Ypres. Roedd y cwmni hwn yn cloddio twneli o dan Hill 60, un o'r safleoedd strategol pwysicaf ar y ffrynt.

Gallai gymryd cyhyd â blwyddyn i gloddio twnnel a gosod ffrwydron, a hynny dan amgylchiadau annymunol o gyfyng, tywyll a llaith. Yn ogystal â chloddio eu twneli eu hunain, roedd angen i'r twnelwyr wrando

Lochnagar ger La Boisselle yn Ffrainc, yn wag o hyd ac yn dystiolaeth o ddyfeisgarwch a bôn braich y twnelwyr, ond hefyd o erchyllterau rhyfela dan ddaear.

'GOLYGFA YSBRYDOLEDIG'

Y tro cyntaf i ffrwydron gael eu tanio'n llwyddiannus mewn twnnel o dan rengoedd yr Almaenwyr oedd ym mis Mawrth 1915. Y Capten Arthur H Edwards (g.1884) o Flaenafon, sir Fynwy, oedd yn arwain y tîm o filwyr o 2/Catrawd Mynwy a fu'n gyfrifol am y fenter ac, am ei ddewrder, dyfarnwyd iddo'r Groes Filwrol, a oedd ar y pryd yn fedal newydd ar gyfer capteiniaid ac is-swyddogion.

Cyn y rhyfel, roedd Arthur Edwards yn beiriannydd mewn pwll glo ym Mlaenafon a reolid gan ei dad, Ben Edwards. Glowyr oedd llawer o aelodau 2/Catrawd Mynwy a manteisiwyd ar eu sgiliau i dyllu o seler dan adfail bwthyn nid nepell o ffosydd blaen yr Almaenwyr yn agos i bentref Le Touquet ger Frelinghien, ar y ffin rhwng Gwlad Belg a Ffrainc. Wedi cwblhau'r twnnel, taniwyd ffrwydron a dinistrio nifer o dai lle roedd yr Almaenwyr yn cysgodi.

Wedi hynny aed ati i gloddio twnnel arall gerllaw, mewn lle a adwaenid fel 'Railway Barricade'. Er mwyn cyrraedd y siafft roedd angen i'r twnelwyr gropian ar hyd y rheilffordd, a gâi ei thargedu gan ynnau peiriant yr Almaenwyr. Byddai'r bwledi'n tasgu oddi ar y traciau dur fel gwreichion tân gwyllt. Yn aml, rhaid oedd cysgodi ger arglawdd wrth y rheilffordd cyn ailgychwyn ar y daith.

Roedd y siafft tua 12 troedfedd o ddyfnder o dan seler bwthyn. Roedd y pridd a gariwyd o'r twnnel yn cael ei lwytho i fagiau tywod a lusgid oddi yno i'r ffosydd er mwyn celu natur y gwaith. Dim ond un dyn ar y tro allai weithio yn y twnnel cyfyng a rhaid oedd pwmpio dŵr ohono'n gyson gan fod y tir yn hynod wlyb.

Wedi rhai wythnosau o gloddio, llwyddwyd i danio ffrwydron o dan ffosydd yr Almaenwyr. I'r Sarjant Brown, a daniodd y ffrwydron, 'Roedd yn olygfa ysbrydoledig gweld y ffrwydron yn chwythu, gyda rhu fel taran a'r awyr yn dywyll o falurion yn syrthio. Credem ein bod yn gallu gweld cyrff dynion ymhlith y pridd a wibiai heibio.'

Yn ogystal â Chroes Filwrol i'r Capten A H Edwards, dyfarnwyd y DCM i dri o filwyr 2/Catrawd Mynwy: y Sarjant Thomas Yates, Trecelyn; y Preifat J Lewis, Blaenafon; a'r Preifat J Morgan, Llanbradach.

Y GORUCHWYLIWR

Aeth Evan Jones (1868–1949) i weithio yn chwareli Blaenau Ffestiniog yn 14 mlwydd oed. Yn ogystal â dysgu ei grefft yno, mynychodd ddosbarthiadau nos a chymhwyso ei hun mewn daeareg a phynciau perthnasol fel hydroleg a hydrostateg. Pan oedd yn 26 mlwydd oed, penodwyd ef yn brif oruchwyliwr chwarel y Ddwy Afon, ac erbyn 1907 ef oedd prif oruchwyliwr chwarel y Rhosydd.

Roedd ei sgiliau chwarelyddol yn ddefnyddiol iawn i'r Peirianwyr Brenhinol pan groesodd i Ffrainc yn Hydref 1915 yn lefftenant gyda'r 183ain Cwmni Twnelwyr. Bu'r cwmni'n cloddio twnneli yn Fontaine-les-Cappy, Carnoy a Maricourt ger afon Somme yn 1916. Mewn llythyr at ei weinidog ym Mlaenau Ffestiniog, dyddiedig 2 Mawrth 1916, disgrifiodd Evan Jones y brwydrau am oruchafiaeth yn y twneli. Cyfeiriodd at un o'r twneli y bu'n ei baratoi yn cael ei ddryllio gan ffrwydron yr Almaenwyr, ond roedd yr Almaenwyr wedi dioddef wrth i chwech o'u twneli hwythau gael eu taro hefyd. Iddo ef, 'syniad ofnadwy' oedd bod dan ddaear yn gwylio am yr Almaenwyr wrth iddynt ddynesu a'u clywed hwy'n siarad: 'Bu dau ohonom diwrnod a noswaith beth amser yn ôl gyda revolver bob un yn disgwyl iddynt daro trwodd, mor agos oeddynt fel yr oeddym yn clywed bop peth oedd yn mynd ymlaen, ond y maent wedi sefyll, yr ydym yn eu clywed yn dod yn[o] i'n gwylio, tebyg eu bod hwythau yn ein clywed ninnau. Boreu y 26ain amheuais eu symudiadau yn y boreu, rhoddais rybudd i'r dynion glirio yn ddiymdroi os caent air i hynny, ugain munyd wedi pump yr hwyr clywais hwy [yr Almaenwyr] yn gwneud arwyddion, cymerais mai arwydd i'w dynion glirio allan, cymerais yr un gorchwyl fy hun heb oedi, chwarter i chwech yr oedd i fyny, a fy nynion innau yn y dydd mewn diogelwch newydd gyrraedd. Buasai pump wedi eu claddu i fewn, ond diolch i'r nefoedd mae gennyf nawdeg a saith o ddynion ac maent oll hyd yma yn ddianaf.'

Dychwelodd Evan Jones i sir Feirionnydd wedi'r rhyfel, gan ymgartrefu ym Mryn Meirion, Llan Ffestiniog. Daeth yn gynghorydd sir, yn Uchel Siryf ac yn gadeirydd nifer o bwyllgorau lleol pwysig ac, yn 1935, urddwyd ef yn farchog.

'MAE'N RHAID I MI EDRYCH AR ÔL FY MÊT'

Yr unig dwnelwr i ennill Croes Fictoria yn y rhyfel oedd William Hackett o'r 254ain Cwmni Twnelwyr. Roedd yn enedigol o ardal Nottingham a bu'n gweithio ym mhyllau glo Mexborough, swydd Efrog, cyn y rhyfel. Ei gyfaill gorau yn y cwmni oedd glöwr o'r enw Isaac Rees Evans (1890–1918) o Dir-phil ger Tredegar. Gan fod Hackett yn anllythrennog, Isaac Evans fyddai'n ysgrifennu llythyron adref ar ei ran. Roedd Evans yn filwr profiadol a oedd wedi gwasanaethu gyda'r Ffiwsilwyr Cymreig cyn y rhyfel a threuliodd dros flwyddyn yn Ffrainc ar ddechrau'r rhyfel, cyn cael ei ddadfyddino gan ei fod wedi gwasanaethu am saith mlynedd. Ond yn Chwefror 1916 ailymunodd â'r fyddin gan ddod yn gloddiwr gyda'r twnelwyr.

Ar 22 Mehefin 1916 roedd Hackett a phedwar cloddiwr arall yn tyrchu mewn twnnel yn ardal Givenchy-lès-la-Bassée pan daniodd yr Almaenwyr ffrwydryn anferth. Chwalwyd rhan o'r twnnel a chafodd y cloddwyr eu hynysu mewn un rhan ohono. Gwnaed pob ymdrech i'w hachub. Cymerodd ddau ddiwrnod o gloddio i'w cyrraedd a chynorthwyodd Hackett i achub tri o'r cloddwyr. Roedd ef yn ddianaf ond roedd y pumed o'r criw wedi'i glwyfo'n ddifrifol a gwrthododd Hackett ei adael. Ceisiwyd torri twll o'r newydd atynt ond, gyda'r Almaenwyr yn sielio'r safle, fe gwympodd to'r twnnel ar y ddau a'u claddu.

Cymro o Abertawe oedd y cloddiwr nad oedd Hackett am ei adael ar ôl, sef y Preifat Thomas Collins (1895–1916) o 14/Catrawd Gymreig (*Pals* Abertawe). Roedd Thomas Collins wedi'i anafu'n ddrwg, a rhesymeg Hackett dros aros gydag ef oedd 'Rwy'n dwnelwr, mae'n rhaid i mi edrych ar ôl fy mêt.'

Yn ogystal â Hackett a Collins, lladdwyd bron i ddwy ran o dair o un o gwmnïau 2/Ffiwsilwyr Cymreig yn yr un ymosodiad a galwyd y twll anferth a adawyd gan y ffrwydrad yn 'Red Dragon Crater'.

Ysgrifennodd Isaac Evans lythyr at weddw Hackett gan ddweud y byddai'n dymuno dangos iddi y fan lle claddwyd ei gŵr, ond ni chafodd y cyfle gan iddo yntau gael ei ladd ar 13 Mawrth 1918 ger Passchendaele.

Thomas Collins

Y twnelwyr wrth eu gwaith.

12

Y RHYFEL AR Y MÔR

Un o gonglfeini'r Ymerodraeth Brydeinig oedd ei llynges. Darperid adnoddau sylweddol i'w chynnal a dilynid polisi o sicrhau meistrolaeth ar y moroedd drwy gynnal llynges a oedd ddwywaith cyn gryfed â dwy lynges gryfaf y gwledydd eraill ynghyd. Erbyn 1912 roedd y polisi hwn wedi'i addasu i sicrhau bod y llynges ddwywaith maint un yr Almaen, gan fod y wlad honno wedi buddsoddi'n helaeth mewn datblygu llynges rymus er 1898.

Yn y blynyddoedd cyn y rhyfel roedd Prydain wedi buddsoddi mewn llongau rhyfel mawr o'r enw *dreadnoughts* – llongau a allai deithio'n gyflym a chanddynt ynnau pwerus 12 modfedd. Ar yr un pryd, adeiladwyd llongau tanfor a thynnu llongau o bellafoedd byd i atgyfnerthu'r 'British Grand Fleet'. Ar ben hynny, ar ddechrau'r rhyfel meddiannwyd yn orfodol 200 o longau masnach ar gyfer dyletswyddau blocâd, a chynyddodd y nifer i 3,700 erbyn diwedd y rhyfel. Gyda llawer o longau masnach yn gweithredu o borthladdoedd Cymru, roedd yn anorfod y byddai llongau a llongwyr Cymreig yn cael eu tynnu i'r frwydr. Roedd yn angenrheidiol i Brydain hefyd bod ei masnach forol yn parhau, gan y dibynnid ar fewnforio bwydydd a deunyddiau megis mwyn haearn.

Disgwyliai rhai y byddai brwydrau morol mawr rhwng llyngesau Prydain a'r Almaen yn ystod y rhyfel, ond nid felly y bu. Rhyfel amddiffynnol a gafwyd ar y môr gan mwyaf, gyda llynges yr Almaen yn ofni gadael porthladdoedd y wlad a llynges Prydain, yn groes i ddisgwyliadau'r Almaenwyr, yn dilyn polisi o flocâd o bellter. Nid oedd y ddwy wlad am fentro gan fod peryglon dybryd yn sgil llongau tanfor, a allai suddo llongau mawr.

Ni fu canlyniad ffafriol i'r un o'r ddwy wlad yn yr unig frwydr forol fawr, sef brwydr Jutland ym Môr y Gogledd ym Mai–Mehefin 1916, gyda llynges Prydain yn colli mwy o longau ond llynges yr Almaen yn gorfod encilio i'w phorthladdoedd. Roedd y Cymro Syr Hugh Evan-Thomas, cyfaill agos i'r Brenin Siôr V a hanai o deulu bonedd o ardal Llanwrtyd, Powys, yn llyngesydd blaenllaw yn y frwydr. Beirniadwyd ef yn hallt, ac yn annheg braidd yn ôl rhai, am ei benderfyniadau wrth arwain ei sgwadron.

Wedi brwydr Jutland, dim ond yn achlysurol y gwelid llongau'r Almaen yn mentro i'r moroedd mawr a chanolbwyntiwyd ar geisio amharu ar fasnach Prydain drwy ddefnyddio ffrwydron morol ac, yn gynyddol, drwy gyfrwng ymosodiadau gan longau tanfor.

Cafodd dros 2,500 o longau masnachol Prydain a llongau atodol a oedd o dan ofal y Morlys eu suddo yn ystod y rhyfel, gyda dros 2,000 ohonynt yn cael eu dryllio gan *U-boats* yr Almaen. Byddai'r llongau tanfor hyn yn ymosod yn ddisymwth, gan suddo at ddyddiau olaf y rhyfel. Serch hynny, roedd y blocâd o'r Almaen yn lled lwyddiannus ac roedd pwysau athreuliol hynny ar economi'r wlad honno yn allweddol ym muddugoliaeth y Cynghreiriaid yn y pen draw.

John Lloyd Jones o Aberaeron, capten y llong fasnach *Lundy Island*, gyda'i fab a'i wraig. Suddwyd y llong yn ne Môr Iwerydd ar 10 Ionawr 1917 gan long Almaenig. Cludwyd ef a'r criw i ddiogelwch porthladd Rio de Janeiro.

llongau mawr â thorpidos neu, yn aml, codi i wyneb y môr o'r dyfnderoedd ac ymosod ar longau masnach diymadferth. I wrthsefyll yr ymosodiadau hyn, addaswyd rhai llongau masnach i gario gynnau dan orchudd. Byddai'r llongau hyn, a elwid yn *Q-ships*, yn denu'r *U-boats* i'r wyneb ac yna'n saethu atynt a cheisio eu suddo.

Roedd ymosodiadau gan longau tanfor yr Almaen yn effeithiol ar adegau ond roeddent hefyd yn wrthgynhyrchiol i ymdrechion diplomyddol y wladwriaeth i gadw'r Unol Daleithiau rhag cefnogi'r Cynghreiriaid. Wedi i'r *Lusitania* gael ei suddo ym Mai 1915, gan ladd 128 o Americanwyr, cynyddodd cydymdeimlad yr Unol Daleithiau â'r Cynghreiriaid ac arweiniodd hynny yn y pen draw at yr Unol Daleithiau yn ymuno yn y rhyfel yn erbyn yr Almaen yn Ebrill 1917.

Defnyddid confois o longau masnach wedi'u gwarchod gan longau rhyfel er mwyn atal ymosodiadau gan longau tanfor. Roedd hon yn dacteg lwyddiannus ar y cyfan, er bod yr *U-boats* yn parhau i ymosod ar longau hyd

BYW AR FALWOD

Ychydig wedi 10 o'r gloch y bore ar 5 Tachwedd 1915, roedd llawer o griw'r *HMS Tara* yn ymlacio wrth i'r llong nesáu at borthladd bach Sollum ar y ffin rhwng yr Aifft a Libya. Deuai'r rhan fwyaf o'r criw o sir Fôn, a hynny oherwydd bod y llong *Hibernia*, a gludai deithwyr rhwng Caergybi a Dulyn cyn y rhyfel, wedi cael ei haddasu i weithredu fel llong filwrol yn 1914, a'i hailenwi'n *HMS Tara*, gan fod yna eisoes long yn y llynges â'r enw *HMS Hibernia*.

Gwaith y llong yn awr oedd gwarchod yr arfordir i'r gorllewin o Alexandria, ond ar y bore tyngedfennol hwn fe'i gwelwyd gan long danfor yr *U-35*, dan gapteniaeth Kapitänleutnant Waldemar Kophamel. Saethwyd torpido at y *Tara* a'i suddo o fewn llai na deg munud, gan ladd 12 o'r criw. Llwyddodd y gweddill, 92 ohonynt, i ddianc i gychod achub neu i'r môr. Eu gobaith oedd cyrraedd Sollum, tua wyth milltir i ffwrdd, ond nid oedd capten yr *U-35* am i hyn ddigwydd ac fe'u cludwyd dros y ffin i Libya, gwlad a oedd dan reolaeth Twrci ar y pryd.

Yno'n eu disgwyl roedd aelodau o lwyth nomadaidd y Sanusi, a oedd yn elyniaethus tuag at y Cynghreiriaid gan fod yr Eidal wedi ceisio'u goresgyn yn ystod y cyfnod cyn y rhyfel. Ofnai'r criw fod y Sanusi am eu lladd, ond er bod diffyg bwyd a diod a bod y cyfleusterau cysgu'n wael, roedd y swyddogion Tyrcaidd yn weddol foneddigaidd yn eu triniaeth ohonynt. Serch

Aelod o lwyth y Sanusi a fu'n cadw golwg ar griw y *Tara* yn anialwch Libya.

Aduniad goroeswyr criw y *Tara* yng Nghaergybi, 1960.

hynny, penderfynwyd cludo'r criw i wersyll yng nghanol yr anialwch o'r enw Bir Hakeim Abbyat. Cerddodd y carcharorion 20 milltir y dydd am 11 diwrnod i gyrraedd y gwersyll a hynny yn y gwres llethol, heb luniaeth ddigonol ac mewn dillad carpiog. Ffynnon a fawr ddim arall oedd yn eu disgwyl yn niffeithwch Bir Hakeim, ac yno y buont am wythnosau lawer yn crafu byw. Cawsant ychydig o reis ac ar adegau gig gafr i'w fwyta ond dysgasant y gellid paratoi pryd maethlon drwy goginio'r malwod gwyn yr oeddent yn eu casglu yn y cyffiniau. Byddent yn eu berwi i wneud cawl.

Dioddefodd llawer ohonynt yn sgil dysentri a bu farw tri ym mis Ionawr 1916. Cynhaliwyd gwasanaeth Cymraeg wrth eu beddau, gyda Hugh Owen Hughes, Caergybi, yn arwain y canu. Ceisiodd eu capten, Llundeiniwr o dras Gymreig o'r enw Rupert Stanley Gwatkin-Williams, ddianc i chwilio am gymorth ond fe'i daliwyd.

Daeth achubiaeth ar 17 Mawrth 1916 pan gyrhaeddodd confoi o geir arfog dan arweiniad Dug Westminster, a oedd yn swyddog gyda'r fyddin yn yr Aifft. Roedd y Dug yn un o ddynion cyfoethocaf Lloegr ac un o'i gyfraniadau oedd addasu ceir Rolls Royce yn foduron rhyfel. Gan ddefnyddio'r ceir hyn, gwirfoddolodd i arwain confoi i geisio achub y carcharorion yn yr anialwch, er na wyddai'n union ble roedd Bir Hakeim. Serch hynny, llwyddodd i gyrraedd y gwersyll. Ceisiodd y gwarchodwyr a'u teuluoedd ddianc ond saethwyd pob un ohonynt, gan gynnwys menywod a phlant, cyn i'r carcharorion gael cyfle i fynegi eu dymuniad i'w harbed.

Cludwyd y carcharorion, 'a throng of living skeletons' yn ôl un o'r achubwyr, i ddiogelwch Alexandria ac yna adref i sir Fôn. Ar wahân i'r 12 a foddwyd, bu farw chwech arall yn ystod eu cyfnod mewn caethiwed. Wedi'r rhyfel, dychwelodd llawer o griw y *Tara* i weithio ar yr *Hibernia* newydd, gan gynnwys Richard Marsh, a ddaeth yn gapten ar y llong.

TRYCHINEB Y *LUSITANIA*

Un o ddigwyddiadau mwyaf echrydus y Rhyfel Mawr oedd suddo'r *RMS Lusitania*. Ar y pryd, y *Lusitania* oedd leiner fwyaf y byd a phan suddwyd hi, collodd 1,198 o deithwyr a chriw eu bywydau, o gyfanswm o 1,959 a oedd ar y llong ar y pryd.

Ar 7 Mai 1915 roedd y *Lusitania* oddi ar Benrhyn Kinsale ar arfordir deheuol Iwerddon ar ei thaith o Efrog Newydd i Lerpwl pan drawyd hi gan dorpido a saethwyd gan y llong danfor *U-20*. Suddodd y llong mewn llai nag 20 munud a boddwyd llawer o blant bach yn ogystal ag oedolion.

Roedd nifer o Gymry ar y llong, gan gynnwys Owen Ladd, un o feibion Eglwyswrw, sir Benfro, a oedd wedi ymfudo i Ganada yn 1911 i ymuno â'i frawd, a oedd yn fasnachwr coed yn Winnipeg. Roedd wedi addo dychwelyd i Gymru i ymweld â'i deulu a dewisodd deithio ar y *Lusitania*. Pan darodd y torpido, roedd yn ymgomio â rhai o'i gyd-Gymry. Llwyddodd i gael lle ar un o'r badau achub olaf i adael y gyflafan ond, yn anffodus, wrth i'r llong suddo fe sugnwyd y bad achub i'r dyfnderoedd gyda hi. Ni ddarganfuwyd corff Owen Ladd.

Roedd Owen yn gerddor talentog ac mae'n siŵr ei fod wedi mwynhau clywed y Gwent Glee Singers, a fu'n canu

REMEMBER THE LUSITANIA

THE JURY'S VERDICT SAYS:
"We find that the said deceased died from their prolonged immersion and exhaustion in the sea eight miles south south-west of the Old Head of Kinsale on Friday, May 7th, 1915, owing to the sinking of the R.M.S. Lusitania by a torpedo fired without warning from a German submarine.

"That this appalling crime was contrary to international law and the conventions of all civilized nations, and we therefore charge the officers of the said submarine, the Emperor and Government of Germany, under whose orders they acted, with the crime of wilful and wholesale murder before the tribunal of the civilized world"

IT IS _YOUR DUTY_ TO _TAKE UP THE SWORD OF JUSTICE_ TO AVENGE THIS DEVIL'S WORK.

ENLIST TO-DAY

Published by the Parliamentary Recruiting Committee, London.   Poster No. 91   Printed by David Allen & Sons Ltd., Harrow, London, etc.

Llun dychmygol ar gerdyn post a gynhyrchwyd gan yr Almaenwyr yn dangos y *Lusitania* yn cael ei tharo, a chapten y llong danfor a'i suddodd.

anthem genedlaethol yr Unol Daleithiau wrth i'r *Lusitania* adael porthladd Efrog Newydd. Roedd y côr wedi bod ar daith yng Ngogledd America ac, er y trefnwyd iddynt deithio yn ôl i Gymru ar yr *SS Transylvania*, penderfynodd naw ohonynt drosglwyddo i'r *Lusitania*.

Yn eu plith roedd y canwr adnabyddus Parry Jones (ei enw iawn oedd William J Jones, a defnyddiai'r ffugenw Gwynne Jones ar y pryd), a gafodd ar ddeall cyn y daith y byddai'r llong yn cymryd pum neu chwe awr i suddo petai'n cael ei tharo gan dorpido – digon o amser i achub pawb. Pan darwyd y llong, bu Jones yn brysur yn dosbarthu gwregysau achub cyn llwyddo i gael lle ar fad achub. Gwaetha'r modd, torrodd y rhaff wrth i'r bad ddisgyn i'r môr, ac fe'i hyrddiwyd i'r dŵr. Yn ffodus, roedd yn nofiwr cryf a llwyddodd i gyrraedd bad achub oedd wedi dymchwel.

Neidiodd dau arall o'r côr, Spencer Hill a Tom Williams, Pontymister, i'r môr gyda'i gilydd. Gwaeddodd Williams ar ei gyfaill: 'Goodbye, Spencer, it's all over.' Nid oedd Hill yn medru nofio ond llwyddodd y ddau, ynghyd â threfnydd y côr, Dewi Michael, i gyrraedd yr un bad achub â Parry Jones. Buont yn canu'r emyn 'Praise God, from whom all blessings flow' ac fe'u hachubwyd gan long yr *Empress of India*. Ni fu tri o aelodau eraill y côr mor ffodus, sef yr arweinydd George F Davies, Casnewydd, Ike Jones, Pontnewydd, a David 'Taranians' Hopkins, Sirhywi, a boddwyd hwy.

Pan gyrhaeddodd Dewi Michael borthladd Abergwaun rai dyddiau'n ddiweddarach, cafodd ei gyfarch gan newyddiadurwr o'r *South Wales Echo*, a ofynnodd iddo 'Shwd mae hi'r bore 'ma? Mae'n dda gen i'ch gweld chi.'

Ymhlith y rhai eraill a achubwyd roedd un o ddynion cyfoethocaf Cymru, y diwydiannwr a'r cyn Aelod Seneddol D A Thomas (Is-iarll Rhondda yn ddiweddarach). Roedd ef a'i ferch, Margaret Haig Mackworth, swffragét amlwg yn ei dydd, wedi bod ar daith fusnes yng Ngogledd America. Gyda hwy roedd ysgrifennydd D A Thomas, Arnold Rhys-Evans. Roeddent wedi clywed am y sibrydion y gallai'r *Lusitania* fod yn darged i longau tanfor cyn cychwyn o Efrog Newydd. Yn wir, roedd llysgennad yr Almaen yn yr Unol Daleithiau wedi cyhoeddi rhybudd cyn i'r leiner adael y porthladd. Pan drawyd y llong roeddent yn cael cinio ond fe'u gwahanwyd wrth i Thomas fynd i chwilio am ei wregys achub. Cynorthwyodd fenyw a phlentyn bach i gyrraedd un o'r badau achub a llwyddodd ef a'i ysgrifennydd i ddianc ar yr un cwch.

Cafodd ei ferch fwy o drafferth. Nid oedd yn medru nofio ond neidiodd i'r dŵr a chadwyd hi ar yr wyneb gan wregys achub. Gafaelodd mewn darn o bren ac, yn y pen draw, mewn cadair wiail. O ganlyniad i hypothermia, roedd hi'n anymwybodol pan godwyd hi o'r môr gan y llong *Bluebell*. Credai'r criw ei bod wedi marw ond daeth ati ei hun ac fe'i cludwyd i gaban capten y llong.

Cafodd y profiad hwn argraff ddofn arni. Credai fod ei bywyd wedi ei achub er mwyn rhoi diben ychwanegol a chyfeiriad iddo. Yn ddiweddarach, daeth yn Gristion ymroddedig. Penodwyd ei thad yn Weinidog Rheoli Bwyd y llywodraeth yn 1917 (gweler t. 170).

Roedd suddo'r *Lusitania* yn niweidiol i enw da'r Almaen yn rhyngwladol a defnyddiodd y Cynghreiriaid y gyflafan yn ei phropaganda i bardduo'r Almaenwyr.

W. WILLIAMS
V.C., D.S.M.
AND BAR. MM...
OF AMLWCH

William Williams yn gwisgo'i Groes Fictoria ar daith drwy Sir Fôn.

ENNILL CROES FICTORIA

Ar 7 Mehefin 1917 roedd un o'r *Q-ships* (sef y llongau masnach a addaswyd i ddenu'r *U-boats* i'r wyneb), *HMS Pargust*, tua 90 milltir o arfordir de Iwerddon pan drawyd hi gan dorpido a saethwyd gan y llong danfor *UC-29*. Roedd y llong wedi'i dryllio ond gallai barhau i fod yn fygythiad i'r llong danfor petai honno'n codi i'r wyneb i orffen y dasg o'i suddo.

Roedd gan y criw drefn arbennig i ddelio â sefyllfa fel hon ond roedd problem fawr yn eu hwynebu, sef celu'r ffaith bod ganddynt ynnau pwerus ar fwrdd y llong. Roedd trawiad y torpido wedi symud y sgrin a guddiai un o'r gynnau, gan olygu y byddai'r llong danfor yn medru ei weld drwy ei pherisgop. Ond daeth Cymro ifanc i'r adwy, sef y morwr William Williams o Amlwch. Daliodd ef y sgrin yn ei lle o flaen y gwn, gan ei guddio rhag y gelyn, a bu'n sefyll yno am gyfnod maith, er cyn drymed oedd y sgrin.

Yn y cyfamser, gollyngwyd dau fad achub ac aeth rhai o'r criw arnynt, gan adael y capten a'r gynwyr i guddio ar y llong. Roedd capten y llong danfor yn betrusgar, gan y gwyddai am driciau'r *Q-ships*, ond ymhen hir a hwyr cododd yr *UC-29* i'r wyneb tua hanner canllath o'r *Pargust*.

Symudodd y badau achub i'r neilltu ac ar ôl dangos dycnwch arbennig, gadawodd William Williams i'r sgrin ddisgyn i ganiatáu i'r gwn gael ei ddefnyddio. Saethwyd 38 siel gan y gwn hwn, ac eraill ar fwrdd y llong, o fewn pedair munud ac fe suddwyd y llong danfor.

Tynnwyd y *Pargust* i'r lan ac wedi i'r llynges dderbyn adroddiad am y digwyddiad, penderfynwyd cyflwyno dwy fedal Croes Fictoria, un i swyddog ac un i forwr cyffredin. Yn dilyn y drefn arferol, gwnaed hyn drwy bleidlais, a William Williams oedd yr un a ddyfarnwyd yn deilwng o'r fraint. Derbyniodd ei fedal gan y Brenin Siôr ym Mhalas Buckingham ar 21 Gorffennaf 1917. Wedi hynny, cafodd ei glodfori gan drigolion sir Fôn, ond câi'r bachgen diymhongar 26 mlwydd oed, a oedd o gefndir tlawd, drafferth i ddygymod â'r holl sylw a cheisiodd ei orau i osgoi cyhoeddusrwydd am ei wrhydri.

'Y CYTHREULIAID! CHEWCH CHI DDIM FY LLADD I'

Ugain mlwydd oed oedd David George Rees, y Barri, pan fu'n llywio'r cwch modur *ML254* yn un o gyrchoedd morwrol mwyaf beiddgar y rhyfel. Ac yntau'n ifanc (roedd wedi dweud celwydd am ei oedran wrth ymuno â Chefnlu'r Llynges Frenhinol) a bywiog, credai fod ei dynged wedi'i rhagarfaethu wrth i'r cwch hwylio ar hyd y Sianel o Dunkirk yng ngogledd Ffrainc i gyfeiriad Ostend, Gwlad Belg, ar 9 Mai 1918.

Nod y cyrch oedd rhwystro mynedfa porthladd Ostend drwy suddo'r hen long *HMS Vindictive* yno. Byddai hynny'n atal llongau tanfor rhag defnyddio'r porthladd ac yn amharu ar y defnydd o ddinas Bruges fel canolfan trwsio llongau a hyfforddiant morwrol. Gwaith y pum cwch modur a warchodai'r *Vindictive* oedd cludo oddi arni y morwyr a fyddai'n llywio'r llong i geg y porthladd. Cychod bach eiddil oedd y rhain, gyda dim ond wyth yn y criw a phedwar gwn peiriant Lewis wedi'u gosod yn arbennig arnynt. Wrth iddi nosi aeth y cychod ar goll yn y mwg a grëwyd yn fwriadol i guddio'r ymosodwyr. Pan gododd y mwg, roedd *ML254* ar gyrion y porthladd a'r Almaenwyr yn saethu ato. Serch hynny, llwyddwyd i gynorthwyo'r *Vindictive* i gyrraedd ei nod. Roedd y gwaith o gludo'r morwyr o'r llong yn un hynod beryglus. Cafodd y cwch modur ei daro sawl gwaith wrth i'r gynnau ar y lan saethu ato'n ddi-baid, gan anafu'r capten a lladd dau arall. Cafodd David Rees ei glwyfo ar ei fraich, ond wedi'r rhyfel cofiai fwmian i'w hunan ar y pryd: 'Y cythreuliaid! Chewch chi ddim fy lladd i.'

Wedi achub llawer o forwyr o'r *Vindictive* mewn cwch a oedd ar dân ac â dŵr yn llifo i'r ffocsl, roedd yn ofynnol i'r cocs ifanc lywio'r *ML254* o lygad y frwydr. Ei nod oedd cyrraedd y llongau rhyfel Prydeinig a lechai bum milltir i ffwrdd.

Gyda chryn drafferth, llwyddwyd i gyrraedd yr *HMS Warwick* a chludwyd y morwyr, llawer ohonynt wedi'u hanafu, i ddiogelwch. Cofiai Rees siarad ag un morwr a oedd wedi colli ei freichiau a'i goesau ac a ofynnodd iddo 'Do you think I'll get my ticket now?' Yna trawyd y llong gan ffrwydron morol a rhaid oedd eu trosglwyddo i long arall ac i ddiogelwch Dover.

Roedd David Rees ymhlith y rhai prin a lwyddodd i oroesi'r cyrch a derbyniodd y CGM (Medal Dewrder Eithriadol) am ei wrhydri. Dim ond rhannol lwyddiannus fu'r cyrch. Llwyddwyd i atal llongau mawr rhag defnyddio porthladd Ostend, ond roedd digon o le i longau tanfor fordwyo heibio'r *Vindictive* i gyrraedd y môr mawr. Serch hynny, roedd yn un o gyrchoedd mwyaf cyffrous y cyfnod ac roedd y propaganda a ledaenwyd wedi hynny yn ddigon i godi morâl ym Mhrydain.

David George Rees, gyda'i fraich mewn sling, ar fwrdd cwch wedi'r ymosodiad.

Suddo'r *Leinster*

Llong oedd yn cario post a theithwyr rhwng Dún Laoghaire (Kingstown oedd enw'r dref yn y dyddiau hynny) a Chaergybi oedd yr *RMS Leinster*, a deuai'r criw bron yn ddieithriad o'r trefi hynny.

Er bod y rhyfel yn dirwyn i ben yn hydref 1918, roedd llongau tanfor yr Almaen yn parhau i ymosod ar longau masnach a dyma oedd nod *UB-123*, dan gapteniaeth Robert Ramm. Fore Iau, 10 Hydref, gadawodd y *Leinster* ei phorthladd yn Iwerddon yn ôl ei harfer, gyda 778 o deithwyr, gan gynnwys bron i 500 o filwyr, ar ei bwrdd. Tua 10 o'r gloch y bore trawyd y llong gan dorpido a saethwyd gan y llong danfor, ac roedd yn amlwg i'r capten fod angen lansio'r badau achub. Tra oedd hyn yn digwydd, penderfynodd capten yr *UB-123* saethu torpido arall, gan ddryllio un o'r badau achub a oedd yn cynnwys tua 70 o bobl a hefyd ddryllio'r llong unwaith yn rhagor. Suddodd y llong mewn dim o dro a chyn bod llawer o'r teithwyr a'r criw yn medru dianc.

Lladdwyd dros 500 o'r teithwyr a'r milwyr, gan gynnwys nifer o Gymry. Roedd Louise ('Louie') Parry o Gaergybi yn stiwardes 22 mlwydd oed ar y *Leinster*. Pan darwyd y llong, aeth hi i lawr y grisiau i gynorthwyo menywod a phlant i ddringo i'r dec uchaf. Yna aeth i lawr eto ond tra oedd yn cynorthwyo mam a phlentyn mewn caban, caeodd y drws yn glep arnynt. Ceisiodd rhai o'r criw agor y drws ond oherwydd ongl y llong a phwysau'r

Louie Parry

Llun dychmygol o suddo'r *Leinster*.

dŵr yn y coridor, methwyd â'i agor. Roedd yn rhaid i'r criw ddianc am eu bywydau wrth i'r llong suddo ac ni welwyd Louie Parry na'r fam a'i phlentyn fyth eto.

Cymaint oedd tristwch Kate Parry, mam Louie, fel na fyddai byth yn sôn am ei merch. Eto i gyd, am flynyddoedd wedi hynny, ni fyddai'n cloi drws ei chartref yn Fair View, Caergybi, rhag ofn y byddai ei merch yn dod adref.

Ymhlith y milwyr a gollodd eu bywydau roedd y Preifat Ezeciel Thomas, 23 mlwydd oed, o Lanrwst. Roedd wedi ymuno â'r Ffiwsilwyr Cymreig ym Mehefin 1918 ac yn derbyn hyfforddiant yn Limerick pan gafodd y newyddion fod ei dad wedi marw. Teithio'n ôl ar gyfer yr angladd yr oedd pan gollodd ei fywyd. Gadawodd wraig a phlentyn blwydd oed.

Morlewod Llyn Tegid

Hoffai meddyg o'r Bala, Dr Arthur L Davies (1885–1955), fynd am dro ar lannau Llyn Tegid ac yng ngwanwyn 1917 daeth ar draws gweithgareddau rhyfedd yn digwydd ar y llyn. Cadwodd gofnod o'r hyn a welodd yn ei ddyddiadur. Mewn gwirionedd, yr oedd yn dyst i arbrawf hynod gan y Morlys, a oedd yn chwilio am ddulliau o ddarganfod llongau tanfor y gelyn. Gobaith arweinydd yr arbrawf, E J Allen, oedd y gellid hyfforddi morlewod i weithredu fel dyfais lwybro (*tracking*) yn y môr mawr, drwy dynnu sylw llongau ac awyrennau at bresenoldeb llongau tanfor.

Roedd perchennog y llyn, Syr Herbert Watkin Williams-Wynn, wedi caniatáu i'r Morlys gynnal yr arbrofion, gan gynnwys defnyddio Glanllyn fel pencadlys, ynghyd â gweithdy saer a sied i gadw tua hanner cant o'r morlewod. Nid morlewod cyffredin oedd y rhain ond morlewod a fyddai fel arfer yn perfformio dan ofal Josiah Woodward ar lwyfannau'r *music halls* a oedd mor boblogaidd ar y pryd. Deuai rhai o'r morlewod o Sw Llundain hefyd.

Nid oedd defnyddio anifeiliaid fel hyn at bwrpasau rhyfel yn syniad newydd, gan fod y lluoedd arfog eisoes yn gwneud defnydd helaeth o golomennod cludo a chŵn arogli. Ond roedd cadw rheolaeth ar forlewod yn anoddach. Ceisiwyd cadw golwg arnynt drwy eu peintio â phaent goleuol, a gosodwyd fflotiau pren coch ar y llyn. Sylwodd Dr Davies hefyd bod llwyth sylweddol o bysgod môr ar gael i wobrwyo'r morlewod.

Er i forlewod o'r enw Billiken, Queenie a Dorado ddangos addewid yn yr arbrofion, roedd y canlyniadau'n anghyson a ddaeth dim o'r cynllun hynod hwn. Tueddai'r morlewod i ddilyn eu greddfau, a'u nod fyddai canfod bwyd neu gymar, nid darn mawr o fetel.

13

Y CAPLANIAID

Parhaodd y cysylltiad agos rhwng y lluoedd arfog ac Eglwys Loegr yn ystod y rhyfel, gyda'r caplan Anglicanaidd â'i goler gron dan ei iwnifform yn ffigwr amlwg yng nghatrodau'r fyddin. Am y tro cyntaf hefyd, cytunwyd y gallai gweinidogion Anghydffurfiol wasanaethu. Roedd cryn wrthwynebiad i hyn yn y fyddin yn y lle cyntaf ond roedd Lloyd George yn arbennig o frwd dros sicrhau bod milwyr Cymreig yn cael gwasanaeth gan weinidogion eu henwadau.

Wedi'r rhyfel, beirniadwyd llawer o'r caplaniaid Anglicanaidd gan awduron fel Robert Graves, Frank Richards a Siegfried Sassoon, a honnai nad oedd gan y milwyr cyffredin fawr o barch atynt. Mae'n siŵr fod rhai ohonynt yn euog o dreulio mwy o amser yn y *mess* nag yn gwasanaethu'r milwyr, ond roedd eraill, fel Pat Leonard a P T B 'Tubby' Clayton, yn gydwybodol iawn yn eu dyletswyddau.

Mae'n amlwg hefyd fod parch mawr gan y milwyr Cymreig at y gweinidogion Anghydffurfiol hynny a fu'n eu cysuro a'u cynghori drwy brofiadau enbyd y ffosydd. Y tu ôl i'r rhengoedd rhoddid gofal bugeiliol gan y *padres* (fel yr adwaenid hwy) a chynhelid gwasanaethau awyr-agored a chymanfaoedd canu. Ar adegau dioddefai'r caplaniaid dan amgylchiadau mwy ysgytwol ac mae dyddiaduron rhai fel y Parch. D Cynddelw Williams yn frith o brofiadau ar gyrion y brwydro. Yn aml rhoddent gymorth i'r staff meddygol yn y gorsafoedd triniaeth a hwy hefyd fyddai'n claddu'r meirwon ac yn cynnal y gwasanaethau ar lan y bedd.

Nid oes amheuaeth bod rhai o'r caplaniaid hyn yn ystyried y rhyfel yn 'grwsâd sanctaidd' ond nod llawer ohonynt oedd ceisio cefnogi'r milwyr nid yn unig yn foesol ac ysbrydol ond hefyd yn ymarferol. Ar y daith i un o frwydrau La Bassée, roedd milwr ifanc o 4/Ffiwsilwyr Cymreig wedi llwyr ymlâdd a syrthiodd dan garnau ceffyl un o'r caplaniaid, y Parch. J J Evans, Niwbwrch. Cododd y caplan ei bac a rhoi'r milwr ar gefn ei geffyl. Pan ddaeth cyrnol y gatrawd draw, mynegodd anfodlonrwydd am weithred y caplan. Atebodd J J Evans: 'Cyrnol, gwn mai chi yw pennaeth y gatrawd hon, ond Iesu Grist yw fy Meistr i, gwneuthum yn ôl yr hyn a ddisgwyliai Efe i mi ei wneuthur.'

Lladdwyd rhai caplaniaid ar faes y gad, fel y Parch. W E Jones, gweinidog Wesleaidd ifanc o'r Felinheli a wrthododd gyngor doeth i beidio ag ymuno ag ymosodiad ar bentref Villers-Outréaux yn Hydref 1918. O'r 3,036 o gaplaniaid a fu'n gwasanaethu yn y rhyfel, lladdwyd neu anafwyd 112 ohonynt ac enillodd 405 ohonynt fedalau am eu dewrder.

'GWNEUD GWAITH DROS IESU GRIST'

Yn ei ddyddiadur ar gyfer 26 Hydref 1914, nododd y Parch. R Peris Williams, gweinidog gyda'r Annibynwyr yn Wrecsam, ei fod wedi cyrraedd gwersyll y Corfflu Cymreig yn Northampton 'i wneud gwaith dros Iesu Grist'. Treuliodd y blynyddoedd canlynol yn rhoi cefnogaeth i'r milwyr yn y ffosydd, y gwersylloedd a'r ysbytai ac yn gweld a chlywed 'bethau lynant yn fy nghof tra fyddaf byw'.

Erbyn Ionawr 1915 roedd wedi'i benodi'n gaplan i'r Corfflu Cymreig, ac yn ôl pob tebyg ef oedd yr Anghydffurfiwr cyntaf i'w benodi'n gaplan adrannol ym myddin Prydain. Wedi cyrraedd Ffrainc yn Nhachwedd 1915, ymwelodd ag ysbytai, gan lonni calon y Cymry 'pan gyferchir hwy yn iaith hen wlad ein tadau'. Erbyn mis Mawrth 1916 roedd wedi symud i'r ffrynt yn ardal Merville a La Gorgue a dros y misoedd canlynol gweinyddodd sawl angladd mewn amgylchiadau annifyr a pheryglus.

Ar 5 Mawrth, ym mynwent Le Touret, claddodd y Preifat Robert Roberts, Llysfaen, sir Ddinbych: 'Y corff wedi ei amgáu mewn blanket a'i ollwng i fedd gwlyb cleilyd. Yn sŵn y gynau mawrion.' Wrth i'r milwr gael ei gladdu, disgynnodd ffrwydryn tua 40 llath i ffwrdd. Ddeuddydd yn ddiweddarach, yn yr un fynwent leidiog, roedd milwr arall o 17/Ffiwsilwyr Cymreig yn barod i'w gladdu, sef T H Jones, Tal-y-cafn, Dyffryn Conwy, ond rhaid oedd oedi cyn ei gladdu gan fod angen codi dŵr o'r bedd gyda bwcedi.

Ar 11 Gorffennaf 1916, wedi'r ymosodiad gwaedlyd ar Goedwig Mametz, cafodd Peris Williams y dasg o weinyddu angladd is-gorpral o'r enw Alun Davies Jones o 14/Ffiwsilwyr Cymreig. Ugain mlynedd ynghynt, pan oedd yn weinidog yn Llandudno, roedd wedi bedyddio'r un bachgen.

Un o dasgau mawr y caplan oedd darparu copïau o'r Testament Newydd i'r milwyr a bu'n apelio am gyflenwad ohonynt o Gymru. Yn Ebrill 1916 aeth ati i archebu 5,000 o lyfrau emynau i'w hargraffu gan yr argraffwyr Hughes a'i Fab, Wrecsam, er mwyn eu dosbarthu ymhlith y milwyr Cymreig.

DAGRAU YN EU LLYGAID

'Gŵr unplyg a bugail gofalus' ar gapel y Presbyteriaid, Saron, Pen-y-groes, Gwynedd, oedd y Parch. D Cynddelw Williams (1870–1942), yn ôl un hanesydd. Ond ym mis Medi 1914, ac yntau'n 45 mlwydd oed, ystyriai fod dyletswydd arno i fod gyda'r milwyr Cymreig ifanc ac ymrestrodd yn gaplan gyda'r fyddin. Erbyn Hydref 1914 roedd yn Fflandrys gyda 10/Ffiwsilwyr Cymreig. Byddai'n cynnal oedfaon mewn ysguboriau, cytiau ac yn yr awyr agored, yn claddu milwyr a laddwyd ac yn bod yn gefn i lawer o filwyr a ddioddefai o glwyfau corfforol ac ysbrydol. Roedd hefyd yn ddyn gwrol a fentrodd i'r rhengoedd blaen ac ennill medal am ei weithgaredd ym mrwydr Ancre yn Nhachwedd 1916.

Y Parch. D Cynddelw Williams

I un milwr, Morgan Watcyn-Williams, nid oedd dyn mwy gwrol wedi croesi'r Sianel ac yr oedd yn gwbl hunanfeddiannol pan oedd y ffrwydron yn disgyn. Yn ei ddyddlyfr, cyfeiria'r gweinidog at gynnal gwasanaeth ar lan bedd y Lefftenant William Hughes gyda'r hwyr ar 24 Mawrth 1916 yn nhir neb ger St Eloi, Fflandrys: 'Y prydnawn es ar draed tua'r trenches. Daeth amryw o shells i'm cyfeiriad ond fe'm harbedwyd. Mewn un man lluchiwyd baw dros fy mhen. Erys y noson hon yn hir yn fy nghof. Yr oedd 2 Lieut Wm Hughes wedi ei ladd ar y 3ydd o Fawrth. Ni chaed hyd i'w gorph hyd y 15fed, a'r diwrnod hwnnw fe'i claddwyd, heb wasanaeth crefyddol. Yr oedd y swyddog yma yn un hoffus iawn gan ei gyd-swyddogion. Daeth Capt. Scale, Lieut Nevitt a Dr Grellier gyda mi y noson hon i'r Crater, a chynhaliwyd gwasanaeth gennym uwchben ei fedd. Trafferth enbyd gefais i gyrraedd i'r fangre. Tueddai fy nhraed i ddod allan o hyd o'r Thigh Boots wrth geisio eu codi o'r llaid; fel mai llafurus iawn oedd symud. Pan ai y Star Shells i fyny rhaid oedd i ni sefyll yn llonydd yn yr unman neu fe'n canfyddid gan y gelyn.'

Yn ôl Watcyn-Williams, roedd gan Cynddelw Williams neges ddiamwys, sef bod 'Pwer i gael a oedd yn fwy na rhyfel, cariad sy'n gryfach na marwolaeth, a bod aberth yn ddrws i'r nefoedd.' Gallai hefyd fod yn ddiflewyn-ar-dafod, gydag uniongyrchedd a allai beri anesmwythyd, hyd yn oed pan oedd o gymorth. Gwelodd Watcyn-Williams ddagrau yn llygaid y dynion cryfaf, hyd yn oed, wrth iddynt gyfeirio at y *padre*.

Gwasanaethodd Cynddelw Williams am gyfnodau hir yn Ffrainc a Fflandrys rhwng 1914 ac 1917 ond yn Hydref 1917 cafodd ei drosglwyddo i wasanaethu ym Mharc Cinmel ac ni fu ar y ffrynt wedi hynny. Wrth ymadael â Ffrainc, nododd yn ei ddyddlyfr: 'Pan ddaeth yr adeg i ymadael â'r 10fed RWF dipyn o bryder oedd yn fy meddiannu. Yr oeddwn wedi dod i garu y bechgyn yn angerddol, a dangosent hwythau ymlyniad cywir wrthyf innau.'

'ALLAN GYDA'R BECHGYN'

Ar ddechrau'r rhyfel roedd y Parch. Peter Jones-Roberts (1863–1921), gweinidog gyda'r Wesleaid ym Mlaenau Ffestiniog, yn 51 mlwydd oed, ond roedd yn benderfynol o geisio am gomisiwn fel caplan. Iddo ef, os oedd galwad am fechgyn roedd galwad am dadau, ac os oedd milwyr roedd angen caplaniaid hefyd.

Ymunodd ei dri mab â'r fyddin yn ystod y rhyfel ond gwrthodwyd cais eu tad ar y sail ei fod yn rhy hen. Eto i gyd, drwy ddyfalbarhad cafodd ei benodi'n gaplan gyda'r Ffiwsilwyr Cymreig ac erbyn diwedd 1915 roedd 'allan gyda'r bechgyn'.

Ceir darlun trawiadol o'r hen *padre* yn ystod brwydr y Somme yng Ngorffennaf 1916 gan Llewelyn Wyn Griffith yn ei gyfrol glasurol *Up to Mametz*. Er mai dychmygol yw enwau'r cymeriadau yn y gyfrol, mae'r cyfan yn seiliedig ar ffeithiau. Cyfaddefodd Griffith yn 1931 mai Peter Jones-Roberts oedd Padre Evans a bod y disgrifiad o'r gweinidog mewn caci yn ddilys. Iddo ef, 'a better man never lived'.

Yn *Up to Mametz*, mae signalwr o'r enw Taylor yn adrodd ei hanes yn cwrdd â'r *padre* ar doriad gwawr yn ystod brwydr Coedwig Mametz. Roedd y *padre* wedi clywed bod ei fab wedi'i ladd ger Fricourt a bu'n chwilio am y bedd. 'Bu'n cerdded o gwmpas am oriau, ond methodd â chanfod unrhyw un a wyddai lle roedd [y bedd], a methodd â chanfod y padre a'i claddodd. Cerddodd hyd nes na allai gerdded ymhellach… A nawr mae e allan eto. Mynd i gladdu meibion pobl eraill, meddai, gan na fedrai ganfod bedd ei fab ei hun… Dyna i ti ddyn, Griff… mynd bant i gladdu bechgyn dynion eraill am bump y bore, a'i fab ei hun heb ei gladdu eto o bosibl, ddwy filltir i ffwrdd… Os dof fi trwy'r blydi busnes yma, hoffwn fynd i'w eglwys ef.'

Arhosodd Peter Jones-Roberts gyda'r fyddin hyd 1920, yn ystod y cyfnod pan oedd rhan o'r Almaen wedi'i meddiannu. Dychwelodd i Gymru yn glaf, wedi'i sigo'n ysbrydol, yn feddyliol a chorfforol, a boddodd wrth bysgota o gwch ar afon Menai yn 1921. Yn ôl un o'i feibion, nid y rhyfel a'i lladdodd, ond fe'i gwnaeth ef yn ysglyfaeth rwydd.

Gorchwyl mynych i'r caplaniaid oedd claddu'r meirw. Cleddid llawer ar faes y gad ond cleddid eraill mewn mynwentydd lleol, fel yn achos John Jenkin Davies, Llanfarian, Ceredigion, a gladdwyd ym mynwent Lamain ger Tournai. Gosodid croes bren ar y beddau hyn ond wedi'r rhyfel darparwyd cerrig beddau mwy unffurf drwy weithgaredd Comisiwn Beddau Rhyfel y Gymanwlad, sydd, hyd heddiw, yn gyfrifol am eu cynnal.

14

AR DORIAD GWAWR

Un o'r delweddau mwyaf truenus o gyfnod y Rhyfel Mawr yw'r olygfa o filwr ifanc yn crynu mewn ofn ar doriad gwawr wrth iddo gael ei glymu i bostyn ac yna ei saethu gan ei gyd-filwyr. Dyma oedd tynged dros 300 o ddynion o Brydain a'r Ymerodraeth, y rhan fwyaf ohonynt am iddynt redeg i ffwrdd o faes y gad, trosedd a ystyrid yn un hynod ddifrifol gan y fyddin.

Y gosb eithaf oedd arf ataliol y lluoedd arfog er mwyn cynnal disgyblaeth a gwyddai pawb beth oedd cost peidio â chadw at y drefn. Serch hynny, achosodd y defnydd o'r gosb eithaf gryn ddadlau wedi'r rhyfel, yn arbennig wrth i hanes rhai fel Harry Farr ddod i'r amlwg. Saethwyd ef yn Hydref 1916 wedi iddo gael ei gyhuddo o lwfrdra, er ei fod, yn ôl pob tebyg, yn dioddef o siel-syfrdandod.

Mae'n amlwg fod llawer o'r rhai a ddienyddiwyd wedi cael eu defnyddio fel achosion i greu esiampl i'r milwyr eraill, rhag ofn y byddent hwythau'n ystyried cilio o faes y gad. Er nad oedd y defnydd o ddisgyblaeth lem fel hon yn unigryw i fyddin Prydain, ar gyfartaledd fe ddienyddiwyd mwy o filwyr gan fyddin Prydain na chan yr Almaenwyr am yr un drosedd, serch y ffaith bod byddin y wlad honno'n cael ei chyhuddo o fod yn greulon o lym. Eto i gyd, er i dros 3,000 o filwyr o Brydain a'r Ymerodraeth gael eu dedfrydu i gael eu dienyddio, dim ond tua 10 y cant ohonynt a ddienyddiwyd yn y pen draw.

Mae tystiolaeth gref bod y rhan fwyaf o'r rhai a gafodd eu saethu ar doriad gwawr yn cael eu hystyried yn filwyr gwael y byddai modd eu defnyddio fel esiampl i'r milwyr eraill. Mewn un achos pan ddienyddiwyd milwr o'r Alban, rodwyd: 'He is considered by his platoon commander to be of poor intellect, and I consider he is a typical slum product of a low level of intelligence. From a fighting point of view, Private Archibald was of not much consideration.' Roedd milwyr eraill yn fwy ffodus. Cafodd J Jones o Landudno ac S E Corbet o Abertawe eu carcharu yn hytrach na'u dienyddio.

Ychydig o sylw a wnaed o amgylchiadau'r milwyr eu hunain. Dienyddiwyd y Preifat John Thomas o Landyfái, sir Benfro, ym Mai 1916 am wrthgilio a dianc, er ei fod yn hen filwr 44 mlwydd oed a chanddo wraig a thri o blant gartref. Ni fyddai ei weddw yn derbyn ceiniog o bensiwn, yn wahanol i weddwon milwyr a laddwyd ar faes y gad.

Wedi ymgyrch hir, cytunodd llywodraeth Prydain yn 2006 i estyn pardwn i'r sawl a saethwyd ar doriad gwawr yn y rhyfel am wrthgilio neu lwfrdra, a gosodwyd nodyn i'r perwyl hwnnw ar ffeiliau swyddogol dros 300 o filwyr.

Tan y 1960au, y gosb am lofruddiaeth oedd dienyddio drwy grogi ac nid yw'n syndod felly gweld bod 37 o filwyr wedi cael eu dienyddio ar ôl eu cael yn euog o lofruddiaeth yn ystod y rhyfel. Yn eu plith roedd yr Is-gorpral William Price a'r Preifat Richard Morgan o 2/Catrawd Gymreig, a saethwyd yn Chwefror 1915 am saethu'r Uwch-sarjant H J Hayes. Dyma hefyd oedd tynged James Skone, gŵr 39 mlwydd oed o dref Penfro. Hen forwr ydoedd a ymunodd â'r lluoedd arfog yn Hydref 1914, ond yn Ebrill 1918, ac yntau'n feddw, saethodd ei sarjant, gŵr o'r enw Edwin Williams. Dienyddiwyd Skone ar 10 Mai 1918.

Saethu ysbïwr.

Ychydig o filwyr a ddymunai fod mewn sgwad saethu ac yr oedd llawer ohonynt yn gwbl ddigysur wedi iddynt gyflawni'r weithred. Galwyd am sgwadiau saethu dros 300 o weithiau i ddienyddio milwyr o Brydain a'r Ymerodraeth ond, ar ben hynny, saethwyd hefyd lawer o ysbïwyr a ddaliwyd y tu ôl i'r rhengoedd.

'CYSGOD YN HONGIAN DROSOF'

Cymro Cymraeg o Dreorci, y Rhondda, oedd y Preifat William Tudor Hughes Phillips (1895–1916). Ac yntau'n fab i gyflenwr bara, gweithiai fel clerc gyda chwmni o adeiladwyr cyn iddo ymuno â Gwarchodwyr Coldstream yng Ngorffennaf 1911. Roedd yn filwr profiadol felly, ac wedi bod yn y rhengoedd blaen ers dyddiau cynnar y rhyfel.

Er ei fod yn ddyn ac enw da iddo yn ôl y cofnodion, treuliodd gryn dipyn o 1915 yn derbyn triniaeth am salwch ac anafiadau nad oeddent o ganlyniad i'r brwydro. Ceir awgrym yma ei fod yn manteisio ar bob cyfle i osgoi cyfrifoldebau milwrol. Bu ym Mhrydain am gyfnodau cyn dychwelyd at ei gatrawd yn Hydref 1915. Cafodd ei gosbi sawl gwaith dros aeaf 1915–16 am droseddau fel methu saliwtio'r brigadydd, cwyno a rhegi, a meddwi. Fodd bynnag, yn Ebrill 1916 cafwyd ef yn euog o drosedd llawer mwy difrifol sef 'gwrthgilio o wasanaeth ei Fawrhydi' yn y ffosydd ger Railway Wood, Hooge. Dygwyd ef o flaen y llys milwrol a'i ddedfrydu i ddeng mlynedd o garchar. Fodd bynnag, yn unol â'r arfer, gohiriwyd y gosb tan ar ôl y rhyfel a dychwelwyd ef at ei fataliwn.

Ar 11 Mai, diflannodd unwaith yn rhagor o'i uned yn Poperinge. Y diwrnod canlynol, tra oedd yn nhref Hazebrouck, tua 10 milltir o'i uned, fe'i holwyd gan aelod o heddlu'r fyddin a chan nad oedd ganddo ateb boddhaol fe'i clowyd yn y gwarchodle yno. Cludwyd ef oddi yno yn ôl at ei fataliwn a daeth gerbron cwrt-marsial am yr eildro mewn llai na deufis.

Nid oedd ganddo esgus am ei ymddygiad ac eithrio nad oedd yn cofio dim hyd nes iddo gael ei gasglu o'r gwarchodle gan gorpral o'i fataliwn. Mae'n bosibl ei fod yn dioddef o amnesia ond nid oedd hynny'n debygol o gael ei ystyried gan y llys. Yn wir, doedd dim amgylchiadau lliniarol i egluro ei ymddygiad. Ar 24 Mai, dedfrydwyd ef i gael ei saethu ac, yn unol â'r broses arferol, cafwyd cadarnhad fod ei gatrawd yn fodlon â'r ddedfryd. Prif swyddog 2/Gwarchodwyr Coldstream oedd y Lefftenant-Cyrnol G V Baring, un a fu yn Eton a Sandhurst ac a

barhâi'n Aelod Seneddol dros Winchester. Ei farn ef am y Cymro oedd ei fod yn 'bad character possessed of no courage or fighting characteristic'. Cadarnhawyd y ddedfryd gan y Cadfridog Haig ar 28 Mai. Ac eithrio fel esiampl i eraill, nid oedd y milwr 20 oed hwn o werth i'r fyddin bellach – gellid ei hepgor.

Y noson honno, treuliodd Phillips ei oriau olaf yng nghwmni'r Parch. Guy Rogers, a ddisgrifiodd y cyfan mewn llythyr a ysgrifennodd ar 31 Mai: 'Fe roddaf wybod i chi am y profiad ofnadwy yr wyf newydd fynd drwyddo. Daeth i'm rhan i baratoi enciliwr ar gyfer ei farwolaeth; mae hynny'n golygu torri'r newyddion iddo, ei gynorthwyo i lunio'i lythyron olaf, gan dreulio'r nos gydag ef ar y gwellt yn ei gell, a cheisio paratoi ei enaid ar gyfer cwrdd â Duw: y dienyddiad a'i gladdu ef ar unwaith. Roedd y cysgod yn hongian drosof pan ysgrifennais y llythyr diwethaf, ond ceisiais ei gadw allan. Nos Lun roeddwn gydag ef, fore Mawrth am 3.30 cafodd ei saethu. Gorweddodd wrth fy ymyl am oriau gyda'i law yn fy llaw i. Druan ohono, roedd yn achos gwael, ond cyfarfu â'i ddiwedd â dewrder, a llyncodd yr oll y gallwn ei ddysgu iddo am Dduw ei dad, Iesu ei waredwr, a realiti maddau pechodau. Rwyf wedi fy ysgwyd gan y cyfan, ond nid yw fy nerfau, diolch i Dduw, wedi fy mhoeni. Mae pawb sy'n gwybod am fy mhrofiad caled wedi bod mor garedig. Dywedaf fwy wrthych ryw dro eto. Rwyf am geisio symud oddi wrth y mater ac oddi wrth feddwl amdano gymaint ag y medraf.'

Ni wyddom beth fu effaith yr achos trist hwn ar deulu'r truan a ddienyddiwyd ac a gladdwyd ym mynwent Wormhoudt ar 30 Mai 1916, ond wedi'r rhyfel anfonodd aelod o'r teulu gais i'r llywodraeth yn hawlio medal y '1914 Star', gan i W T H Phillips wasanaethu yn y fyddin yn ystod y cyfnod hwnnw.

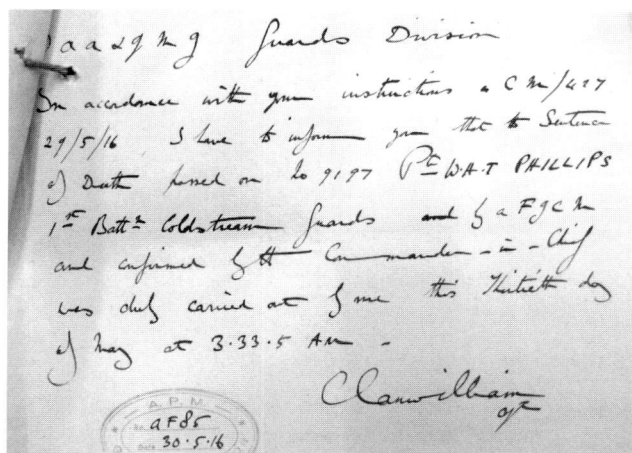

Y cadarnhad bod W T H Phillips wedi'i ddienyddio am 3.33 y bore, 30 Mai 1916.

EFFAITH BRWYDRAU'R SOMME

Ni wyddom lawer am gefndir y Preifat William Jones (m.1917) o 9/Ffiwsilwyr Cymreig heblaw am y ffaith, yn ôl ei dystiolaeth yn y cwrt-marsial a wynebodd ym Medi 1917, bod ei gartref yng Nglyn-nedd.

Roedd wedi ymuno â'r fyddin ddechrau Hydref 1914 ac mae'n siŵr iddo ddioddef yn arw, fel ei gyd-filwyr o 9/Ffiwsilwyr Cymreig, yn ystod brwydrau ffyrnig Coedwig Delville ac Ancre yn 1916. Yn wir, tystiodd uwch-sarjant y cwmni, gŵr o'r enw Burridge, ei fod yn filwr da hyd at gyfnod brwydrau'r Somme.

Efallai mai effaith y brwydrau hyn, a't tebygrwydd o frwydrau pellach yn ardal Arras, a achosodd iddo wrthgilio o'i fataliwn yn Ionawr 1917. Wedi iddo gael ei arestio daeth gerbron cwrt-marsial a chafodd ei ddedfrydu i wynebu'r gosb eithaf. Fodd bynnag, newidiwyd y ddedfryd yn nes ymlaen a rhoddwyd cosb o 10 mlynedd o garchar wedi'i ohirio iddo.

Bu 9/Ffiwsilwyr Cymreig yng nghanol y frwydr fawr ar Gefn Messines ddechrau Mehefin 1917, ac yn hwyr y nos ar 15 Mehefin gwelwyd William Jones yn cynorthwyo un o'r milwyr clwyfedig ac yna'n cerdded yn ôl tuag at yr orsaf trin clwyfau gyda'r elorgludwyr. Ni welwyd ef gan aelodau o'i fataliwn wedi hynny tan 16 Medi.

Honnai William Jones iddo gael ei glwyfo yn y cyfnod hwn ac iddo gael ei gludo i Loegr cyn dychwelyd i'w gartref yng Nghymru. Ar 4 Medi ildiodd i'r heddlu milwrol ym Mryste gan iddo, yn ôl ei dystiolaeth ef, ddod at ei goed erbyn hynny. Cludwyd ef o Fryste yn ôl at ei fataliwn yn Ffrainc ac am yr eildro rhoddwyd ef gerbron cwrt-marsial.

Y tro hwn, doedd dim trugaredd er i'w 'gyfaill' yn y llys, y Lefftenant W Davies, dystio bod William Jones yn filwr da ac iddo gynorthwyo'r elorgludwyr pan anafwyd hwy a'i fod yn codi calon y rhai a glwyfwyd. Nid oedd hynny'n ddigon i achub croen y Cymro. Dedfrydwyd ef i gael ei ddienyddio ar doriad gwawr ac am 6.25 o'r gloch ar fore 25 Hydref 1917 fe'i saethwyd gan sgwad saethu o Gatrawd Caerwrangon.

'YR OEDD FEL PE WEDI GWALLGOFI'

Pan saethwyd y Preifat Alfred Edwards o Riwabon yn farw gan un o'i gyd-filwyr, y Preifat Charles William Knight (1884–1915), mewn ysgubor ger pentref Eecke, lle lletyai Cwmni C 10/Ffiwsilwyr Cymreig, ystyrid y mater yn achos o lofruddiaeth. Serch hynny, mae'n amlwg o dystiolaeth y cwrt-marsial nad oedd Knight yn ei iawn bwyll ar y pryd a bod amheuaeth ynglŷn â thegwch yr achos a arweiniodd at ei ddienyddio ar 15 Tachwedd 1917.

Cyn y rhyfel roedd Knight yn löwr yn Tylorstown, y Rhondda, ac ymunodd â'r fyddin ar 28 Medi 1914. Ystyrid ef gan ei fataliwn yn filwr â photensial ond ei wendid oedd y ddiod gadarn a bu mewn sawl helbul oherwydd hynny. Ar nos Fercher, 3 Tachwedd 1917 dychwelodd i'r ysgubor yn feddw gaib a dechrau taro ei reiffl yn erbyn y wal, cyn llwytho'r gwn â bwledi. Yna saethodd yn wyllt gan daro Edwards yn ei frest ac anafu'r Preifat Poffley yn ei goes. Ataliwyd ef yn y diwedd gan yr Uwch-sarjant Fisher a chafodd ei gludo i'r gwarchodle.

Yno gwelwyd ef gan feddyg, Dr Bernard Grellier, a adroddodd fod Knight yn hanner anymwybodol a bod arogl gwirodydd ar ei anadl. Roedd ei lygaid yn crwydro o hyd a symudai ei ddwylo fel petai'n bwriadu codi rhywbeth, ymddygiad yr ystyriai'r meddyg ei fod o ganlyniad i feddwdod. Y bore canlynol, gwelodd y meddyg ef eto a'r tro hwn yr oedd yn gwbl synhwyrol.

Un o'r caplaniaid a oedd gyda 10/Ffiwsilwyr Cymreig oedd y Parch. D Cynddelw Williams (gweler t. 94), a chyfeiriodd at ymddygiad Knight yn ei ddyddiadur. Meddai: 'Bernid fod rhaid bod rhywbeth fel methylated spirits yn y ddiod a yfai: modd bynnag yr oedd fel pe wedi gwallgofi.' Ni ddaeth hynny i sylw'r cwrt-marsial a gynhaliwyd ar 6 Tachwedd, ond roedd yn amlwg bod Knight mewn cyflwr gorffwyll yn yr ysgubor y noson honno. Fodd bynnag, dedfrydwyd ef i gael ei ddienyddio a chafodd y ddedfryd ei chadarnhau gan y Cadfridog Plumer ar 11 Tachwedd.

Mynegodd rhai swyddogion eu hamheuaeth o ddulliau gweithredu'r cwrt-marsial. Awgrymwyd y dylid bod wedi galw am wasanaeth y cyfreithiwr milwrol y Capten H D F Macai, un a ddaeth wedi hynny yn Farnwr-Adfocad Cyffredinol Prydain, i sicrhau bod y drefn gyfreithiol gywir yn cael ei dilyn. Ar ben hynny, nodwyd nad oedd awgrym i Knight gynllunio'r llofruddiaeth ac nad oedd malais rhagfwriadol yn yr achos hwn. Serch yr amheuon, cadarnhawyd y ddedfryd.

Y Parch. Cynddelw Williams a wasanaethodd yn angladd y Preifat Edwards, gan ei fod yn Ymneilltuwr: 'Daeth merch maer y pentref a blodau hardd i'w rhoddi ar y bedd. Peth tarawiadol oedd gweld y lleiddiad [Knight] yn pasio yn rhwym, yn agos i'r man lle yr oeddent yn torri bedd yr un a laddwyd ganddo.'

Gan mai Eglwyswr oedd Knight, disgynnodd y gorchwyl o weini arno i'r Padre Pat Leonard. Teimlai ef fod yr achos wedi taenu tristwch dros bawb. Ar 12 Tachwedd aeth Leonard i'r gwarchodle, math o stabl wedi adfeilio, gan weld y carcharor wedi'i orchuddio â blancedi yng nghornel yr ystafell. Gwrthododd y carcharor ag ymateb i'r *padre* ond ar y noson cyn ei ddienyddio roedd yn fwy parod i siarad. Roedd y cyfan yn 'terrible ordeal' i'r *padre*. Roedd Knight yn gwbl edifar a chymododd â Duw, a bu'r *padre* gydag ef am awr cyn y dienyddiad. 'He was quite composed,' meddai, 'and extraordinarily brave and faced the firing-party without the slightest sign of fear.' Wedi'r dienyddiad, claddwyd ef gyda'r *padre* yn gweini: 'Poor fellow, the manner of his death made some atonement for the failure of his life. The whole business made me feel perfectly ill. May I never have a similar experience.'

Tra cafodd y rhai a saethwyd ar doriad gwawr bardwn yn 2006, nid estynnwyd hynny i'r rhai a saethwyd am lofruddiaeth. Serch hynny, mae digon o dystiolaeth nad llofrudd oedd Knight mewn gwirionedd ac y dylid bod wedi'i gyhuddo o ddynladdiad. Ond yn y cyfnod hwn, roedd awydd y fyddin i gynnal disgyblaeth lem goruwch pob ystyriaeth arall.

DIENYDDIO SWYDDOG

Ni ddienyddiwyd swyddog o'r fyddin am drosedd filwrol tan fis Rhagfyr 1916, ac mae'n bosibl bod yr ail swyddog i ddioddef y gosb hon, yr Is-lefftenant Edwin Leopold Arthur Dyett (1895–1917), yn anffodus, gan iddo droseddu mewn cyfnod pan oedd y milwyr traed cyffredin yn cwyno bod swyddogion yn derbyn triniaeth lai llym na hwy.

Deuai Dyett o deulu dosbarth canol o Gaerdydd. Roedd ei dad yn gapten llong a dymuniad ei fab oedd ymuno â'r llynges. Ond roedd mwy o alw am filwyr ar y ffrynt gorllewinol nag yn y llynges a, gan hynny, cafodd gomisiwn i Adran y Llynges Frenhinol (2/ Bataliwn Nelson), corfflu anarferol o forwyr a oedd yn gwasanaethu ar y tir yn hytrach nag ar y môr. Nid oedd hynny wrth fodd Dyett, a cheisiodd am drosglwyddiad i'r llynges. Roedd yn amlwg hefyd nad oedd yn addas ar gyfer arwain criw o filwyr ac ystyriai ei hun i fod 'of nervous temperament... not fitted for the firing line'.

Ar 13 Tachwedd 1916 roedd Adran y Llynges Frenhinol yn rhan o'r ymosodiad ger Beaucourt ym mrwydr fawr olaf 1916, brwydr Ancre. Efallai ei bod yn arwyddocaol i Dyett, ynghyd â swyddog arall, gael eu cadw wrth gefn yn yr ymosodiad cyntaf ond â'r ymosodiad yn methu yn wyneb amddiffyn grymus gan yr Almaenwyr, galwyd Dyett ymlaen. Wedi iddo gyrraedd maes y gad, lle roedd y colledion yn sylweddol, dadleuodd gyda swyddog arall gan ddweud ei fod am ddychwelyd i'r pencadlys i gael gorchmynion newydd. Ni welwyd ef eto am dros ddiwrnod a phan ddaeth i'r golwg fe'i harestiwyd.

Cyhuddwyd ef o wrthgilio ac o beidio â dilyn gorchymyn ar 13 Tachwedd, ac ymddangosodd gerbron cwrt-marsial ar 26 Rhagfyr. Mae amheuaeth ynghylch a gafodd gefnogaeth effeithiol gan y cyfreithiwr a benodwyd i'w amddiffyn ac yr oedd yn rhyfedd iddo beidio â chyflwyno ei safbwynt ynghylch ei ymddygiad yn bersonol. Cafwyd ef yn euog a'i ddedfrydu i gael ei saethu ond gydag argymhelliad cryf o drugaredd.

Fodd bynnag, pan ddangoswyd dogfennau'r achos i'r Cadfridog Hubert Gough, nododd ef yn blaen: 'I recommend that the sentence be carried out. If a private had behaved as he did in such circumstances, it is highly probable that he would have been shot.' Tanlinellwyd y geiriau 'highly probable' mewn coch.

Nid oedd trugaredd i Dyett felly, a saethwyd ef ar fore Gwener, 5 Ionawr 1917 ger pentref Vercourt, i'r gogledd o Abbeville, Ffrainc. Mae'n debyg mai ei eiriau olaf oedd: 'Well boys, goodbye. And for God's sake, shoot straight.'

Derbyniodd yr achos fwy o sylw nag arfer yn y wasg ym Mhrydain ac yr oedd ei dad, Walter Dyett, mor grac am y driniaeth a gafodd ei fab fel iddo ymfudo i'r Unol Daleithiau ac ildio ei ddinasyddiaeth Brydeinig.

Edwin Dyett

15

'Y FRWYDR DDIANGEN': LOOS, MEDI 1915

Erbyn haf 1915 roedd gan y rhai craffaf ymhlith gwleidyddion a swyddogion byddin Prydain amheuon cryf ynglŷn â'r posibilrwydd y gellid goresgyn yr Almaenwyr ar y ffrynt gorllewinol gydag un ymosodiad nerthol.

Roedd methiant brwydrau blaenorol i ddisodli'r Almaenwyr o'u ffosydd a'u safleoedd amddiffynnol cadarn wedi rhoi neges glir i'r cadfridogion. Barnai Kitchener fod angen amser ar ei 'fyddin newydd' i ymbaratoi a chredai y dylai'r Ffrancwyr fod yn gyfrifol am y brwydro hyd nes y byddai ei fyddin ef yn barod am y drin. Yn ogystal, roedd angen llawer mwy o ynnau mawr a sieliau.

Fodd bynnag, roedd agwedd y Ffrancwyr, dan arweiniad Général Joffre, yn gwbl wahanol. Yn naturiol, roeddent am ysgubo'r Almaenwyr o'u gwlad cyn gynted â phosibl ond nid oeddent wedi ystyried yn ddigon dwys y newidiadau yn natur rhyfela. Credai llawer ohonynt fod morâl a gwrhydri milwyr, fel yn nyddiau Napoleon, yn bwysicach na dim arall.

Roedd Prydain dan bwysau mawr i gynorthwyo'r ymosodiadau a gynlluniwyd gan Joffre ar gyfer hydref 1915 ac, er yr holl amheuon yn Llundain, ildiwyd i'r pwysau gan y Ffrancwyr. Roedd ffactor arall yn ystyriaeth hefyd, sef bod ymrwymiad y Rwsiaid yn gwanhau ac y byddai ymosodiad yn y gorllewin yn tynnu'r pwysau oddi ar fyddin Rwsia.

Rhan byddin Prydain yn y cynllun oedd cynnal ymosodiad yn ardal lofaol Loos ar y ffin rhwng Ffrainc a Gwlad Belg, tra byddai'r Ffrancwyr yn ymosod i'r de, yn ardal Vimy, ond yn bennaf yn rhanbarth Champagne.

Ni fu'r paratoadau ym mis Medi yn effeithiol, gyda thagfeydd o filwyr ac offer yn ceisio cyrraedd y ffrynt a dryswch ynglŷn â'r trefniadau. Ar 25 Medi, ymosododd byddin Prydain ar ffrynt 6.5 milltir o hyd rhwng pentref Hulluch a thref Loos, i'r gogledd o ddinas Lens. Defnyddiwyd nwy clorin am y tro cyntaf gan fyddin Prydain, gyda chanlyniadau cymysg wrth i'r gwynt chwythu'r nwy yn ôl i wynebau'r milwyr mewn rhai mannau.

Ychydig i'r de o Hulluch, llwyddodd 2/Catrawd Gymreig i gipio ffosydd yr Almaenwyr ond ymhellach i'r de ni fu'r catrodau eraill mor llwyddiannus. Canfuwyd nad oedd rhesi o'r weiren bigog wedi'u torri ac roedd y saethu o ffosydd yr Almaenwyr yn ddidrugaredd o gywir. O fewn cyfnod o awr, collwyd tua 2,500 o filwyr o'r chwe bataliwn a aeth dros y top. Yn eu plith roedd 100 o swyddogion, llawer ohonynt wedi'u targedu gan sneipwyr. Un o'r rhain oedd y Lefftenant-Cyrnol H J Maddocks o 9/Ffiwsilwyr Cymreig, a saethwyd wrth iddo wylio'r sefyllfa o'r ffosydd. Fe gollodd ei fataliwn 249 o ddynion yn ystod yr ymosodiad hwn.

Erbyn y prynhawn gorweddai miloedd o filwyr wedi'u lladd neu eu hanafu ar y llechwedd rhwng Hulluch a Bois Hugo, a lladdwyd mwy wrth iddynt geisio dychwelyd i ddiogelwch yn ddi-drefn. Gyda hyn, ataliodd yr Almaenwyr eu saethu ac yn lle hynny cododd eu meddygon a'u helorgludwyr o'r ffosydd i ddarparu ymgeledd i'r clwyfedig. Gyda'r nos aeth partïon o filwyr Prydeinig i faes y gad a chludo'r clwyfedig, llawer ohonynt a'u hanafiadau wedi'u rhwymo gan yr Almaenwyr, yn ôl i'r ffosydd. Rhoddodd yr Almaenwyr yr enw Leichenfeld von Loos – 'maes celanedd Loos' – ar y llechwedd hwn.

Nod oedd yn hanfodol i lwyddiant yr ymosodiad oedd cefnen i'r dwyrain o Loos a adwaenid fel 'Hill 70'. Llwyddodd catrodau Albanaidd i gipio'r cadarnle hwn ar 25 Medi ond wedi gwrthymosodiad grymus gan yr Almaenwyr fe ildiwyd y safle. Wrth iddi nosi ar 27 Medi cafodd y Gwarchodlu Cymreig y dasg o ailgipio'r bryn. Ymhlith y Cymry roedd y Preifat W Metcalfe, Caernarfon: 'Aethom i fyny Bryn 70 fel dynion gwallgof, gan saethu'r Ellmyn wrth y miloedd. Gwaeddent am drugaredd, a chawsant ef, hefyd – gyda'r fidog.' Serch hynny, byrhoedlog oedd y goresgyniad ac fel llawer o'r tir a feddiannwyd yn ystod ymosodiadau'r frwydr, collwyd y safle yn fuan iawn wedi hynny. Ymhlith y rhai a oedd yno roedd y Preifat Francis Parry, mab i ffermwr o Benygraig Fargoed, Treharris, sir Forgannwg. Cuddiodd yntau a dau breifat arall mewn crater ynghyd â dau filwr Almaenig yr oeddent yn eu dal fel carcharorion ac un swyddog Almaenig marw. Roeddent yno am bedwar diwrnod, gan fwyta dognau bwyd yr Almaenwyr. Llwyddasant i ddianc oddi yno ar 1 Hydref, ymhell ar ôl i'r safle gael ei golli.

Roedd cyfanswm colledion brwydr Loos yn anferth, gyda 7,766 o filwyr byddin Prydain yn cael eu lladd a dros 53,000 yn cael eu clwyfo neu eu carcharu. Yn eu plith roedd 1,002 o dri bataliwn y Ffiwsilwyr Cymreig a fu ym merw'r frwydr. Cafodd byddin newydd Kitchener fedydd tân a chollwyd nifer o filwyr profiadol o'r hen fyddin arferol, gan gynnwys nifer fawr o swyddogion.

Nid syndod felly bod y frwydr yn cael ei hadnabod fel 'y frwydr ddiangen'.

Gwaetha'r modd, roedd llawer o'r gwersi a ddysgwyd ym methiant brwydr Loos wedi'u hanghofio erbyn yr ymosodiad mawr nesaf ar y Somme yng Ngorffennaf 1916.

MARW YN EI BREICHIAU

Gan amlaf, byddai'r sawl a glwyfwyd mewn brwydr ac a oedd ar ei wely angau yn treulio'i ddyddiau olaf ymhell o gartref. Eithriad fyddai ymweliad gan aelod o'r teulu ond ar ddiwedd Medi 1915 teithiodd Mrs Ethel Owen yr holl ffordd o Aberystwyth i Rouen yn Ffrainc i weld ei mab yn yr ysbyty, sef yr Is-lefftenant W H K (Billy) Owen (1893–1915) o 9/Catrawd Gymreig, a gafodd ei glwyfo'n ddifrifol yn ystod brwydr Loos.

Ac yntau'n fab i gyfreithiwr cefnog ac yn fyfyriwr disglair ym Mhrifysgol Caergrawnt, roedd Billy Owen yn 21 mlwydd oed pan ymunodd â'r lluoedd arfog yn Awst 1914. Cafodd ei gomisiynu'n is-lefftenant gyda chyfrifoldeb am y sgowtiaid ac wedi cyfnod o hyfforddiant

Llun a dynnwyd gan filwr yn ystod berw brwydr Loos.

W H K Owen

croesodd gyda'i gatrawd i Ffrainc ar 15 Gorffennaf 1915.

Yn ei lythyron adref, disgrifiai'r shrapnel fel sŵn y gwynt gyda'r nos ar Eisteddfa Gurig a beirniadai'r 'shirkers' a oedd yn gwrthod ymuno â'r fyddin. Ar fore Sadwrn, 25 Medi, roedd ymhlith y rhai a groesodd dir neb i wynebu saethu anfaddeugar gynnau'r Almaenwyr. Trawyd Billy Owen yn ei gefn ac er i'r anaf gael ei rwymo gan gyd-swyddog iddo, nid oedd modd ei gludo'n ôl i'r ffosydd gan na ddaeth gorchymyn i encilio. Gan hynny, rhaid oedd i Billy Owen lusgo'i hun yn ôl.

Wedi'r frwydr ysgrifennodd nifer o filwyr adref gan gyfeirio at ei wrhydri, ac yn ôl yr Uwch-gapten Syr Edward Pryse, 'Everyone in that Brigade knew they were going to almost certain death as they knew the emplacements had not been knocked out, so it shows absolute *perfect heroism*.'

Cludwyd Billy Owen i Ysbyty Rhif 2 y Groes Goch yn Rouen ac anfonwyd brysneges i'w deulu, a nodai nad oedd modd ymweld ag ef. Serch hynny, drwy gysylltiadau arbennig, cafodd ei fam ganiatâd i groesi i Ffrainc ac, yn wahanol i lawer, roedd hi'n ddigon cyfoethog i allu talu am y daith. Cyrhaeddodd Ethel Owen yr ysbyty mewn pryd i gofleidio ei mab wrth iddo farw. Ei eiriau olaf oedd arwyddair y gatrawd: 'Gwell angau na chywilydd.'

CICIO PELI RYGBI

Ystyriai'r Preifat W H Shaw (g.1897) o 9/Ffiwsilwyr Cymreig mai ef oedd y dyn mwyaf ffodus yn Ffrainc gyfan ym mrwydr Loos ar 25 Medi. Roedd y milwr 18 oed o Gresffordd ger Wrecsam yn gweithredu fel signalwr gyda Chwmni C ond awr cyn y frwydr cafodd ei drosglwyddo i Gwmni B, a oedd wedi'i gysylltu â'r Gatrawd Gymreig.

Pan aeth y Gatrawd Gymreig dros y top, gwelodd rai o'r milwyr yn cicio peli rygbi i gychwyn y frwydr. Roedd yr Almaenwyr yn disgwyl yr ymosodiad ac nid oedd y sielio gan ynnau mawr y Prydeinwyr wedi tarfu digon ar eu ffosydd na thorri'r weiren bigog. O fewn dim roedd yr ymosodwyr yn ceisio cysgodi rhag y saethu didostur a ddeuai o ffosydd yr Almaenwyr. Gorweddodd Shaw ar ei stumog, lle trawyd ef yn ei law gan shrapnel. Galwyd y milwyr yn ôl a llwyddodd i ddychwelyd i'r ffosydd ond gwelodd eraill yn cael eu saethu gan y llif di-baid o fwledi a ffrwydron.

Wedi iddo gyrraedd diogelwch, clywodd fod ei hen gwmni, y cwmni y bu ef gyda hwy hyd at awr cyn y frwydr, wedi'i ddinistrio a bod y tri signalwr, ei gyfeillion 'Cosh' Edwards, Tom Jones a Billy Hughes, wedi'u lladd.

Gwelwedd Marwolaeth

Y noson cyn yr ymosodiad ar 25 Medi 1915, sylwodd y Lefftenant Glyn Roberts (1894–1916) fod milwyr 9/ Ffiwsilwyr Cymreig yn eithaf siriol ac roedd yn sicr nad oedd yr un ohonynt yn ofnus.

Y bore canlynol, symudodd ei gwmni drwy'r glaw mân ar hyd y ffosydd cysylltiol i'r ffos danio ond roedd gormod o filwyr yno a rhaid fu iddynt gysgodi mewn ffos gysylltiol. Roedd yr ymosodiad yn hwyr yn cychwyn ac roedd hi'n 6.30 o'r gloch y bore canlynol cyn i filwyr y Gatrawd Gymreig ddechrau ar y dasg o oresgyn rhengoedd blaen yr Almaenwyr. Gwaith cwmni Glyn Roberts fyddai gweithredu fel criw ystlysol.

Gwaetha'r modd, methiant fu'r ymosodiad a daeth y ffosydd dan gawod o sieliau gan ynnau mawr yr Almaenwyr. Trawyd 11 o filwyr platŵn Glyn Roberts ac roedd y gôt law a oedd wedi'i rholio ar ei gefn wedi'i rhidyllu gan shrapnel. Ceisiai'r rhai a glwyfwyd wthio'u ffordd yn ôl tra oedd y gweddill yn ceisio symud ymlaen i'r ffosydd tanio.

Wrth iddo gyrraedd y ffos danio, gwelodd Glyn Roberts gorff marw am y tro cyntaf erioed, sef milwr â'i gefn wedi'i chwythu i ffwrdd. Aeth ati i geisio gorchmynion gan uwch-swyddog a thra oedd oddi yno glaniodd siel ar barapet y ffos gan gladdu tua dwsin o filwyr. Roedd un wedi colli'i goes yn y ffrwydrad a bu farw o fewn hanner awr. O blith y milwyr eraill a laddwyd, dim ond ei fathodyn adnabod oedd ar ôl o un ohonynt a llyfryn cyflog un arall. Roedd yr olygfa yn enbydus, gyda dwylo a thraed yn gorwedd yng

Jack Melancthon Williams

nghanol y malurion a gwaed a darnau o esgyrn ar hyd y parapet.

Wrth iddo ddychwelyd ar hyd y ffos gysylltiol, gwelodd Glyn weddillion un o blatynau 9/Ffiwsilwyr Cymreig, rhai wedi colli'u breichiau ac eraill eu pennau, a gwelwedd llwydaidd afiach marwolaeth arnynt.

Er iddo oroesi'r gyflafan ym mrwydr Loos, lladdwyd y lefftenant ifanc ger La Boisselle yn ystod ymosodiadau cyntaf brwydr y Somme yng Ngorffennaf 1916. Ef oedd y mab y chwiliai ei dad, Peter Jones-Roberts, am ei fedd (gweler t. 95).

'Stick It, Boys Bach!'

Is-sarjant gyda 9/Ffiwsilwyr Cymreig oedd Jack Melancthon Williams (1897–1956) o Dregarth ger Bethesda. Ar fore'r ymosodiad ar 25 Medi gwelodd y Lefftenant Glyn Roberts ef yn dychwelyd o'r frwydr yn dal, yn ei law dde, ddarnau o'i law chwith, a oedd wedi'i distrywio gan shrapnel. Ond gwrthododd dderbyn triniaeth gan weiddi'n groch: 'Stick it, the Welsh! Stick it, boys bach!' Dyma'r ymadrodd, wrth gwrs, a anfarwolwyd gan y Capten Mark Haggard o'r Gatrawd Gymreig ym Medi 1914 (gweler t. 29).

Bu'n cynorthwyo i gynnig ymgeledd i'r milwyr niferus a anafwyd cyn cerdded heb gymorth i dderbyn triniaeth ei hun. Roedd cymaint o niwed i'w fraich fel y bu'n rhaid ei thorri i ffwrdd. Am ei wrhydri dyfarnwyd y DCM iddo, medal a ystyrid yn ail yn unig i Groes Fictoria i filwyr cyffredin.

Pan ddychwelodd i'w gartref yn Nhachwedd 1915, trefnwyd croeso tywysogaidd iddo yn ysgoldy Tregarth. Cafwyd areithiau a chanwyd caneuon 'gwladgarol', cyn cyflwyno anrheg iddo. Yna, rai diwrnodau'n ddiweddarach, cynhaliwyd gorymdaith drwy Fethesda a chafwyd cyfarfod arbennig yn y Neuadd Gyhoeddus.

Er gwaethaf ei anabledd, cafodd waith fel stiward yn Chwarel y Penrhyn a bu'n byw yn Nhregarth hyd ei farwolaeth yn 1956. Mae'n debyg i gymeriad Elwyn Pen Rhes yn nofel enwog Caradog Prichard *Un Nos Ola Leuad* gael ei seilio'n rhannol ar Jack Melancthon a bod y 'proseshion' drwy Fethesda yn seiliedig ar y croeso a gafodd yn 1915.

'CYMRU AM BYTH!'

Yn Chwefror 1915 ffurfiwyd y Gwarchodlu Cymreig er mwyn cydnabod yr elfen Gymreig ymhlith catrodau elît y fyddin.

Roedd nifer o Gymry ymhlith y swyddogion, gan gynnwys y Capten Osmond Trahaearn Deudraeth Thomas Williams (1883–1915), mab Syr Osmond Williams o Gastell Deudraeth, cyn Aelod Seneddol sir Feirionnydd. Roedd Osmond Williams yn swyddog gyda 19/Hussars cyn y rhyfel ond wedi iddo gael ei anafu wrth chwarae polo treuliodd gyfnod hir yn adfer ei iechyd ac nid ystyrid ef yn holliach i ailymuno â'i gatrawd yn 1914. Eto i gyd, ymrestrodd fel milwr cyffredin gyda'r Scots Greys a bu'n rhan o'r brwydrau ar lannau afon Aisne yn 1914. Cafodd ei gomisiynu'n lefftenant gan Syr John French ac mewn ymosodiad yn Wytschaete yn ystod brwydr gyntaf Ypres yn 1914 fe laddodd 11 Almaenwr gan ennill medal y DSO am ei wrhydri.

Croesodd bataliwn 1/Gwarchodlu Cymreig i Ffrainc yn Awst 1915 ac yn ystod brwydr Loos cawsant y cyfrifoldeb o oresgyn 'Hill 70', safle strategol pwysig ger tref Loos. Collwyd llawer o'r bataliwn cyn cyrraedd godre'r bryncyn ar 27 Medi ond roedd Cwmni Tywysog Cymru, dan arweiniad y Capten Osmond Williams, yn barod i gymryd rhan yn yr ymosodiad. Erbyn hyn roedd hi wedi tywyllu ac nid oedd y cwmnïau unigol a fu'n ymosod ar y safle yn medru cadw mewn cysylltiad â'i gilydd.

Eto i gyd, arweiniodd Osmond Williams ei gwmni gan weiddi 'Cymru am byth!' Yn ôl yr hanes nid arafodd wrth esgyn y bryn, dim ond mynd yn syth i fyny yn wyneb tanio ffyrnig a goresgyn y ffos ar y copa gan gipio'r safle. Gwaetha'r modd, tra oedd yn plygu er mwyn tynnu milwr clwyfedig i ddiogelwch, saethwyd ef yn ei ysgwydd ac aeth y fwled i'w ysgyfaint.

Cludwyd ef o'r safle ond bu farw ar 30 Medi. Ymhlith ei frawddegau olaf roedd y geiriau 'Dwedwch wrth fy mhobl nad fi oedd yr olaf yn y ffos [a dweud y gwir, ef oedd y cyntaf] ac fe ddalion ni'n gafael.'

Cyn iddo farw daeth hyd yn oed y Cadfarsial Syr John French i'w weld a mynychodd pedwar cadfridog ei angladd ar 1 Hydref. Ond nid y swyddogion oedd yr unig rai i'w edmygu. Ysgrifennodd y Preifat W T Roberts o Gwmystwyth, Ceredigion, a oedd yn heddwas yn Nhregatwg ger y Barri cyn y rhyfel, lythyr adref gan fynegi barn y milwr cyffredin: 'Yr wyf yn falch o fod yn Gymro ar ôl yr hyn yr wyf wedi'i weld allan yno, yn enwedig gan y Capten Osmond Williams. Roedd e'n mynd ati fel llew. Allwch chi ddim credu gymaint yr oeddem yn ei garu e, ac mae'n ddrwg gennyf na chefais y cyfle i farw drosto. Yr oeddwn yn was iddo drwy gydol yr amser y bues i allan yn Ffrainc.'

Mynwent Filwrol Lapugnoy ger Béthune lle claddwyd Osmond Williams.

16

Y FFATRÏOEDD ARFAU

Daeth yn amlwg o ddyddiau cynnar y rhyfel fod y gynnau mawr cyn bwysiced â dynion arfog ac y byddai buddugoliaeth yn ddibynnol ar fedru cynhyrchu arfau a ffrwydron yn fwy effeithiol na'r gelyn. Priodolwyd colledion mawr y Cynghreiriaid ym mrwydrau Artois ym Mai 1915 i ddiffygion yn y magnelau, ac yn benodol nifer annigonol y gynnau mawr a'r sieliau, a'u haneffeithlonrwydd. O ganlyniad i gwyno gan uwch-swyddogion y fyddin, ym Mai 1915 penodwyd gweinidog mwyaf deinamig y llywodraeth, David Lloyd George, yn Weinidog Arfau, â'r nod o gynyddu a gwella cynnyrch y ffatrïoedd arfau.

Roedd y ffatrïoedd hyn naill ai'n fentrau preifat a fabwysiadwyd gan y llywodraeth neu'n ffatrïoedd a sefydlwyd gan y llywodraeth ei hun. Roedd tri math: y ffatrïoedd a gynhyrchai ynnau, offer a sieliau; y ffatrïoedd a gynhyrchai'r powdr; a'r ffatrïoedd lle câi'r powdr ei fwydo i'r sieliau a'r ffrwydron. Erbyn diwedd y rhyfel roedd y Weinyddiaeth Arfau yn gyfrifol am 20,000 o ffatrïoedd a oedd yn cyflogi 329,000 o weithwyr. Roedd hwn yn waith hynod beryglus, gyda llawer yn dioddef o salwch ac eraill yn marw mewn tanchwaoedd. Yn Chilwell, swydd Nottingham, lladdwyd 134 o weithwyr mewn tanchwa ar 1 Gorffennaf 1918 a lladdwyd chwech mewn tanchwa ddiwedd Gorffennaf 1917 yn ffatri arfau Pen-bre, sir Gaerfyrddin.

Roedd nifer o ffatrïoedd arfau yng Nghymru, yn eu plith ffatri arfau'r Fferi Isaf, sir y Fflint, lle gweithiai 7,000 o bobl yn cynhyrchu cotwm tanio a TNT, ffatri bowdr Penrhyndeudraeth a ffatri cynhyrchu casys sieliau yng Nghasnewydd.

Gan fod cynifer o ddynion wedi'u galw i'r fyddin, roedd yn rhaid cyflogi menywod i weithio yn y ffatrïoedd,

Munitionettes yn eu lifreiau yn hebrwng hers un o'r ddwy ferch o Abertawe a laddwyd yn nhanchwa Pen-bre.

llawer ohonynt yn ifanc ac yn gweithio am y tro cyntaf. Yn wir, menywod oedd 84 y cant o holl weithwyr ffatrïoedd arfau Prydain. Gwelai llawer o'r menywod hyn gyfle i ennill cyflog gwell nag wrth weithio fel morynion ac ar ben hynny caent fwy o annibyniaeth. Credent hefyd eu bod yn cyfrannu at yr achos a gelwid hwy'n 'Tommy's sisters'.

diwydiannol. Yn ffatri y Fferi Isaf cafwyd cyfanswm o 12,778 o ddamweiniau yn ystod 1917–18, ac adroddwyd bod 16 i 18 o fenywod yn dioddef bob nos yn ffatri Pen-bre o effaith anwedd gwenwynig. Byddai wynebau a dwylo'r gweithwyr TNT yn troi'n felyn a gelwid hwy'n 'canary girls'.

Roedd dynion hefyd yn gweithio yn y ffatrïoedd a chyhuddwyd rhai ohonynt o fynd i weithio ynddynt er mwyn osgoi gwasanaethu yn y lluoedd arfog. Mewn llythyr i'r *Llanelly & County Guardian* yng Ngorffennaf 1915, awgrymodd 'Disgusted' y dylid galw ffatri Pen-bre yn 'The Shirker's Refuge' gan fod cynifer o ddynion cydnerth wedi mynd yno i weithio. Ar yr un pryd, roedd pryder am foesoldeb caniatáu i gynifer o fenywod gydweithio â dynion a phenodwyd swyddogion lles a phlismonesau arbennig i gynghori a chadw golwg ar y merched. Cwynodd un o'r plismonesau hyn a weithiai ym Mhen-bre bod y menywod a ddaethai o'r Rhondda yn llawn syniadau sosialaidd ac yn dueddol o chwilio am gyfleoedd i fynd ar streic.

Amcangyfrifid i ynnau Prydain saethu dros 170 miliwn o rowndiau yn ystod y rhyfel. Does dim syndod felly bod cyrff cynifer â hanner y rhai a laddwyd yn y brwydrau heb fedd, gan eu bod wedi'u chwalu'n ddarnau gan nerth y ffrwydradau a gynhyrchwyd yn ffatrïoedd arfau Ewrop.

TANCHWA PEN-BRE

Dwy ferch ifanc 18 oed o Abertawe oedd Mildred Owen a Dorothy Watson, yn gweithio ymhell iawn o faes y gad yn haf 1917. Eto i gyd, roedd eu gwaith yn beryglus iawn ac fe laddwyd y ddwy gan ffrwydrad mewn ffatri arfau ym Mhen-bre, sir Gaerfyrddin, ar 31 Gorffennaf.

Ni wyddom fawr o'r hanes gan y cadwyd holl weithgareddau'r ffatri yn gyfrinachol. Gwyddom serch hynny fod tua 5,000 o weithwyr yn cael eu cyflogi yno, gyda thua 3,800 ohonynt yn fenywod. Dyma un o ffatrïoedd arfau mwyaf Prydain a chynhyrchwyd TNT, cotwm tanio a *ballistite* yno. Gwyddom hefyd i'r ffrwydrad ladd chwech ac anafu tri.

Cynhaliwyd angladdau'r ddwy ferch ifanc ar ddydd Llun gŵyl banc Awst yn Abertawe. Roedd cannoedd ar y stryd fawr wrth i'r cynhebrwng ymlwybro o'r orsaf reilffordd tuag at fynwent Danygraig. Yn arwain yr orymdaith roedd cyd-weithwyr y merched yn eu dillad gwaith ac roedd cyd-weithwyr eraill yn cario'r bagiau swyddogol a ddaethai'n arwydd adnabod i'r *munitionettes*.

Roedd rhai menywod yn arbenigo, fel Bessie Davies, un o 18 o blant o Drehopcyn, y Rhondda, a gafodd hyfforddiant technegol manwl yng Nghaerdydd a Birmingham cyn cael ei chyflogi mewn ffatri arfau yn Coventry. Serch hynny, byddai'r rhan fwyaf yn gwneud gwaith undonog a thra pheryglus. Gallai'r rhai a weithiai gyda TNT ddioddef llosgiadau asid a dermatitis

Y FANER GOCH

Ymhlith y cannoedd o ferched a fu'n gweithio yn ffatri arfau Rotherwas ger Henffordd roedd merch o'r Barri o'r enw Elsie Abel (1895–1962). Roedd hi ymhlith nifer fawr o Gymry a Gwyddelod sengl a fudodd i swydd Henffordd er mwyn ennill cyflog da. Byddent yn byw yn Henffordd ac, er holl beryglon y ffatri, yn mwynhau eu rhyddid yn y dref.

Serch hynny, roedd tensiynau rhwng y gweithwyr, ac yn arbennig felly rhwng y Gwyddelod, y Cymry a'r Saeson. Ym mis Awst 1917 cafwyd ffrwgwd yng ngorsaf Barr's Court rhwng y Saeson a'r Gwyddelod, a gyhuddwyd o fod yn gefnogol i Sinn Féin, y mudiad cenedlaethol gwrthryfelgar. Anafwyd rhai yn ystod y ffrwgwd, gyda un ferch yn torri ei braich, un arall yn cael ei thrywanu â phin het ac un arall eto yn cael ei tharo gan botel. Yn ddiweddarach, gwaharddwyd recriwtio gweithwyr o'r Iwerddon a Chymru yn Rotherwas.

Yn dilyn y chwyldro yn Rwsia, ceisiodd rhai o weithwyr Rotherwas drefnu streic. Picedwyd gorsaf Barr's Court gan Elsie Abel, a ddaliai ffon â baner goch ynghlwm wrthi, a merch arall. Pan gyrhaeddodd y rhai a wrthododd ymuno â'r streic yr orsaf, ymosododd Elsie ar un ohonynt a'i tharo ar ei phen gyda'r ffon. Arestiwyd Elsie a'i dwyn o flaen ei gwell. Dadleuwyd yn y llys nad oedd y faner yn un goch mewn gwirionedd ond yn hytrach yn 'rather pinkish', ond dedfrydwyd hi i fis o garchar.

Wedi'r rhyfel, priododd Elsie Abel â Sidney Dobinson, milwr a gafodd ei anafu yn 1917, a symudodd i fyw i Darlington yng ngogledd-ddwyrain Lloegr.

DYN Y BALWNAU

Tipyn o anturiaethwr oedd Ernest T Willows (1886–1926) o Gaerdydd. Cyn y rhyfel bu'n arloesi drwy adeiladu a hedfan balwnau awyr. Yn 1905, pan oedd yn 19 mlwydd oed, hedfanodd am 85 munud uwchlaw Caerdydd ac yn 1910 hedfanodd o Lundain i Ffrainc. Yn 1913 adeiladodd long awyr newydd a allai gludo pedwar teithiwr yn y gondola a oedd wedi'i chysylltu â gwaelod y balŵn.

Yn ystod y rhyfel, agorodd Willows ffatri ar safle'r Llawr Sglefrio Americanaidd yn Stryd Westgate, Caerdydd, er mwyn adeiladu balwnau amddiffyn (*barrage balloons*). Ar un adeg, cyflogid 150 o weithwyr yno, gyda'r rhan fwyaf ohonynt yn fenywod. Roedd y balwnau'n cael eu defnyddio i amddiffyn dinasoedd de-ddwyrain Lloegr rhag ymosodiadau gan awyrennau Almaenig. Cynyddodd yr ymosodiadau hyn yn 1917 ond gan fod y balwnau'n medru hedfan i uchder o 10,000 o droedfeddi, gorfodid yr awyrennau i ollwng eu bomiau o uchder mawr, gan leihau cywirdeb eu hannel.

Caewyd y ffatri yn 1919 a lladdwyd Willows mewn damwain yn 1926 pan syrthiodd ei falŵn i'r ddaear yn Kempston, swydd Bedford.

Gweithwyr ffatri balwnau amddiffyn Caerdydd.

MATSHYS YN EI BOCED

Ychydig o Saesneg oedd gan lawer o weithwyr ffatri arfau Pen-bre, yn ôl Saesnes a fu'n gweithio yno, ond Saesneg oedd iaith y ffatri hyd nes i rai gwyno am hynny.

Adroddodd J R Samuel, a fu'n gweithio yno, bod elfen wrth-Gymreig ymhlith y swyddogion. Serch hynny, pan ddygwyd un Cymro o'r Gogledd o flaen ei well am fod â matshys yn ei boced yn y ffatri, cafodd gyngor gan swyddog lles i hawlio na fedrai ddeall yr arwyddion Saesneg a oedd yn gwahardd hynny. Roedd hon yn drosedd gyffredin iawn a dirwywyd ugeiniau yn y llysoedd am fod â matshys neu dybaco yn eu meddiant. Ni chafodd y Cymro ei gosbi, fodd bynnag, a gorchmynnwyd gosod arwyddion dwyieithog yn y ffatri o hynny ymlaen.

Wedi hynny, gosododd swyddog milwrol arwydd yn nhŷ bwyta'r goruchwylwyr yn rhybuddio nad oedd neb i siarad Cymraeg yno. Protestiodd y Cymry ac aed â'r achos gerbron y Weinyddiaeth Arfau, gyda'r Cymry'n ennill y dydd.

TWYLL Y GWEITHWYR

Roedd Richard Hughes Williams (1878–1920), Rhostryfan, sir Gaernarfon, yn fwy enwog dan yr enw 'Dic Tryfan'. Roedd yn newyddiadurwr ac yn awdur straeon byrion poblogaidd ond yn 1916 methodd yn ei ymgais i osgoi gwasanaeth milwrol. Nid oedd yn dda o ran ei

DELIVERING THE GOODS.

[April 21, 1915.]

Cartŵn o 1915 yn awgrymu blaengaredd y Gweinidog Arfau newydd, David Lloyd George.

iechyd felly cafodd gyfle i weithio yn ffatri arfau Pen-bre yn hytrach na gorfod ymuno â'r fyddin. Mae'n debyg iddo weithio yno fel pylorwr, sef un oedd yn malu deunydd yn bowdr, gwaith anaddas i'r sawl a oedd yn dioddef o waeledd ar yr ysgyfaint. Gwaethygodd ei iechyd a chafodd ei ryddhau yn 1917. Erbyn hynny, yn ôl ei gyfaill y llenor T Gwynn Jones, 'nid oedd onid croen am esgyrn'.

Mae'n debyg mai Dic Tryfan a adroddodd wrth T Gwynn Jones am y twyllo a oedd yn gyffredin iawn ymhlith gweithwyr y ffatri. Oherwydd yr amgylchiadau anodd, nid oedd modd gweithio oriau hir a byddai'r gweithwyr yn mynd a dod yn barhaus. Byddent yn cael tocyn gan swyddog ar ddechrau'r sifft ond yna byddent yn crwydro at swyddog arall ac yn cael tocyn ychwanegol. Yn ystod y sifft efallai y byddent wedi casglu hanner dwsin o docynnau. Ar ddiwedd y sifft byddent yn dychwelyd y tocynnau ac yn cael tocynnau gadael yn eu lle. Gan ei bod yn anymarferol talu pob gweithiwr yn unigol, y drefn oedd y byddai un o'r gweithwyr yn casglu'r tocynnau ynghyd ac yn derbyn swm o arian i'w rannu ymhlith y gweithwyr. Gallai'r gweithwyr felly dderbyn hyd at chwe gwaith y cyflog a oedd yn ddyledus iddynt mewn gwirionedd.

Dic Tryfan

17

SALONICA, 1915–1918

Ystyrid y ffrynt a agorwyd yn y Balcanau yn hydref 1915 yn un ymylol i gwrs y rhyfel. Anfonwyd milwyr o Brydain a Ffrainc i Wlad Groeg yn y lle cyntaf er mwyn ceisio amddiffyn Serbia rhag ymosodiadau gan Awstria-Hwngari a'r Almaen yn ogystal â Bwlgaria, a oedd yn ceisio adennill tir a gollwyd mewn rhyfeloedd blaenorol. Ond erbyn i fyddinoedd y Cynghreiriaid, a oedd yn cynnwys yn y pen draw dros 600,000 o filwyr, gyrraedd Gwlad Groeg, roedd Serbia eisoes wedi'i choncro a dim ond tua chwarter ei byddin oedd wedi llwyddo i ddianc.

Roedd Gwlad Groeg yn wlad niwtral yn y rhyfel ond roedd gan Brydain hawl i ddefnyddio porthladd Salonica. Serch hynny, nid oedd croeso i'r fyddin fawr gan bawb, yn arbennig gan fod brenin Gwlad Groeg, ac yntau'n briod â chwaer y Kaiser, yn tueddu i gefnogi'r Almaen. Roedd y llywodraeth dan y Prif Weinidog Venizelos yn ffafrio'r Cynghreiriaid ond amser eithaf anghysurus a gafodd y byddinoedd yn ystod eu cyfnod yn Salonica.

Milwyr ar ymdaith yn Salonica.

Roedd y brwydro yn y Balcanau yn ysbeidiol a phan adeiladwyd amddiffynfeydd 70 milltir o hyd o gwmpas Salonica, lle roedd byddinoedd Ffrainc, yr Eidal a Phrydain yn gwersylla, beirniadodd llawer y sefyllfa oherwydd bod adnoddau'n cael eu gwastraffu drwy dynnu milwyr oddi wrth y prif frwydrau yn Ffrainc a Fflandrys. Gwatwarwyd y byddinoedd gan y gwleidydd o Ffrainc, Clemenceau, a ddisgrifiodd hwy fel 'garddwyr Salonica'. Dibrisiwyd yr ymdrech gan yr Almaenwyr hefyd, gan alw Salonica yn 'wersyll caethiwo mwya'r byd'.

Ond er na fu llawer o ymladd, roedd bywyd y milwr cyffredin yn Salonica yn eithaf caled. Prif elyn y milwr oedd y mosgito, a ddeuai â malaria yn ei sgil. Cafodd dau fyfyriwr diwinyddol, Ben J Evans o Ferndale a W H Edwards o Fedlinog, eu taro'n ddrwg gan falaria a bu farw Edwards o'r clefyd. Adroddodd William Jones o 1/Catrawd Gymreig bod y milwyr yn gorfod mynd i weld meddyg bob nos er mwyn derbyn y pum gronyn o gwinîn y gobeithid y byddai'n eu hamddiffyn rhag y clefyd. Roedd nyrsys o Gymru hefyd yn gwasanaethu yn Salonica. Ymunodd Nyrs Ella Richards o Lambed â Chymdeithas y Groes Goch yn 1915 ond bu farw o niwmonia yn Salonica ar 14 Hydref 1918 a chafodd ei chladdu ym mynwent Mikra, Kalamaria.

Ella Richards

Er mai 409,000 o Brydeinwyr a fu'n gwasanaethu yn Salonica, roedd y cyfanswm a gafodd driniaeth yn yr ysbytai yn 481,000 gan i gynifer ohonynt fod yn sâl ar fwy nag un achlysur. O blith lluoedd Prydain rhwng Hydref 1915 a Thachwedd 1918, collodd 2,800 eu bywydau mewn brwydrau, cafodd 1,400 eu hanafu a dioddefodd 4,200 yn sgil heintiau.

Er bod tiroedd wedi'u hennill ym Macedonia, ychydig o gynnydd a wnaed gan y Cynghreiriaid tan wythnosau olaf y rhyfel yn 1918. Ganol Medi'r flwyddyn honno gwnaed ymdrech derfynol i drechu'r Bwlgariaid, a oedd yn dal tir mynyddig anodd ei gipio. Defnyddiwyd y fyddin Brydeinig i dynnu sylw'r Bwlgariaid er mwyn sicrhau na fyddent yn medru trosglwyddo milwyr i wrthsefyll y prif ymosodiad gan fyddin Serbia yn y gorllewin. Profodd yr ymosodiad ar Grand Couronne, prif gadarnle'r Bwlgariaid, yn ffiasgo, gyda 3,871 yn colli eu bywydau yn y frwydr – llawer ohonynt yn Gymry o gatrodau'r 20fed Adran.

Roedd y sefyllfa economaidd a chymdeithasol anwadal ym Mwlgaria ar y pryd yn fwy allweddol na'r cyrchoedd milwrol ym muddugoliaeth y Cynghreiriaid yn hydref 1918. Sigwyd ysbryd milwyr Bwlgaria wrth iddynt fethu â derbyn cyflenwadau o fwyd ac arfau ac erbyn diwedd Medi roedd dirprwyaeth o Fwlgaria yn Salonica er mwyn trafod cadoediad. Bwlgaria oedd y wlad olaf i ymuno â'r Pwerau Canol, a'r gyntaf i'w gadael.

'Anfon y Nico'

Y Cymro enwocaf i wasanaethu yn y Balcanau oedd Albert Evans Jones, sy'n fwy adnabyddus dan ei enw barddol, Cynan (1895–1970).

Cynan mewn lifrai caplan yn Salonica.

Ymunodd Cynan â'r Corfflu Meddygol Brenhinol (Cymreig) yn 1916, wedi iddo raddio o Goleg Prifysgol Gogledd Cymru, Bangor. Bu'n gwasanaethu ym Macedonia ac yn ddiweddarach canodd am 'yr Anturiaeth Fawr' ym Monastîr, y dref lle bu'n gwersylla. Cyfansoddodd hefyd y gerdd hiraethus 'Anfon y Nico' a'i hanfon at ei deulu yng Nghymru.

Ym Macedonia bu'n gwasanaethu gyda'r 86ain Ambiwlans Maes Tiriogaethol, a oedd yn cynnwys yn bennaf ddynion o lannau afon Tyne yng ngogledd-ddwyrain Lloegr. Yn ôl Cynan, roedd ganddynt ragfarn yn erbyn y Cymry gan eu bod yn hen filwyr profiadol a oedd yn ddrwgdybus o fyfyrwyr coleg fel aelodau'r Corfflu Meddygol Brenhinol (Cymreig). Byddent bob amser yn sicrhau mai'r Cymry oedd yn gwneud y gwaith mwyaf annymunol a rhennid y bwyd yn annheg yn y gegin. Pan gwynodd y Cymry am hyn, collodd un o'r cogyddion ei limpin. Daeth draw i babell y Cymry a chynnig ymladd chwe Chymro i gyd ar yr un pryd. Ymatebodd un Cymro gan ddweud y byddai'n ymladd yn ei erbyn ar ei ben ei hun a ffurfiwyd cylch bocsio ar eu cyfer.

Roedd y cogydd yn ddyn mawr, trwm a'r Cymro'n fachgen main, pengoch, ac ofnai Cynan na fyddai gan ei gyd-Gymro obaith. Ond roedd y Cymro yn 'ddeheuig a chynnil' ei draed a'r Sais yn drwsgl a gwyllt ei ergydion. Erbyn y bedwaredd rownd roedd y Sais wedi blino'n lân ac fe'i lloriwyd gan 'upper-cut' y Cymro. Roedd y Cymry wrth eu boddau ac meddai Cynan wrth y paffiwr: 'Nid yng Ngholeg Trefeca y dysgaist ti i focsio fel yna.' Atebodd y Cymro: 'Nage, ond cyn i mi ddechrau pregethu wyt ti'n gweld, yr oeddwn i'n sparring partner i Freddie Welsh [pencampwr bocsio'r byd]. A heno ddaeth yr hen driciau yn ôl.'

Y Bardd Colledig

Tua 6 o'r gloch yr hwyr ar 15 Mehefin 1918 y gwelwyd y bardd ifanc addawol o Langwm, David Ellis (1893–?1918), am y tro olaf. Diflannodd o'i babell mewn gwersyll milwrol yn y mynyddoedd uwchlaw Salonica, gan adael ei holl eiddo personol yno, gan gynnwys y ddau ddisg adnabod y byddai pob milwr yn eu gwisgo bob awr o'r dydd. Ni wyddom yn union beth ddigwyddodd iddo ond credir iddo ladd ei hun.

Mae digon o dystiolaeth bod erchyllterau'r rhyfel wedi effeithio arno a'i fod yn dioddef o iselder, yn arbennig wedi iddo glywed bod ei gariad gartref yng Nghymru am ddod â'u perthynas i ben. Ni chanfuwyd ei gorff ac ni chadarnhawyd erioed yn swyddogol iddo farw.

Roedd David Ellis wedi ymuno â'r Corfflu Meddygol Brenhinol (Cymreig) yn 1916. Yn Salonica gwelodd sawl cyfaill da yn colli'i fywyd a chyfansoddodd englynion coffa i ddau ohonynt, W H Edwards, Bedlinog, a Hugh Evans, Rhydymain. Cyfansoddodd hefyd gerdd o'r enw 'Cysgodion yr Hwyr', sy'n cynnwys y pennill

Chwiban bugail ar y drumell
Eilw'r braidd i'r hafod glyd,
Rhywun unig yn ei babell
Gofia ddefaid bore'i fyd.

Y bardd David Ellis.

Yn ddiweddarach penodwyd Cynan yn gaplan ym Macedonia. Rhoddwyd iddo ddagr arian gan un o filwyr Bwlgaria ac fe'i defnyddiodd ar hyd ei oes yn gyllell agor llythyron.

GRAND COURONNE

Ar 18 Medi 1918, gorchmynnwyd milwyr Brigâd 66, a oedd yn cynnwys nifer o fataliynau Cymreig, i ymosod ar fynyddoedd lle roedd byddin Bwlgaria wedi ymsefydlu mewn cadarnleoedd grymus. Brwydr Doiran oedd un o frwydrau mwyaf byddin Prydain yn y Balcanau ond profodd yn waedlyd o aflwyddiannus.

Nod 11/Catrawd Gymreig (*Pals* Caerdydd) oedd cipio un o gadarnleoedd y Bwlgariaid ar gopa Grand Couronne, i'r gorllewin o Lyn Doiran. Dechreuwyd yr ymosodiad am 5.08 o'r gloch y bore gyda'r Capten Eynon yn cicio pêl rygbi i gyfeiriad y Bwlgariaid. Roedd hwn yn ymosodiad a olygai ddringo mynydd-dir serth a digysgod, gyda'r Bwlgariaid yn saethu'n ddi-baid.

Ymhlith y rhai a fu'n arwain yr ymosodiad roedd y Capten Norman Hughes (1888–1918), mab esgob Llandaf, Joshua Pritchard Hughes. Roedd y capten yntau'n ddyn crefyddol iawn a enillodd radd mewn hanes yng Ngholeg y Drindod, Caergrawnt. Ei ddiddordeb pennaf oedd casglu gloÿnnod byw. Disgrifiwyd ef unwaith fel 'y swyddog mwyaf boneddigaidd a'r mwyaf cydwybodol ymhob ffordd yn y bataliwn'.

Yn ystod yr ymosodiad, ceisiodd ailymgasglu'r milwyr er mwyn eu harwain ymlaen. Gwelwyd ef yn fyw am y tro olaf yn arwain ymosodiad â'i gwmpawd yn ei law. Yn ddiweddarach, canfuwyd ei gorff mewn ffos gan y Preifat Dan Elias. Roedd yn gwbl noeth, gan fod y Bwlgariaid wedi tynnu ei holl ddillad a'u dwyn.

Y rhai mwyaf ffodus yn y gyflafan oedd y milwyr a glwyfwyd yn gynnar yn yr ymosodiad. Un ohonynt oedd y Preifat Herbert Smith (1893–1983). Trawyd ef gan shrapnel a chafodd ei gludo o faes y gad gan elorgludwyr o'r Corfflu Meddygol i le o'r enw Christmas Ravine. Cafodd driniaeth gan feddyg yno ond, 12 awr wedi iddo gael ei anafu, mynegodd ei ddymuniad i gael ei gludo'n ôl i orsaf ymgeledd yn y rhengoedd cefn. Golygai hynny deithio ar hyd ffordd a oedd

Norman Hughes

PARCHU'R SERBIAID

Aelod o Gorfflu Cyflenwi'r Fyddin yn Salonica oedd un o Gymry Lerpwl, y Preifat H Iorwerth Hughes. Cadwodd ddyddiadur yn ystod ei gyfnod yno a cheir ynddo gryn gwyno am y tywydd poeth, y prinder dŵr, y pryfetach a'r llygod mawr. Prin y gallai godi brechdan jam i'w geg cyn y byddai pryfed yn ei gorchuddio. Ar 27 Awst 1918, cafodd ei ruthro i'r ysbyty yn dioddef o falaria. Roedd ei dymheredd yn 105 gradd ac ofnai ei fod yn colli ei olwg.

Er holl anawsterau byw yn y Balcanau, parchai Iorwerth Hughes y Serbiaid. Iddo ef roeddent 'yn bobl yn caru yn angerddol eu gwlad a'i delfrydau. Credant mai rhyddid yw'r unig beth nas gellir talu pres amdano.' Roedd gan Serbia 'yr egni, ynni, a gobaith a fydd yn peri iddi fyw, a chodi pen ymysg cenhedloedd gorau'r byd'.

yn cael ei sielio gan y Bwlgariaid ond credai Smith fod yr ymosodiad gan ei gatrawd wedi bod yn llwyddiant ac na fyddai perygl bellach. Gwaetha'r modd, nid oedd hynny'n wir a glaniodd cenllysg o ffrwydron ar y ffordd. Nid oedd y pedwar elorgludwr erioed wedi bod mewn brwydr a gollyngasant Smith fel taten boeth a rhedeg i ddiogelwch y ceunant. Profiad hunllefus oedd hwn i Smith, wrth i'r ffrwydron lanio o'i amgylch ac yntau'n ddiymadferth. Gwaeddodd a rhegi ar yr elorgludwyr ac ymhen hir a hwyr fe'i cludwyd i ddiogelwch.

Yn ddiweddarach fe'i symudwyd i ysbyty maes ar *travois*, sef dull hynafol o lusgo elor neu lwyth gan ddau ful neu geffyl. A Smith wedi anafu ei goes yn ddrwg, roedd cael ei lusgo ar lwybrau caregog yn achosi poen enbyd iddo. Fodd bynnag, roedd yn ffodus i fod yn un o'r rhai prin o'i fataliwn a oroesodd y frwydr. Erbyn 8 o'r gloch y bore hwnnw roedd y bataliwn wedi'i ddifa'n llwyr i bob pwrpas. Roedd 7/Cyffinwyr De Cymru ac 11/Ffiwsilwyr Cymreig wedi dioddef yn enbyd hefyd. Mewn teirawr roedd y 66ain Frigâd wedi colli 37 swyddog ac 800 o filwyr traed, sef 65 y cant o'i nerth, ac o 20 swyddog 11/Ffiwsilwyr Cymreig, dim ond tri a oroesodd y frwydr, a lladdwyd 380 o'r 480 o filwyr cyffredin.

18

GORFODAETH FILWROL A'R TRIBIWNLYSOEDD

Erbyn 1915, gyda nifer y colledion ar faes y gad yn sylweddol a nifer y recriwtiaid yn gostwng, daeth y llywodraeth dan bwysau i fabwysiadu gorfodaeth filwrol fel dull o sicrhau bod maint y fyddin yn ddigonol ar gyfer rhyfel athreuliol hir. Roedd cryn wrthwynebiad i hyn, yn arbennig ymhlith y rhai, gan gynnwys Aelodau Seneddol, a gredai y byddai gorfodaeth yn erbyn egwyddorion rhyddid. Iddynt hwy, ni ddylai'r wladwriaeth ymyrryd yn rhyddid yr unigolyn i ddewis.

Eto i gyd, roedd y wladwriaeth yn gynyddol yn ymyrryd mewn agweddau ar fywydau'r boblogaeth er mwyn ymladd y rhyfel i'r eithaf. Ym mis Mai 1915, er enghraifft, pasiwyd deddf a roddai bwerau arbennig i'r Weinyddiaeth Arfau, dan ofal y gweinidog David Lloyd George, ddyrannu adnoddau yn ôl y galw.

Roedd y pwysau o du'r lluoedd arfog yn sylweddol. Ni fyddai byddin o 30 adran (tua 20,000 o ddynion i bob adran), sef y cynllun gwreiddiol, yn ddigonol, a bernid y byddai angen byddin o 70 adran. Penderfynwyd yn haf 1915 y dylid cynnal cyfrifiad o ddynion a menywod rhwng 15 a 65 oed er mwyn asesu faint o bobl oedd yn gymwys i wasanaethu gyda'r lluoedd arfog neu wneud

Tribiwnlys Gwasanaeth Milwrol Dalgylch Wrecsam, 1915–1918.

114

gweithgareddau cynorthwyol. Ddydd Sul, 5 Awst 1915, ymwelodd 40,000 o ganfaswyr â phob cartref ym Mhrydain er mwyn casglu gwybodaeth. O ddidoli'r ystadegau, canfuwyd bod 5.1 miliwn o ddynion o oedran milwrol yn byw yng Nghymru a Lloegr, gydag 1.5 miliwn ohonynt wedi'u hymrwymo eisoes i weithio mewn gweithleoedd neilltuedig fel gloeeydd neu ffatrïoedd arfau. O'r gweddill, ystyrid bod rhwng 15 a 25 y cant ohonynt yn debygol o fod yn anaddas am resymau meddygol neu gorfforol, gan adael cronfa o oddeutu 2.7–3 miliwn o ddynion y gellid eu hymrestru.

Nid oedd y Prif Weinidog, H H Asquith, yn awyddus i gyflwyno gorfodaeth filwrol hyd nes bod y farn gyhoeddus yn bendant o'i phlaid. Yn hytrach, penododd yr Arglwydd Derby, un a oedd yn frwd dros orfodaeth filwrol, i fod yn gyfrifol am y rhaglen recriwtio. Ym mis Hydref 1915, anfonwyd ffurflenni at ddynion rhwng 19 a 41 mlwydd oed yng Nghymru, yr Alban a Lloegr i ofyn iddynt ymrestru'n syth, neu ardystio eu bod yn fodlon gwasanaethu pe bai angen. Trefnwyd yr ymatebion yn 46 grŵp, gyda dynion sengl i'w galw i'r lluoedd arfog cyn y dynion priod. Byddai pob un a ardystiai yn derbyn taliad o 2 swllt a 9 cheiniog.

Nid oedd y cynllun yn llwyddiannus, gyda dim ond 840,000 o ddynion yn ardystio o blith 2.2 miliwn o ddynion sengl yr ystyrid eu bod ar gael. O'r 840,000, roedd dros hanner miliwn ohonynt eisoes mewn gwaith neilltuedig ac ystyrid bron i 200,000 ohonynt yn anaddas i wasanaethu. Daeth y canlyniadau hyn ar yr union adeg pan gytunodd y llywodraeth mewn cynhadledd yn Chantilly, Ffrainc, y byddai lluoedd arfog Prydain a'r Ymerodraeth yn ysgwyddo mwy o'r baich o flino'r gelyn dros gyfnod hir o athreulio.

O ganlyniad i'r sefyllfa, pasiwyd y Ddeddf Gwasanaeth Milwrol yn y Senedd yn Ionawr 1916, a fyddai'n rhagdybio bod pob dyn sengl rhwng 18 a 41 mlwydd oed wedi ymrestru. Nid oedd dewis bellach.

Nid oedd hynny'n boblogaidd gan rai ac ymddangosodd posteri mewn trefi fel Llanelli gyda'r neges 'Down with Conscription: God save the people'. Ond rhwygwyd rhain mewn dim o dro a phan gynhaliwyd cyfarfod gan y Gynghrair Gwrthwynebu Gorfodaeth Filwrol yn y dref, ni chafwyd cynulleidfa niferus. Estynnwyd y ddeddf ym Mai 1916 i gynnwys pob dyn priod rhwng 18 a 41 oed.

Roedd modd hawlio eithriad parhaol neu dros dro rhag ymuno â'r lluoedd arfog drwy gyflwyno achos gerbron tribiwnlysoedd lleol a sefydlwyd ar hyd a lled y wlad. Gan nad oedd cyfarwyddiadau diwyro ar gael, amrywiai penderfyniadau'r tribiwnlysoedd o le i le, gyda rhai'n cydymdeimlo â cheisiadau am eithrio ond eraill yn benderfynol o yrru cynifer o ddynion ag oedd yn bosibl i'r lluoedd arfog. Gan hynny, câi'r tribiwnlysoedd eu pardduo gan y fyddin a chan heddychwyr fel ei gilydd.

Canmolwyd tribiwnlys sir Feirionnydd gan y wasg leol am y chwarae teg a roddid i'r apelwyr. Roedd y cadeirydd, y Cynghorydd William Owen, yn ddidueedd a rhesymol ei agwedd, meddid, a chanmolwyd yn arbennig y cynrychiolydd Llafur, Rolly Williams o'r Bala, am ei ddewrder a'i haelioni. Credid bod tribiwnlys gwledig Wrecsam yn hael iawn o safbwynt cynnig cyfnodau hir o eithrio ac mewn un achos rhoddwyd eithriad i wrthwynebydd cydwybodol byr o ran taldra wedi i un tyst ddweud ei fod mor fach fel nad oedd lle i ddim arall ond ei gydwybod. Ar y llaw arall, roedd anghysonderau amlwg, fel y nodwyd yn Y Tyst: 'Mae rhai ohonynt yn gollwng pobl yn rhydd yn lled annisgwyliadwy, ac yn oedi'r alwad filwrol am gryn amser; ac eraill o'r llysoedd yn chwyrn a chwerw yn swrth a sarug, yn gwrthod pob apêl bron, ac yn ysgornio pawb ddaw â'i dipyn cydwybod gyda fe ger eu bron.'

Roedd agwedd y milwyr a oedd eisoes yn y lluoedd arfog yn dueddol o fod yn ddilornus o'r rhai a geisiai am eithriad yn y tribiwnlysoedd. Barn y Corpral Bill Jones, a wasanaethai gyda'r Corfflu Meddygol Brenhinol yn y Dwyrain Canol, oedd: 'I am surprised at the xcuses [sic] there is made by some men at these Tribunals... they ought to be shot as traitors to liberty, that is my opinion & of many more boys today that is at the front.'

Yn ystod tri mis cyntaf 1916, anfonwyd 190,000 o ddynion Prydain oedd wedi ardystio i'r lluoedd arfog ond cafodd 829,000 arall eu heithrio dros dro. Serch hynny, erbyn diwedd y rhyfel roedd 1.35 miliwn o ddynion wedi'u gorfodi i ymuno â'r lluoedd arfog, llawer ohonynt yn anfoddog ond heb reswm digonol dros gael eu heithrio.

Chwalu'n Ddigywilydd

Un a wasanaethodd ar Dribiwnlys Apêl sir Aberteifi oedd Herbert M Vaughan (1870–1948), Plas Llangoedmor, Uchel Siryf y sir. Rai blynyddoedd wedi'r rhyfel, adroddodd am ei brofiadau ar y tribiwnlys, a oedd yn cynnwys 11 o bwysigion y sir, chwech ohonynt yn

'TROEDIO'R LLWYBR CUL'

Roedd yr Aelod Seneddol W Llewelyn Williams (1886–1922) yn gyfaill mynwesol i Lloyd George cyn i ffrae chwerw godi rhyngddynt yn 1915 ynglŷn â gorfodaeth filwrol. Ac yntau'n gyfreithiwr, newyddiadurwr, awdur a hanesydd disglair, ganed Llewelyn Williams yn Llansadwrn, sir Gaerfyrddin, a daeth yn Aelod Seneddol dros Fwrdeistrefi Caerfyrddin yn 1906.

Byddai ef a'i wraig yn cwrdd yn aml â Lloyd George a'i deulu ac yr oedd edmygedd a theyrngarwch y ddau at ei gilydd yn amlwg i bawb. Ni wrthwynebai Llew Williams y rhyfel, gan ystyried bod yr achos yn un cyfiawn; iddo ef, roedd hwn yn rhyfel a oedd yn ymwneud â syniadaeth, gyda'r Almaen yn cynrychioli achos gwladwriaeth holl-bwerus a Phrydain yn cynrychioli achos rhyddid yr unigolyn. Tra oedd yr Almaen, fel llawer o wledydd Ewrop, yn gweithredu polisi o orfodaeth filwrol, dibynnai Prydain ar ddenu gwirfoddolwyr i'r lluoedd arfog ac roedd Llew Williams yn flaenllaw yn y broses o recriwtio. Fodd bynnag, pan ddechreuwyd sôn am orfodaeth filwrol, dadleuodd yn gryf yn erbyn hynny.

Erbyn haf 1915 roedd Lloyd George ei hun wedi dod i'r casgliad mai'r unig ffordd o atgyfnerthu'r lluoedd arfog oedd drwy fesur o orfodaeth filwrol. Ar 31 Gorffennaf, gwahoddodd Llew Williams i'w gartref yn Walton Heath er mwyn ei berswadio i gefnogi gorfodaeth filwrol ond roedd ei gyfaill yn bendant ei safbwynt, gan ddadlau bod y farn gyhoeddus yn erbyn gorfodaeth. Parhaodd Llew Williams i fynychu cyfarfodydd recriwtio heb ildio ar ei ddaliadau: 'Oherwydd fy mod yn credu ei fod yn rhyfel cyfiawn, credaf y dylem barhau â'r rhyfel hwn hyd ddiwedd buddugoliaethus, ac oherwydd fy mod yn credu mai'r unig ffordd y gellir cyflawni hyn yw drwy ymdrech wirfoddol gan bobl rydd, yr wyf yn gwrthwynebu gorfodaeth filwrol.' Cyhoeddodd daflen dan nawdd y Gynghrair Cyflafareddu Ryngwladol yn dwyn y teitl *No Conscription!*, ac yr oedd ymhlith nifer o Ryddfrydwyr ac Aelodau Llafur a ddadleuai yn erbyn gorfodaeth yn y Senedd.

Roedd disgwyl y byddai nifer o Aelodau Seneddol Cymru yn gwrthwynebu'r Ddeddf Gwasanaeth Milwrol yn Ionawr 1916, ond yn y pen draw dim ond tri ohonynt, gan gynnwys Llew Williams, a bleidleisiodd yn ei herbyn. Cafodd Llew Williams ei feirniadu'n hallt yn y papurau newydd lleol a'i alw'n 'slackers' friend' ond roedd yn gwbl unplyg ei safbwynt. Ysgrifennodd at gyfaill: 'Rwyf yn hollol sicr fy mod yn iawn, ond mae'n galed anghyffredin "i droedio'r llwybr cul".'

Ni fu cymodi â Lloyd George ac nid oedd ei safbwynt yn gymeradwy gan lawer yn ei sir enedigol. Pan ad-drefnwyd yr etholaethau yn 1918, methodd ag ennill enwebiad y Rhyddfrydwyr yn y sir. Ceisiodd yn aflwyddiannus i ennill sedd Ceredigion mewn isetholiad enwog yn 1921 yn erbyn Rhyddfrydwr a gefnogwyd gan Lloyd George, a bu farw'r flwyddyn ganlynol yn 55 mlwydd oed.

Rhyddfrydwyr a phump yn Geidwadwyr. Yn rhan o'r broses hefyd roedd dau gynrychiolydd o'r fyddin, er nad oedd gan Vaughan fawr o feddwl ohonynt.

Credai Vaughan i'r tribiwnlys weithredu mor deg ag oedd yn bosibl o dan yr amgylchiadau. Beirniadodd y drefn gan ystyried ei fod yn 'ddull creulon ac annheg o drin ein dyndod fel pe bai yn un lwmp yn cwmpasu ieuenctid i ganol oed'. Roedd llawer o'r rhai a fu'n apelio yn gweithio yn y byd amaethyddol, yn feibion fferm neu'n weision gan mwyaf. Cafwyd hefyd nifer o siopwyr a dynion busnes. Ystyriai Vaughan i'r tystion ymdrechu i ddweud y gwir am eu hamgylchiadau a chydymdeimlai â'r ffermwyr henffasiwn hyn a welai eu bywydau tawel, trefnus a defnyddiol yn cael eu chwalu'n ddigywilydd.

Ambell dro roedd ychydig o gynllwynio cyn y cyfarfodydd. Yr enghraifft waethaf o hyn oedd achos mab aelod o'r tribiwnlys, y Parch. John Williams, gweinidog Bethania, Aberteifi, a Rhyddfrydwr amlwg. Trwy weithredu yn y dirgel, llwyddodd i drefnu eithriad

W Llewelyn Williams

Herbert M Vaughan

HIRAETHU AM RYDDID

Cafodd rhai a geisiai am eithriad gan y tribiwnlysoedd gefnogaeth lwyr eu cymunedau. Dyma oedd profiad Aneurin Owen (1886–1938), athro yn Ysgol y Cyngor yng Nghynwyd, sir Ddinbych. Yn ôl y Parch. H A Jones, roedd ymdeimlad cryf a chwerw iawn yn erbyn y tribiwnlys canolog am orfodi athro mor ddisglair i ymuno â'r fyddin yn haf 1916.

Roedd Aneurin Owen wedi cyfeirio at y ffaith ei fod yn unig fab a bod ei fam weddw yn ddibynnol arno. Er iddo gael ei eithrio gan y tribiwnlysoedd lleol a sirol, nid oedd y tribiwnlys canolog mor hael, gan fynnu ei fod yn holliach i ymuno â'r fyddin mewn swyddogaeth anymladdol.

Mae'n amlwg fod y gymuned yng Nghynwyd yn gyndyn i weld athro gwerthfawr a chapelwr brwd yn cael ei golli o'r pentref ond nid oedd hynny'n ddigon yn wyneb dyheadau'r fyddin. Erbyn mis Medi 1916 roedd yr athro'n gweithio fel clerc yn Ysbyty Milwrol Cinmel a bu yno am 11 mis, a thrigolion Cynwyd yn grediniol y byddai'n fwy buddiol iddo dreulio'i amser yn dysgu eu plant yn yr ysgol leol.

i'w fab, Teifion Williams, pensaer ifanc yn Aberteifi. Er i'r tad sefyll i lawr o'r cyfarfod pan ddaeth yr achos gerbron, gwyddai llawer am y cynllwyn.

Llai ffodus oedd unig fab ffermwr o Dan-y-groes ger Aber-porth. Er y dadleuwyd yn gryf y dylai gael ei eithrio, methodd yr apêl a galwyd y mab i'r lluoedd arfog. Oherwydd hyn, crogodd y tad ei hun ac o ganlyniad i'r weithred drist hon ni fu raid i'r mab fynd i'r fyddin wedi'r cyfan. Pwysai achosion fel hyn ar gydwybod aelodau'r tribiwnlys fel Herbert Vaughan.

Erbyn 1917 roedd wedi'i symud i weithio i feddyg mewn ysbyty arall, lle cafodd drin rhai o'r clwyfedig. Mewn llythyr at gydnabod, cyfaddefodd iddo fod mewn ardal 'yn llwythog gan ogoniant natur', ond credai mai 'anialwch yw'r cyfan sydd mewn caethiwed. Rhodder ni mewn unrhyw "nefoedd" ar y ddaear, ac anfoddlon a fyddwn byth tra yn ngefynnau milwriaeth. Creadur i *fyw* ac nid i fodoli yw dyn, a dyna yw'r hiraeth a leinw fynwesau holl fechgyn y fyddin heddyw – er, hwyrach, na ddeall llawer ohonynt beth yw'r ymdeimlad – hiraeth i gael rhyddid unwaith eto i fyw, yn hytrach na bodoli fel a wnawn yn awr.'

PRYDERON MAM

Dyfarnwyd y *Médaille de la reine Élisabeth* gan lywodraeth Gwlad Belg i Mrs Jeanie Mary Davies (1867–1926), y Bermo, am ei gwasanaeth yn cynorthwyo ffoaduriaid Belgaidd yn ystod y rhyfel. Serch hynny, fel llawer o famau Cymreig, nid oedd hi'n argyhoeddedig o'r cyfiawnhad dros y rhyfel, a phwysodd yn gryf ar ei mab i beidio ag ymuno â'r lluoedd.

Roedd ei gŵr, y Parch. J Gwynoro Davies, yn hen gyfaill i Lloyd George ac felly ni fu ei wraig yn bwrw ei hamheuon yn gyhoeddus. Serch hynny, mae ei llythyron at ei mab yn rhai cwbl ddigyfaddawd. Roedd yntau, W Watkin Davies (gweler hefyd t. 26), yn athro yn Lloegr ac yn ddrwgdybus iawn o'r rhyfel o'r cychwyn

Médaille de la reine Élisabeth.

cyntaf. Cwynai am agweddau rhyfelgar rhai o drigolion mwyaf deallus y Bermo ac nid oedd ganddo deimladau o gasineb at yr Almaenwyr. Ofnai y byddai'r rhyfel yn atal datblygiad gwareiddiad am sawl cenhedlaeth.

Gyda gorfodaeth filwrol ar y gorwel, pryderai Mrs Jeanie Mary Davies y byddai pwysau ar ei mab i ymuno â'r lluoedd. Mewn llythyr ato yn Hydref 1915, dadleuodd y byddai'r swyddog recriwtio lleol yn barod i ystyried rhesymau da dros eithrio'i mab. Yn ei barn hi, roedd gan ei mab ddigon o resymau dilys, gan gynnwys ei iechyd brau a'i sefyllfa fel unig blentyn. Byddai'n well ganddi ei weld yn mynd i'r carchar dros ei egwyddorion nag yn ymuno â'r fyddin, a dywedodd y byddai ei chalon yn torri petai'n cael niwed. Iddi hi, petai ef yn ymuno fyddai hynny ddim gwell na hunanladdiad, a byddai felly'n bechod.

Er na fyddai'n medru datgan hyn yn gyhoeddus, roedd hi o'r farn fod llawer o bobl y Bermo yn frwd yn erbyn y rhyfel. Haerai hefyd y byddai'r rhyfel yn dod i ben petai pobl yn gwrthod ymladd.

OSGOI RHYFELA

Pwysai'r ofn o gael ei alw i'r lluoedd arfog yn drwm ar sawl dyn ifanc. Ceir nifer o achosion o ddynion yn lladd eu hunain yn hytrach na mynd i ryfela. Ar 3 Ionawr 1917, daeth gwraig weddw o fferm Wern Pele, Llangyndeyrn, sir Gaerfyrddin, o hyd i'w mab, William Daniel, yn crogi â chadwyn gerfydd ei wddf ym meudy'r fferm. Er ei fod yn eithaf siriol pan welodd hi ef ddiwethaf, roedd yn ymwybodol ei fod yn pryderu'n arw y byddai'n cael ei orfodi i ymuno â'r fyddin yn y dyfodol agos.

Nid ef oedd yr unig un i ladd ei hun am y rheswm hwn. Ar fore Mercher, 3 Gorffennaf 1918, canfuwyd corff Ernest Lloyd Morris, gŵr dibriod 45 mlwydd oed o Lanelli, mewn cwt ar waelod gardd ei gartref yn Old Road. Roedd wedi saethu ei hun yn ei ben â gwn hela.

Roedd Morris newydd gael ei osod ar Raddfa 2 gan y Bwrdd Meddygol ac roedd disgwyl iddo ymuno â'r lluoedd arfog yng Nghaerfyrddin y diwrnod hwnnw. Nid oedd wedi mynegi unrhyw bryder am yr alwad ond mae'n debyg nad oedd yn medru wynebu ymuno â'r fyddin.

Roedd Morris yn byw ar incwm annibynnol a byddai'n treulio'i amser yn pysgota a hela. Ac yntau'n fab i Gofrestrydd Llys Sirol Llanelli, roedd hefyd yn nai i'r bardd Syr Lewis Morris, Penbryn.

19

Y TANGNEFEDDWYR: GWRTHWYNEBWYR Y RHYFEL

Er i fwyafrif y boblogaeth gefnogi't rhyfel, fe'i gwrthwynebwyd gan rai o'r cychwyn cyntaf, yn bennaf ar sail daliadau Cristnogol neu sosialaidd. Serch hynny, dim ond ychydig a godai eu lleisiau yn gyhoeddus a mynegwyd amrywiaeth o safbwyntiau. Ystyriai rhai y rhyfel arbennig hwn yn un anghyfiawn er nad oeddent yn erbyn rhyfela o ran egwyddor; gwrthwynebai eraill godi arfau eu hunain ond roeddent yn fodlon ymgymryd â gweithgareddau oedd yn gefnogol i achos y rhyfel, fel gweithio mewn ysbytai; ond roedd eraill yn heddychwyr absoliwt a wrthodai ymwneud ag unrhyw weithgaredd a ystyrient yn gefnogaeth i ryfel. Yn ogystal â'r safbwyntiau hyn, gwrthwynebai rhai hawl y wladwriaeth i ymyrryd yn rhyddid yr unigolyn, sefyllfa a ddaeth i'w phenllanw gyda dyfodiad gorfodaeth filwrol.

Sefydlwyd nifer o fudiadau i hyrwyddo'r safbwyntiau hyn, gan gynnwys Cymdeithas y Cymod, mudiad Cristnogol rhyngwladol a sefydlwyd yn 1914 ac a ddenai heddychwyr absoliwt. Ei ysgrifennydd cyntaf oedd Cymro o Flaenau Ffestiniog, Richard Roberts. Corff arall dylanwadol oedd y Gymdeithas Dim Gorfodaeth Filwrol (NCF), a oedd yn fwy eang ei haelodaeth. Roedd y mudiad hwnnw'n disgwyl i'w aelodau wrthod codi arfau gan fod bywyd yn sanctaidd, a golygai hynny y gallai ddenu gwrthwynebwyr Cristnogol a seciwlar fel ei gilydd. Yng Nghymru roedd yr NCF ar ei gryfaf yn yr ardaloedd fel Merthyr a Llansawel lle roedd yr ILP (y Blaid Lafur Annibynnol) yn ffynnu. Cwestiynwyd y cyfiawnhad dros y rhyfel yng ngholegau Cymru hefyd ac achosodd erthygl feirniadol gan D J Williams yn Y

Wawr, cylchgrawn myfyrwyr Cymraeg Aberystwyth, yn haf 1916 gryn gynnwrf.

Er iddynt gael eu gwatwar a'u herlid, roedd modd i'r gwrthwynebwyr leisio'u barn a gwrthod gwirfoddoli i ymuno â'r lluoedd arfog yn ystod 1914 ac 1915, ond newidiodd y sefyllfa pan ddaeth gorfodaeth filwrol i rym yn 1916. Bellach roedd yn orfodol i bob dyn o oedran arbennig gofrestru gyda'r lluoedd arfog ac er mwyn osgoi'r alwad rhaid oedd ymddangos gerbron tribiwnlys er mwyn ceisio am eithriad.

Tra byddai'r gwrthwynebwyr cydwybodol yn dadlau eu hachos o flaen y tribiwnlysoedd, gwnaed pob ymdrech i'w tanseilio a chwestiynu beth yn union oedd natur eu 'cydwybod'. Roedd safiad y gwrthwynebwyr cydwybodol yn wrthun i rai ac fe'u gelwid yn 'conchies'. Barn ficer Llawr y Betws, ger Corwen, y Parch. R J Oliver, amdanynt oedd: 'Nid ydynt yn ddim mwy na llwfrgwn llechwraidd sy'n cefnyddio crefydd fel mantell i achub eu crwyn eu hunain ar draul pobl eraill.' Serch hynny, roedd eraill yn edmygu eu hunplygrwydd.

Amcangyfrifir bod tua 16,500 o wrthwynebwyr cydwybodol wedi ymddangos o flaen y tribiwnlysoedd ym Mhrydain, gydag oddeutu 900 ohonynt o Gymru. Tra eithriwyd aelodau o rai sectau crefyddol fel y Christadelphians, cytunodd llawer o wrthwynebwyr cydwybodol eraill i ymgymryd â gwaith anymladdol megis gweithio ar y tir. Fodd bynnag, carcharwyd tuag 85 o Gymry – yr heddychwyr absoliwt na fynnent gyflawni unrhyw waith dros achos y rhyfel, yn ogystal â rhai a dorrodd amodau eu heithriad drwy, er enghraifft, wrthod peidio ag ymgyrchu yn erbyn y rhyfel.

Er nad oedd yn heddychwr absoliwt, dioddefodd y bardd ifanc D Gwenallt Jones driniaeth arw yng ngharchardai Wormwood Scrubs a Dartmoor, ac yn 1934 cyhoeddodd nofel, *Plasau'r Brenin*, yn disgrifio'i brofiadau yn y carchar yn ystod dwy flynedd olaf y rhyfel. Yng Nghymru, codwyd rhai gwersylloedd ar gyfer heddychwyr a throseddwyr eraill ym Mhenderyn, Talgarth, Llan-non (ger Llanelli) a Llanddeusant, a dioddefodd llawer yn sgil y gwaith caled y disgwylid iddynt ei gyflawni ynddynt.

Wrth i'r rhyfel lusgo yn ei flaen, daeth mwy o wrthwynebiad iddo i'r fei. Ym Medi 1917, cynhaliwyd Cyfarfod Heddwch yn Llandrindod ac un arall yn Rhosllannerchrugog. Nododd un a oedd yno fod y cyfarfod 'yn arwydd iachus bod y dwymyn rhyfel yn mynd heibio'.

Er iddynt gael eu gwatwar yn ystod y rhyfel, pan ddaeth y rhyfel i ben daeth llawer o'r gwrthwynebwyr cydwybodol yn flaenllaw ym mywyd cyhoeddus Cymru. Roedd George M Ll Davies ac Emrys Hughes ymhlith y saith o wrthwynebwyr cydwybodol o Gymru a etholwyd yn Aelodau Seneddol wedi'r rhyfel.

'EBYCHIADAU'R GWALLGO'

Un a wrthwynebai'r rhyfel o'r cychwyn cyntaf oedd y bardd T Gwynn Jones (1871–1949). Roedd yn ddarlithydd prifysgol yn Aberystwyth ar y pryd ac mae ei ddyddiadur o'r cyfnod yn frith o sylwadau deifiol am rai o Gymry amlwg y dydd.

Ymhlith y rhai a oedd o dan ei lach roedd y recriwtwyr mawr fel Syr Henry Jones a oedd, ym marn T Gwynn Jones, wedi colli'i ddisgleirdeb blaenorol a chanddo 'ddylanwad truenus ond dieflig ar fywyd cyhoeddus'. Cyfarfu hefyd â'r addysgwr mawr Syr Owen M Edwards, a oedd ymhlith y recriwtwyr mwyaf blaenllaw: 'Mae wedi newid yn rhyfeddol. Mae golwg un a erlidiwyd ac a boenydiwyd arno, ac mae wedi heneiddio'n fawr. Daw ei gwrteisi, a arferai fod yn berffaith, gydag ymdrech erbyn hyn.'

Roedd yn feirniadol hefyd o weinidogion. Clywodd un pregethwr yn Aberystwyth yn 1916 yn cyhoeddi 'y byddai Crist yn croesawu'r milwr mwyaf pechadurus a fyddai farw yn y ffosydd, ond byddai'n gwrthod y rhai a alwai eu hunain yn wrthwynebwyr cydwybodol'. Iddo ef, 'ebychiadau'r gwallgo' oedd hynny.

Roedd T Gwynn Jones eisoes wedi codi cryn stŵr mewn gwasanaeth yng nghapel y Tabernacl, Aberystwyth ar 17 Hydref 1915. Y gweinidog yno y diwrnod hwnnw oedd y Parch. R J Rees, dyn o sylwedd a chryn allu a gefnogai'r rhyfel. Cerddodd y bardd allan o'r capel pan oedd y gynulleidfa'n canu emyn wedi'r weddi ragarweiniol. Iddo ef, nid oedd gweddi'r gweinidog yn 'ddim gwell nag apêl barbariad ar dduw ei lwyth, yn diolch iddo am barodrwydd ei greaduriaid i wasanaethu eu gwlad ac yn ymbil arno i ganiatáu buddugoliaeth i'w luoedd ymladdol – doedd dim hyd yn oed awgrym y dylai ef benderfynu ar gyfiawnder y ffrae drosto'i hun'.

Roedd R J Rees hefyd yn cadw dyddiadur a nododd fod T Gwynn Jones wedi gadael y gwasanaeth ond ni wyddai beth oedd y rheswm, oni bai mai protest bersonol ydoedd.

'Y RHYFEL ANGHYFIAWN'

'Rhyfel anghyfiawn ydyw hwn, a dynion anghyfiawn sy'n ei gario mlaen… Nid rhyfel y bobl ydyw hwn, ond rhyfel y mawrion.' Dyna oedd y safbwynt digymrodedd a arddelid gan y pregethwr a'r bardd T E Nicholas, 'Niclas y Glais' (1879–1971). Ac yntau'n sosialydd rhonc a Christion digyfaddawd, cyhoeddodd: 'Nid oes i mi elyn yn unlle, a phe bae gennyf elyn dywed Sylfaenydd fy nghrefydd am i mi weddïo drosto a'i garu.'

T E Nicholas

Nid ofnai Niclas y Glais fynegi ei ddaliadau mewn print nac o'r pulpud, gan godi gwrychyn yr awdurdodau a chefnogwyr y rhyfel. Cyhoeddwyd ym mhapur newydd y *Pioneer* gyfres hir o'i erthyglau ar y testun 'Y Rhyfel Anghyfiawn' o fis Medi 1914 ymlaen.

Daeth ei weithgareddau gwrthryfelgar i'w penllanw yn 1917–18. Erbyn hynny roedd wedi ymgartrefu ym mhentref Llangybi yn ne Ceredigion, gan ennill ei fywoliaeth trwy weithio fel deintydd a chan bregethu ar y Sul. Yn ei bregethau, cefnogai y gwrthwynebwyr cydwybodol ac ofnid ei fod yn

dylanwadu'n fawr ar bobl ifanc. Roedd ei ymddygiad wedi dod i sylw Prif Gwnstabl Morgannwg, y Capten Lionel Lindsay, ers tro. Roedd yntau'n benderfynol o erlyn yr undebwyr llafur a'r aelodau o'r ILP a fynegai eu gwrthwynebiad i'r rhyfel yn gyhoeddus. Anfonai Lindsay adroddiadau cyson am weithgareddau'r 'sedition-mongers' at y Swyddfa Gartref ond roedd y llywodraeth yn gyndyn i weithredu gan y byddai hynny'n tanseilio'r rhyddid barn a oedd yn egwyddor greiddiol i'r Rhyddfrydwyr. Ddaeth dim o gais Lindsay i erlyn Nicholas a pharhaodd Nicholas i gynhyrfu'r dyfroedd yn ystod wythnosau olaf y rhyfel.

Wedi'r rhyfel daeth Nicholas yn Gomiwnydd ac, er nad oedd yn weinidog bellach, parhaodd i bregethu yng nghapeli Ceredigion gan ennill ei fywoliaeth fel deintydd yn Aberystwyth. Parhaodd hefyd i ennyn diddordeb yr heddlu ac yn ystod yr Ail Ryfel Byd fe'i carcharwyd ar gam.

'Bradwyr Sentimental'

Nid oedd yr athronydd amlwg Bertrand Russell (1872–1970), a aned yn sir Fynwy, yn heddychwr fel y cyfryw ond gwrthwynebai'r rhyfel yn angerddol. I raddau, gweithredai fel cynhyrfwr llawn-amser a thrwy gydol y rhyfel ei egwyddor gyffredinol oedd bod cyfiawnhad dros ryfel petai'n ymestyn gwareiddiad ond os nad oedd, yna nid oedd cyfiawnhad iddo. Credai mai rhyfel er mwyn bri oedd y rhyfel hwn a dim arall.

Roedd yn ddig iawn am y symudiad tuag at orfodaeth filwrol ac ymgyrchodd ar ran yr NCF er mwyn amddiffyn hawliau'r gwrthwynebwyr cydwybodol. Ym mis Mehefin 1916 cafodd ei ddiswyddo o'i waith fel darlithydd yng Ngholeg y Drindod, Caergrawnt am ei weithgareddau.

Y mis canlynol bu'n teithio de Cymru yn annerch torfeydd ar ran y Cyngor Cenedlaethol yn erbyn Gorfodaeth. Yr NCF a'r ILP yn lleol oedd yn gyfrifol am y trefniadau a dros gyfnod o dair wythnos bu'n areithio mewn cyfarfodydd yn Ystradgynlais, Llansawel, Port Talbot, Merthyr a Chaerdydd. Synnwyd ef yn fawr gan y nifer uchel a fynychodd y cyfarfodydd a'r gefnogaeth a gafodd.

Mewn llythyr, adroddodd am ei brofiadau mewn cyfarfod awyr-agored ym Mhort Talbot: 'Mae natur y teimladau yma yn eithaf rhyfeddol. Mae'r dref hon yn cael ei chynnal gan un gwaith dur enfawr, y mwyaf yng Nghymru; mae'r dynion wedi'u serennu [h.y. yn gwneud gwaith hanfodol ac felly heb eu galw i'r rhengoedd], ac yn ennill cyflogau da iawn; nid ydynt yn dioddef yn sgil y

rhyfel mewn unrhyw fodd. Ond mae'n ymddangos eu bod i gyd yn ei wrthwynebu. Brynhawn dydd Sul cynhaliais gyfarfod awyr-agored ar batsyn glas ger dau gapel a daeth y cynulleidfaoedd allan ohonynt ar yr union adeg y dechreuais areithio. Arhoson nhw i wrando ac roedd torf o tua 400 yno.'

Yn ddiweddarach yn Llansawel pasiwyd gyda mwyafrif llethol gynnig o blaid cynnal trafodaethau heddwch ar unwaith.

Eto i gyd, yng Nghaerdydd cafodd Russell ei heclo gan ddau yn y gynulleidfa, y naill yn fargyfreithiwr a'r llall, y Capten Egbert Arthur Stanley Bright Atherley-Jones, yn filwr. Cyhuddwyd cefnogwyr Russell o fod yn 'griw diflas, pro-Almaenig, ac yn fradwyr sentimental'. Roedd newyddiadurwr o'r *Western Mail* yno a thrwy'r papur cafodd y Swyddfa Gartref afael ar nodiadau o gynnwys araith Russell. O ganlyniad, ymwelodd dau dditectif ag ef i'w hysbysu ei fod wedi'i wahardd rhag ymweld â rhai ardaloedd arbennig o Brydain. Roedd y rheini'n cynnwys yr Alban a gogledd Lloegr, lle bwriadai deithio gan y gobeithiai y byddai cefnogaeth yno yn debyg i'r hyn a welodd yn ne Cymru.

Yn ddiweddarach, cafodd Russell ei garcharu am 'niweidio perthynas Prydain â'i chynghreiriaid', sef yr Unol Daleithiau. Honnai hefyd i Lloyd George ddweud wrtho un tro na fyddai'n petruso i erlyn rhywun am gyhoeddi'r 'Bregeth ar y Mynydd' petai hynny'n amharu ar yr ymdrech ryfel.

Carcharwyd Russell drachefn yn 1961 pan oedd yn 89 mlwydd oed, am ei brotestiadau yn erbyn arfau niwclear. Erbyn hynny roedd wedi symud i fyw i ogledd Cymru a bu farw ym Mhlas Penrhyn, Penrhyndeudraeth yn 1970.

Iesu Grist ar Frig y Rhestr

Yn ystod wythnosau cyntaf y rhyfel awgrymodd golygydd y *British Weekly* y dylid sefydlu 'Urdd y Bluen Wen' ar gyfer y rhai a wrthwynebai ymuno â'r lluoedd arfog – cyfeiriad gwacsaw at yr arfer o ferched yn cyflwyno pluen wen i'r rhai a ystyrid yn rhy lwfr i ymladd. Ymatebodd David Thomas (1880–1967), athro ysgol o Dal-y-sarn, sir Gaernarfon, drwy awgrymu y dylai'r fath restr gynnwys Iesu Grist ar ei brig, fel un a fyddai'n gwrthod llofruddio'i gyd-ddynion.

Sosialydd a Christion oedd David Thomas, un a fu'n allweddol yn hyrwyddo achos y mudiad Llafur yng ngogledd-orllewin Cymru ar hyd ei fywyd. Roedd yn

35 mlwydd oed pan basiwyd y Ddeddf Gwasanaeth Milwrol ac felly roedd ar gael i'w alw i'r rhengoedd. Gwrthwynebodd y ddeddf yn gyhoeddus, gan ddadlau nad swyddogaeth y wladwriaeth oedd 'rheoli perthynas dyn ag ef ei hun; swydd y gydwybod unigol ydyw hynny, ac nid oes gan y Wladwriaeth reol dros fywyd dyn, ond yn unig ei berthynas cymdeithasol'. Serch hynny, ddechrau Mai 1916 ymddangosodd o flaen y tribiwnlys sirol ac er y derbyniwyd ei safbwynt fel gwrthwynebydd cydwybodol, rhoddwyd gorchymyn iddo ymgymryd â gwaith o bwysigrwydd cenedlaethol fel 'non-combatant'. Cafodd aros am gyfnod yn athro ysgol ond ddiwedd y flwyddyn barnodd y tribiwnlys canolog nad oedd hynny'n dderbyniol. Apeliodd yn aflwyddiannus yn erbyn y penderfyniad a bu raid iddo chwilio'n ddyfal am waith a fyddai'n dderbyniol i'r awdurdodau ac i'w gydwybod ef ei hun.

Erbyn diwedd y flwyddyn cafodd waith ar fferm yn y Bers, ger Wrecsam, ac yno y bu tan iddo gael ei ryddhau o amodau'r wladwriaeth yng Ngorffennaf 1919. Roedd y gwaith trwm a'r oriau hir yn feichus ond, iddo ef, y diflastod mwyaf oedd caethiwed gorfod bod 'oddiwrth fy nheulu a'm llyfrau a 'ngwaith yn yr ysgol'. Yn ystod y cyfnod hwn bu'n flaenllaw yn hyrwyddo achos y gweithwyr fferm drwy Undeb y Gweision Ffermydd ac yn 1918 fe'i henwebwyd yn aelod o Fwrdd Cyflog y Gweision Ffermydd. Bu'n weithgar hefyd gyda'r ILP ac yn yr ysgol Sul.

Wedi'r rhyfel, dychwelodd i Dal-y-sarn gan weithio'n ddygn dros hawliau'r gweithwyr, dros amodau byw ac addysg deilwng a dros hawliau Cymru fel cenedl.

Wedi'r rhyfel ymddengys i Ithel Davies (y 'carcharor', pedwerydd o'r chwith) gymryd rhan mewn drama gan gwmni lleol am brofiadau carcharorion rhyfel.

'LLE OFNADWY A BYGYTHIOL'

'Bachgen ieuangc, meddylgar, llednais' oedd disgrifiad y Parch. R E Davies, Llanllechid, hen gyfaill teuluol, o Ithel Davies (1894–1989), un o feibion Cemaes, sir Drefaldwyn. Ond bu'r gŵr ifanc hwn hefyd yn ystyfnig a dewr yn wyneb y driniaeth greulon a ddioddefodd yn nwylo'r awdurdodau yn ystod y rhyfel.

Yn Ebrill 1916, ac yntau'n ddyn sengl 22 mlwydd oed, fe'i rhoddwyd o flaen tribiwnlys lleol Machynlleth, lle bu'n dadlau am eithriad diamod ar sail heddychiaeth. Trosglwyddwyd ei achos i'r tribiwnlys sirol yn y Drenewydd, lle gwrthodwyd ei gais am eithriad, ac oddi yno cludwyd ef i wersyll y Ffiwsilwyr Cymreig yn Wrecsam – 'lle ofnadwy a bygythiol oedd hwnnw yng ngofal swyddog cas a diamynedd fel fi'. Yn ddiweddarach, carcharwyd ef am fis gyda llafur caled, a rhybuddiwyd ef y byddai'n cael ei anfon i Ffrainc a, phe bai'n parhau i wrthod gwasanaethu, y câi ei saethu.

Treuliodd ei amser dan glo yn y carchar yn yr Wyddgrug. Disgrifiodd ei brofiadau yno yn ei hunangofiant: 'Mynd i ryw ysgubor o le a llu o fechgyn yn gweithio yno yn gwnïo

David Thomas

sachau naill [ai] i ddal tywod fel rhan o ddarpar ryfel neu sachau llythyron i'r post. Gwrthodais gymryd gafael yn y sachliain a daflwyd ataf a gwrthod cymryd y nodwydd. Ond dyma swyddog cynddeiriog wrth fy ystifnigrwydd yn bygwth brathu'r nodwydd i fy nghorff, a nodwydd fawr oedd honno. Cymerais y nodwydd o'i law ond ni ddefnyddiais hi i wnïo dim. Bwriwyd fi a dyrnau gan un o'r swyddogion… yna aethpwyd a fi oddi yno ac yn ôl i'r gell a'm clymu mewn gwasgod rwym (straightjacket). Yr oedd hyn yn benyd arbennig iawn, a'r syniad ynglŷn a hi oedd na ellid plygu na symud dim ond sefyll fel polyn.' Treuliodd chwe awr wedi'i rwymo, er mai dwy awr oedd y mwyafswm y dylid cadw dyn fel hyn yn ôl y rheolau.

Drannoeth cafodd ei ddyrnu'n ddidrugaredd gan sarjant, gan dorri asgwrn ei drwyn. Yna daeth sarjant arall a dechrau ei ddyrnu yn erbyn mur. 'Yr oeddwn yn crio erbyn hyn oherwydd yr oedd yn fy mrifo'n enbyd. Pan oedd hyn yn mynd ymlaen, dywedais wrtho, yn Saesneg, wrth gwrs, "Mae'n debyg fod gennych chwithau fam." Wn i ddim eto pam y dywedais i hynny wrtho. Troes yntau i ffwrdd…' Yn ddiweddarach, 'galwodd fi ato a dywedodd

ei fod yn fy edmygu am fy nghadernid ac ychwanegodd, "Bu un ar ddeg o rai tebyg i chwi yn gwrthwynebu yma o'ch blaen ac ymostyngasant i gyd."'

I raddau helaeth, cafodd Ithel Davies lonydd wedi hynny, er iddo dreulio gweddill y rhyfel mewn carchardai. Daeth llawer o'r rhai a'i gwarchodai i edmygu ei ddewrder ond iddo ef roedd 'pob dydd yn hir a phob mis yn faith wrth ddisgwyl llythyr ac ysgrifennu llythyr'. Wedi'r rhyfel, graddiodd ym mhrifysgol Bangor a daeth yn fargyfreithiwr yn Abertawe, gan amddiffyn gwrthwynebwyr cydwybodol yn ystod yr Ail Ryfel Byd. Ac yntau'n awdur toreithiog, safodd mewn dau etholiad, un ohonynt fel Gweriniaethwr Cymreig.

Y REBEL

Incorrigible Rebel oedd teitl hunangofiant Arthur Horner (1894–1968), teitl addas iawn i hanes un a dreuliodd ei fywyd yn dadlau achos y gweithiwr cyffredin yng nghymoedd y De. Ac yntau'n enedigol o Ferthyr, gweithiodd yn y pyllau glo, gan ddod dan ddylanwad sosialwyr ac undebwyr llafur y cyfnod, ond roedd hefyd yn aelod o sect efengylaidd o'r enw Churches for Christ. Nid oes syndod, felly, ei fod yn wrthwynebus i'r rhyfel ar seiliau Cristnogol a moesol ac oherwydd ei ddaliadau sosialaidd. Iddo ef, roedd wedi canfod 'ym mherchenogion y pyllau… elyn llawer agosach gartref na'r Kaiser'.

Roedd ymhlith nifer o sosialwyr de Cymru a fu'n gwrthwynebu'r rhyfel yn gyhoeddus. Gan fod gwir angen glo stêm de Cymru ar gyfer y llynges, ceisiwyd osgoi recriwtio yn y Cymoedd gan fod angen gweithlu sylweddol o lowyr. Yn Ionawr 1918, fodd bynnag, oherwydd prinder milwyr, penderfynwyd gorfodi 50,000 o lowyr ychwanegol, gan gynnwys canran o dde Cymru, i ymuno â'r fyddin. Erbyn hynny roedd Horner yn byw gyda'i wraig Ethel yn Ynys-hir, y Rhondda, a chyrhaeddodd y dogfennau yn ei alw i'r rhengoedd i'w cartref. Ond roedd Horner wedi diflannu i ran fwy anghysbell o'r cwm, ac yn gweithio yng nglofa'r Maerdy o dan yr enw Arthur Jones o Langyfelach. Roedd ei gyd-sosialwyr wedi trefnu hunaniaeth ffug iddo, gan gynnwys cerdyn cofrestru a oedd yn ei eithrio o orfodaeth filwrol.

Gallai'n rhwydd fod wedi aros yno am weddill y rhyfel ond roedd yn awyddus i barhau â'i weithgareddau gwleidyddol, a chollai gwmni ei wraig, er iddynt gwrdd o dro i dro yn y dirgel. Ym mis Mawrth 1918, cadeiriodd Horner gyfarfod yn Ynys-hir pryd y cafwyd anerchiad ar y sefyllfa yn Iwerddon

123

gan arweinydd yr ILP, J Walton Newbold. Disgwyliai Horner y byddai'r heddlu yn ei arestio ond ni ddigwyddodd hynny ac fe benderfynodd ddianc i Iwerddon. Roedd nifer o ddynion ifanc a wrthwynebai'r rhyfel wedi dianc yno drwy drefniant a wnaed gan yr NCF. Rhoddwyd dogfennau ffug a hunaniaeth newydd iddynt. Byddai llawer o'r ffug-Wyddelod hyn yn dychwelyd i Lundain i weithio, gan nad oedd gorfodaeth filwrol wedi'i hymestyn i gynnwys Gwyddelod. Ond pan gyrhaeddodd Horner Ddulyn penderfynodd aros yno gan ymuno, dan yr enw Jack O'Brien, â'r Irish Citizen Army. Gweithiodd yn y ddinas honno am chwe mis fel garddwr, glanhawr ffenestri ac mewn fferyllfa, a bu'n ymarfer gyda'r gwrthryfelwyr Gwyddelig yn y dirgel. Yn ystod ei gyfnod yn Iwerddon, cafodd ei wraig ferch fach ac yr oedd Horner yn awyddus i ddychwelyd at ei deulu. Teithiodd yn ôl i Gymru gyda dau löwr arall ond fe'u harestiwyd yng Nghaergybi.

Cawsant eu cludo i bencadlys y Ffiwsilwyr Cymreig yn Wrecsam a bu Horner ger bron cwrt-marsial am osgoi gorfodaeth filwrol. Yn ei dystiolaeth o flaen y llys, beiodd y drefn gyfalafol am y rhyfel. Dedfrydwyd ef i chwe mis o garchar gyda llafur caled yn Wormwood Scrubs. Pan ddaeth y rhyfel i ben ar 11 Tachwedd 1918, rhyddhawyd y gwrthwynebwyr cydwybodol a oedd yn barod i ildio i'r drefn, ond nid oedd Horner am wneud hynny. Roedd yr heddlu milwrol yn disgwyl amdano y tu allan i'r carchar ac fe'i hailarestiwyd. Y tro hwn, fe'i trosglwyddwyd i ofal y Gatrawd Gymreig ac ar ei ffordd i orllewin Cymru trefnwyd protest gan sosialwyr y Rhondda yng ngorsaf Caerdydd. Dioddefodd gwrt-marsial arall a dedfrydwyd ef i chwe mis yng ngharchar Caerfyrddin.

Yn ystod ei gyfnod dan glo, gwnaed ymdrechion i'w ryddhau yn y Rhondda. Etholwyd ef yn *checkweighman* yng nglofa'r Maerdy, swydd a fyddai'n rhoi cyfle iddo barhau â'i weithgareddau undebol, a rhoddodd Aelodau Seneddol Cymreig bwysau ar y Swyddfa Gartref i'w ryddhau i ymgymryd â'r gwaith. Yn y cyfamser, roedd Horner ar streic newyn yn y carchar. Yn y pen draw, fe'i rhyddhawyd ddechrau Mai 1919 a dychwelodd i'r Rhondda.

Yn ddiweddarach, ymunodd Horner â'r Blaid Gomiwnyddol ac yn 1946 penodwyd ef yn ysgrifennydd cyffredinol Undeb Cenedlaethol y Glowyr.

ERLID ATHRO

Yn Chwefror 1916 roedd dau athro yn Ysgol y Sir Aberystwyth (Ysgol Ramadeg Ardwyn wedi hynny) wedi'u cofrestru'n wrthwynebwyr cydwybodol, ar yr amod eu bod yn parhau yn eu swyddi fel athrawon. Ym mis Mai'r flwyddyn honno rhoddwyd cynnig gerbron y llywodraethwyr i'w diswyddo. Roedd un o'r athrawon yn Grynwr ac wedi penderfynu gadael i ymgymryd â swydd yn un o ysgolion y Crynwyr yn Lloegr ond roedd y llall, Dr Daniel James Davies (1876–1951), am aros yn ei swydd.

Dros y ddwy flynedd ganlynol gwnaed sawl cais i ddiswyddo Dr Davies, gyda rhai o'r llywodraethwyr am ei waed. Yn eironig braidd, athro Almaeneg oedd Dr Davies ac un a oedd wedi ennill doethuriaeth ym mhrifysgol Marburg yn yr Almaen cyn y rhyfel. Ym mis Medi 1916 rhoddwyd cynnig ffurfiol gerbron llywodraethwyr yr ysgol gan gynghorydd lleol, C M Williams, i'w ddiswyddo. Dadleuai'r cynghorydd nad oedd dylanwad yr athro ar y disgyblion yn un adeiladol a thaerai fod y disgyblion yn ystyried eu hathro yn llwfrgi. Honnai nad ar y sail ei fod yn wrthwynebydd cydwybodol yr oedd yn gwrthwynebu Dr Davies ond, yn hytrach, oherwydd ei ddylanwad ar y plant.

Dadleuodd yr Athro D Morgan Lewis, Athro Ffiseg yng Ngholeg y Brifysgol, Aberystwyth, yn erbyn y cynnig. Er nad oedd yn cytuno â safbwynt Dr Davies ar y rhyfel, credai fod y cynnig i'w ddiswyddo yn gyfwerth ag erlid. Yn ei farn ef, petai Dr Davies yn cael ei ddiswyddo byddai'n bosibl o gael ei gipio gan y fyddin a'i anfon i Ffrainc. Yno gallai fynd o flaen cwrt-marsial ac, o bosibl, cael ei saethu. 'A fyddai Mr Williams yn dweud: "serve him right"? Rwy'n siŵr na fyddai neb yn dweud y fath beth.' Gyda hynny, dywedodd un o'r llywodraethwyr, Mrs Hannah Richards, 'I should.'

Er i'r cynnig gan C M Williams fethu o bum pleidlais i bedair ym mis Medi 1916, erbyn cyfarfod diweddarach ym mis Tachwedd 1917 trodd y fantol yn erbyn yr athro. Erbyn hynny roedd mudiadau llafur wedi mynegi eu cefnogaeth iddo a derbyniodd y llywodraethwyr lythyr o gefnogaeth i Dr Davies gan 119 o gyn-ddisgyblion a disgyblion presennol yr ysgol. Fodd bynnag, pleidleisiodd y llywodraethwyr o bump i bedwar i'w ddiswyddo.

Dr D J Davies

Achosodd hyn gryn gynnwrf yn y dref ac ystyrid y penderfyniad yn 'sgandal alaethus' gan un llythyrwr. 'Unfortunately, Prussianism is not confined to Prussia' oedd sylw Undeb Cenedlaethol yr Athrawon mewn llythyr arall at y wasg. Ar 21 a 22 Tachwedd, gadawodd nifer fawr o fechgyn yr ysgol a gorymdeithio drwy'r dref a Phenparcau yn protestio yn erbyn y penderfyniad. Honnai C M Williams eu bod yn canu 'The governors ought to be shot, shot, shot.'

Yng nghyfarfod y llywodraethwyr yn Rhagfyr 1917, ailgodwyd y mater, gyda'r Athro Lewis yn cynnig y dylid diddymu'r penderfyniad i ddiswyddo. Parhawyd i ddadlau, gydag un llywodraethwr yn honni nad oedd Dr Davies yn medru rheoli ei ddosbarth, ond gwadwyd hyn gan y prifathro, David Samuel. Roedd y bleidlais yn gyfartal y tro hwn a manteisiodd y cadeirydd, y Parch. R J Rees, ar ei hawl i bleidlais fwrw a chefnogi cynnig yr Athro Lewis i wyrdroi'r penderfyniad i ddiswyddo.

Nid oedd y wasg leol yn Aberystwyth bob amser yn rhyddfrydol ei naws ond y tro hwn mynegwyd cefnogaeth i'r penderfyniad i beidio â diswyddo'r athro mewn erthygl olygyddol ddiflewyn-ar-dafod: 'Our young men are sent out to exterminate Prussianism abroad; and are we going to allow a kindred spirit to rear its head in our midst at home?'

Parhaodd D J Davies yn athro yn Ysgol y Sir hyd nes iddo golli ei swydd yn 1930.

SANT GEORGE

Cyn y rhyfel roedd George Maitland Lloyd Davies (1880–1949) yn swyddog gyda Thiriogaethwyr y Ffiwsilwyr Cymreig ond rhoddodd y gorau i'r cyfrifoldeb hwn ym Mai 1914 ac erbyn diwedd y flwyddyn roedd yn un o'r rhai a sefydlodd Gymdeithas y Cymod, y mudiad Cristnogol dros heddwch.

Ac yntau'n fab i fasnachwr te o Lerpwl ac yn ŵyr i'r Parch. John Jones, Tal-y-sarn, un o bregethwyr mawr y Methodistiaid, roedd George Davies yn rheolwr banc yn Wrecsam ac yna'n ysgrifennydd Ymddiriedolaeth Cynllunio Trefol a Thai Cymru, cyn i'r rhyfel newid ei fywyd. Rhoddodd y gorau i'w swydd a mynd i weithio'n ddi-dâl i Gymdeithas y Cymod. Wedi iddo gael ei eithrio gan dribiwnlys lleol Finchley, aeth i fyw mewn tlodi i Lanaelhaearn ym Mhen Llŷn, ac yna i Nant Ffrancon, sir Gaernarfon, gan weithio ar ffermydd lleol. Parhaodd, serch hynny, i ymgyrchu dros

heddwch ac o ganlyniad i'w weithgareddau collodd ei statws eithrio ac fe'i cludwyd ddiwedd 1917 i Wrecsam ar gyfer cwrt-marsial. Yn y llys, wrth iddo'i ddedfrydu i garchar, datganodd y Lefftenant-Cyrnol a gadeiriai'r achos: 'Duw a ŵyr fy mod yn condemnio dyn llawer gwell na mi fy hun.'

Treuliodd George Davies weddill y rhyfel mewn amryw garchardai, ond nid ildiodd ddim o'i ddaliadau heddychol. Pan symudwyd ef i wersyll yng Nghaeo, sir Gaerfyrddin er mwyn torri cerrig i wella'r ffordd rhwng Pumsaint a Llanwrda, cafodd deithio yno ar y trên. Gwisgai ei ddillad carchar ac, wrth iddo newid trên yng ngorsaf Caerdydd, dywedir iddo gael ei adnabod gan neb llai na Mrs Margaret Lloyd George. Gofynnodd hithau iddo: 'Mr Davies, pam yr ydych yn gwisgo fel hyn? Pwy sydd wedi gwneud hyn i chi?' Atebodd yntau'n dawel a chyda gwên ar ei wyneb: 'Eich gŵr, madam!'

Cafodd ei gadw yn y carchar ymhell wedi diwedd y rhyfel ac ni chafodd ei ryddhau tan Orffennaf 1919. Er i'w iechyd ddioddef o ganlyniad i'w gaethiwed, parhaodd i ddadlau achos heddwch hyd ei farwolaeth gan ei law ei hun yn 1949. Ystyrid ef yn sant gan rai o'i gyfoedion.

George M Ll Davies yn ei gell.

20

TRIN Y CLWYFEDIG

Amcangyfrifir bod 1,640,000 o filwyr Prydain wedi'u clwyfo yn ystod y rhyfel, llawer ohonynt yn dioddef o glwyfau mewnol difrifol, eraill wedi colli braich neu goes a rhai'n dioddef o siel-syfrdandod. Roedd y rhai mwyaf ffodus ymhlith y clwyfedig yn cael 'Blighty wound', sef anaf a oedd yn ddigon difrifol i olygu y caent eu hanfon yn ôl i Brydain am driniaeth ond nad oedd yn golygu bod eu bywydau mewn perygl.

Ar yr un pryd, byddai llawer yn dioddef o glefydau a heintiau enbyd, o ganlyniad i fyw mewn ffosydd gwlyb, oer, llawn fermin neu lau, neu o ganlyniad i ymweliad â phuteindy. Achosai'r defnydd o nwyon gwenwynig salwch a allai bara am oes ac roedd malaria a dysentri yn lladd mwy na'r fwled a'r bom yn Gallipoli, Salonica a'r Dwyrain Canol. Collodd Dei Roberts, brawd y llenor Kate Roberts, ei goes yn Salonica ond marw o ddysentri fu ei dynged yn y pen draw.

Derbyniodd 40 y cant o'r rhai a fu'n gwasanaethu gyda'r lluoedd arfog bensiwn anabledd wedi'r rhyfel neu fe dderbyniodd y teuluoedd a oedd yn ddibynnol arnynt bensiwn marwolaeth.

Y Corfflu Meddygol Brenhinol (RAMC), a sefydlwyd yn 1898, oedd yn gyfrifol am gynnal gwasanaethau meddygol y fyddin. Ar ddechrau'r rhyfel roedd gan yr RAMC 9,000 o aelodau ond erbyn 1918 roedd y nifer wedi cynyddu i 113,000.

Cleifion ym meddygfa Ysbyty'r Groes Goch a sefydlwyd yng Nghastell Dunraven ym Mro Morgannwg yn ystod y rhyfel.

Dei Roberts ym Malta, lle bu
farw'n ddiweddarach.

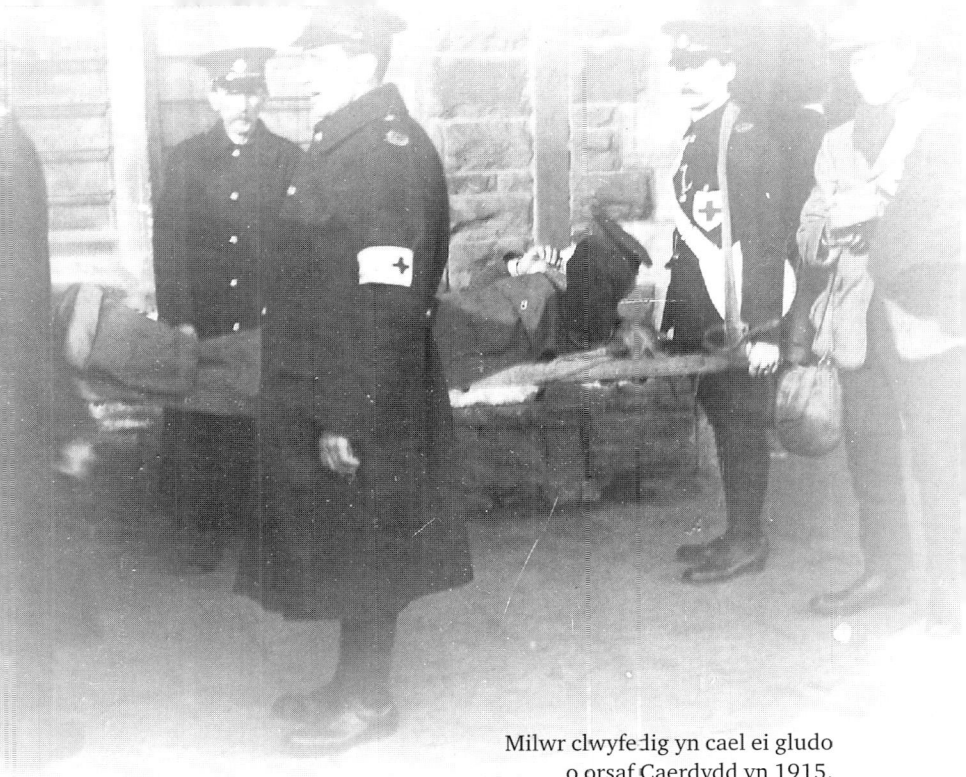

Milwr clwyfedig yn cael ei gludo
o orsaf Caerdydd yn 1915.

Roedd natur yr anafiadau ar faes y gad yn deillio o'r ffaith fod arfau llawer mwy niweidiol nag erioed o'r blaen yn cael eu defnyddio, gyda'r ffrwydron a daniwyd gan fagnelau yn arbennig o ddinistriol. Ar y llaw arall, gyda'r datblygiadau mewn triniaeth feddygol, roedd gan y clwyfedig fwy o gyfle i oroesi nag yn y dyddiau a fu. Amcangyfrifid bod 92 y cant o'r clwyfedig a gludwyd i Brydain er mwyn cael triniaeth wedi goroesi. Serch hynny, cyntefig oedd y cyfleusterau i drin y clwyfedig ar faes y gad ei hun ac roedd gobaith y clwyfedigion o wella o'u hanafiadau gan amlaf yn dibynnu ar dderbyn triniaeth yn gyflym. Ffurfid 'cadwyn encilio' o faes y gad i'r ysbyty ar gyfer y sawl a glwyfwyd.

Cesglid y milwyr a oedd wedi syrthio yn nhir neb gan gludwyr elorwelyau hynod ddewr. Yn aml câi'r cludwyr elorwelyau eu gwatwar gan y milwyr traed yn y ffosydd am nad oeddent yn cymryd rhan mewn ymosodiadau, ond dangosent ddewrder rhyfeddol ar faes y gad. Disgrifiodd Morgan Watcyn-Williams eu gwasanaeth yn ardal pentref Bullecourt yn ystod brwydr Arras yn Ebrill 1917: 'Roedd angen i'r cludwyr gropian drwy'r weiren bigog gan rwygo eu dillad ac, o ran hynny, eu stretsier hefyd. Roedd y "casualty" – term dideimlad – wedi colli ei droed, a bu i'r bechgyn garw, caredig hyn ei gludo i'r ysbyty ac i fywyd... Nid wyf fyth wedi gwybod pwy ddylwn eu hedmygu fwyaf, y clwyfedigion neu'r dynion a'u hachubodd nhw.'

Yn y lle cyntaf, cludid y clwyfedig i orsafoedd cymorth blaen, a osodwyd fel arfer tua 500 i 1,000 o lathenni y tu ôl i'r rhengoedd, lle caent driniaeth gychwynnol. Roedd

gan bob bataliwn swyddog meddygol, gyda llawer o'r doctoriaid hyn yn mentro'u bywydau yn trin y milwyr clwyfedig ar gyrion y brwydrau. Enillodd y Dr Ernest E Isaac, Caerfyrddin, y Groes Filwrol am ei wrhydri ym mrwydr Coedwig Delville, lle bu'n trin y clwyfedig yn ddibaid am 35 awr, heb fwyd, diod na gorffwys. Roedd wedi dosbarthu ei holl fwyd a diod ymhlith y cleifion. Yn Ionawr 1918, cyflwynwyd Rhyddfraint Bwrdeistref Caerfyrddin iddo gan ei dref enedigol ddiolchgar.

Wedi cael triniaeth gychwynnol, byddai'r cleifion yn cael eu trosglwyddo mewn ambiwlans i orsafoedd ysbyty maes y tu ôl i'r ffrynt. Yn aml byddai'r daith honno yn un hynod boenus i'r clwyfedig wrth i'r ambiwlans deithio ar hyd traciau anwastad. Rhyfeddai Leslie Lloyd o'r Drenewydd, a oedd gyda'r RAMC yn Ffrainc, sut roedd y milwyr yn goroesi ac ystyried eu clwyfau enbyd. Barnai y byddai'n well petai rhai wedi marw ar faes y gad na'u bod yn cael eu cludo ar hyd a lled y wlad fel 'defaid wedi'u twtsiera'.

O'r ysbytai maes cludwyd y rhai ffodus ar drenau ysbyty, a addaswyd yn arbennig ar gyfer trin cleifion, i ysbytai mewn trefi ymhell o'r brwydro, fel St Malo a Rouen. Câi eraill eu cludo adref i ysbytai ym Mhrydain. Yno, yn ogystal â'r ysbytai sefydlog, addaswyd adeiladau a chodwyd ysbytai dros dro. Amcangyfrifid bod cyfanswm o 364,000 o welyau mewn ysbytai ym Mhrydain a Ffrainc ar gyfer y clwyfedigion. O safbwynt y Cymry, yr enwocaf o'r ysbytai oedd ysbyty'r Cymry yn Netley, ger Southampton, a oedd dan ofal y Groes Goch. Roedd 300 o welyau yno, pob un ohonynt wedi'i enwi ar ôl y gymuned a gododd arian ei gyfer, fel y 'Carmarthen

Gorsaf driniaeth ger
Ypres, haf 1917.

cot' a'r 'Menai Bridge cot'. Yno, ac mewn ysbytai eraill, byddai'r cleifion yn gwisgo 'hospital blues', sef lifrai glas golau, crys gwyn a thei sgarlad.

Roedd llawer o ysbytai ategol wedi'u sefydlu ar hyd a lled Prydain gan y Groes Goch, gyda 112 ohonynt yng Nghymru. Darparwyd ysbytai arbenigol hefyd i ymdrin â'r rhai a ddioddefai o effeithiau nwyon gwenwynig neu siel-syfrdandod. Amcangyfrifid bod 80,000 o filwyr wedi dioddef o siel-syfrdandod a darparwyd 19 ysbyty ar eu cyfer, gan gynnwys un ym mhlasty Nannau ger Dolgellau, a sefydlwyd yn 1916.

Yn yr ysbytai yn Ffrainc a Fflandrys, a hefyd ym Mhrydain, roedd meddygon a llawfeddygon, nyrsys proffesiynol a VADs, yn ddynion a menywod, yn gwasanaethu. Sefydlwyd y Voluntary Aid Detachment yn 1909 i gynnig cymorth ymarferol i'r Fyddin Diriogaethol. Erbyn 1914 roedd 66 y cant ohonynt yn fenywod, a chynyddodd eu niferoedd i 38,000 yn ystod y rhyfel. Er bod tensiynau rhyngddynt a'r nyrsys proffesiynol, profasant o gymorth mawr. Roedd y clwyfedig yn gwerthfawrogi cyfraniad y ddwy elfen hyn o'r gwasanaeth meddygol fel ei gilydd, nid yn unig oherwydd y driniaeth a gaent ond hefyd am godi eu hysbryd yn ystod yr oriau tywyll.

CYFEILLES CAVELL

Y nyrs enwocaf o gyfnod y Rhyfel Mawr oedd Edith Cavell. Roedd hi'n fetron ar ysgol nyrsio a chlinig ym Mrwsel, Gwlad Belg, cyn y rhyfel a dychwelodd yno o Loegr pan ddaeth y Groes Goch yn gyfrifol am y sefydliad yn 1914.

Wedi i'r Almaenwyr oresgyn Brwsel yn Nhachwedd 1914, bu Cavell yn cynorthwyo milwyr o Brydain, Ffrainc a Gwlad Belg i ddianc dros y ffin i wlad niwtral yr Iseldiroedd. Daeth hyn i sylw'r Almaenwyr ac arestiwyd hi yn Awst 1915. Roedd ei gweithredoedd yn achos o frad yn ôl cyfraith yr Almaen ac wedi cwrt-marsial fe'i dienyddiwyd gan sgwad saethu yn Hydref 1915.

Yn ystod ei chyfnod ym Mrwsel, ei chyfeilles orau a'i dirprwy yn yr ysgol nyrsio oedd Cymraes o'r enw Elizabeth Wilkins (1883–1965). Cafodd Elizabeth Wilkins ei geni yng Nghastell Nedd yn 1883 ac roedd ganddi gysylltiadau teuluol â Llanelli a Hwlffordd. Wrth weithio fel nyrs yn Ysbyty Brenhinol y Morwyr, Caerdydd yn 1912, gwelodd hysbyseb am nyrs a fedrai'r Ffrangeg a osodwyd mewn papur newydd gan Edith Cavell. Gan ei bod yn medru ychydig o'r iaith honno a chan ei bod yn aelod o'r Anglo-French Society, ysgrifennodd Elizabeth Wilkins at Cavell ac fe benodwyd hi heb gyfweliad. Teithiodd i Frwsel a chymryd cyfrifoldeb dros ward o gleifion yn ogystal ag am hyfforddi pum nyrs dan brawf.

Cludo'r clwyfedig drwy dir lleidiog ger Boezinge, Awst 1917.

Datblygodd perthynas agos iawn rhwng y ddwy ac Elizabeth Wilkins fyddai'n gyfrifol am y sefydliad ym Mrwsel yn absenoldeb y fetron. Mae'n siŵr ei bod yn ymwybodol o ran Cavell yn cynorthwyo'r milwyr i ddianc a gallasai fod wedi wynebu'r un dynged â'i chyfeilles. Pan arestiwyd Cavell, cafodd Elizabeth Wilkins hefyd ei holi gan yr Almaenwyr ond gwrthododd ddatgelu dim. Fe'i rhyddhawyd ond pan glywodd fod Cavell am gael ei chyhuddo o droseddau difrifol, dioddefodd bwl o hysteria a chredai'r nyrsys eraill ei bod am dorri i lawr yn llwyr. Serch hynny, hi ddaeth yn gyfrifol am y sefydliad yn absenoldeb Cavell ac am symud yr ysbyty i adeilad newydd yn y ddinas.

Penderfyniad yr Almaenwyr oedd cyhuddo'r pump a fu'n bennaf cyfrifol am gynorthwyo'r milwyr i ddianc a dedfrydwyd Cavell i farwolaeth. Aeth Elizabeth Wilkins yn ei dagrau at lysgenhadaeth yr Unol Daleithiau ym Mrwsel gan obeithio y byddai modd atal y dienyddiad, ond yn ofer. Hi a dderbyniodd lythyr olaf Cavell a hi hefyd a ddewiswyd gan y fetron i fod yn ysgutor ei hewyllys.

Saethwyd Cavell ar doriad gwawr ar 12 Hydref 1915. Wedi hynny, teithiodd Elizabeth Wilkins i'r Iseldiroedd ac yna ymlaen i Brydain.

Daeth achos Edith Cavell yn fyd-enwog, gyda chondemniad cyffredinol o weithred yr Almaenwyr. Roedd yn bropaganda defnyddiol i Brydain a gwnaed pob ymdrech, yn y wasg ac ar bosteri a chardiau post, i bortreadu'r Almaenwyr fel barbariaid anfoesol. Bu'r achos yn gymorth i gynyddu'r agweddau ffafriol tuag at y Cynghreiriaid yn yr Unol Daleithiau hefyd.

Wedi'r rhyfel daeth Elizabeth Wilkins yn fetron ar ysbyty yn Chard, Gwlad yr Haf, a bu farw'n ddibriod yn y dref honno yn 1965.

LLEWYGU

Merch i ffermwr gwartheg o ardal y Fenni oedd Maisie Bowcott (g.1895). Ymunodd ei brodyr â'r fyddin ar ddechrau'r rhyfel, ond pan laddwyd ei brawd Cliff yn Gallipoli yn 1915 cafodd hynny effaith ddifrifol ar ei rhieni. Aeth ei thad i'w gragen ac o fewn blwyddyn bu farw ei mam yn 48 mlwydd oed, gymaint oedd ei galar. Yn 1916, a hithau'n 21 mlwydd oed, penderfynodd Maisie Bowcott adael ei chartref a derbyn hyfforddiant nyrsio. Cafodd le fel nyrs brawf yn ysbyty Wimborne, Dorset, lle roedd y wardiau'n llawn milwyr clwyfedig. Y rhai mwyaf siriol, yn ôl y Gymraes, oedd y rhai oedd wedi colli coes neu fraich neu na fyddent fyth yn cerdded eto.

Maisie Bowcott gyda'i brawd.

Ar ei trydydd bore yn yr ysbyty, ymunodd â chylchdaith y llawfeddygon a'r prif nyrsys. Cyfaddefodd ei bod yn crynu ag ofn. Wrth un gwely rhoddwyd y dasg iddi o afael yn stwmpyn coes un o'r cleifion tra oedd y nyrsys yn arllwys *eusol* a pherocsid ar y clwyf. Roedd y crawn yn gorchuddio'i dwylo ac roedd hynny'n ormod i'r nyrs ifanc, a lewygodd yn y fan a'r lle.

Yn ddiweddarach, wedi cyfnod yn nyrsio, ymunodd Maisie Bowcott â'r VADs o dan ofal y Groes Goch. Wedi'r rhyfel bu'n weithgar yn y gymuned yn Nhreharris, ger Merthyr Tudful, a derbyniodd yr MBE am ei gwasanaeth.

Elizabeth Wilkins

Anfoner am y VADs

Deuai Daisy Spickett (1892–1978) o deulu cefnog ym Mhontypridd, lle roedd ei thad yn gyfreithiwr. Gyda'i ffrindiau, ymunodd â'r VADs yn 1910, gan ddysgu sgiliau cymorth cyntaf dan ofal y Groes Goch. Yn 1913 bu'n cynorthwyo wedi'r gyflafan yng nglofa Senghennydd, y ddamwain lofaol fwyaf erioed yng Nghymru.

Pan ddaeth y rhyfel, gwasanaethodd mewn ysbyty yn Nottingham, cyn cael ei throsglwyddo i weithio ar y leiner fawr *RMS Aquitania*, a oedd wedi'i haddasu'n llong ysbyty. Roedd hon yn llong balasaidd ac yn fwy cyffordus na'r leiner fwyaf yn y byd, yr *HMHS Britannic*, a ddefnyddid hefyd fel llong ysbyty.

Roedd Daisy Spickett yn un o 12 VAD ar yr *Aquitania* pan ddefnyddiwyd y llong i gludo tua 4,000 o filwyr o Gallipoli yn Rhagfyr 1915. Roedd y rhan fwyaf o'r cleifion yn dioddef o ddysentri neu ewinrhew (*frostbite*). Gallai rhai o'r cleifion fod yn afreolus ond pan oedd hi'n gyfrifol dros nos am ward o 75 o gleifion, byddai Daisy'n trefnu iddynt ganu, gan fanteisio ar ddau glaf ifanc a oedd yn berchen ar leisiau canu swynol.

Bu'n gwasanaethu hefyd ar y *Britannic* ond yn ffodus iawn nid oedd ar fwrdd y llong honno pan suddwyd hi gan dorpido ger un o ynysoedd Gwlad Groeg yn Nhachwedd 1916. Nid oedd Daisy Spickett yn medru dirnad sut gallai'r Almaenwyr gyfiawnhau suddo llongau ysbyty.

Er ei chefndir dosbarth canol, roedd Daisy Spickett yn derbyn mantra'r VADs: 'Os yw unrhyw swyddogaeth yn rhy annymunol, yn rhy fudr, yn rhy flinderus, anfoner am y VADs.'

Yn Serbia

Nyrs ardal yng Ngheredigion oedd Gwenllian Morris (g.1884) cyn y rhyfel. Ymunodd â'r Groes Goch ar ddechrau'r brwydro gan wasanaethu mewn ysbyty ar gyfer 15,000 o filwyr yn St Malo, Ffrainc. Ar un achlysur, teithiodd ar drên y Groes Goch i'r ffrynt a dychwelyd gyda 325 o filwyr clwyfedig. Roedd llawer o'r rhain yn dioddef o'r teiffoid ac eraill wedi'u heintio gan fadredd o ganlyniad i effaith shrapnel. Serch hynny, tystiai Gwenllian Morris fod mwyafrif y milwyr yn ddewr ac mewn ysbryd da. Canmolai hefyd y cymorth a gafwyd gan y Ffrancwyr a ddeuai â bwyd a diod i orsafoedd trenau ar gyfer y teithwyr ar drenau'r Groes Goch.

Gwaetha'r modd, trawyd y nyrs gan glefyd peryglus difftheria a dychwelodd i Brydain. Eto i gyd, wedi iddi wella, gwirfoddolodd i fynd i wasanaethu yn Serbia yn 1915. Ar y ffordd yno, arhosodd ei hunan ar ynys Malta lle buont yn trin y milwyr a glwyfwyd yn Gallipoli. Wedi cyrraedd Serbia, bu mewn gwersyll ger Požarevac, nid nepell o afon Danube, lle roedd 5,000 o gleifion yn dioddef o deiffws. Roedd teiffws yn glefyd cyffredin ymhlith milwyr a ffoaduriaid. Fe'i lledaenid gan lau a gallai arwain at niwmonia ac, mewn achosion o glwyfau rhyfel, at fadredd. Amcangyfrifid bod o leiaf 200,000 wedi marw o deiffws yn Serbia yn ystod chwe mis cyntaf 1915 yn unig.

Ymosodwyd ar Serbia gan fyddinoedd Awstria-Hwngari, yr Almaen a Bwlgaria yn Hydref 1915, a chipiwyd Gwenllian Morris a'i charcharu mewn lle o'r enw Villa Sava ger Belgrad. Ni wyddom ddim am ei thynged wedi hynny.

Ymwelydd

Pan oedd David Lloyd George, y Gweinidog Arfau, ar ymweliad â Ffrainc ddiwedd Ionawr 1916, clywodd fod mab i'w gyfaill, yr Aelod Seneddol dros Orllewin Caerfyrddin, John Hinds, wedi'i glwyfo ac aeth draw i'r ysbyty yn Merville, ger Béthune, i'w weld. Roedd William Pugh Hinds (1897–1916), lefftenant 19 mlwydd oed gyda 15/Ffiwsilwyr Cymreig, wedi'i saethu yn ei ben gan sneipiwr. Rhwygodd y fwled ran o'i ymennydd ac roedd wedi'i barlysu ar hyd un ochr o'i gorff. Roedd y milwr ifanc mewn poen enbyd a dychrynwyd Lloyd George gan hyn oll. Trefnodd i feddyg a oedd yn arbenigo ar niwed i'r ymennydd deithio i'r ysbyty o Étaples i'w drin, er bod y prognosis yn wael iawn.

Wedi i Lloyd George ddychwelyd o Ffrainc, cofnododd Frances Stevenson, a oedd bellach yn feistres iddo, deimladau'r gwleidydd: 'Mae erchylltra'r hyn a welais wedi'i serio ar fy enaid, a bron â'm dinerthu ar gyfer fy ngwaith… gresynaf i mi ei weld… ni ddylwn fod wedi'i weld. Rwy'n teimlo na allaf fynd ymlaen â'm gwaith, gan fod erchylltra difrifol y realiti wedi'i gyfleu i mi mewn modd mor ofnadwy. Ni chefais fy ngwneud i ddelio â materion rhyfel. Rwyf yn rhy sensitif i boen a dioddefaint, ac mae'r ymweliad hwn bron wedi fy nhorri.'

Er y profiad ysgytwol hwn, dangosodd Lloyd George ddycnwch rhyfeddol yn ei gyfraniad at ennill y rhyfel. Gwaetha'r modd, bu farw Hinds

W P Hinds

ymhen ychydig ddyddiau ar 2 Chwefror, a go brin i lwyddiant ei gyd-filwyr i ladd y sneipiwr Almaenig ddod â fawr o gysur i'w deulu nac i Lloyd George.

YSBYTY NETLEY

Ar ddechrau'r rhyfel aed ati i sefydlu ysbyty Cymreig ar diroedd y drws nesaf i'r Royal Victoria Hospital, Netley, ger Southampton. Yn wreiddiol, ysbyty dros dro oedd hwn i fod, sef cyfres o adeiladau pren, ond wrth i'r rhyfel barhau daeth yn gartref sefydlog i dîm o ddoctoriaid a nyrsys a fu'n trin dros 20,000 o gleifion rhwng 1914 ac 1918.

Ariannwyd y fenter drwy weithgaredd Cronfa'r Ysbyty Cymreig a chodwyd £28,000 ym mis Awst 1914 yn unig. Broliwyd bod gan yr ysbyty yr holl gyfarpar meddygol angenrheidiol a bod yr awyrgylch yno yn gwbl Gymreig:

'Nid oes ond angen pasio'r nyrsys yn y coridor a chlywed y cynorthwywyr yn siarad: wynebau Cymreig, llygaid Cymreig a lleisiau Cymreig, sy'n cadarnhau mai Ysbyty Cymreig yw hwn.'

Cymraes o Aberystwyth, Emilie G Evans (1866–1933), oedd y fetron. Hi oedd y Gymraes gyntaf i ennill lle yn Ysbyty St Thomas, Llundain, dan gynllun hyfforddiant Florence Nightingale, a gwasanaethodd yn Ne Affrica yn ystod Rhyfel y Böer ar droad y ganrif. Wedi cyfnod yn ysbyty Birmingham, fe'i penodwyd yn fetron Clafdy Aberystwyth. Daeth yn fetron yr Ysbyty Cymreig yn Hydref 1914 ac, yn ystod ei chyfnod yno, cynyddodd nifer y gwelyau o 100 i 300 dan ei gofal. Dychwelodd i Glafdy Aberystwyth wedi'r rhyfel, cyn sefydlu cartref nyrsio yn Stryd Portland yn y dref.

Rhai o'r cleifion yn Ysbyty Cymreig Netley.

'TRENCH FOOT'

Tra oedd yn rhan o frwydrau'r Somme yn haf 1916, bu Ben Lewis o Ferthyr yn ffodus iawn i osgoi anaf drwg pan laniodd siel 'Jack Johnson' ar y ffos lle roedd yn cysgodi. Lladdwyd rhai o'i gyd-filwyr a chafodd y milwr ifanc ei hun niwed i'w fraich. Ond nid hynny a achosodd y boen fwyaf iddo ond, yn hytrach, dolur i'w draed a adwaenid fel 'trench foot'.

Wedi iddo gael ei glwyfo yn ei fraich, cafodd ei gludo i ysbyty Bradford ac oddi yno ysgrifennodd at weinidog capel Zoar, Merthyr, yn disgrifio ei brofiadau. Esboniodd mai dolur newydd oedd 'trench foot' ac nad oedd y meddygon yn siŵr sut i ddelio ag ef. Roedd ei draed yn llosgi trwy'r amser ac nid oedd modd gadael i'r dillad gwely eu cyffwrdd. Priodolai'r dolur hwn i'r cyfnodau hir a ddioddefodd yn y ffosydd pan oedd hyd at ei fogel mewn dŵr. Yn wir, taerai fod cyflwr maes y gad, mewn gwirionedd, yn waeth na'r gelyn ei hun.

BRAICH DDIFFRWYTH

Deuai Wil Arthur yn wreiddiol o Lyn-nedd ond ystod y rhyfel gweithiai fel plismon yng Nghaerdydd cyn ymuno â bataliwn o dwnelwyr a chael ei hun ym merw'r brwydro yn Ffrainc. Cafodd ei glwyfo'n arw, gyda'i benelin wedi'i chwalu, shrapnel yn ei stumog a darn o shrapnel wedi torri asgwrn yn ei goes. Cludwyd ef i ysbyty yn Rouen a bu yno am bum neu chwe wythnos. Cafodd ar ddeall 'y byddai'n rhaid i fy mraich ddod i ffwrdd, gan fod fy ysgwydd i fyny dros fy nghlust... fel balŵn chi'n gweld'.

Roedd mewn ward o 28 gwely a bu farw hanner y cleifion o fewn wythnos. Yn y gwely nesaf ato roedd Albanwr 19 oed a oedd wedi colli braich a llygad. Yn yr ysbyty cafodd Wil Arthur ei drin gan lawfeddyg o'r enw Syr Adam, a chanddo wallt hir gwyn fel yr eira. Ofnai Wil y byddai'n colli ei fraich ond llwyddwyd i'w harbed. Symudwyd ef i Lundain a bu mewn sawl ysbyty yno cyn cael ei symud i Cheltenham. Roedd ei fraich yn ddiffrwyth ac ni fedrai godi cwpan gwag. Un diwrnod ymwelodd Syr Adam â'r ysbyty a dywedodd Wil Arthur wrtho mai ef oedd wedi achub ei fraich ond ni feiddiodd ddweud wrth y llawfeddyg nad oedd ei fraich o werth iddo bellach. Dywedodd Syr Adam wrtho y byddai'n ei drosglwyddo i ysbyty dros dro a oedd wedi'i adeiladu ar hen gwrs golff yn Epsom, Surrey. Yno roedd 27,000 o gleifion yn derbyn triniaeth arbenigol, gan gynnwys defnyddio trydan. Wedi 24 wythnos o driniaeth yn yr ysbyty hwn, gallai Wil Arthur godi bwced ac ynddi beint o ddŵr gyda'i fraich ddiffrwyth.

Yn ddiweddarach, dychwelodd i dde Cymru a chael gwaith yng nglofa Aberpergwm yn clirio llwch oddi ar y ffordd i mewn i'r pwll yn ystod y sifft nos. Defnyddiai raw un llaw ar gyfer y gwaith hwn, gan lenwi sach gyda'r llwch.

'A YDW I AM FOD YN DDALL AM BYTH?'

Cymro Cymraeg o Sgeti, Abertawe, oedd Ivor Watkins (1898–1993). Ceisiodd ymuno â'r fyddin pan oedd dan oedran, yn aflwyddiannus, ond pan oedd yn 18 mlwydd oed cafodd ei dderbyn i gatrawd Cyffinwyr De Cymru, gan symud i'r Gatrawd Gymreig yn 1917. Roedd ymhlith y Cymry a fu'n ymladd ar Gefn Pilckem yn 1917 ac wedi hynny bu'n gwasanaethu yn ardal Fleurbaix a Bois-Grenier ger Béthune, Ffrainc.

Yno, ar fore 17 Mawrth 1918, wrth gysgodi mewn seler tŷ, deffrodd a theimlo'i lygaid yn llosgi. Yn naturiol, dechreuodd ef a'i gyd-filwyr rwbio eu llygaid ond mewn gwirionedd roeddent yn gwaethygu'r sefyllfa gan eu bod yn dioddef o effaith nwy mwstard a oedd wedi ymdreiddio i'r seler o ffrwydron nwy Almaenig. Cofiai Ivor Watkins fod y nwy'n arogli fel rhuddygl a bod ei lygaid yn dyfrio'n aruthrol ac yn llosgi. Rhuthrwyd y milwyr i ysbyty maes ac yn y pen draw cludwyd Ivor Watkins i ysbyty yn Bradford, swydd Efrog, lle atodwyd arwydd arno: 'Gas Shell. Very Severe.'

Erbyn hynny roedd Ivor Watkins yn gwbl ddall. Dyma gyfnod mwyaf arswydus ei fywyd a chofiai feddwl: 'A ydw i am fod yn ddall am byth? Beth fydda i'n ei wneud? Fy nghrefft, fy nghyflogaeth wedi diflannu. Fe darodd fi yn galed iawn, iawn.' Am y mis cyntaf yn yr ysbyty, ni allai weld dim, ond yn araf deg dechreuodd weld rhywfaint, er

Milwyr wedi'u dallu gan nwyon gwenwynig yn disgwyl ymgeledd.

yn hynod niwlog. Rhoddwyd gogls iddo er mwyn ei arbed rhag effaith golau llachar. Byddai hefyd yn anadlu stêm o degell. Cofiai nyrs yn dweud wrtho: 'Taffy, I'll get your sight back, don't you worry.' Roedd hefyd yn dioddef o losgiadau ar ddarnau tyner o'i gorff, a driniwyd gydag eli. Dechreuodd ysmygu sigarennau yn drwm, gan gredu y byddai hynny'n ei wella, ond mewn gwirionedd dim ond lleddfu ei nerfau a wnâi hynny.

Llwyddodd Ivor Watkins i adennill ei olwg, er i lawer o'i gyd-filwyr aros yn ddall am weddill eu bywydau. Dychwelodd i faes y gad yn ddiweddarach yn 1918 cyn dod yn ôl i Gymru a chael hir oes. Fodd bynnag, ni fyddai byth yn anghofio dathlu ei ben blwydd yn 20 oed mewn ysbyty yn Bradford.

BYD GWALLGOF

Cludwr elorwelyau gydag Uned Gymreig y Corfflu Meddygol Brenhinol (RAMC) oedd y Preifat Lewis Valentine (1893–1986) o Landdulas, sir Ddinbych, yn ystod y rhyfel. Ac yntau â'i fryd ar fynd yn weinidog gyda'r Bedyddwyr, galwyd arno yn hydref 1917 i gynnal gwasanaeth cymundeb yn ystod brwydr Passchendaele, wedi i gaplan y gatrawd gael ei ladd. Yn fuan wedyn, ar 23 Hydref, cafodd ei anafu tra oedd yn nhir neb yn ceisio cynorthwyo milwr a glwyfwyd yn ystod ymosodiad pryd y dioddefwyd colledion sylweddol. Nid oedd yn cofio dim o'r hyn a ddigwyddodd ond cafodd yr hanes gan ei gyfaill Tony Wells, a anafwyd yr un pryd.

Roedd yr Almaenwyr wedi tanio bomiau nwy mwstard atynt, gan ladd llawer o filwyr, ac eithrio Valentine a Wells, er eu bod wedi'u hanafu'n ddrwg. Bu'r ddau'n gorwedd am gyfnod yn nhir neb gyda'r cludwyr elorwelyau yn methu â'u cyrraedd oherwydd ffyrnigrwydd y tanio. Profodd hyn o fantais i'r ddau, gan y byddai eu symud yn syth yn debygol o fod wedi gwaethygu eu clwyfau.

Ymhen hir a hwyr, cludwyd y ddau i ddiogelwch a buont yn derbyn triniaeth yn ysbyty Abbeville. Yna fe gludwyd Valentine i Brydain a chafodd driniaeth arbenigol am effeithiau nwy yn ysbyty Coombe Lodge yn swydd Essex. Roedd Lewis Valentine yn ddall am gyfnod o dri mis a dioddefai hefyd yn sgil anafiadau i'w goes a'i law. Serch hynny, llwyddodd i nodi yn ei ddyddiadur ar 19 Tachwedd: 'Yn gyflym wella – nid rhyfedd oblegid derbyniwn pob bendith a ffafr.'

Yn ddiweddarach, ym Mawrth 1918, ysgrifennodd yn ei ddyddiadur: 'Mae'r byd yn gwalltgofi a minnau'n gwalltgofi gyda'r byd.' Wedi'r rhyfel daeth yn llywydd cyntaf y Blaid Genedlaethol (Plaid Cymru) ac ef oedd ymgeisydd seneddol cyntaf y blaid honno.

HEINTIAU MACEDONIA

Y neges a gafodd Iorwerth Miles Davies (1893–1981) o Uned Gymreig y Corfflu Meddygol Brenhinol gan ei gyrnol oedd 'Peidiwch ag anghofio: os ydych yn gweld y gelyn yn dioddef, yn glwyfedig, gwasanaethwch ef yn yr un modd â phetai'n un o'n dynion ni.' Tra oedd yn Salonica cafodd y fferyllydd ifanc o Fachynlleth gyfleoedd i brofi'r agwedd hon ar wasanaeth meddygol.

Ar un achlysur aeth ef a chyfaill i gynorthwyo milwr o fyddin y gelyn a oedd wedi'i saethu drwy ei ben-glin ac yn dioddef o fadredd. Cludwyd ef i wersyll y fyddin, er nad oedd hynny'n fater rhwydd. Rhaid oedd i'r ddau osod eu hancesi dros eu hwynebau, cymaint oedd yr arogl llymsur o'r clwyf. Ar orchymyn y sarjant yn y gwersyll, gosodwyd y milwr mewn pabell fawr ond daeth swyddog draw a gorchymyn iddynt ei symud i babell lai ar wahân. Gorchmynnwyd iddynt losgi'r babell fawr i'r llawr, ynghyd â phopeth a oedd ynddi, fel rhwymau a gwlân cotwm, gan yr ofnid y byddai'r cyfan yn heintio'r gwersyll.

Yn ddiweddarach, ym Mwlch Roupel ym Macedonia yn hydref 1918, bu'n trin milwyr o'r ddwy ochr a orweddai ar ochr y ffordd. Roedd pryfaid yn hedfan o'u cegau a dioddefent o syched enbyd. Gwlychodd Iorwerth Davies ei hances gyda dŵr o botel fach a gludai a'i gosod yn eu cegau, un ar ôl y llall. Yna aeth draw i chwilio am ddŵr i dref gyfagos o'r enw Strumitsa. Yno ataliwyd ef gan swyddog milwrol oherwydd bod epidemig colera yn y dref. Rhaid oedd iddo ddychwelyd yn waglaw a bu farw tua hanner y milwyr o ganlyniad.

Er y dioddefaint, gallai'r cleifion hyn o Ysbyty'r Groes Goch, Aberystwyth fwynhau gwisgo lan ar gyfer carnifal, Mehefin 1918.

21

Y SOMME

Afon yn nwyrain Ffrainc yw Somme, ond bellach cysylltir yr enw â lladdfa ddigynsail a gwastraffus haf a hydref 1916. Daeth y Somme yn rhan o'n geirfa ac yn aml cyfeirir at filwr yn cael ei ladd yn y Somme er iddo, mewn gwirionedd, farw mewn brwydr arall yn y Rhyfel Mawr.

Dechreuodd y cynllunio ar gyfer y frwydr fawr – y *'big push'* – mewn cynhadledd gan y Cynghreiriaid yn Chantilly, Ffrainc, yn Rhagfyr 1915. Roedd y Ffrancwyr yn pwyso ar y Prydeinwyr i gymryd rhan fwy ymosodol yn y brwydro ond roedd cadfridogion Prydain yn ymwybodol nad oedd y 'fyddin newydd' o recriwtiaid yn ddigon profiadol i'w mentro. Serch hynny, cytunwyd i ymosod ar y cyd ar lannau afon Somme ddiwedd yr haf, gyda byddinoedd y ddwy wlad yn cyd-ymosod ar ffrynt o tua 25 milltir, y Ffrancwyr i'r de a'r Prydeinwyr i'r gogledd.

Fodd bynnag, roedd gan yr Almaenwyr eu cynlluniau hefyd ac yn Chwefror 1916 ymosodasant ar dref Verdun.

Aelodau o'r Ffiwsilwyr Cymreig yn gorffwys yn ardal y Somme, Gorffennaf 1916.

Roedd y brwydro rhwng yr Almaenwyr a'r Ffrancwyr yno yn ffyrnig ac amcangyfrifir i'r ddwy ochr golli cyfanswm o bron i 1,000,000 o ddynion yn ystod yr ymladd, a barhaodd am 10 mis. Gyda'r Ffrancwyr yn dioddef yn enbyd, galwodd Général Joffre, cadlywydd y Ffrancwyr, ar Brydain i geisio lleddfu'r pwysau drwy ymosod ar lannau Somme yn gynharach na'r disgwyl. Roedd y llywodraeth wedi gorchymyn i'r Cadfridog Syr Douglas Haig, pencadlywydd lluoedd Prydain, gynorthwyo'r Ffrancwyr gymaint ag oedd yn bosibl, a chydsyniodd i'r cais i ddechrau'r ymosodiad cychwynnol ar 1 Gorffennaf. Wrth gynllunio, roedd Haig yn wreiddiol wedi gobeithio y byddai modd goresgyn yr Almaenwyr yn y frwydr fawr, gyda'r noc o ddod â'r rhyfel i ben erbyn 1917. Fodd bynnag, â'r Ffrancwyr dan bwysau, y prif nod erbyn haf 1916 oedd tynnu'r pwysau oddi arnynt hwy a gwanhau'r Almaenwyr. Gwyddai Haig hefyd nad oedd ei fyddin, i raddau helaeth, wedi'i chaledu ddigon i ofynion rhyfela modern.

Ar 1 Gorffennaf, dechreuodd yr ymosodiad gan y fyddin Brydeinig ar ffrynt tua 15 milltir o hyd, yn dilyn rhai diwrnodau o sielio gan y magnelau. Roedd disgwyl y byddai'r sielio'n dinistrio amddiffynfeydd yr Almaenwyr ond roeddent hwythau wedi paratoi'n fanwl drwy adeiladu cadarnleoedd a *dugouts* dan ddaear i gysgodi eu milwyr. Gan hynny, pan ddaeth yr ymosodiad gan y milwyr traed, wynebwyd cenllysg o ffrwydron a bwledi o ynnau peiriant yr Almaenwyr. Ychydig a lwyddodd i gyrraedd llinellau'r Almaenwyr a gwelwyd rhes ar ôl rhes o filwyr yn disgyn wedi'u lladd neu eu clwyfo. O fewn un diwrnod collodd 19,240 o ddynion eu bywydau, gyda bron i 40,000 arall wedi'u clwyfo. Dyma'r gyflafan fwyaf mewn un diwrnod yn hanes y fyddin Brydeinig.

Ychydig o dir a gipiwyd yn ystod y diwrnod cyntaf ond

roedd pwysau i barhau â'r cyrchoedd. Yn ystod y misoedd canlynol bu brwydrau mawr a cholledion anferth yng nghoedwigoedd Mametz, lle bu'r fyddin Gymreig – Adran 38 – yn flaenllaw (gweler pennod 22) a Delville, ac yn Pozières a Flers-Courcelette, cyn dod i ben ym mis Tachwedd gyda brwydr fawr Ancre, lle dioddefodd 10/Ffiwsilwyr Cymreig golledion sylweddol. Gyda hynny, daeth cyrch y Somme i ben. Methwyd ag ennill llawer o dir ac, yn bwysicach fyth, ni thorrwyd asgwrn cefn na chwaith ysbryd byddin yr Almaen. Dros y gaeaf a ddilynodd, dychwelwyd at frwydro athreuliol.

Roedd cost cyrchoedd y Somme yn anferth i fyddin Prydain. Collwyd gwasanaeth 419,654 o ddynion, gyda thua 131,000 ohonynt wedi'u lladd, ac yr oedd y papurau newydd ym Mhrydain yn frith o restri o farwolaethau. Roedd colledion yr Almaenwyr yn fwy – rhwng 450,000 a 600,000 o ddynion – a chollodd y Ffrancwyr dros 200,000.

Mae'n amlwg fod cadfridogion y fyddin yn araf iawn i ddysgu gwersi a gwnaed sawl camgymeriad difrifol a chostus. Ar y llaw arall, roedd natur rhyfela yn newid yn gyflym ac arfau angheuol, yn arbennig o du'r magnelau mawr, yn sicr o arwain at laddfa ar raddfa uchel beth bynnag oedd y tactegau milwrol. Dadleua haneswyr milwrol bod rhyfelgyrch y Somme yn allweddol wrth i'r Cynghreiriaid ennill goruchafiaeth dros yr Almaenwyr yn araf deg, ond roedd y gost yn aruthrol.

Darllen Ei Feibl

Ar ddiwrnod cyntaf brwydr y Somme aeth aelodau o Gatrawd Mynwy dros y top yn ardal Beaumont-Hamel. Dim ond tua 40 llath o'i ffos y llwyddodd y Preifat Thomas George Saunders (1894–1916) i gyrraedd cyn iddo gael ei daro yn ei gefn gan shrapnel. Ychydig ymhellach ymlaen, anafwyd cyfaill iddo o'r un bataliwn, Drummer Jones, yn ei law a'i goes chwith a bu raid iddo gropian yn ôl tuag at ei ffos. Yna clywodd Saunders yn gweiddi arno o dwll tua llathen o led. Roedd ei goesau wedi'u plygu oddi tano ac nid oedd yn medru symud. Credai Saunders ei fod ar fin marw a darllenai o Feibl poced bach. Nid oedd modd i Jones ei symud, gan y byddai'r ddau'n debyg o gael eu saethu petaent yn codi o'r twll. Ceisiodd Jones sicrhau

Howitzers 8" wrth eu gwaith yn ardal Fricourt, Awst 1916.

bod ei gyfaill mor gyffordus â phosibl ac arhosodd yno i ddisgwyl iddo farw.

Ymhen awr, tawelodd maes y gad wrth i'r bataliwn ddychwelyd i'r ffosydd wedi'r ymosodiad ofer. Ceisiodd Jones godi Saunders ar ei draed ond syrthiodd y ddau. Yn ffodus, gwelwyd hwy gan filwyr eraill a chariwyd y ddau yn ôl i ddiogelwch y ffosydd. Gwaetha'r modd, bu farw Saunders rai diwrnodau'n ddiweddarach ac fe'i claddwyd ym mynwent Sant Cadog ger Pont-y-pŵl ar 22 Gorffennaf 1916. Yn yr eglwys honno mae ffenestr wydr yn gofeb i'r 540 o swyddogion a milwyr cyffredin lleol a gollodd eu bywydau yn y rhyfel.

Chwerthin ar yr Almaenwyr

Roedd yr Is-gorpral J Eifion Thomas (1884–1954) o Dremadog, sir Gaernarfon, aelod o Diriogaethwyr Swydd Gaer, yn enwog yn ei ddydd am ei lais tenor swynol, ond am 7.30 o'r gloch ar fore 1 Gorffennaf 1916 roedd ymhlith y milwyr cyntaf i gymryd rhan yn yr ymosodiad gwaedlyd ar y Somme. Iddo ef, roedd hon yn fraint a honnai y gallai lenwi llyfr gyda'r hanes am arwriaeth y 'British Tommy' yn yr ymosodiad.

Mae'n debyg mai yn nalgylch Gommecourt yr oedd ei fataliwn a llwyddasant i gyrraedd pedwaredd reng yr Almaenwyr ar y diwrnod hwnnw, ond collwyd llawer yn yr ymdrech. Gwelodd Eifion Thomas rai o'i gyd-filwyr yn codi o'r ffosydd yn gwbl hunanfeddiannol gan ysmygu cetyn, ond roedd gynnau peiriant niferus a sielio manwl gywir yr Almaenwyr yn eu disgwyl. Yng nghanol y lladdfa, ni allai Eifion Thomas beidio â chwerthin wrth weld tuag 20 o garcharorion Almaenig yn cael eu tywys draw drwy ganol cenllysg o fwledi. Gwelodd un ohonynt wedi'i wahanu oddi wrth y gweddill heb wybod beth i'w wneud. Âi ar ei ben-gliniau bob hyn a hyn yn nhir neb, wrth iddo geisio cyrraedd ffosydd y Prydeinwyr. Roedd yn ffodus iawn na chafodd ei daro. Ofnai llawer o'r carcharorion groesi draw gan fod cynifer o sieliau yn ysgubo pob rhan o'r tir, ond yn ôl Eifion Thomas, 'byddem yn eu procio gyda'n bidogau'.

I'r milwr hwn o Eifionydd, roedd lle i ddiolch i Mr Lloyd George am y symudiad ymlaen gan ei fod wedi sicrhau cyflenwad da o sieliau a ffrwydron eraill.

Er iddo gael ei anafu, llwyddodd Eifion Thomas i oroesi'r Somme a'r rhyfel, a dychwelodd i fyw i ogledd Cymru. Bu'n canu

Y tenor a'r milwr Eifion Thomas.

gyda'r Welsh Imperial Singers, un o gorau enwoca'r dydd, a fu'n diddanu cynulleidfaoedd ar hyd a lled Ewrop ac America, ac, yn nyddiau cynnar darlledu, bu galw mawr arno hefyd i ganu ar raglenni radio.

Addoli Lefftenant

Ar 1 Gorffennaf, tasg milwyr y 34ain Adran (Gorllewinol), a oedd yn cynnwys dynion o ogledd-orllewin Lloegr yn bennaf, oedd goresgyn pentref La Boisselle. I'w cynorthwyo, taniwyd ffrwydron mewn twneli o dan ffosydd yr Almaenwyr, gan gynnwys un anferth mewn safle a elwid yn Lochnagar (gweler t. 81). Fodd bynnag, profodd yr ymosodiad yn un gwaedlyd a diffrwyth, â'r adran yn colli 5,121 o ddynion.

Atgyfnerthwyd y llinellau gan y 19eg Adran, a oedd yn cynnwys 9/Ffiwsilwyr Cymreig , 9/Catrawd Gymreig a 5/Cyffinwyr De Cymru, a pharatowyd am ymosodiad arall yn y dyddiau canlynol. Yn ystod y cyfnod hwn, ar 3 Gorffennaf, glaniodd ffrwydryn yng nghanol Cwmni C gan anafu 14 o blith yr 16 o filwyr. Disgrifiodd un o'r ddau ffodus, D A Hughes, sut y rhuthrodd y Lefftenant Oswald Green (1881–1916) at y milwyr a rhwymo'u clwyfau. Yna, tra oeddent yn disgwyl i gael eu cludo i'r ysbyty, bu'r lefftenant yn adrodd straeon doniol wrthynt. Roeddent i gyd yn chwerthin, er eu bod mewn poen ddychrynllyd. Y diwrnod canlynol, cafodd Oswald Green ei hun ei daro gan ffrwydrad, ac anafodd ei ochr a'i goes. Wrth i englo (*lockjaw*) ddatblygu bu farw, er mawr dristwch i filwyr cyffredin ei gatrawd.

Oswald Green

Roedd Oswald Green yn enedigol o Aberystwyth ac yn aelod o deulu o beirianwyr a oedd yn berchen ar Green's Foundry yn y dref. Mae'n amlwg ei fod yn ddyn poblogaidd ac fe gynrychiolodd ei dref enedigol droeon ar y maes pêl-droed. Wedi'i farwolaeth, ysgrifennodd sawl un o'i gatrawd lythyron adref yn mynegi eu hedmygedd o'r lefftenant. I Roderick Davies, roedd yn 'good sport all round' ac yn ôl D A Hughes, 'everybody idolised him'.

'Fel Haearn Poeth'

Gyda Choedwig Mametz wedi'i chipio (gweler pennod 22), y cam nesaf oedd ceisio goresgyn Cefn Bazentin, tua milltir neu ddwy y tu hwnt i'r goedwig. Gwnaed paratoadau ar gyfer ymosodiad ar 14 Gorffennaf, a'r tro hwn, wedi cynllunio alaethus y diwrnodau blaenorol, roedd bwriad i beledu rhengoedd blaen yr Almaenwyr yn ddwys gyda thua 1,000 o fagnelau. Ar ben hynny, byddai'r milwyr yn ymgynnull yn nhir neb yn ystod y nos ac yn ceisio symud ymlaen heb i'r Almaenwyr sylweddoli beth oedd yn digwydd. Roedd y sielio wedi'i amseru fel bod yr ymosodwyr ychydig y tu ôl i'r fan lle glaniai'r ffrwydron. Profodd yr ymosodiad yn llwyddiannus ac ymhlith y milwyr a gymerodd ran roedd y Preifat Samuel Williams (g.1895) o Drefriw, Dyffryn Conwy, a oedd wedi ymuno â'r fyddin yn 1915.

Roedd wedi croesi i Ffrainc ym Mehefin 1916, ac wedi i 1/Ffiwsilwyr Cymreig ddioddef colledion enbyd ddechrau Gorffennaf fe'i trosglwyddwyd gyda rhai o'i gyd-filwyr i lenwi bylchau yn y bataliwn hanesyddol hwnnw. Dyma sut y disgrifiodd y frwydr: 'Fel y torrai'r wawr elem trwy ganol tir oedd wedi ei gorddi gan y tânbelennau – a chyrff milwyr a laddwyd yn lluoedd o'n cwmpas. Cofiaf ein bod yn croesi rhyw gob (fel cob Afon Gonwy) ac i lawr i'r ochr arall – croesi relwe roeddym mi gredaf ac yna i mewn i weddillion Coed Mametz… Cofiaf weld milwr German wedi ei gadwyno wrth ei machine gun. Nid oeddwn erioed wedi honni fy mod yn "ddewr" – ac heb ofn – ond y peth a'm synnodd yn yr amgylchiadau dieithr a dyrus oedd fy mod yn rhyw ddygymod a'r sefyllfa. Wedi ymochel am beth amser yn y Coed Mametz – a torri mymryn o ffos – trench – cofiwn fod y bombardment yn aruthrol drwy'r bore – cawsom y gair i fynd ymlaen dros ddarn o dir agored. Mynd ymlaen a gweu drwy y tyllau shells – aros am ennyd – ond yna ymlaen. Roeddem i gyd yn ddibrofiad ac un Sergeant – dyn o gefn gwlad – yn aros braidd yn hir yn y shell hole. Gwaeddodd swyddog arno – "Get on Sergeant" – a chwipio revolver allan – "Get on or I'll bloody well get on." Gwelem rai Ellmyn yn cilio heb fod ymhell ac yr oedd ysfa arnom i danio arnynt ond rhaid oedd ymatal. Ymlaen â ni at ffordd gul oedd yn arwain at felin yn ymyl Bazentin le Petit. 'Roeddem o flaen High Wood (sef Bois de Foureaux) a Delville Wood. Y shelio yn galed trwy'r dydd – ac heb fod ymhell yr oedd parti o Bengal Lancers ar eu ceffylau yn aros am y 'bwlch' a ddisgwyliwyd yn lein y gelyn – ond ni chawsant gyfle i symud ymlaen. Yn y prydnawn daeth cwmni cryf o'r Argyle & Sutherland i gario yr ymosodiad ymhellach – dynion tal cryfion, cyhyrog – ac yn eu harwain Lieutenant – bachgen o tua 18 oed mi dybiwn. Pan yn cyrraedd eu safle mi gollyngodd y gelyn gawodydd o Shrapnel arnynt

– lladdwyd nifer fawr ac yn eu plith y swyddog ifanc 18 oed. Methiant costus fu'r ymdrech i symud y gelyn o High Wood a Delville Wood ac ni lwyddwyd i wneud hynny am rai wythnosau. Trwy'r dydd yr oeddem wedi torri tyllau mochel pawb iddo'i hunan. Bach o gysgod roddent ond yr oedd yn rhyw dawelu'r meddwl ychydig. Daeth y nos ac yr oeddem yn fwy rhydd i symud o gwmpas a chario allan fân swyddi – cyrchu dŵr, gosod weiar ac ati.

Robert Graves

Trannoeth parodd y frwydr ymlaen – ambell awyren uwchben yn cael golwg ar y maes yn gyffredinol. Anodd oedd amgyffred pa faint o amser oedd wedi mynd heibio. Cofiaf fod "dŵr" wedi dod i fyny i'r lein mewn tuniau petrol – ac yn wir yr oedd blas petrol yn drwm arno. Yna – y noson canlynol fe fûm gyda swyddog yn ymweld â rhyw fannau yn ein safle. Cofiaf fy mod yn teimlo bod hi'n braf cael sefyll yn yr agored. Roedd y goleuadau yn fflachio a'r shelio yn mynd ymlaen o hyd. Yn sydyn teimlais rywbeth yn fy nharo yn fy ysgwydd dde ac yn mynd fel haearn poeth trwy fy ysgwydd. Roeddwn wedi fy saethu. Cofiaf fy mod yn gorwedd ar lawr. Daeth bechgyn y Red Cross heibio a'm cario i lawr i'r Bat Dressing Station ac yno cefais dynnu y bwled o'm cefn. Nid anghofiaf y daith i lawr yn yr ambiwlans – y ffordd yn dyllog a'r ambiwlans yn hercian ymlaen a phob tolc yn gwneud i'r bwled fy stabio – ond ar ôl cael y bwled allan yr oedd pethau yn well – a chyn pen hir roeddwn yn y Trên Ysbyty yn symud yn ôl i gyfeiriad Boulogne. Nid wyf yn cofio pa faint o amser a gymerodd y siwrne ond yr oedd yn hyfryd meddwl ein bod yn mynd ymhellach o'r frwydr bob awr. Mewn Ysbyty Wimereux (gerllaw Boulogne) y cefais fy hun a'm rhoi mewn ward arbennig i'r rhai oedd yn beryglus wael. Nid wyf yn cofio pa hyd y bum yno ond yr oeddwn wedi troi allan o berygl ymhen rhyw wythnos mi gredaf.'

Ei Ddilyn i Uffern

Wedi'r frwydr yn High Wood ar 20 Gorffennaf, lle dioddefodd 2/Ffiwsilwyr Cymreig golledion aruthrol, gorweddai dau swyddog nesaf at ei gilydd mewn ysbyty ger Rouen. Daeth un ohonynt, y Capten Robert Graves (1895–1985), yn enwog fel llenor disglair wedi'r rhyfel, gan gofnodi ei brofiadau mewn clasur o gyfrol, *Goodbye to All That*. Er bod llawer o'i gyfoedion wedi beirniadu'r gyfrol am gamliwio a chamarwain, mae'r hanes am ei gyd-swyddog yn Rouen, y Lefftenant O M Roberts, yn debygol o fod yn wir.

Roedd Owen Morris Roberts (1890–1976) yn enedigol o Gaernarfon a dim ond ychydig ddyddiau cyn brwydr y Somme yr ymunodd â 2/Ffiwsilwyr Cymreig yn Ffrainc. Cafodd ei glwyfo yng nghesail ei forddwyd yn ystod brwydr High Wood a bu'n gorwedd yn anymwybodol mewn twll am rai oriau. Yna gwelodd swyddog Almaenig yn cerdded ymhlith y clwyfedig ac yn eu saethu gyda'i rifolfer. Mae'n debyg fod rhai o'r milwyr, er eu bod wedi'u hanafu, yn parhau i saethu at yr Almaenwyr. Wrth i'r Almaenwr gyrraedd O M Roberts, symudodd y Cymro a chafodd ei saethu yn ei fraich. Er ei fod wedi'i wanhau, estynnodd O M Roberts am ei rifolfer Webley. Saethodd yr Almaenwr ato unwaith eto, ond methodd â tharo'r Cymro y tro hwn. Gyda'r Almaenwr yn agosáu, tynnodd O M Roberts ar ei holl nerth a gwasgu cliciced ei wn gyda'i ddwylaw. Drylliwyd copa pen yr Almaenwr gan yr ergyd a syrthiodd yn farw. Llewygodd y Cymro ond bu'n ddigon ffodus i gael ei gludo i ddiogelwch cyn diwedd y dydd.

Roedd Graves, a oedd wedi treulio llawer o'r cyfnod cyn y rhyfel yn byw yn Harlech, wedi'i anafu gan ffrwydrad cyn dechrau'r frwydr. Credai'r Cyrnol 'Tibs' Crawshay ei fod wedi'i ladd ac anfonodd lythyr o gydymdeimlad at ei rieni. Pan glywodd am ei gamgymeriad, ysgrifennodd y Cyrnol at Graves, gan ganmol dewrder y bataliwn yn y frwydr am High Wood, a dweud hefyd: 'I once heard an old officer in the Royal Welch say the men would follow you to Hell; but these chaps would bring you back and put you in a dug-out in Heaven.'

Flynyddoedd yn ddiweddarach, bu Graves a Roberts yn gohebu'n gyson â'i gilydd ac mae llythyron diddorol Graves wedi goroesi.

Coedwig y Diafol

Roedd dau chwarelwr o Ddeiniolen ymhlith milwyr 10/Ffiwsilwyr Cymreig a fu'n ceisio goresgyn Coedwig Delville (neu Devil's Wood fel yr adwaenid y lle gan y milwyr) yn oriau mân bore Iau, 20 Gorffennaf 1916. Cadwodd y Preifat David Evans (?1892–1939) ddyddiadur yn ystod ei gyfnod yn Ffrainc a bu ef a'i gyfaill Foulk Williams (1892–1956) gyda Chwmni C yng nghanol un o frwydrau mwyaf gwaedlyd y Somme. Roedd yr Almaenwyr yn disgwyl yr ymosodiad ac wedi paratoi'n fanwl. Ar ben hynny, roedd cryn ddryswch ymhlith yr ymosodwyr, gyda'r wybodaeth yr oedd ar y bataliwn ei hangen er mwyn cyrraedd eu nod yn wallus. Ar un adeg fe ddechreuodd milwyr 11/Catrawd Essex saethu at 10/Ffiwsilwyr Cymreig drwy amryfusedd a lladdwyd llawer gan y 'saethu cyfeillgar' hwn. Arweiniodd y Capten G D Scale Gwmni C i ganol y frwydr ond ataliwyd y cyrch gan saethu digymrodedd gynnau peiriant yr Almaenwyr. Lladdwyd 37 o filwyr y bataliwn yn y cyrch, gan gynnwys Capten Scale, ac yr oedd 50 hefyd ar goll yng 'nghoedwig

Cloddio ffosydd yng Nghoedwig Delville, 1916.

y diafol'. Roedd llawer o'r rhai a anafwyd yn methu â chilio a buont yn cuddio mewn crateri. Yn eu plith roedd David Evans, a glwyfwyd yn ei glun dde a'i fraich. Roedd wedi cropian i dwll lle roedd rhai milwyr eraill yn celu, gan gynnwys Foulk Williams. Daeth cyfaill arall iddo, Arthur Thomas, draw a rhwymo'i glwyfau a bu'n gorwedd yno am 12 awr. Tua 2 o'r gloch y bore canlynol, pan aeth gynnau'r Almaenwyr yn dawel, ceisiodd ef a

Foulk Williams encilio drwy gropian trwy'r goedwig dywyll a'r ffosydd cul yn ôl i ddiogelwch. Llwyddasant i basio trwy bentref Longueville, a oedd ar dân, ac erbyn 6 y bore daethant i orsaf driniaeth. Cludwyd hwy oddi yno gan y Groes Goch i orsaf driniaeth arall y tu ôl i'r rhengoedd lle cawsant de a bara menyn – eu pryd cyntaf ers 9 o'r gloch nos Fercher.

Cafodd David Evans ei gludo yn ôl i Brydain a threuliodd

amser mewn ysbytai yng Nghaerdydd a Phorthcawl. Gwellodd o'i anafiadau corfforol ond effeithiodd ei brofiadau yn y rhyfel yn fawr arno a dioddefodd o iselder ysbryd am weddill ei fywyd yn Neiniolen. Bu farw yn 1939. Etifeddodd ei gyfaill, Foulk Williams, y dyddiadur a oedd yn disgrifio cyfnod David Evans yn y fyddin yn 1916. Roedd Foulk Williams hefyd wedi dychwelyd i Ddeiniolen, lle bu'n cadw siop groser. Daeth yn heddychwr mawr, gan ddifaru na fu'n ddigon dewr i fod yn wrthwynebydd cydwybodol yn ystod y rhyfel.

BEIO'R 'RUM RATION'

Daeth brwydro'r Somme i ben ym mis Tachwedd 1916 wrth i'r tywydd droi'n arw. Yn ystod ail wythnos y mis, gwnaed un ymdrech olaf i dorri trwy amddiffyn yr Almaenwyr ar lan afon Ancre. Wedi llwyddiant cychwynnol, profodd amddiffyn dygn yr Almaenwyr a'r tywydd anffafriol yn rhwystr i unrhyw obaith am oruchafiaeth derfynol. Roedd yn amlwg y byddai'r rhyfel yn parhau am flwyddyn arall o leiaf.

Un a fu yng nghanol y frwydr gyda 10/Ffiwsilwyr

Cymreig yn nalgylch pentref Serre oedd y caplan, y Parch. D Cynddelw Williams (gweler hefyd t. 94). Ar y nos Sul cyn y frwydr treuliodd ysbaid yng nghwmni dau swyddog, y Lefftenant George Thomas (m.1916) a'r Capten W F Rudd (1888–1916). Ychydig ynghynt roedd y ddau swyddog hyn wedi trefnu i filwr o'r cwmni a oedd yn dioddef o fath o siel-syfrdandod ddychwelyd i wersyll y gatrawd – 'gweithred nodweddiadol o Gristnogaeth' ym marn y caplan.

Roedd George Thomas yn hynod o bryderus am ei fam a gofynnodd i'r caplan weddïo ar ei ran. Clwyfwyd ef drannoeth a phan aeth sarjant draw ato i ofyn sut y teimlai, ei ateb oedd 'It's lovely.' Bu farw yn fuan wedyn. Cadlywydd y cwmni oedd y Capten Rudd, dyn crefyddol a fynegodd ei athroniaeth, sef 'whatever is, is right', gan honni bod 'Duw yn ei osod ef bob amser yn yr amgylchiadau a oedd orau iddo'. Lladdwyd yntau hefyd y diwrnod canlynol.

Ar ddiwrnod cyntaf y frwydr, 13 Tachwedd 1916, roedd y caplan yn cynorthwyo yn yr orsaf driniaeth tua 1,500 o lathenni y tu ôl i'r rhengoedd. Lloches yn ymdebygu i dwll dan ddaear oedd yr orsaf hon, gyda

BRWYDR FLERS-COURCELETTE

Defnyddiwyd tanciau am y tro cyntaf gan fyddin Prydain ym mrwydr Flers-Courcelette ym Medi 1916, ond ni chawsant ddylanwad mawr ar y canlyniad. Dim ond llwyddiant cyfyngedig a gafodd y Cynghreiriaid a methwyd â thorri trwy holl rengoedd yr Almaenwyr.

Ymhlith y rhai a fu yn yr ymosodiad roedd y Preifat Ted Roberts, 4/Ffiwsilwyr Cymreig, sef Corfflu'r Arloeswyr – milwyr a recriwtiwyd yn bennaf o sir Ddinbych. Deuai Ted Roberts ei hun o bentref bach Derwen ger Corwen. Milwyr cyffredin oedd yr Arloeswyr ond roeddent yn arbenigo mewn gwaith caib a rhaw a charient offer er mwyn adeiladu ffyrdd a chynnal rheilffyrdd. Roedd y bataliwn wedi'i

atodi i'r 47fed Adran erbyn 1916 ac roedd disgwyl iddynt gymryd rhan yn yr ymosodiad mentrus a pheryglus ar High Wood, coedwig rhwng pentref Martinpuich a thref Flers.

Yn yr ymosodiad trawyd Ted Roberts gan shrapnel ond pan ddaeth ato'i hun gwelodd 'ychydig o Almaenwyr yn agosáu a hefyd rai milwyr Prydeinig yn gorwedd wedi'u clwyfo ac yn ceisio codi. Daeth yr Almaenwyr tuag atom ond roedd un milwr ychydig yn uwch na mi a llwyddodd i saethu a llorio dau Almaenwr, cyn iddo yntau gael ei daro. Daeth dau neu dri o Almaenwyr eraill tuag ataf ond llwyddais i roi bwled drwy un cyn iddo fy nghyrraedd a phan

ddaeth y llall, ceisiodd fy nharo a'i reiffl ond methodd. Llwyddodd yr Almaenwr i'm cyffwrdd ar fy mrest gyda'i fidog ond ni chefais fy mrifo. Yn sydyn iawn rhoddais ergyd iddo â bôn fy reiffl a'i lorio, yna rhoddais bum rownd ynddo i wneud yn siŵr. Teimlais fy nghoes yn llosgi o'r anaf a gefais gan y shrapnel ac ymlwybrais yn ôl i'n rhengoedd.'

Yn y pen draw, llwyddwyd i oresgyn y goedwig ond roedd y gost yn aruthrol. Lladdwyd neu anafwyd 4,544 o filwyr yn y cyrch. Yn eu plith roedd Ted Roberts ac yn yr orsaf driniaeth y tu ôl i'r rhengoedd gwelodd nyrs o Gymru ef a dweud wrtho: 'Gewch chi fynd i Blighty beth bynnag.'

grisiau wedi'u haddasu er mwyn gallu llithro stretsier i fyny ac i lawr. Sylwodd Cynddelw ar filwr a orweddai yno yn smocio sigarennau yn hamddenol, a'i droed wedi'i thorri i ffwrdd.

Y diwrnod canlynol, aeth gyda meddyg i'r rhengoedd blaen: 'Rhaid oedd myned yn wyliadwrus, megis o "shell hole" i "shell hole" mewn ambell fan. Gwelais dri o gyrph ein swyddogion ieuainc... a dau o'r orderlies gerllaw... un arall a fu farw yn yr ymosodiad hwn oedd 2nd lieutenant Capell, un a glywais yn dweyd ei adnod yn hyglyw iawn yn ei febyd ar Nos Sul yng Nghapel Charing Cross Road.'

Yn un o'r tyllau sieliau fe ganfu bump neu chwech o fechgyn, rhai ohonynt â'u testamentau yn eu llaw: 'Yno yr oeddent yn ymdrin ar ryw wirionedd ysgrythyrol mewn llecyn llawn perygl: buasai codi yn syth i fyny yn ddigon i ddwyn arnynt dân y gelyn.'

Wedi dychwelyd i'r orsaf driniaeth, bu'r caplan yn gyfrifol, gyda chriw o filwyr, am gladdu rhai o'r meirw: 'Nid oedd y Parti oll yn rhyw ymroddgar iawn i waith; a thra buont wrthi daeth aeroplane y gelyn uwch ein pen, a rhoddodd arwydd i'w ochr ddygodd belennau tuag atom. Fel y cadben ar y llong, fi oedd yr olaf i adael y fangre, wedi ceisio gwneyd trefn uwch man fechan eu bedd ar ôl y gwasanaeth a gynhaliwyd.' Wedi hynny bu'n claddu tri swyddog a laddwyd: 'Golygai hyn [gerdded] oddeutu dwy filltir o warchffosydd a milldir o wyneb tir a'r holl lwybr yn llawn perygl. Nid gwaith rhwydd oedd cael stretcher trwy aml i gongl o'r gwarchffos. Ond cyrhaeddwyd pen y daith, a chynhaliwyd gwasanaeth crefyddol uwch ben y tri.'

Roedd gan y caplan farn gref am fethiant brwydr Ancre: 'Ai tybed, pe gwnaed ymchwiliad gonest i'r holl hanes oedd i'r ymosodiad, na welid mai annoeth i'r eithaf oedd rhoddi Rum ration cryf mewn amgylchiadau o'r fath i'r bechgyn. Gan na chyrhaeddodd un neu ddwy o fatalions y Brigade eu objective, fedrodd y gelyn d'od yn eu hôl. Cymerodd nifer pur fawr o fechgyn ein hadran ni yn garcharorion tra yr oeddent hwy dan yr argraph fod popeth yn dda. Ni chredaf fod y Rum Ration wedi bod o nemawr daioni yn hanes y fyddin Brydeinig, a gresyn fod y fath draul wedi myned iddi i bwrcasu peth wnaeth lawer mwy o ddrwg nag o les.'

O ganlyniad i'w wrhydri yn y frwydr hon, dyfarnwyd y Groes Filwrol i Cynddelw Williams.

Milwyr o'r Gwarchodlu Cymreig ar y Somme, Medi 1916.

22

COEDWIG MAMETZ: GORFFENNAF 1916

Nid oedd disgwyl i 'fyddin newydd' Kitchener, a oedd yn cynnwys y 38ain Adran – y 'fyddin Gymreig' – fod yn barod i gymryd rhan mewn brwydrau ymosodol tan 1917. Eto i gyd, â'r fyddin barhaol a'r Tiriogaethwyr wedi dioddef colledion enbyd, prysurwyd y milwyr dibrofiad newydd i'r ffrynt yn haf 1916. Wedi ennill tir yn ardal Fricourt a chipio pentref Mametz yn ystod ymosodiadau cyntaf brwydr y Somme, penderfynwyd ceisio goresgyn coedwigoedd Trônes a Mametz.

Y gofeb i'r Cymry ger Coedwig Mametz.

Clustnodwyd 'y fyddin Gymreig' ar gyfer yr ymosodiad o'r dwyrain ar Goedwig Mametz, safle lle roedd angen croesi tir agored cyn cyrraedd hen goedwig fawr dywyll, y fwyaf ar y Somme, lle llechai'r Almaenwyr. Ar yr un pryd byddai'r 17eg Adran yn ymosod o'r gorllewin. Serch hynny, prin oedd y cydweithio rhwng y ddwy adran ar hyd y ffrynt.

Roedd catrodau'r 38ain Adran wedi cyrraedd y tir o flaen y goedwig ar 6 Gorffennaf 1916, ac am 8.30 o'r gloch y bore canlynol codasant o'u ffosydd mewn safle a adwaenid fel 'Happy Valley'. Yn arwain roedd milwyr 16/Catrawd Gymreig (bataliwn Dinas Caerdydd) ac 11/Cyffinwyr De Cymru. Gyda'r tanio ataliol gan y magnelwyr yn annigonol a'r sgriniau mwg yn absennol, roedd yr ymosodwyr yn darged rhwydd i ynnau peiriant yr Almaenwyr. Bu'n bwrw'n drwm y bore hwnnw gan droi'r tir calchog yn ludiog, yn ddigon felly i amharu ar yr ymgais i atgyfnerthu'r flaengad. Methwyd â chyrraedd o fewn 300 llath i'r goedwig a gorweddai cannoedd yn gelain neu wedi'u clwyfo ar faes y gad, tra cuddiai eraill yn disgwyl am dywyllwch y nos cyn cropian i ddiogelwch. Cafwyd gorchymyn i ailgydio yn yr ymosodiad ganol y prynhawn ond canslwyd hyn gan y Brigadydd Horatio Evans, a oedd o'r farn bod y cynllun gwreiddiol yn un gwallgof beth bynnag.

Cawsai'r Cadfridog Haig adroddiadau anghyflawn o'r frwydr a rhoddodd y bai am y methiant i oresgyn y goedwig ar yr Uwchfrigadydd Ivor Philipps (1861– 1940), a ddiswyddwyd yn ddiymdroi. Roedd Philipps yn gyfaill i Lloyd George a phriodolwyd ei benodiad yn y lle cyntaf i'w gysylltiad â'r Cymro yn hytrach na'i alluoedd milwrol. Beth bynnag oedd y gwirionedd, manteisiodd Haig ar ei gyfle ond ar yr un pryd dioddefodd y 38ain Adran ensyniadau mai eu diffygion hwy, gan gynnwys diffyg dycnwch a dewrder, yn hytrach na'r cynllunio gwael oedd yn gyfrifol am y methiant i gipio'r goedwig. I un a oroesodd y frwydr, Jim Brice, 'We were just a suicide battalion, just a feeler.'

Ar 10 Gorffennaf gwnaed ymdrech arall i oresgyn y goedwig, gyda 13/ a 14/Catrawd Gymreig a 14/ ac 16/Ffiwsilwyr Cymreig, llawer ohonynt yn Gymry Cymraeg, yn arwain. Ar y noson cyn yr ymosodiad clywid lleisiau'r Cymry yn canu'r emyn-dôn *Aberystwyth* ac 'O Fryniau Caersalem', ond hon fyddai noson olaf llawer o'r cantorion hyn. Roedd yr ymosodiad i ddechrau am 4.15 o'r gloch y bore a'r tro hwn roedd y peledu gan y magnelwyr yn fwy effeithiol; cofiai rhai o'r milwyr y coed yn crynu gan effaith y ffrwydron. Ond roedd angen croesi tir agored o hyd, ac roedd y colledion yn sylweddol. Y tro hwn, llwyddwyd i gyrraedd y goedwig ond roedd bron yn anhreiddiadwy oherwydd yr isdyfiant trwchus a'r canghennau a ddisgynnai o ganlyniad i'r peledu parhaus. Am dri diwrnod bu brwydro gwaedlyd yno, gyda'r Cymry fel 'diafoliaid wedi'u gollwng yn rhydd' yn ôl y Sarjant Joe Bellis, Corwen. Gwthiwyd y cyfan o'r Almaenwyr allan o'r goedwig erbyn 12 Gorffennaf ond roedd y gost yn aruthrol.

Cofnododd milwr Gwyddelig yr olygfa a welodd yn Mametz wedi'r frwydr: 'Roedd cyrff meirw y milwyr Cymreig a laddwyd yn yr ymosodiadau amryfal ar y goedwig mor niferus, a nifer y dynion a oedd ar gael i'w claddu mor brin, fel bod nifer fawr ohonynt yn gorwedd o'n cwmpas trwy'r cyfnod yr oeddem yno. Roedd *rigor mortis* wedi cychwyn, gyda'r gwres tanbaid yn cyflymu'r broses erchyll. Ni all unrhyw un bellach gynnal y rhith bod rhyfel yn rhamantus o dystio i'r olygfa ffiaidd o gyrff yn pydru yn gorwedd wedi'u hesgeuluso a heb ofal a sylweddoli bod pob corff yn cynrychioli'r hyn a erys o berson yr oedd rhywun yn ei garu.'

Collwyd bron i 4,000 o ddynion yn y brwydro rhwng 7 a 12 Gorffennaf, gyda 600 ohonynt wedi'u lladd a thua'r un nifer ar goll, eu cyrff wedi'u dryllio'n ddarnau. Hon oedd y lladdfa fwyaf o Gymry ers dyddiau Owain Glyndŵr.

Esgorodd y frwydr ar gelfyddyd. Teithiodd yr arlunydd o Faesteg, Christopher Williams (1873–1934), i'r Somme yn Nhachwedd 1916, wedi iddo dderbyn comisiwn gan Lloyd George i beintio golygfa o'r frwydr am Goedwig Mametz. Er ei fod yn heddychwr o argyhoeddiad,

Horatio Evans

llwyddodd yr arlunydd i greu darlun o dryblith gwaedlyd y brwydro. Bu un o Gymry Llundain, David Jones (1895–1974), ym merw'r frwydr gyda 15/Ffiwsilwyr Cymreig (Cymry Llundain), a lluniodd wedi hynny un o'r gweithiau llenyddol mwyaf pwerus am y rhyfel, *In Parenthesis*, a gyhoeddwyd yn 1937.

Yn 1987 gosodwyd cofeb drawiadol yn wynebu Coedwig Mametz, sef draig goch o ddur wedi'i llunio gan y cerflunydd David Petersen. Saif yno ar fryncyn yn arwydd o ddewrder y Cymry, ond i lawer o ymwelwyr o Gymru heddiw mae hefyd yn arwydd o natur wastraffus rhyfela.

CYCHWYN Y GÊM

Gwylio'r Lefftenant Eddie Williams (1890–1961) yr oedd y Preifat Victor Lansdown (1894–1991) o 16/Catrawd Gymreig (bataliwn Dinas Caerdydd) ym more bach 7 Gorffennaf. Ei fataliwn ef oedd â'r fraint o arwain yr ymosodiad ar Goedwig Mametz ac roedd gan y lefftenant chwiban yn ei geg. Pan chwythodd hi roedd fel cychwyn gêm bêl-droed. Cododd y milwyr o'u ffosydd a symud tuag at y goedwig. Yn eu plith, gyda thîm a gludai wn peiriant Lewis, roedd y Preifat William Joshua (?1894–1976). Wedi iddynt symud ymlaen hanner canllath,

147

Christopher Williams

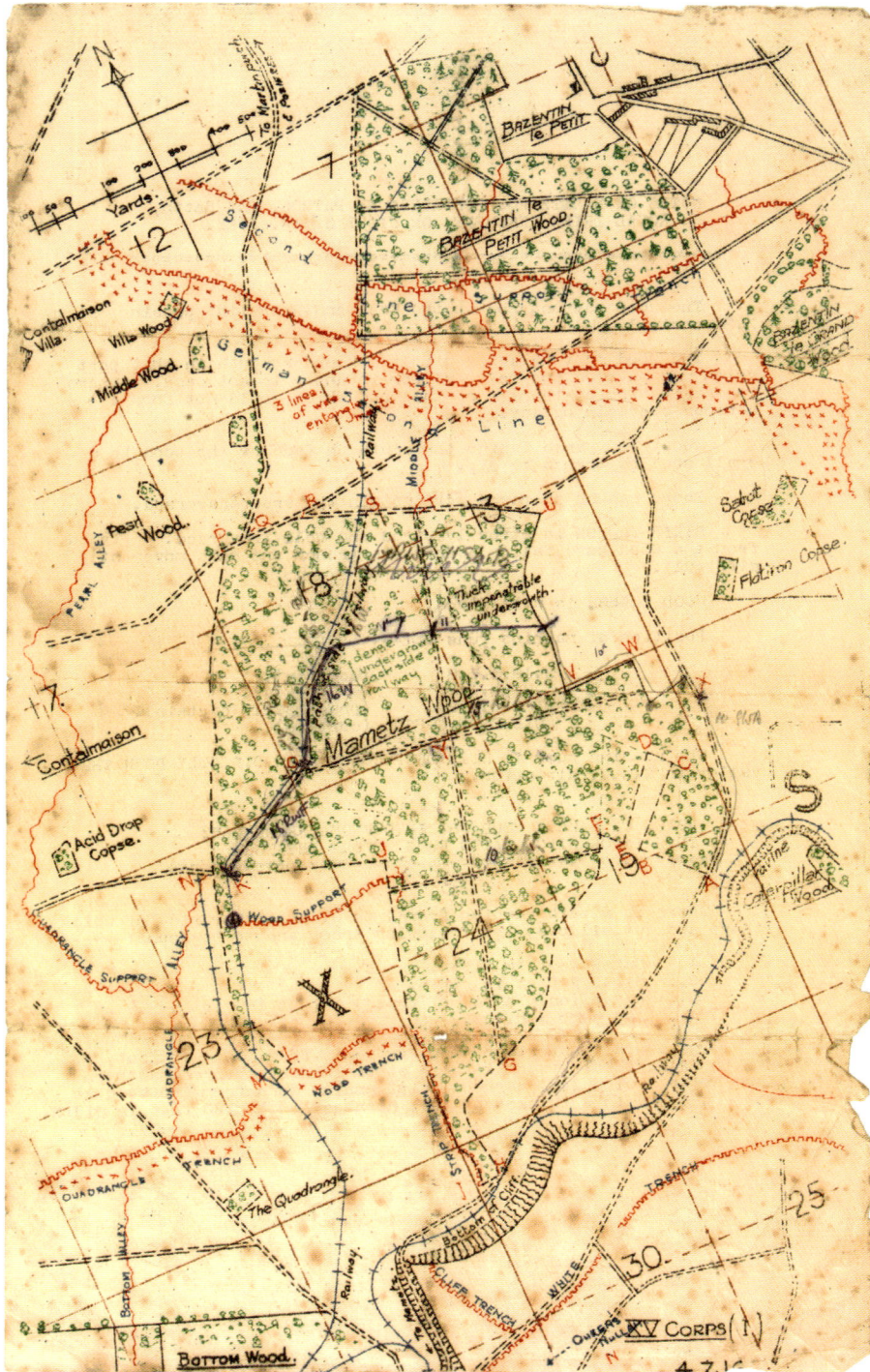

Map milwrol
o Goedwig
Mametz, 1916.

dechreuodd gynnau peiriant yr Almaenwyr saethu atynt a chychwynnodd y magnelwyr ar y ddwy ochr danio. Roedd y Cymry'n darged hawdd ac wrth i'r ymosodiad arafu cafodd Joshua a Lansdown eu clwyfo.

Gwelodd Lansdown gyd-filwr iddo yn dal gwn ag un bys a bawd – roedd ei fysedd eraill wedi'u dryllio – ac meddai 'Look what the bastards have done!' Wrth iddo guddio mewn twll siel, trawyd Lansdown yn ei ben a'i goes. Nid oedd yn cofio dim, ond credai i fwled daro'i helmed a'i fwrw'n anymwybodol. Pan ddaeth ato'i hun, gwelodd yr anaf i'w goes ac arhosodd yn y twll hyd nes iddi dywyllu ac y gallai gropian yn ôl i'r ffosydd.

Mewn twll siel arall, credai Joshua, mewn braw, ei fod wedi colli'i goes a cheisiodd chwilio amdani. Ond wedi'i daro yn ei glun yr oedd ac nid oedd wedi colli'i goes. Ac yntau'n ddiymadferth, gwelai grwpiau eraill o filwyr yn mynd heibio, gan adael cyrff y meirw a'r clwyfedig yn y twll.

Gan adael ei offer, ceisiodd Joshua gropian yn ôl orau gallai. Gwelwyd ef gan ymgeledwyr a oedd, cyn y rhyfel, yn aelodau o seindorf bres Tylorstown, y Rhondda. Lladdwyd cyfeillion agosaf Joshua yn y cyrch a chofiai yn arbennig am y ddau frawd o'r enw Tregaskis, y ddau wedi'u dyrchafu'n gorpral ar yr un diwrnod, yna'n lefftenant ar yr un diwrnod, ac yna'n cael eu lladd gyda'i gilydd ar yr un diwrnod.

Roedd profiad chwythwr y chwiban, y Lefftenant Eddie Williams, yn debyg. Llwyddodd i gyrraedd safle tua 150 llath o'r goedwig ond, yn ei ôl ef, roedd ffiwsilâd yr Almaenwyr mor gyson, cywir a llethol fel nad oedd modd mynd ymhellach nac i'r milwyr a oedd y tu ôl iddo gyrraedd er mwyn atgyfnerthu'r flaengad. Ceisiodd anfon neges yn ôl, ond lladdwyd dau o'i ddynion gorau cyn iddynt godi. Llwyddodd i guddio mewn twll a greodd drwy dyrchu gyda'i ddwylo am gyfnod o dros awr. Roedd ei fysedd yn gwaedu a'i ben yn troi; roedd wedi blino'n llwyr ac aeth i gysgu. Deffrowyd ef gan gawod drom o law. Erbyn hyn roedd yn 11.30 y bore ond roedd yr Almaenwyr yn parhau i saethu, a'u sneipwyr yn dringo'r coed er mwyn targedu'n well. Llawn cynddrwg oedd sieliau'r Prydeinwyr a laniai'n fyr o'r goedwig a tharo'r ychydig filwyr a oedd yn ceisio'u gorau i guddio yn y caeau. Ystyriodd y lefftenant geisio rhedeg ond gwyddai na fyddai'n llwyddo. Yn hytrach, gorweddodd gyda'i rifolfer ar ei fron rhag ofn y câi anaf difrifol ac y byddai angen iddo saethu ei hun. Clywai ei gyd-filwyr yn griddfan ac ochneidio; iddo ef, roedd y cyfan fel hunllef.

Am 10 o'r gloch yr hwyr, wedi iddi dywyllu, llwyddodd ef a chwech arall i gropian yn ôl i'r rhengoedd. Yno roedd y clwyfedig yn gorwedd ym mhobman. Nid oedd y trefniadau ar eu cyfer yn ddigonol ac roedd prinder stretsieri. Gweithiodd y meddyg Dr Pettigrew ddydd a nos gan arbed bywydau o leiaf 80 o filwyr mae'n debyg. Serch hynny, collwyd tua 350 o aelodau'r 16eg bataliwn yn ystod y frwydr. Ystyriai William Joshua i'r 'Cardiff City battalion' farw y diwrnod hwnnw ac ym marn Eddie Williams roedd rhyfel yn 'merciless pastime'.

'GWALLGOFRWYDD LLWYR'
'Gwallgofrwydd llwyr' oedd barn y Brigadydd Horatio Evans (1859–1932) ynglŷn â'r ymosodiad ar 7 Gorffennaf. Roedd y brigadydd o blas Penralley, ger Rhaeadr, sir Faesyfed, yn gyfrifol am weinyddu'r gorchymyn i ymosod, gan ddilyn cyfarwyddiadau na wnaent fawr o synnwyr iddo ef.

Ar y bore hwnnw, o'i safle tua milltir o'r goedwig, gwelodd nad oedd y sgrin fwg wedi'i gweithredu ac mor hawdd ydoedd i ynnau'r Almaenwyr saethu tuag at ei filwyr ar dir agored, yn arbennig gan nad oedd y magnelau wedi niweidio safleoedd yr Almaenwyr yn y perthi uwchlaw maes y gad. Ceisiwyd atgyfnerthu'r milwyr yn ystod y dydd ond gyda'r tir yn fwdlyd a'r Almaenwyr yn cael rhwydd hynt i saethu at bawb a phopeth, methiant fu hynny.

Gorchmynnwyd i Evans drefnu ymosodiad arall ddiwedd y prynhawn, gyda 10/Cyffinwyr De Cymru ac 17/Ffiwsilwyr Cymreig yn arwain, ond erbyn hynny roedd y brigadydd wedi cael hen ddigon o ddisgwyliadau afrealistig pencadlys y brigâd. Ffoniodd y cadfridogion yno gan ddweud y drefn wrthynt, fel y cofnododd y Capten Llewelyn Wyn Griffith y digwyddiad (gweler t. 154): 'Siaradais yn ddiflewyn-ar-dafod am yr holl fusnes… fe glywaist ti fi. Roedden nhw am i ni fwrw ymlaen ar bob cyfrif, yn sôn am benderfyniad, ac awgrymon nhw nad oeddwn yn sylweddoli pwysigrwydd y cyrch. Cystal â dweud wrthyf fy mod wedi blino ac nad oedd arnaf eisiau mynd i'r afael â'r gwaith. Anodd barnu yn y fan a'r lle, meddent! Fel pe na bai'r holl drafferth wedi codi oherwydd bod rhywun yn ei chael hi mor hawdd i farnu pan oedd chwe milltir i ffwrdd ac erioed wedi gweld y wlad, ac yn methu darllen map. Cofia di fy ngeiriau, byddant yn f'anfon i gartref am hyn: cigyddion y mae arnynt eu heisiau, nid brigadyddion. Byddant yn cofio nawr i mi ddweud wrthynt, cyn i ni ddechrau, na allai'r ymosodiad lwyddo oni bai fod y gynnau peiriant wedi'u masgio. Byddaf yn Lloegr o fewn y mis.'

Roedd ei broffwydoliaeth bron yn gywir, ond ni chafodd ei drosglwyddo i ddyletswyddau eraill tan ddiwedd Awst 1916 ac erbyn hynny roedd wedi bod yn rhan o'r ymosodiad mwy llwyddiannus ar Goedwig Mametz ar 10 Gorffennaf.

Wedi'r rhyfel dychwelodd Horatio Evans i'w gartref ger Rhaeadr, lle bu farw yn 1932. Ychydig cyn ei farwolaeth derbyniodd lythyr gan y Capten Llewelyn Wyn Griffith yn cyfeirio at ei ddisgrifiad o'r frwydr ar 7 Gorffennaf yn ei lyfr *Up to Mametz*. Dywedodd: 'There is nothing inevitable about stupidity, and I felt it was time that Wales should know all you did to prevent her sons from being sacrificed to idiocy.'

ALMAENWR DICHELLGAR
Doedd y Preifat Aled Parry (1896–1996), Llanrwst, aelod o 16/Ffiwsilwyr Cymreig, erioed wedi mynd dros

y top yn ystod y dydd cyn yr ymosodiad ar Goedwig Mametz. Roedd wedi bod ar gyrchoedd nos yn ardal Givenchy gan wynebu sefyllfa beryglus iawn pan ddaeth milwr Almaenig tuag ato a'i glwyfo yn ei fraich gyda'i fidog. Ond llwyddodd Aled Parry i lorio'r Almaenwr a'i drywanu 'fel mochyn' gyda'i fidog yntau. Ei agwedd at y sefyllfa honno oedd mai mater o 'ef neu fi' ydoedd.

Yn ddiweddarach, symudodd y bataliwn i Contalmaison yn barod am yr ail ymosodiad ar Goedwig Mametz. 16/Ffiwsilwyr Cymreig oedd i arwain yr ymosodiad ar ochr chwith y goedwig ger 'Strip Trench' ac mae'n debyg eu bod yn canu emynau Cymraeg yn ystod yr oriau cyn yr ymosodiad. Am 3.30 o'r gloch y bore ar 10 Gorffennaf dechreuodd y magnelau danio at y goedwig er mwyn chwalu amddiffynfeydd yr Almaenwyr ond nid oedd hynny'n hollol effeithiol. Symudodd 16/Ffiwsilwyr Cymreig ymlaen er mwyn bod mor agos â phosibl i'r goedwig ar gyfer yr ymosodiad,

ond roedd cryn ddryswch ac ymhen dim i'r ymosodiad ddechrau ac yn wyneb tanio cyson gynnau peiriant yr Almaenwyr, roedd y milwyr yn dechrau cilio. Cofiai Aled Parry y cilio a'r gorchymyn i ymosod unwaith yn rhagor, gan achosi pryder mawr iddo ef a'i gyd-filwyr, gan y gwyddent erbyn hynny beth oedd yn eu disgwyl.

Ni pharodd yr ymosodiad yn hir i Aled Parry. Cafodd ei daro yn ei ysgyfaint a syrthiodd i'r ddaear mewn poen ddifrifol a'i waed yn llifo. Teimlai ei fywyd yn llithro i ffwrdd ac er y cofiai gaplan yn dod draw ato ac yn sibrwd yn ei glust, credai iddo orwedd yno am oriau maith cyn i ymgeleddwyr y Groes Goch ei gludo i ddiogelwch. Ond nid oedd y perygl drosodd iddo. Gwelodd griw o garcharorion Almaenig yn cyrraedd y fan lle gorweddai ef a nifer o glwyfedigion eraill. Tynnodd un Almaenwr dichellgar fom llaw o'i siaced a'i daflu i ganol y clwyfedigion. Lladdwyd rhai gan y ffrwydrad ond roedd Aled Parry yn ffodus a llwyddodd i osgoi anaf pellach.

BRWYDR HECTIG

I'r dde o'r Ffiwsilwyr Cymreig ar 10 Gorffennaf roedd 13/ a 14/Catrawd Gymreig yn ceisio cyrraedd y goedwig yn wyneb saethu cyson gynnau peiriant yr Almaenwyr. Ar adegau llwyddasant i gyrraedd y goedwig, lle bu ymladd ffyrnig wyneb yn wyneb. Gwthiwyd y Cymry allan o'r goedwig am gyfnod ond atgyfnerthwyd yr ymosodiad gan 10/ a 15/Catrawd Gymreig, a dechreuodd yr Almaenwyr ildio tir. Gyda 13/Catrawd Gymreig roedd y Sarjant Tom Price o Lanfihangel Tal-y-llyn ger Aberhonddu. Disgrifiodd yr ymosodiad fel un hectig: 'Symudon ni ymlaen drwy dir eithaf agored; roedd gennym bron i 500 llath i'w groesi tuag at y coed. Roedd yn doriad gwawr ac wrth i ni fynd i fyny llethr bach, cyn gynted ag y cyrhaeddom fan lle gallai'r Almaenwyr ein gweld,

dechreuon nhw saethu atom gyda'u gynnau peiriant ar unwaith. Bonion coed yn unig oedd yno, a'r holl ganghennau wedi syrthio. Roedden nhw'n ein difa â'u tanio enffilâd. Wn i ddim sut y cyrhaeddom y coed, ond fe lwyddom i wneud hynny a dechrau ymladd law yn llaw â hwy. Roedd yn hectig. Roeddem wedi colli cynifer o ddynion fel na allem eu dal yn ôl ac fe wnaethon nhw ein gyrru ni yn ôl allan i'r cae. Buom yno am ychydig a daeth ein milwyr wrth gefn i roi help llaw i ni a dyna pryd y gwnaethom ail ymosodiad. Roeddwn i tua 20 llath o ymyl y goedwig pan gefais fy nghlwyfo; aeth bwled trwy fy nghoes chwith a phan oeddwn yn gorwedd yn y cae byrstiodd siel uwch fy mhen a daeth y shrapnel i lawr a'm taro yn fy nghlun. Bu bron iddo â chymryd hanner fy nghlun i ffwrdd.

'I mi, dyna ddiwedd y rhyfel, ond feiddiwn i ddim â symud oherwydd bod arnaf ofn y byddai'r sneipwyr yn fy ngweld. Gwelais yr Almaenwyr a oedd wedi dod allan o'r goedwig yn trywanu ein dynion clwyfedig gyda'u bidogau – gwelais hwy yn gwthio'u reifflau i lawr ac felly roedd hi'n amlwg i mi mai dyna roedden nhw'n ei wneud – trywanu ein bechgyn a oedd wedi'u hanafu. Credaf i rai o'n bataliwn wrth gefn, y 10fed a'r 15fed, weld hynny, oherwydd fe wnaethon nhw basio heibio imi mewn tymer wyllt. Rwy'n meddwl mai dyna oedd trobwynt y frwydr honno. Drwy dynnu fy hun ar hyd y glaswellt, llwyddais i gropian i mewn i dwll siel a gorwedd yno. Syrthiais â'm clun ar y mwd ac mae'n bosibl mai dyna a wnaeth atal y gwaedu.'

Cludwyd ef o faes y gad a chafodd ei drosglwyddo i ysbytai yn Lloegr. Mae'n debyg petai'r shrapnel wedi'i daro chwarter modfedd yn agosach at ei galon y byddai wedi'i ladd, ond goroesodd y rhyfel a dychwelyd i Lanrwst. Bu farw fis cyn ei ben blwydd yn 100 oed.

'Gwaed Goreu a Phuraf Cymru'

Ysgolfeistr ym Mhorthaethwy oedd John Charles Rowlands (1891–1974) cyn y rhyfel ond erbyn 1916 roedd yn sarjant gyda Chwmni B 17/Ffiwsilwyr Cymreig. Wedi brwydr Mametz lluniodd ysgrif, gan ddisgrifio'n gignoeth ei brofiadau yn y goedwig: 'Ar doriad y wawr wele ninnau dan arfau yn barod. Ac yna llefarodd y magnelau – o fel y taranent. Gwelem frigau y coed drwy gymylau tew o fwg, yma ac acw wele bentwr o ddaear Ffrainc yn dyrchafu i'r entrych. Mewn manau eraill dacw'r mwg yn cael ei hollti gan ffrwydriad pelan ar ôl pelan uwch ben ac o gwmpas y llanerch honno. Dirwynai yr oriau ymlaen. Beth oedd rhan ein cydfilwyr oedd o'n blaen tybed? Amser pryderus oedd hwn. Ni amheuan [amheuem] ein llwyddiant, ond dyfalem pwy ohonynt oedd bellach wedi croesi'r gorwel.

'O'r diwedd dyma newydd. Yr oeddynt yn y Coed, hanner y ffordd drwyddi, ac yr oeddym ninnau i fod i'w cynorthwyo i orphen y gwaith.

'Symudasom ymlaen, yr oeddym yn ymwybodol o belenau o bob maint yn chwalu o'n cwmpas a darnau ohonynt yn chwyrnellu drwy'r awyr. Yr oedd y gelyn yn tywallt "cawodydd o'i fendithion" arnom. Rhuai ein magnelau ninnau y tu ôl, ac yr oedd y twrf a'r ysgrechiadau yn ddiddiwedd. Ond neshaem at y Coed. Disgwyliai rhai ohonom i'r goedwig gau allan y sŵn aruthrol, ond yma yr oedd yn fwy byddarol – Coed drylliedig yn disgyn, y pelennau yn ffrwydro, a'r machine guns yn peri celanedd creulawn, bwledi yn suo ac yn chwiban drwy y perthi dryslyd. Y meirw a'r clwyfedig o'n cwmpas – Cyfeillion yn cwympo yma byth i godi mwy, ninnau heb amser i'w cynorthwyo na'u hymgeleddu.

'"Ymlaen" oedd yr arwyddair. Ymlaen i ddial y rhai aberthodd eu bywydau. Yr oedd ein rhengau wedi teneuo pan gyrhaeddasom ein cyfeillion oedd wedi cyrhaedd y coed. Yr oeddynt hwy wedi gwneud yn arderchog, ein tro ni yw hi bellach. Gwthiasom ymlaen nes dod at lwybr yn croesi y coed. Arhosasom yma enyd i adrefnu ein rhengau gogyfer â'r ymosodiad – chwyrnellai cawodydd o fwledi trosom.

'Llama un o'n swyddogion ymlaen a llefai, "Come on the Welsh", ac yna syrthia gan ruddfan.

'Yn awr neu byth. Peidia y cawodydd â'n rhidillio am eiliad ac yna llamu'n ymlaen. Gwelwn y gelyn, dyma ddigon. Y mae y gwaed Cymraeg yn berwi ynom. Ymwthiwn trwy y llwyni dryslyd a dacw'r bidog yn fflachio ac yn ymgladdu yn ysgarbwd Almaenaidd.

'Cyfartha cyflegrau yn groch, ie ein tro ni yw hi yn awr. Dyn yn erbyn dyn – Tydi neu efe i syrthio. Ac yn fwyaf cyffredin efe oedd yn syrthio. Dacw haid ohonynt yn rhoi eu dwylaw i fyny acw gan lefain am drugaredd, haid arall yn ymladd yn ffyrnig. Gadewer dau neu dri i ofalu am y blaenaf – nid oes eisiau neb i ofalu am yr olaf.

'Y mae y Cymry yn ymladd gan chwerthin, nid oes dim dirgelwch yn y Goedwig yn awr. Y mae swyddog a milwr ar eu gorau, a llwyddiant yn gwenu arnynt. Dacw'r Colonel yn syrthio yn glwyfedig, ond dyma Capt yn cymeryd yr awenau, a golwg hapus arno. "Go on lads, you're all over them" llefai, ac felly yr oedd. Ond yr oeddym yn colli ein bechgyn goreu. Syrthient yn arwyr, ac mi â'r gweddill ymlaen fel arwyr.

'Bydded iddynt gael eu gwobrwyo megis yr haeddent, yw dymuniad y rhai gaedd y fraint o wylio eu gwrhydri dewr a chlodfawr.

'Wedi gorphen ein gwaith, a'r Goedwig yn feddiant i ni, gadawsom hi, dan ei mantell o fwg, ei daear wedi ei throchi o gwaed ein cyfeillion, – wedi ei hystaenio, ie, ond yn gysygredig, canys yr oeddym wedi ei henill â gwerthfawr waed – Gwaed goreu a phuraf Cymru.

'A phan gilia llanw yr ornest erchyll hon, a phan bydd cysgodion tywyll y goedwig hon yn ddistaw a thawel, a'r Hydref wedi cyffwrdd ei dail ag aur, bydded iddynt ddisgyn yn esmwyth – yn dorch clodfawr o ogoniant o gwmpas ein brodyr dewr sydd yn huno yno.'

Ar ddiwedd y rhyfel cafodd John Charles Rowlands ei gomisiynu'n lefftenant gyda Chatrawd Caerloyw ac wedi iddo adael y fyddin yn 1922 bu'n athro ysgol yn Llundain.

'Cofleidiad Marwol'

Cyfrifoldeb y Preifat Emlyn Davies (1896–197?), mab fferm o lannau afon Hafren rhwng Croesoswallt a'r Trallwng, oedd gweithredu fel signalwr ar ran 17/Ffiwsilwyr Cymreig yn yr ymosodiad ar 10 Gorffennaf. Llechai'r bataliwn mewn ffos a adwaenid fel 'Queen's Nullah' ond cyn iddynt godi oddi yno glaniodd ffrwydryn a chanfu Emlyn Davies fod y milwr o'i flaen wedi'i ladd. Arweiniwyd yr ymosodiad gan y Cyrnol Ballard, swyddog amhoblogaidd iawn ac un oedd ag enw am gasáu'r Cymry, ond anafwyd ef yn syth.

Wrth i Emlyn Davies groesi'r caeau tuag at y goedwig, gwelodd y signalwr ifanc olygfeydd erchyll: 'Cyrff rhwygedig mewn caci neu lwyd; cyrff wedi'u dryllio, pennau ac aelodau toredig; darnau o gnawd yn hongian ar foncyffion; Ffiwsilwr yn gorwedd ar dwmpath a gwaed yn diferu o anaf yn ei wddf a achoswyd gan fidog; aelod o Gyffinwyr De Cymru ac Almaenwr mewn cofleidiad marwol – roeddent wedi trywanu'i gilydd gyda'u bidogau ar yr un eiliad. Gynnwr Almaenig gyda'i ên wedi'i saethu i ffwrdd yn gorwedd ar ei wn peiriant a'i fys yn dal ar y gliced.'

Yn y goedwig gosodwyd system gyfathrebu, gyda thri signalwr mewn gorsafoedd bob yn ganllath. Gyda'r rhengoedd yn cael eu chwalu gan sieliau, rhaid oedd i'r signalwyr eu trwsio. Cafodd Emlyn Davies y dasg o drwsio rheng ond pan ddychwelodd i'w orsaf nid oedd dim yno ond twll siel, yr offer wedi'u chwalu a chyrff ei hen gyfeillion yn ddarnau. Yn ddiweddarach glaniodd siel arall a lladdwyd cyfaill iddo gan gyfergyd (concussion). Nid oedd marc ar ei gorff, dim ond ychydig o waed yn ei glust.

Roedd yr ymosodiad nesaf yn un ffyrnig. Drwy frwydro wyneb yn wyneb didrugaredd gyda bidogau, llwyddwyd i glirio'r Almaenwyr o'r goedwig. Yn ddiweddarach bu Emlyn Davies yn cludo dŵr i'r goedwig ond pan oedd ef a chyfaill wedi ymlâdd yn llwyr, gorweddodd y ddau ger rhes hir o gyrff meirw a oedd wedi'u gorchuddio gan gynfasau.

'ROEDDWN WEDI'I ANFON EF I'W FARWOLAETH'
Roedd y Capten Llewelyn Wyn Griffith (1890–1977) gyda'r Brigadydd Horatio Evans yn yr ymosodiad ar 7 Gorffennaf ac oherwydd anaf i uwch-gapten y frigâd cafodd ei alw i weithredu fel Capten Staff i'r Brigadydd Evans ym merw'r brwydro ar 11 Gorffennaf. Roedd Griffith yn enedigol o Landrillo-yn-rhos, ac yn fab i brifathro. Gweithiai yn swyddfa Cyllid y Wlad yn Llundain cyn y rhyfel ond cafodd ei gomisiynu i 15/Ffiwsilwyr Cymreig yn Ionawr 1915. Yn fuan wedi'r rhyfel cofnododd ei atgofion o'i brofiadau ond ni chyhoeddwyd hwy tan 1931 mewn clasur o gyfrol o'r enw *Up to Mametz*.

Erbyn iddo dderbyn ei gyfrifoldeb ar 11 Gorffennaf roedd yr ymosodiad wedi cyrraedd canol y goedwig ac er mwyn cyrraedd y gwersyll dros dro a leolwyd yno roedd angen symud ymlaen trwy ddau belediad milain

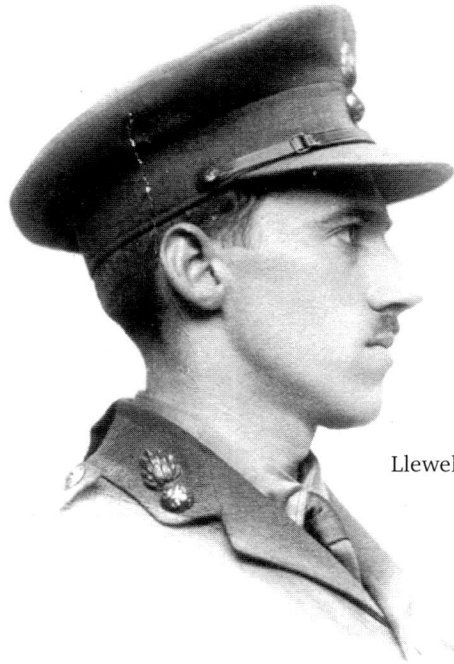

Llewelyn Wyn Griffith

gan fagnelau'r Almaenwyr. Yn y gwersyll dros dro roedd Horatio Evans yn trefnu amddiffynfeydd a pharatoi am ymosodiad arall er mwyn clirio'r Almaenwyr o weddill y goedwig. Ei gynllun oedd ceisio ymosod yn annisgwyl ar yr Almaenwyr heb gefnogaeth pelediad gan y magnelau gan y byddai hynny'n arwydd amlwg bod ymosodiad ar y gweill. Ond ni dderbyniodd y pencadlys y neges a dechreuwyd peledu'r goedwig ac, ar adegau, syrthiai'r sieliau'n brin a tharo'r milwyr Prydeinig. Fel yn yr ymosodiad ar 7 Gorffennaf, roedd y Brigadydd Evans yn gandryll.

Roedd y cysylltiadau â'r pencadlys drwy wifren yn rhai ysbeidiol oherwydd fe chwelid y cysylltiad yn aml gan ffrwydron. Dibynnid felly ar negeswyr yn rhedeg yn ôl ac ymlaen drwy bob math o beryglon. Un o'r rhain oedd Watcyn, brawd 19 mlwydd oed Llewelyn Wyn Griffith. Tra oedd Llewelyn yn y goedwig daeth y newyddion fod Watcyn wedi'i ladd. Yn ei ddisgrifiad dirdynnol o drist o'r digwyddiad yn *Up to Mametz*, dywed Griffith: 'Felly roeddwn wedi'i anfon ef i'w farwolaeth, yn dwyn neges yn fy llaw fy hun, mewn ymdrech i achub brodyr dynion eraill.'

Yn ddiweddarach, tra oedd yr ymosodiad yn parhau, cysgododd mewn ffos gyda rhai milwyr eraill: 'Siaradom yn Gymraeg, gan mai dynion o Fôn oeddent; roedd un yn fachgen ifanc, ac wedi i glec fel taran ddiasbedain yn ein clustiau dechreuodd grio am ei fam, mewn llais bachgennaidd main, 'Mam, mam…' Deffrais a gwthio fy hunan ato, gan ymbalfalu yn fy mhocedi am fy nhortsh, ac fe dynnais ef i lawr i waelod y ffos. Dywedodd ei fod wedi brifo ei fraich. Daeth corpral i'm cynorthwyo ac fe dynnom ei diwnig i archwilio'i fraich. Nid oedd wedi'i daro, ond roedd arno ofn, ac roedd yn parhau i grio'n dawel. Yn sydyn dechreuodd eto, yn sgrechian am ei fam, gydag wylofain a ymddangosai'n hŷn na'r byd, yn nhywyllwch y noson honno.'

DAU GAPTEN, DAU GYFAILL

Roedd y Capten Tom Ifor Davies (1891–1965), Dowlais, a'r Capten Dafydd (Dai) Jones (1893–1916), Llanddewi Brefi, yn gyfeillion pennaf. Fe fuont yn mynychu'r un cyrsiau yn y coleg yn Aberystwyth cyn y rhyfel, ac ymunasant â'r fyddin ar yr un diwrnod. Roedd y ddau gyda'i gilydd yn yr un bataliwn, 10/Catrawd Gymreig (Rhondda), yn yr ymosodiad ar Goedwig Mametz ar 10 Gorffennaf ac adroddodd Ifor hanes y diwrnod mewn llythyr at fam Dafydd.

Dafydd Jones a arweiniodd y bataliwn, wedi i'r cyrnol

Dafydd Jones

gael ei glwyfo ar gychwyn yr ymosodiad, a mawr oedd edmygedd y milwyr traed a'r swyddogion o'i ymddygiad ysbrydoledig a dewr. Llwyddodd y bataliwn i gyrraedd y goedwig erbyn 5 o'r gloch y bore, gan aros yn eu safle tan 2 o'r gloch y prynhawn, pan dderbyniwyd gorchymyn i ymosod unwaith yn rhagor. Serch hynny, rhaid fu encilio, gan fod gynnau peiriant yr Almaenwyr wedi'u cuddio yn y coed ac yn creu anawsterau i'r milwyr. Ailgydiwyd yn y cyrch am 4 o'r gloch. Gorchmynnodd Dafydd i Ifor aros mewn safle cefnogol tra arweiniodd weddill y bataliwn i mewn i'r goedwig. Ni welodd Ifor ei gyfaill tan y bore canlynol, pan ddywedodd wrtho 'Doedd dim ots gennyt i mi dy adael ar ôl ddoe, Ifor, nac oedd? Rwyt ti'n briod a minnau ddim.'

I Ifor, dyma un a oedd yn barod i beryglu'i fywyd er mwyn cadw'i gyfaill yn ddiogel, ac un yr oedd gan bawb ffydd lwyr ynddo. Am 3 o'r gloch y prynhawn roedd angen ymosod eto: 'Aeth Dai a minnau ymlaen gyda'n gilydd ac o hynny ymlaen ni fuom ar wahân am yr un funud. Roedd honno'n noson ofnadwy ac mor dda y goddefodd o dan y fath brofiad.' Cafodd y gatrawd ei rhyddhau tua 7 o'r gloch fore Mercher. 'Anfonodd Dai'r holl swyddogion a milwyr traed eraill allan o'r goedwig. Arhosais ar ôl gydag ef wrth iddo drosglwyddo peth gwybodaeth i'r swyddogion newydd. Mewn tua ugain munud dechreuom ddychwelyd trwy'r goedwig ond pan oeddem o fewn ychydig i'w gadael, ffrwydrodd siel gan ei ladd ef a'm niweidio i. Ni fuodd fyw am yr un eiliad, buodd farw'n syth. Nid ynganodd yr un ochenaid.'

Goroesodd Tom Ifor Davies y rhyfel ond claddwyd corff ei gyfaill yn y goedwig a chofnodir ei enw ar gofeb Thiepval (gweler hefyd t. 164).

'MAE'R HEN "BALA" ETO'N FYW'

Cymeriad hoffus a phoblogaidd ymhlith ei gyd-filwyr ac yn ei dref enedigol, y Bala, oedd y Preifat Joseph Henry Evans (1879–1917) o 17/Ffiwsilwyr Cymreig. Cyhoeddwyd nifer o lythyron 'Joe' yn y papur lleol, *Yr Wythnos a'r Eryr*, gan gynnwys dau am ei brofiadau ym mrwydr Coedwig Mametz.

Roedd gan Joe wn peiriant yn yr ymosodiad ar y goedwig ond câi ef a'i gyd-filwyr hi'n anodd symud ymlaen, gymaint oedd y tyfiant o fewn y goedwig. Dechreuodd yr Almaenwyr eu sielio ac wrth iddo gysgodi ger ffos, trawyd ef gan gangen o goeden a syrthiodd ar ei ben. Cyn iddo godi, glaniodd dau neu dri o ffrwydron ar y ffos gan ei gladdu dan bridd.

Wrth iddo geisio codi drachefn, rhoddodd ei law yn ddamweiniol ar wyneb Almaenwr marw, 'hen brofiad digon anghynnes fel y gallwch ddychmygu pan gofiwch i mi fod wedi cael gryn dipyn o *shaking* wrth gael fy nghladdu yn y *trench*, a fy mod i yno ar ben fy hun a hithau wedi nosi'. Ofnai ei fod yn agosáu at ffosydd yr Almaenwyr ond llwyddodd i ddod o hyd i fataliwn arall.

Ymhen rhai dyddiau daeth o hyd i'w fataliwn ei hun a phan gyrhaeddodd cafodd groeso gwresog gyda'r waedd 'Mae'r hen "Bala" eto'n fyw.' O fewn dyddiau cafodd ei fataliwn ei symud i wersyll mewn hen gastell lle cafodd waith yn cynorthwyo'r cogydd yn y *sergeants' mess*. Ysgrifennodd at ei fam, gwraig weddw a oedd yn byw yn Stryd y Castell, y Bala, gan ddweud 'Yr wyf yn *toff* ofnadwy yrŵan, fy annwyl fam, ac yr ydym yn gorfod bod yn smart iawn yn y fan yma… Mae yn sicr fod eich gweddïau chi a minnau wedi eu gwrando… Yr oeddym bron wedi ein lladd gan waith cyn dŵad yma… Wel fy annwyl fam gellwch fod yn dawel eich meddwl amdanaf yrŵan, wrth fy mod filltiroedd oddi wrth y *lines*.'

Gwaetha'r modd, cafodd Joe Evans ei ladd ddiwedd Mai 1917 a thalwyd teyrnged deimladwy iddo yn *Yr Wythnos a'r Eryr*: 'Pan ddaeth y newydd fod Joseph

Darlun gan David Jones, un a fu yn y frwydr i oresgyn Coedwig Mametz.

Henry wedi colli ei fywyd yn ymladd dros ei wlad, prin yr oedd y dref a'r ardaloedd yn credu fod brawd mor fyw ac mor annwyl gan bawb wedi tewi yn nistawrwydd y glyn… Nid oes nemawr aelwyd yn ein tref heb hiraeth ar ôl Joseph Henry.'

Mynwent Flatiron Copse lle claddwyd llawer o'r Cymry wedi'r frwydr, gan gynnwys y brodyr Tregaskis, sy'n gorwedd nesaf at ei gilydd.

Cabinet Rhyfel Lloyd George, gyda chynrychiolwyr trefedigaethau a dominiynau'r Ymerodraeth Brydeinig, 21 Mawrth 1917.

23

LLOYD GEORGE YN BRIF WEINIDOG

Yn ystod 1916 roedd yr hyder yn y Prif Weinidog, H H Asquith, yn dihysbyddu'n gyflym ymhlith gwleidyddion a'r cyhoedd yn gyffredinol. Roedd y methiannau yn y Somme yn cynyddu'r pwysau ac erbyn mis Tachwedd ystyrid bod angen rhyw fath o newid, gyda rhai'n dadlau'r angen am bwyllgor gweithredol bach i ddelio â strategaethau yn ymwneud â'r rhyfel. Roedd rhai hefyd yn dymuno gweld prif weinidog newydd wrth y llyw.

Bu cryn gynllwynio yn ystod mis Tachwedd a daeth y cyfan i'w benllanw ddechrau Rhagfyr. Mae'n debyg nad oedd Lloyd George ei hun yn chwennych swydd y Prif Weinidog; roedd ei ddiddordeb ef mewn grym yn hytrach na safle. Ond roedd ef a rhai o arweinyddion y Ceidwadwyr yn awyddus i weld sefydlu Pwyllgor Rhyfel bach gydag ef, yr Ysgrifennydd Gwladol dros Ryfel, yn y gadair yn hytrach na'r Prif Weinidog, Asquith. Cafodd y syniad gryn gefnogaeth gan y wasg (a oedd wedi'i bwydo gan Lloyd George ac eraill) ond nid oedd Asquith am ildio. Ar 5 Rhagfyr cynigiodd Lloyd George ymddiswyddo o'r llywodraeth ond, gyda chefnogaeth y Ceidwadwyr a nifer o'r Rhyddfrydwyr, crëwyd sefyllfa lle nad oedd yn bosibl i Asquith aros yn ei swydd. Ymddiswyddodd ef a darbwyllwyd Lloyd George i geisio ffurfio llywodraeth newydd, un a fyddai'n dod â bywiogrwydd ac egni i'r llywodraeth ac ar yr un pryd yn medru cynnal morâl y boblogaeth mewn cyfnod o berygl.

Nid oedd pawb yn gefnogol i'r Prif Weinidog newydd ac arhosodd carfan o Ryddfrydwyr, gan gynnwys rhai Cymry, yn driw i Asquith. Ymhlith y newidiadau a wnaed gan Lloyd George roedd creu ysgrifenyddiaeth rymus i gefnogi ei swyddfa yn rhif 10, Stryd Downing, a phenodwyd nifer o Gymry i'r staff. Ymhlith rhain roedd Thomas Jones, un o'r dynion mwyaf dylanwadol yng Nghymru, a benodwyd yn Is-ysgrifennydd y Cabinet. Cawsai Lloyd George eisoes gefnogaeth ei ysgrifennydd personol, y Cymro Cymraeg J T Davies, a benodwyd yn 1912. Ei ysgrifennydd seneddol oedd David Davies (yr Arglwydd Davies wedi hynny), un o ddynion cyfoethocaf Cymru (gweler hefyd t. 213). Cyfeiriai Lloyd George ato fel 'Dafydd Bobman', gan ei fod â'i fys ym mhob brywes, a chyfeiriai Davies at y Prif Weinidog fel 'Chief'.

Er nad oedd pawb yn gefnogol i'r Prif Weinidog newydd, yn gyffredinol croesawyd y ffaith bod gwerinwr wedi cyrraedd rhif 10, Stryd Downing, ac yng Nghymru roedd balchder cyffredinol yn llwyddiant un o'i meibion.

'Y TWRNAI BACH CYMREIG'

Yn ogystal â J T Davies, câi Lloyd George gymorth ysgrifenyddol gan Frances Stevenson (1888–1972), a oedd eisoes wedi dod yn gariad iddo. Cadwai Frances Stevenson ddyddiadur, gan gyfeirio at Lloyd George fel 'D.'. Gan amlaf câi hi'r newyddion gwleidyddol yn ail-law drwy Lloyd George ac mae'r safbwyntiau a fynegir yn y dyddiadur yn perthyn i Lloyd George ei hun fel arfer, gydag ambell sylw treiddgar gan y ddyddiadurwraig.

Gyda'r trafodaethau am ddyfodol y llywodraeth yn mynd rhagddynt, ysgrifennodd Frances Stevenson yn ei dyddiadur ar 6 Rhagfyr 1916: 'Diwrnod dychrynllyd – roeddem i gyd bron yn sâl gan y cyffro ac ar bigau'r drain.'

Y noson honno, wedi i Andrew Bonar Law wrthod cynnig y Brenin i geisio ffurfio llywodraeth, galwyd ar Lloyd George. Cytunodd yntau i gais y Brenin: 'Gwelais ef yn syth wedi iddo ddychwelyd ac yr oedd yn welw gan ddweud ei fod am redeg i ffwrdd i'r mynyddoedd. "Nid wyf yn gwbl sicr y gallaf wneud hyn... Mae'n dasg enfawr," meddai.'

Wedi trafodaethau pellach, deallwyd nad oedd rhai o brif wleidyddion y Blaid Ryddfrydol am ei gefnogi: 'Y fath wladgarwch! Serch hynny, credaf y gall lwyddo hebddynt! Aethom adref wedi blino'n lân ac yn llawn cyffro, ond yn fodlon. Roedd fflach brwydr yn llygaid D. gan fod y Rhyddfrydwyr wedi'i herio'n fwriadol. Ond roedd yn ffyddiog o fuddugoliaeth, er na fyddai'n cyfaddef hynny. "Nid wyf yn Brif Weinidog eto," meddai

Cartŵn yn dynodi penodiad Lloyd George yn Brif Weinidog, Rhagfyr 1916.

wrthyf. "O mi rwyt," atebais innau. Gwn na fydd yn methu.'

Y diwrnod canlynol bu Lloyd George yn cwrdd â'r arweinwyr Llafur, ac yntau ar ei fwyaf cyfrwys, a chafwyd ar wybod bod rhai o'r Rhyddfrydwyr am ei gefnogi. Roedd Bonar Law hefyd wedi perswadio mwyafrif yr Unoliaethwyr (y Ceidwadwyr) i ddilyn y Cymro. Nododd Frances Stevenson i'r Ceidwadwyr blaenllaw orfod aros am 10 munud cyn cael eu galw i bresenoldeb Lloyd George: 'Curzon, Cecil a'r gweddill, a fyddai ychydig flynyddoedd yn ôl fyth wedi ysgwyd llaw gydag ef ac a fyddai'n methu â darganfod geiriau digon chwerw

Y Cadfridog Haig
a Général Joffre yn
esbonio'r sefyllfa i
Lloyd George, 1917.

a chas i fynegi eu teimladau – yn awr yn aros i gael y fraint o wrandawiad gyda'r twrnai bach Cymreig... Yn y prynhawn roedd D. mewn ysbryd hwyliog. "Credaf y byddaf yn Brif Weinidog cyn 7 o'r gloch," meddai wrthyf. Ac yr oedd.'

SAETH YN EI FRON

Hen gyfaill i Lloyd George oedd D R Daniel (1859–1931), Rhyddfrydwr radical ac ysgrifennydd Undeb Chwarelwyr Gogledd Cymru am gyfnod. Ond ymddieithriodd y ddau oherwydd penderfyniad Lloyd George i gefnogi'r rhyfel yn Awst 1914. Credai Daniel y dylai Lloyd George fod

wedi gwrthod cefnogi'r rhyfel ac y byddai eraill wedi'i ddilyn, cymaint fyddai ei ddylanwad. Nid oedd Daniel yn ystyried y gymhariaeth rhwng Cymru a 'gwledydd bach Ewrop fel Gwlad Belg' yn un ddilys.

Cyfarfu'r ddau ar hap yn Nhachwedd 1915 ac adroddodd Daniel am y digwyddiad mewn llawysgrif gofiannol. Yn ystod ei sgwrs, mynegodd Lloyd George ei barch tuag at Daniel am ei safiad: 'Edrychais ym myw ei lygaid ac meddwn: "George. We have worn Belgium loudly on our sleeve (gan daraw fy mraich) yet, – first and foremost in falsehood and hypocrisy!" Ni allaf byth anghofio ei edrychiad a'i ymddygiad. Nid attebodd fi ni

159

chondemniodd fi eithr trodd ei ben draw dros ei ysgwydd a'i lygad ynghau gan siglo ei ben a chodi ei ddwy law a'u hysgwyd fel gwr wedi cael brath gan saeth yn ei fron. Gwyddai fy mod yn rhy agos i fy lle i'm hateb a chredaf y gwyddai yn eitha da y geiriau yn onest berffaith i mi. Credaf na welais ef yn ymddwyn yn fwy hynod yn ystod holl flynyddau'n hadnabyddiaeth a *chredaf hyd fy medd* i mi weled mewn un fflachiad beth mewn gwirionedd ydoedd ei farn am wir achosion cychwynnol yr helynt a'r galanas mawr. Cyn gorffen, meddwn "Wel beth bynnag am ei ddechreuad pa bryd y ceir diwedd ar y *Carnage* cythreulig?"

'"Dim am flynyddau," meddai, "dim hyd nes y bydd Ewrop yn *anialwch o ben i ben* (gyda pwyslais trwm)."'

Ar 6 Rhagfyr 1916, ysgrifennodd Daniel yn ei ddyddlyfr: 'Heddyw wele'r bachgen o Lanystumdwy a fy hen gyfaill ers agos 30 mlynedd yn ceisio ffurfio ei Gyfyngyngor. Gofynnwyd iddo wneud hyn gan y Brenin neithiwr tua 9 o'r gloch. Y mae'r anrhydedd hwn wedi dod iddo – fel y credwn ag y dymunwn iddo ddod ers blynyddau – ond ar hyd llwybr na ddaeth i'm meddwl erioed i ddychmygu ei fath. Dyma'r gwr y credais lawer yn ei ymadrodd wedi mynd yn Brifweinidog pan na fedraf fi roddi fy mhleidlais iddo!! Mwy nag y medrwn ei rhoddi i Asquith na Bonar Law.' Ac yna, 'Heddyw Rhag 8 1916: Mae George yn brifweinidog er tua 9 o'r gloch neithiwr pryd y cusanodd efe law George V. Ysgrifennaf ato fel hyn. "Dyma ddiwrnod wedi dod yn eich hanes yr edrychais ym mlaen ato gyda mawr ddeisyfiad am lawer blwyddyn. Ond fel y mynnodd ffawd ryfedd fe ddaeth ar adeg pan nad allaf fi roi fy mhleidlais fechan yn ffafr eich Gweinyddiaeth…"'

Eto i gyd, gallai ddymuno pob bendith iddo gan gadarnhau ei gred mai Lloyd George a 'wnâi heddwch'. A nododd yn ei ddyddlyfr: 'Daliaf i obeithio.'

D R Daniel

Bu aelodau o deulu Lloyd George yn gwasanaethu yn y rhyfel, gan gynnwys ei feibion Gwilym (ar y chwith) a Dic. Ar Ddydd Gŵyl Dewi 1915 bu ei ferch Olwen yn gwerthu baneri Cymreig yn Llundain, gan gynnwys un i Maurice Hankey, Ysgrifennydd y Cabinet.

24

CYNNAL Y FFLAM

'Keep the Home Fires Burning' oedd y gân, a gyfansoddwyd gan y Cymro Ivor Novello, a grynhoai agwedd meddwl cyfnod y rhyfel. Wedi i optimistiaeth yr wythnosau cyntaf bylu i raddau helaeth, a chan fod y newyddion o'r ffrynt yn dueddol o fod yn frawychus, roedd yn angenrheidiol ceisio cynnal morâl y bobl.

Gwnaed hynny'n lleol drwy drefnu ymgyrchoedd dyngarol a chodi arian. Bu menywod yn gweu sanau a sgarffiau a'u hanfon at y milwyr, ynghyd â llu o fwydydd a chysuron, yn arbennig sigarennau. Roedd gweithredu fel hyn yn hyrwyddo'r cysyniad fod gan bawb gyfraniad i'w wneud tuag at ennill y rhyfel. Gyda sefydlu'r Gymdeithas Cynilion Rhyfel gallai pawb gyfrannu at gost y rhyfel hefyd. Gosodwyd targedau i gymunedau ledled y wlad godi cyfanswm a oedd yn gyfwerth ag arfau arbennig; yn Aberpennar, er enghraifft, roedd disgwyl i'r gymuned godi digon o arian i dalu am long danfor.

Cynhaliwyd cyngherddau er mwyn codi arian ac i gynnal morâl y bobl, a byddai gwylio filmiau Charlie Chaplin yn y sinema yn siŵr o godi calon. Eto i gyd, yn y pictiwrs hefyd gwyliwyd ffilmiau fel *The Battle of the Somme*, a noddwyd gan y Swyddfa Ryfel. Barn un sylwedydd am y ffilm ryfeddol hon, a ffilmiwyd yn rhannol ar faes y gad, oedd: 'Nis gellir ei ddisgrifio fel entertainment mewn unrhyw fodd. Y mae yn rhy sobr, lawer ohono, i neb edrych arno er mwyn difyrrwch.' Ym Mai 1917 bu merch Syr Owen M Edwards, Haf, mewn sinema yn Llundain yn gwylio 'Tanks in action a llawer o luniau rhyfel arall – yr advanced dressing stations yn eu mysg – ni af yn fuan eto i weld war pictures.'

Cofeb Ivor Novello yng Nghaerdydd.

Roedd cryn dipyn o gicio pêl o hyd. Er i Gynghrair Bêl-droed Lloegr gael ei hatal yn 1915, chwaraewyd gemau cyfeillgar a thwrnameintiau lleol ar feysydd pêl-droed, yn ogystal â gemau criced a rygbi. Serch hynny, roedd llawer o chwaraewyr wedi ymuno â'r lluoedd arfog ac ni welid rhai ohonynt ar feysydd chwaraeon fyth eto, yn eu plith gôl-geidwad gorau ei ddydd, L R Roose, a'r asgellwr rygbi Johnnie Williams, a gollodd eu bywydau ar faes y gad.

Roedd cryn ddeuoliaeth i'w gweld yn agweddau'r bobl. Cwynodd rhai pan drefnwyd diwrnod o chwaraeon ar ddydd Llun y Sulgwyn yng Nghaerwys, sir y Fflint, gan ddadlau bod y fath weithgaredd yn anghydnaws mewn cyfnod o ryfel. Ond roedd eraill yn dadlau bod cynnal morâl y bobl yn hanfodol a beth bynnag, roedd yr elw'n mynd at y Groes Goch. Byddai rhai'n parhau i fynd ar wyliau. Yn Awst 1917, cwynodd T Eurwedd Williams, llyfrwerthwr o Dafen, Llanelli, am y 'lluoedd diri yn myned ar eu gwyliau fel na bai rhyfel arswydus yn bod. Fy mhrofiad i o'r werin bobl yw – cyd na ymyrrir a'u bywoliaeth a'u cysur – hwy ni phrisiant botwm bren am neb na dim.'

Roedd angen cynnal y fflam yn llythrennol hefyd drwy gloddio digon o lo, nid yn unig i gadw aelwydydd yn gynnes ond yn bwysicach i gynnal diwydiant ac i fwydo llongau masnachol a milwrol. Er i 160,000 o lowyr ymuno â'r lluoedd arfog yn ystod chwe mis cyntaf y rhyfel, roedd yr angen mawr am lo yn golygu bod disgwyl i lawer o lowyr barhau i weithio dan ddaear. Dim ond gyda'r prinder milwyr o 1916 ymlaen y 'cribiniwyd' dynion addas o'r gweithlu ar gyfer y fyddin.

Daeth y glofeydd dan ofal y wladwriaeth yn ystod y rhyfel ond nid oedd y glowyr wedi anghofio'u hawliau yn llwyr a bu sawl anghydfod. Gan amlaf roedd gwreiddyn yr anghydfod yn ymwneud â chyflogau ac amodau gwaith ac, er bod rhai sosialwyr rhonc, yn arbennig yn ne Cymru, yn erbyn y rhyfel, ni fu ymgais gan yr undebau llafur i danseilio'r ymdrech ryfel. Serch hynny, roedd pryderon mawr yn y llynges adeg cyfnodau o brinder glo. Arweiniodd streic y glowyr yn ne Cymru yn 1915 at feirniadaeth lem o'r glowyr, ond dadleuwyd bod angen cydnabod eu cyfraniad drwy gynnig cyflog teilwng iddynt. Fodd bynnag, enillodd y glowyr enw drwg ymhlith llawer o filwyr ar y ffrynt oherwydd eu tueddiad i fynd ar streic.

Roedd angen hefyd cynnal fflam angerdd y milwyr a ddeuai adref o dro i dro am seibiant byr, gan y câi sawl un hi'n anodd i ddychwelyd i'r ffrynt. Ar un achlysur, gwelwyd yr heddlu milwrol yn eu capiau coch yn ardal Llanddona, sir Fôn, yn ceisio canfod y bardd ifanc o bentref Talwrn, y gynnwr Percy Hughes, a oedd yn hwyr yn dychwelyd i'r fyddin.

Dihangai eraill o'u gwersylloedd i'w cartrefi, fel Thomas Parry, Mountain Street, Caernarfon, a ddaliwyd gan yr heddlu yn Hydref 1915 am y pedwerydd tro am ddianc o'r Gatrawd Gymreig. Roedd ei dad yn ei guddio yn y gwely gydag ef pan ddaeth yr heddlu, a charcharwyd y tad am fis am y drosedd o gelu milwr.

Percy Hughes

Ddeuai rhai milwyr fyth adref. Roedd y Preifat Jack Evans newydd ddychwelyd i'r ffrynt wedi cyfnod o seibiant yn ei gartref yn Oxford Street, Maerdy, y Rhondda, pan laddwyd ef yn Nhachwedd 1916. Roedd ei wraig Margaret Ann wedi ysgrifennu ato yn cwyno am ymddygiad eu mab, William John, ond dychwelwyd y llythyr ati gyda'r neges foel 'Killed 4/11/1916' ar yr amlen.

Roedd gweld postmon yn cludo llythyr swyddogol yn peri braw i deuluoedd. Llythyr o'r Swyddfa Ryfel a gâi teuluoedd yn eu hysbysu o farwolaeth milwr cyffredin, a dim ond teuluoedd swyddogion a dderbyniai delegram gyda'r neges drist. Cofiai Myfanwy Thomas, a hithau ond yn chwe blwydd oed ar y pryd, y bachgen telegraff yn gosod ei feic coch ger y ffens y tu allan i'w chartref ac yn cludo'r telegram gyda'r neges fod ei thad, y bardd Edward Thomas, wedi'i ladd yn Ffrainc: 'Safai Mam yn darllen y neges a'i hwyneb fel y galchen. Daeth y "Dim ateb" fel crawc, ac i ffwrdd â'r bachgen ar ei feic. Estynnodd Mam ein cotiau ac aethom allan yn crynu i haul y prynhawn hwnnw o Ebrill. Cydiais yn ei llaw, gan hanner rhedeg i ddal i fyny gyda'i chamau cadarn, cyflym, ac yn ciledrych yn barhaus ar wyneb dwys nad oedd yn troi i gwrdd â'm golwg. Arhosais, gyda cheg sych a chalon oer, y tu allan i'r swyddfa bost, tra bod y negeseuon yn cael eu hanfon i ffwrdd i chwiorydd fy mam, i Mam-gu ac i Eleanor.'

Yn gyffredinol, tra byddai rhai teuluoedd yn ymfalchïo bod eu meibion yn gwasanaethu eu gwlad yn y lluoedd arfog, dichon fod llawer mwy yn bryderus iawn, gan ofni'r gwaethaf. Yn aml byddai'r pryder hwn yn troi'n alar amhosibl ei leddfu. Wrth gyfeirio at farwolaeth ei fab, y Lefftenant Gwilym Arthur Tegid Jones, yn 1917, ysgrifennodd ei dad, yr eisteddfodwr mawr a'r recriwtiwr dyfal Llew Tegid, flwyddyn yn ddiweddarach: 'Mae llaw dyner amser yn gwella peth ar y clwyf, ond erys yr hiraeth tra calon yn curo… prudd i'n calon yw'r syniad na chaiff ef fod yma gyda ni i ddathlu'r fuddugoliaeth, ac yn croesawu'r heddwch yr ymladdodd drosto. Mab tangnefedd oedd efe, ac ni buasai dim ond teimlad o ddyletswydd yn gallu ei gael i ymladd â neb.'

'SMO TI'N MYND NES BO RHAID I TI'

Roedd Josiah Jones o Gwm Aman ('Joe Brickman' i'w gyfeillion) yn gweithio yn Nhreherbert, y Rhondda, yn 1914. Roedd ef a'i gyfaill Idwal Jones o Gwmllynfell am ymuno â'r fyddin a chofiai'r bechgyn yn gadael y cwm i ymrestru: 'Fi'n cofio nhw'n mynd, fi'n cofio ni'n mynd i hebrwng nhw lawr i'r station Tonypandy. A oe'n i'n moyn mynd gyda nhw. A oedd cefnder i fi o Ystradgynlais, fe aeth e'r amser 'ny, a oe'n i'n gweud wrth Idwal y mhartner, Wel dere i ni gael joino lan nawr. Na, sa i ni gael mynd gartre gynta medde fe. Wel, oe'n i'n gweud, Unwaith ewn ni gartre, pan ceith yr hen fenywod afael ynddo ni, fydd dim byth cyfle gyda ni joinc lan wedi'ny. Oedd e'n mo'yn mynd nol.'

Wedi dychwelyd adref i Gwm Aman, aeth y ddau o flaen y Bwrdd Meddygol: '2b oedd y mhartner, rhywbeth ar ei galon e. Oe'n i'n fachgen dewr iawn, oe'n i'n A1 te. Oe'n i'n ffit for anything. Ond na, Mam yn gweud, "Smo ti'n mynd nes bo rhaid i ti."'

Yn hwyrach yn y rhyfel, roedd y gweithfeydd glo yn cydweithio â'r awdurdodau milwrol i 'gribinio' dynion addas o'u plith ar gyfer y fyddin. Roedd Josiah Jones, a oedd yn gweithio ym mhwll y Betws, Rhydaman, ar y pryd, yn un ohonynt: 'Wel nawr ma rhaid i fi fynd, gan bod nhw wedi galw arno i fynd, nage volunteer ond yn gonscript mewn ffordd nawr. A rwy'n fodlon mynd. A oe'n i'n paratoi i fynd i'r barracks i Gaerfyrddin. Ond ar station Pantyffynnon, ma fi'n cwrdd a trysorydd y gwaith, Rufus Evans, fi'n cofio'i enw fe yn dda. A ma Rufus yn gweud, ichi off yn fore i chi ddim. Odw wedes i, fi wedi cael y 'ngalw i'r fyddin nawr, rwy i yn mynd i Gaerfyrddin i'r barracks. Sefwch nawr medde Rufus, fi ddim yn credu bod eisiau i

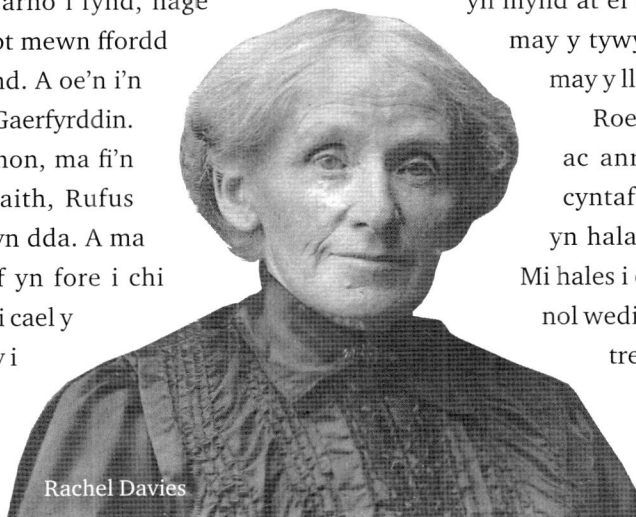

chi fynd. Wel, ma nhw wedi gweud wrtho i, rwy i wedi cael yn rhybuddio o'r Police Station bo fi fod i fynd beth bynnag. Waeth oe'n i'n lodgo nawr gerllaw'r Police Station. Dewch nol 'da fi medde fe. A nol i weld y llyfre da fe. Na, 'sdim eisiau i chi fynd medde fe, oherwydd mae'r quota wedi mynd o'r Betws. A oedd hyn a hyn o bercentage, rhyw five percent neu rywbeth i fod i fynd yr amser 'ny, a wedyn oe nhw'n cadw'r rhest, oherwydd bod cymaint o eisiau glo, i gadw'r wheels i droi amser rhyfel chi'n gweld. A fel'ny, fe lwyddais i beidio mynd te. A nol gartre i weud wrth Mam. Oedd yr hen fenyw fel se hi wedi cael ffortiwn, fydde hi ddim mwy hapus. Ond oe'n i'n eitha parod i fynd, oe'n i ddim conshi chi'n gweld. Oe'n i'n teimlo'r un peth pryd 'ny, waeth fydde'n brofiad newydd i fi. Ond daeth mo hwnna off. A fi bron bo'n flin heddi cofiwch na fydden i wedi cael y profiad na. Chi'n gwbod, fi'n teimlo dylen i weld cymaint o bopeth, a profi popeth a sy bosib beth bynnag.'

'PEIDIWCH GOFYDIO DIM AM DANAF'

Tra bod llawer iawn o lythyron gan filwyr at eu teuluoedd neu eu cariadon ar gael, ychydig o lythyron a anfonwyd gan y teuluoedd at y milwyr ar y ffrynt sydd wedi goroesi. Un a fu'n ysgrifennu'n gyson at ei mab David (Dafi) Davies (1888–1975), aelod o Gatrawd Mynwy, oedd Rachel Davies (g.1857) o Star House, Llandysul, ac mae rhai o'i llythyron wedi'u cadw'n ddiogel.

Roedd ei llythyron yn cynnwys newyddion lleol a'r diweddaraf am hynt a helynt rhai fel Jack Drenewydd, John Rhydgoch, David Llwyn, Tom Enoch, Jonny Blaeniago, Kitch Penlonwen ac eraill, yn ogystal â hanesion am ei nai bach, Cerdin. Ymhlith ei sylwadau roedd: 'Mae John Daniel yn mynd ir armi ai frawd bach yn mynd at ei wncwl i Llanllwni a tyna ddiflas may y tywydd yn rhyfedd o wlyb ford hyn may y llafyr yn mynd yn ofer ar y ddeyar.'

Roedd hefyd yn anfon ambell barsel ac anrheg fach ond fe fethodd y tro cyntaf wrth anfon hances ato: 'Yr wyf yn hala y mhacin bach yma i chwi eto. Mi hales i ef unwaith o'r blaen ac mi ddayth nol wedi bod am dro yn frans, ac yr wyf yn treio eto. Presant bach o'r Cei yw ef.'

Ond yn naturiol, roedd hefyd yn pryderu am ei mab: 'Annwyl fab yr wyf yn meddwl llawer amdanoch ddydd a nos. Mae

Rachel Davies

ofan arnaf nad ydych yn cael bwyd fel y dylech na dillad i newid. Mi fydde yn dda gennyf pe baech yn cael eich parseli a'r llythyron chwi yn ei hamser i gyd. Gobeithio na chewch chi ddim mynd i'r trenchis neu wn i ddim beth i wneyd, ond does gyda fi ddim i weyd nawr ond gweddïo drosoch annwyl blentyn a gobeithio y daw popeth yn iawn eto.'

A thra ei bod hithau'n poeni am ei mab, roedd yntau'n pryderu am ei fam. Ond ei hymateb oedd: 'Yr wyf yn cael nerth rhyfedd yr wyf yn credy yn iawn fod Dyw yn gwrando eich gweddi gan mor dawel fy meddwl wyf ac yr wyf yn cysgu yn iawn bob nos, yn well nag yr oeddwn trwyr geyaf peidiwch gofydio dim am danaf.'

Er iddo ddioddef o afiechyd annymunol, dychwelodd Dafi Davies i Gymru yn holliach, gan weithio mewn ffatri wlân, pwll glo a siopau cyn cael ei benodi i gymryd gofal o Wasg Aberystwyth yn 1945.

COLLI MAB

Hysbyswyd rhieni y Capten Dafydd Jones (gweler hefyd t. 155), Thomas a Margaret Jones, Wern Isaf, Llanio, Llanddewi Brefi, Ceredigion, o farwolaeth eu mab drwy delegram bum diwrnod wedi iddo gael ei ladd ym mrwydr Coedwig Mametz ar 10 Gorffennaf 1916. Ar ddiwedd y mis daeth telegram arall o gydymdeimlad ar ran y Brenin a'r Frenhines. Yn y cyfamser, derbyniwyd llythyron niferus gan berthnasau a chyfeillion yn estyn cydymdeimlad atynt yn eu profedigaeth.

Roedd natur y llythyron yn amrywio. Cafwyd rhai ffurfiol gan aelodau o'r fyddin ac eraill gan gyd-filwyr a fu gyda'r Capten Dafydd Jones yn y frwydr. Roedd rhai, fel 'Talfryn', yn mynegi atgasedd at yr Almaenwyr: 'How I would like again to strike a bayonet through & through a dirty German & tell him with each stroke "for Dai – for Dai".'

Ysgrifennodd David Williams, Treherbert, cefnder y fam: 'Bu farw ar lwybr dyledswydd wrth ymladd dros ei wlad. Y mae ffyrdd Rhagluniaeth yn ofnadwy o dywyll. Mae'r blodau yn chwerw eu blas, ond cymerwch gysur er hynny, "melys fydd y grawn".'

Ysgrifennodd cyfeilles o'r enw Lilian Howell at y fam sawl tro. Mewn un llythyr ysgrifennodd: 'Yr oeddwn ninau wedi gweddïo cymaint am iddo gael

Disg adnabod Dafydd Jones.

ei arbed. Pan glywem am rhiw ymladd mawr fy meddwl cyntaf oedd "A yw Dai yn ddiogel" ac yr oedd gweddi fach yn mynd i'r lan at y lleill bob tro. Yn ystod yr ymladd mawr yn Mametz yr oedd rhiw wasgfa rhyfedd arnaf. Yr wyf yn cofio un diwrnod yn enwedig pan yn darllen y papur gorfod i mi roddi fyni gan y fath deimlad daeth drosof. Credais fod fy nghalon wedi sefyll gyda maint a dyfnder fy nhimlad. Wrth edrych yn ôl wedi hynny gwelais mai y diwrnod cafodd Dai ei ladd oedd hynny.'

Pryderai'r fam am eiddo personol ei mab ac ysgrifennodd at ei gatrawd yn awgrymu bod arian ac eiddo wedi'u dwyn oddi ar ei gorff. Mewn ymateb, ceisiodd R O Lloyd, swyddog gyda 10/Catrawd Gymreig, ddisgrifio sut y lladdwyd ei mab ar faes y gad. Pan laddwyd ef gan ffrwydryn nid oedd modd ei gladdu'n syth ond gwnaed hyn, ynghyd â chyrff llu o filwyr eraill, yn y goedwig yn fuan wedi hynny. Byddai'r cit a gedwid y tu ôl i'r rhengoedd wedi ei anfon ymlaen i'r swyddog cyflenwi a byddai'r teulu'n medru ei hawlio maes o law. Fodd bynnag, mae'n debygol y byddai ei rifolfer a'i sbinglasys wedi'u chwalu gan y ffrwydrad a laddodd ef. Roedd Lloyd yn amlwg yn ddig ynghylch yr awgrym o ddwyn arian. 'Our officers in the Army are gentlemen,' ysgrifennodd. Ni chredai fod gan Dafydd Jones £12 ar ei gorff, fel yr awgrymai ei fam: 'I am very sorry that you should have cast such insinuations – but I suppose your grief at your sad loss made you write words you did not intend to.'

Maes o law, derbyniodd y teulu becyn o ddillad ac eiddo personol Dafydd Jones, a daeth ei sbinglasys i law ymhlith eiddo cyfaill. Cawsant hefyd y ddisg adnabod a wisgai am ei wddf, ond er holi'n ddyfal ni chawsant wybod ble'n union y claddwyd eu mab.

CHWARAE'N TROI'N CHWERW

Pan ddychwelodd y Preifat John Bagnall o 4/Ffiwsilwyr Cymreig adref i Nant ger Wrecsam am seibiant ym mis Mawrth 1916, daeth â swfenîr o faes y gad gydag ef. Roedd ef, a chyd-filwr, wedi darganfod ffiws ffrwydryn Almaenig a buont yn ei daflu at ei gilydd gan y credent mai 'dud' ydoedd.

Yn ei gartref yn Woollams Row, dangosodd Bagnall y ffrwydryn i'w deulu a'i gymdogion gan ei daflu i'r llawr i ddangos ei fod yn gwbl ddiogel. Yr eildro iddo wneud hynny, ffrwydrodd y bom. Chwythwyd merch ifanc o'r enw Ethel Roberts

o'r tŷ i'r iard gefn ac anafwyd chwech arall yn ddifrifol. Cludwyd hwy i'r ysbyty ond, ynghyd ag Ethel Roberts, bu farw tair merch fach arall. Collodd un o'r menywod yn y tŷ ei dwy goes ac un arall ei throed a rhan o'i throed arall.

Collodd Bagnall ei hun ei goes a chafodd anaf drwg i'w goes arall. Pan lwyddodd un o'r cymdogion i gyrraedd Bagnall wedi'r trychineb, ei unig gri oedd: 'It was a mere accident.'

Safiad 'SO'

O ganlyniad i'r chwyldro yn Rwsia yn Chwefror 1917 a ddaeth ag awtocratiaeth y Tsar i ben, pryderai llywodraeth Prydain am ymrwymiad y wlad i'r rhyfel ond hefyd am yr effaith ar y dosbarth gweithiol. Manteisiodd y sosialwyr, y rhai a wrthwynebai'r rhyfel yn bennaf, ar y cyfle i gefnogi llywodraeth newydd Rwsia ac mewn cynhadledd a gynhaliwyd yn Leeds ym Mehefin 1917, galwyd ar bob ardal i ffurfio Cynghorau Gweithwyr a Chynrychiolwyr y Milwyr er mwyn cychwyn a chydlynu gweithgareddau dosbarth gweithiol, yn debyg i'r 'soviets' yn Rwsia.

Yn ne Cymru, trefnwyd cynhadledd i'w chynnal yn neuadd yr Elysium, Abertawe a daeth 200 o gynrychiolwyr o'r mudiad llafur yno ar 29 Gorffennaf 1917. Yn eu plith roedd S O Davies (?1886–1972), sosialydd tanbaid oedd yn enedigol o Abercwmboi, Cwm Cynon, ond a oedd bellach yn gweithio yng nglofa'r Tymbl, sir Gaerfyrddin.

Roedd gwrthwynebiad i'r gynhadledd yn cyniwair yn Abertawe am rai dyddiau ddiwedd Gorffennaf.

Barnwyd mai nod y gynhadledd oedd tanseilio'r ymdrech ryfel a hyrwyddo heddwch â'r Almaen. Yn flaenllaw eu gwrthwynebiad roedd cangen Abertawe o'r Gynghrair Pensiynau a Lles Morwrol a Milwrol, corff wedi'i noddi gan y llywodraeth ar gyfer milwyr a morwyr clwyfedig. Adwaenid hwy fel y 'bit-badge men' gan eu bod yn gwisgo bathodyn bach arian y clwyfedig. Trefnwyd cyfarfod cyhoeddus ym Mharc Fictoria ddiwrnod cyn y gynhadledd a galwodd y Parch. P Moss Weston, caplan y morwyr, ar y dorf i'w gynorthwyo i chwalu'r gynhadledd.

Ar ddiwrnod y gynhadledd, arweiniwyd tua 500 o ddynion ynghyd â rhai *munitionettes* i neuadd yr Elysium gan gyn-filwr o'r enw Sarjant Smith a gariai bicell ddur â choes 15 troedfedd. Ymosodwyd yn dreisgar ar y cynrychiolwyr, gan eu curo'n ddidrugaredd, ac ni wnaeth yr heddlu unrhyw ymgais i atal y trais. Dihangodd llawer o'r cynrychiolwyr yn gwaedu'n drwm ac yn gleisiau i gyd, ond arhosodd un dyn dewr i wynebu'r dorf. Tra oedd arweinwyr y dorf yn rhoi cynnig gerbron yn cefnogi unrhyw gais gan y llywodraeth i wahardd cyfarfodydd 'pasiffistaidd', cododd S O Davies ar ei draed i gondemnio gweithrediadau treisgar y dydd. Fe'i hebryngwyd ef allan o'r neuadd yn gwbl ddiseremoni gan 'chuckers out' dicllon.

Daeth S O Davies yn arweinydd sosialaidd poblogaidd yn ne Cymru wedi'r rhyfel, gan gynrychioli etholaeth Merthyr Tudful yn y Senedd o 1934 hyd at ei farwolaeth yn 1972.

Cynnal y fflam ar Ddydd Gŵyl Dewi 1918: *tableau* gan nyrsys Ysbyty'r Groes Goch, Aberystwyth yn cynrychioli holl wledydd y Cynghrair.

DO YOU THINK

MY 5/- WON'T HELP THE WAR LOAN

DO YOU REALIZE

THOUSANDS MAY BE THINKING THE SAME

DO YOU KNOW

IF EACH OF US SAVED 5/- A WEEK
WE SHOULD SAVE NEARLY

£600,000,000 A YEAR

INVEST YOUR 5/- TO-DAY

APPLY AT THE NEAREST POST OFFICE

PUBLISHED BY THE PARLIAMENTARY WAR SAVINGS COMMITTEE, LONDON. POSTER No 20.

PRINTERS, SIR JOSEPH CAUSTON & SONS, LIMITED, LONDON.

n dull o gefnogi'r achos oedd buddsoddi mewn Benthyciadau Rhyfel. Cododd y llywodraeth dros £2 biliwn yn ystod y rhyfe
d profodd y llog hael yn faen melin i economi Prydain yn ystod dirwasgiad y blynyddoedd wedi'r rhyfel.

25

BWYDO'R BOBL

'Blwyddyn newyn' oedd yr enw a roddwyd ar 1917. Cyn y rhyfel roedd Prydain yn mewnforio tua 60 y cant o'r bwydydd yr oedd arni eu hangen i gynnal ei phoblogaeth, gyda'i hamaethwyr yn cynhyrchu dim ond un rhan o bump o'r gwenith gofynnol. Yn ystod y rhyfel, â llongau tanfor yr Almaen yn suddo llongau a chyfyngiadau ar y bwyd y gellid ei fewnforio o'r cyfandir, rhaid oedd ceisio cynhyrchu mwy o fwydydd gartref. Sefydlwyd pwyllgorau sirol i hyrwyddo aredig mwy o diroedd er mwyn cynhyrchu cnydau a llysiau ychwanegol.

Serch hynny, roedd achwyn am agwedd rhai ffermwyr. Yn Awst 1915, cwynodd y Capten Lorenzo Margrave, recriwtiwr swyddogol sir Gaerfyrddin, mewn cyfarfod yn Noc Penfro bod ffermwyr yn gwneud elw da ac yn ei gadw ac, yn fwy na hynny, yn cadw eu meibion a ddylai fod yn y fyddin. Gwyddai am ffermwr o sir Benfro a chanddo chwe mab a daerai y byddai'n well ganddo weld yr Almaenwyr yn dod draw na gadael i un o'i fechgyn fynd i ryfel. Honnwyd hefyd bod ffermwyr yng Nghymru yn trefnu i landlordiaid gynnwys enwau eu meibion ar gytundebau tenantiaeth, er mwyn dangos bod y fferm yn cael ei chynnal gan y tad a'r meibion.

Ar y llaw arall, roedd prinder gweithwyr yn broblem i'r byd amaeth, yn arbennig yn ystod cyfnod y cynhaeaf, gan i effaith recriwtio gan y fyddin leihau nifer y cynion a oedd ar gael. O 1915 ymlaen cytunodd y fyddin i ryddhau rhai milwyr am hyd at 14 diwrnod i gynorthwyo ar y ffermydd yn ystod y cynhaeaf.

Galwyd hefyd ar fenywod i wirfoddoli i weithio ar ffermydd. Ym Mehefin 1916, adroddwyd bod dros 300 o fenywod wedi'u recriwtio yn sir Gaerfyrddin a bod gardd fawr wedi'i sefydlu yn Nhalacharn gyda 67 o fenywod yn ei thrin. Erbyn Mawrth 1917 roedd Byddin Menywod y Tir (Women's Land Army) – a elwid ar lafar gwlad yn Ferched y Tir – wedi'i sefydlu'n swyddogol, ond ymylol oedd cyfraniad y corff newydd hwn mewn gwirionedd. Roedd yn well gan fenywod weithio am gyflog uwch mewn ffatrïoedd.

Tra ei bod yn bosibl canfod bwydydd maethlon yng nghefn gwlad drwy dyfu llysiau mewn gerddi, casglu ffrwythau o gloddiau a hela, roedd canfod bwyd yn anos yn y trefi a'r dinasoedd. Yn Wrecsam yng ngwanwyn 1917, galwyd yr heddlu gan fod menywod yn ymddwyn yn derfysglyd wrth iddynt ymdrechu i brynu tatws o gert a oedd wedi cyrraedd y dref. Hefyd yn Wrecsam yn ystod yr un cyfnod, daliwyd pedwar bachgen yn dwyn tatws o dŷ yn Ffordd Grosvenor ac mewn achos arall dirwywyd siopwr am wrthod gwerthu tatws i gwsmer oni bai ei fod yn prynu nwyddau eraill hefyd.

Erbyn 1917 roedd y llywodraeth yn ymyrryd yn y farchnad drwy osod prisiau ar rai bwydydd ac erbyn diwedd y flwyddyn honno roedd trefniant dogni bwyd mewn grym am y tro cyntaf. Galwodd y Prif Weinidog, Lloyd George, ar ffermwyr i ystyried eu hunain fel brwydrwyr ar y ffrynt cartref: 'Mae pob sachaid o fwyd a gynhyrchwch yn gyfwerth â ffrwydron rhyfel, yn gyfwerth â gwn, i'w ddefnyddio yn yr ymdrech fawr hon, a galwn arnoch i ymuno â'r frwydr gyda'ch bwyd.'

Er yr holl ymdrechion, ychydig iawn o fwydydd ychwanegol a gynhyrchwyd erbyn diwedd y rhyfel, ond nid oedd Prydain serch hynny mewn sefyllfa o newyn neu hyd yn oed gamfaethiad, sef profiad llawer yn yr Almaen, Awstria-Hwngari a Rwsia yn nyddiau olaf y rhyfel.

PLADUR A CHRYMAN

O 1915 ymlaen gallai ffermwyr wneud cais am gymorth gan filwyr dros gyfnod y cynhaeaf. Trefnydd hyn yng Ngwynedd oedd yr Uwch-gapten Charles E Breese (1867–1932) o 20/Ffiwsilwyr Cymreig, cyfreithiwr wrth ei alwedigaeth ac un a fu'n cydweithio â'r David Lloyd George ifanc yng nghwmni Breese, Jones a Casson, Porthmadog.

Yn 1916 cytunodd y fyddin i ryddhau oddeutu 27,000 o filwyr i gynorthwyo gyda'r cynhaeaf a gwnaeth cannoedd o ffermwyr gais am gymorth dros dro. Yn aml gofynnid am i fab y fferm neu gyn-was ddychwelyd o'r fyddin gan y byddent yn gyfarwydd â'r gwaith. Ceisiodd Erasmus Jones, Tyddyn Criw, Llangristiolus, er enghraifft, am gymorth ei fab, y Preifat T W Roberts, 6/Ffiwsilwyr Cymreig. Yn y ceisiadau, pwysleisiwyd yn aml yr angen am lafurwyr a fedrai'r Gymraeg er mwyn iddynt ddeall iaith naturiol y ffermydd. Roedd galw hefyd am weithwyr a fyddai'n gyfarwydd â defnyddio pladur a chryman, yn hytrach na pheiriannau.

Gan fod modd defnyddio milwyr o wersylloedd ym Miwmares a Chaernarfon, nid oedd cymaint o broblem yn siroedd Môn a Chaernarfon, ond roedd y sefyllfa ym Meirionnydd yn fwy dyrys a rhaid oedd gweithredu'n gyflym yno i ateb y galw. Roedd llai o alw hefyd yn Llŷn gan yr honnwyd bod y tribiwnlys lleol yno yn dueddol o fod yn fwy trugarog wrth ystyried ceisiadau am eithriadau gan weithwyr fferm. O'r 1,500 o geisiadau yno, dim ond 180 a fethodd ag ennill eithriad, a

Aelod o'r Ffiwsilwyr Cymreig yn cynorthwyo ar fferm yn sir Gaerfyrddin.

phrofodd tua hanner y rhain yn anghymwys ar gyfer gwasanaeth milwrol.

Wedi'r rhyfel, â'i gysylltiadau agos gyda Lloyd George yn allweddol, etholwyd Breese yn Aelod Seneddol dros sir Gaernarfon yn 1918 ond collodd y sedd yn 1922. Dioddefodd drawiad ar y galon wrth saethu grugieir ger y Bala yn 1932 a bu farw'n fuan wedyn.

'ENGLAND MUST BE FED'

Ymhlith y rhai a fu'n siarad yn un o gyfarfodydd recriwtio Byddin Menywod y Tir yn y Drenewydd ar ddiwrnod olaf Ebrill 1918 roedd Hilda Vaughan (1892–1955), a ddaeth yn enwog yn ddiweddarach fel nofelydd.

Cyn y cyfarfod, gorymdeithiodd tua 70 o Ferched y Tir trwy'r dref wedi'u gwisgo mewn cotiau o frethyn caerog a hetiau brown. Buont yn dilyn seindorf a chariwyd baner ac arni'r geiriau 'ENGLAND MUST BE FED' – arwydd bod Lloegr yn gyfystyr â Phrydain yn y dyddiau hynny.

Cadeiriwyd y cyfarfod yn y Neuadd Gyhoeddus gan Syr Watkin Williams Wynne, a fu'n canmol gweithgaredd y menywod. Yna cododd merch ifanc landeg i annerch y dorf. Roedd Hilda Vaughan, yn ôl nofelydd arall a oedd yno, Berta Ruck, yn ferch hyfryd ei golwg, â'i gwallt coch golau, ei gwên, ei llais persain, tlws a'i hacen Gymreig. Hi oedd trefnydd Pwyllgor Rhyfel Gwragedd Amaethyddol Brycheiniog, un o nifer o bwyllgorau sirol a sefydlwyd i lunio rhestr o fenywod a fyddai'n fodlon gweithio ar y tir. Yn ei haraith, roedd yn gwbl ddiflewyn-ar-dafod ynglŷn â gofynion bod yn un o Ferched y Tir: 'Yr wyf yn rhoi ger eich bron anfanteision y bywyd. Oriau hir! Gwaith caled! Cyflog gwael! Wedi i chi gael eich lluniaeth a'ch llety, swllt y dydd efallai. Cyflog gwael iawn, ond ferched... mae'r Ffiwsilwyr Cymreig (yr hen 23ain) a'r Gatrawd Gymreig yn cynnig eu bywydau am hynny. Oni wnewch chi gynnig eich gwasanaeth am hynny – iddyn nhw?'

'Miss Vaughan surprised the audience with a particularly able address for a girl of her years' oedd sylw nawddoglyd gohebydd y *Montgomeryshire Express*.

Yn ddiweddarach, ymwelodd Berta Ruck â Hilda Vaughan yn Aberhonddu a sylwi ei bod yn teithio'r wlad ar gefn merlen gan weithio o fore gwyn tan nos. Byddai'n archwilio lletyau'r merched, yn holi ffermwyr a fyddent yn dymuno cyflogi merched ac yn sicrhau bod y merched yn cael gofal a'u bod yn fodlon eu byd.

Aelodau o Fyddin Menywod y Tir yn ardal Machynlleth, tua 1917.

Pryder y Fonesig

Pryderai'r Fonesig Ada Mather-Jackson (1861–1949), o Landeilo Gresynni, sir Fynwy, am ymddygiad rhai merched ifanc a oedd yn aelodau o Fyddin Menywod y Tir. Roedd hi'n wraig i Arglwydd Raglaw sir Fynwy, yn byw yn Llantilio Court ger y Fenni ac yn flaenllaw yng ngweithgareddau Pwyllgor Rhyfel Gwragedd Amaethyddol Sir Fynwy.

Roedd y rheolau ar gyfer Merched y Tir sir Fynwy yn rhai llym. Roedd yr oriau'n hir: codi am 6 y bore, brecwast am 6.45, cinio am 12.15, te am 6, a'r amser gwely oedd 9.30 yn yr haf a 9 yn y gaeaf. Disgwylid iddynt weithio naw awr a hanner y dydd, heb gynnwys amser bwyd. Roedd y ddisgyblaeth ddisgwyliedig hefyd yn llym; er enghraifft, byddai'r defnydd o iaith amhriodol, ymddygiad stwrllyd a pheidio â dilyn y rheolau yn cael eu hystyried yn achos digonol dros eu diarddel.

Eto i gyd, yn 1918 ysgrifennodd y Fonesig Mather-Jackson lythyr at gyfarwyddwraig Cangen y Menywod o'r Bwrdd Amaethyddiaeth yn mynegi ei phryderon. Credai fod diffyg disgyblaeth yn rhemp, gyda rhai merched, yn arbennig y rhai o ardaloedd glofaol, yn rhedeg i ffwrdd. Roedd eraill yn gofyn am ddyddiau rhydd ac yn gwneud cyn lleied o waith ag oedd yn bosibl. Credai y dylid rhoi rhai o'r merched a droseddai fel hyn gerbron ynadon ac y byddai'n syniad gorfodi'r merched i aros mewn hosteli pwrpasol.

Fodd bynnag, mewn ymateb, nid oedd y gyfarwyddwraig yn gefnogol i ddisgyblaeth led-filwrol a thybiai y dylai 'menywod o ddylanwad' geisio magu *esprit de corps* ymhlith y merched.

Dogni Bwyd

Nid oedd Lloyd George a D A Thomas, Arglwydd Rhondda (1856–1918), yn gyfeillion cyn y rhyfel ond gwyddai'r Prif Weinidog am alluoedd gweinyddol arbennig y diwydiannwr ac fe'i penodwyd yn Weinidog Rheoli Bwyd ym Mehefin 1917.

Roedd yr Arglwydd Rhondda yn un o ddynion busnes cyfoethocaf Cymru, ac yn Aelod Seneddol dros Ferthyr rhwng 1888 ac 1910. Roedd yn ffodus hefyd i oroesi suddo'r *Lusitania* yn 1915, gyda'i ferch Margaret (gweler tt. 87–89).

Fel llawer o'i gyfoedion, credai yn y farchnad rydd ond derbyniai fod amgylchiadau'r rhyfel yn golygu bod angen cyflwyno mesurau i reoli prisiau bwyd. Yn hyn o beth bu'n llwyddiannus, gyda phrisiau tua 90 y cant o fwydydd yn cael eu rheoli erbyn diwedd 1917. Fodd bynnag, cafodd y llywodraeth gryn drafferth i sicrhau dosbarthiad teg o fwydydd ymhlith y boblogaeth. Cafwyd cwyno cyson am giwiau bwyd a'r farn yn gyffredinol ymhlith y dosbarth gweithiol oedd bod y dosbarth canol yn medru cael gafael ar fwyd yn ddidrafferth ond nid felly'r werin bobl. Yn Rhagfyr 1917 galwodd Cyngres yr Undebau Llafur ar y llywodraeth i gyflwyno mesur o ddogni er mwyn sicrhau dosbarthiad teg o fwydydd. Pryderai'r llywodraeth y gallai'r anghydfod arwain at aflonyddwch cymdeithasol ac roedd yn ymwybodol fod y chwyldro yn Rwsia wedi cychwyn o ganlyniad i gyfnod o brinder bwyd.

Erbyn Chwefror 1918 roedd Arglwydd Rhondda dan bwysau mawr i weithredu, gyda Lloyd George yn ystyried ei ddiswyddo, cymaint oedd ei amhoblogrwydd ymhlith y cyhoedd. Roedd eisoes wedi dechrau datblygu cynllun dogni a weithredwyd yn lleol o Dachwedd 1917 ymlaen. O ran egwyddor, gwrthwynebai systemau dogni ond ystyriai mai dyma oedd yr unig ffordd ymarferol ymlaen. Erbyn Gorffennaf 1918 roedd y rhan fwyaf o fwydydd ac eithrio bara wedi'u dogni. Diflannodd y ciwiau bwyd ac adferwyd enw da Arglwydd Rhondda.

Gwaetha'r modd, roedd y pwysau arno wedi effeithio ar ei iechyd, a oedd yn fregus beth bynnag, ac ar 3 Gorffennaf 1918 bu farw yn Llan-wern. Ychydig ynghynt roedd wedi'i ddyrchafu'n Is-iarll a sicrhaodd fod ei ferch, Margaret, yn ei olynu yn Is-iarlles Rhondda, trefniant anarferol iawn yn y dyddiau hynny.

Golwg y cartwnydd ar gynlluniau dogni bwyd yr Arglwydd Rhondda, 1917.

26

Y DWYRAIN CANOL

Bu Prydain a'r Ymerodraeth yn brwydro yn erbyn y Tyrciaid, a oedd yn cael cefnogaeth ymarferol gan fyddin yr Almaen, mewn rhannau o'r Dwyrain Canol drwy gydol y rhyfel. Yn flaenllaw yn y brwydro yno roedd y 53ain Adran, a oedd yn wreiddiol yn adran o Diriogaethwyr Cymreig. Yn eu plith roedd sawl bataliwn o'r Ffiwsilwyr Cymreig a'r Gatrawd Gymreig, yn ogystal â magnelwyr o Gymru a thair uned o'r Ambiwlans Maes Cymreig. Yn ôl hanesydd y 53ain Adran, roedd y milwyr Cymreig yn ymladdwyr praff, dewr, a chanddynt ddycnwch corfforol sylweddol, ond barn haneswyr eraill yw eu bod yn brin o hyfforddiant digonol a bod yr arweinyddiaeth yn ddiffygiol. Yn ogystal â byddin Twrci, prif elynion y milwyr yn y Dwyrain Canol oedd y gwres llethol, prinder dŵr a'r gwyntoedd cryfion, ynghyd â'r mosgito a'r pryfyn tywod. Roedd y milwyr yn llawn mor debyg o farw o glefydau heintus ag o ganlyniad i fwled neu ffrwydryn.

Roedd rhai mannau strategol allweddol yn y Dwyrain Canol, gan gynnwys Camlas Suez. Ceisiodd byddin Twrci ei goresgyn yn Chwefror 1915, er mai methiant fu'r cyrch. Wedi hynny, profodd yr Aifft yn wlad ddiogel i fyddin Prydain ar gyfer cyrchoedd eraill yn y rhanbarth, gyda phorthladd Alexandria yn brif ganolfan iddi.

Un o bryderon Prydain oedd diogelwch y ffynhonnau olew a oedd yn ei meddiant ym Mhersia (Iran heddiw) a threfnwyd cyrch ym Mesopotamia (Irac heddiw) ar hyd afon Tigris i gyfeiriad Baghdad ym Mai 1915. Wedi cyrraedd cyrion y ddinas, daeth yr ymosodiad i ben yn wyneb amddiffyniad cadarn gan fyddin Twrci. Enciliwyd i dref Kut-al-Amara a chollwyd llawer ar y daith yno. Yn Kut bu gweddill y fyddin dan warchae rhwng Rhagfyr 1915 ac Ebrill 1916. Gwnaed sawl ymgais aflwyddiannus i'w hachub ond ar 29 Ebrill 1916, gyda'r milwyr yn llwgu ac

yn dioddef o glefydau, ildiodd y Cadfridog Townshend i fyddin Twrci. Bu farw llawer mwy o'r milwyr wedi hynny, tua 4,000 ohonynt, mewn gwersylloedd carchar ac ar y daith iddynt.

Yn 1917 gwnaed ymgais i oresgyn Palestina ond methiant fu'r cyrchoedd i gipio Gaza ym misoedd Mawrth ac Ebrill. Pan drosglwyddwyd y Cadfridog Syr Edmund Allenby o'r ffrynt gorllewinol i'r Aifft, gyda gorchymyn i gipio Jerwsalem cyn Nadolig 1917, atgyfnerthwyd ei

Y Cadfridog Allenby yn arwain milwyr Cymreig y 53ain Adran i ganol Jerwsalem wedi iddynt oresgyn y ddinas, Rhagfyr 1917.

fyddin yn barod am yr ymosodiad. Ym mis Hydref 1917, symudodd Allenby ran o'i fyddin i gyfeiriad Gaza ond ar yr un pryd llwyddodd i ddal y Tyrciaid yn ddiarwybod drwy ymosod i'r dwyrain a chipio tref Beersheba. Wedi brwydro ffyrnig ym mis Tachwedd, llwyddwyd i oresgyn Jerwsalem ar 8 Rhagfyr 1917, gyda'r 53ain Adran ar flaen y gad.

Un a fu'n flaenllaw yn denu cefnogaeth gan Arabiaid brodorol y Dwyrain Canol oedd T E Lawrence (1888–1935), 'Lawrence of Arabia'. Er iddo gael ei eni yn Nhremadog, gan fod ei fam feichiog yn digwydd bod yn pasio drwy'r pentref hwnnw, go brin fod ganddo unrhyw ymdeimlad o Gymreictod. Fodd bynnag, daeth hanes ei anturiaethau yn hynod boblogaidd yng Nghymru a thu hwnt.

Yn ystod y cyrchoedd ym Mhalestina byddai llawer o filwyr Cymreig yn cyfeirio yn eu llythyron adref at y lleoedd yr oeddent yn gyfarwydd â hwy o ddarllen y Beibl yn y capel a'r ysgol Sul. Yn ôl y Preifat Idwal Williams, Blaenau Ffestiniog, cerddwyd yr un llwybrau ag 'Abraham, Isaac a Jacob, gan Mair a Joseph a'r baban Crist pan yn ffoi rhag Herod'.

Yn 1917 dechreuwyd hefyd ennill tir ym Mesopotamia a chipiwyd Baghdad ym mis Mawrth y flwyddyn honno. Bu cryn frwydro yn ystod y misoedd canlynol ac ni lwyddwyd i oresgyn tref Mosul yng ngogledd y wlad tan fis Tachwedd 1918, mis olaf y rhyfel.

Tom Nefyn Williams (ar y dde) gyda dau o'i gyd-filwyr a ddaeth hefyd yn weinidogion, Trevor Evans ac Iorwerth Williams.

GORWEDD YNG NGWRES YR HAUL

Roedd Tom Nefyn Williams (1895–1958) gyda 5/Ffiwsilwyr Cymreig, llawer ohonynt o ogledd Cymru, yn yr ymosodiad cyntaf ar gadarnle byddin Twrci yn Gaza ar 26 Mawrth 1917. Roedd ei gatrawd wedi bod yn rhan o'r gyflafan yn Gallipoli yn 1915 a dyma oedd y tro cyntaf iddo fod ar faes y gad ers y dyddiau hynny.

Cofiai'n dda y canu emynau ar y noson cyn y frwydr: 'Toc, a hithau oddeutu un ar ddeg o'r gloch y nos, dyma lais tenor yn canu'r barrau cyntaf o'r dôn *Diadem*. "Cyduned y nefolaidd gôr", y rheini oedd y geiriau. Ar drawiad, yn gymwys fel pe gwasgasai rhywun gliced reiffl, ergydiodd ein hyder a'n pryder i linellau olaf y pennill. Megis cwch rhwyfau yn mynd o don i don, llithrasom ninnau yn ddiymdrech o emyn i emyn: *Diadem*, yna *Cwm Rhondda*; *Urbs Area*, yna *Andalusia*; *Dwyfor*, yna *Tôn y Botel*; *Gwylfa*, yna *Crug-y-bar*; *Aberystwyth*, yna *Rhos-y-medre*. Cymanfa ganu bell-bell o bob addoldy, ac ar drothwy'r cyfyngder gwaethaf!… nid oedd gennym daflenni… eithr dibynnem yn gyfangwbl ar lyfr emynau'r cof.'

Yna daeth yr amser i ymosod: 'Tua hanner nos, a hithau yn gwlitho'n drwm a heb fod yn rhy dywyll i ni weld ffurf fwganllyd ambell goeden, gorchmynnwyd i ni adael y pantle, a cherdded rhagom i'n gorchwyl cethin. Cyn gynted â'n bod mewn llecyn gweddol glir, dyma waedd ingol. Nid Cymraeg; nid Saesneg chwaith. Lawn mor sydyn â hynny, dychwelodd rhyw dawelwch ansicr a dieithr: yr oedd holl batrôl y Twrc wedi eu lladd. A weddïodd rhai ohonynt am gysgod Allah? A ymrithiodd rhyw bentref a chartref, ie, yn gyflymach na'u cri, drwy eu cof? A wrandawsent, tybed, ar ein hemynau am y groes a chariad Crist? Yr opiniwn gyffredin yw ddarfod iddynt ein clywed yn canu.

'Mynd … oedi; clustfeinio… symud; aros… ailgychwyn; ac felly y buom am oriau, nes ymdaenu o amheuaeth fod rhywbeth chwithig wedi digwydd i'n cynllun. O'r diwedd, daeth yn bryd i'r wawr dorri, ond heb i ni ymosod ar fynydd-dir Ali Muntar na chwaith oleuo o'n llwybr. Yr oedd niwl tew ym mhobman; ac weithiau clywid ergyd nerfus yma ac ergyd nerfus acw, fel pe byddai'r naill ochr yn ansicr o fwriad ac o fudiadau'r ochr arall. Ond rywbryd oddeutu un ar ddeg yn y bore, ymddangosodd awyr las a'r bwrdd o dir moel yr oeddym i'w groesi cyn yr enillid Gaza.

'Yn yr awyr, ac yn ein hymyl, yr oedd tân-belennau'n sgrechian, ac yn araf ymchwyddai ratt-t-t-t y gynnau Maxim. Pryderwn innau, nid amdanaf fy hun, eithr am y rhai amddifaid yr aethwn gyda hwynt yr eildro i'r rhyfel. Nid hir y bu'r erwau meithion digysgod cyn troi'n fynwent i gannoedd a channoedd o wŷr ieuanc – ymlynodd cnawd un a faluriwyd fel tameidiau o glai coch wrth fy nghôt am rai dyddiau. Un ar ddeg o'r gloch y nos, mwyn ganent emynau eu rhieni; ond am un ar ddeg y bore wedyn gorweddent yng ngwres yr haul, a heb allu i hel ymaith y gwybed swrth a chanibal.

'Ar ôl byrion ruthriadau ymlaen, a saethu oddi ar lawr rhwng pob gwib, daeth y munud iasol. Yr oeddym ar fedr ymosod â'n bidogau. Th… thh… pyddd! Aethai bwled i'r pridd rywle rhwng plygiad fy mraich chwith a'm pen. Ai dianaf? Ai dolurus? Am fod y ffiniau normal rhwng bywyd ac angau a rhwng perygl a diogelwch wedi eu chwalu, nid dyma'r lle na'r adeg i ymholi; a'r eiliad nesaf, i ffwrdd â phobun abl i'w godi ei hun, â'n bidogau'n flaenllym ac yn noeth. Th… thhh… pyddd! Trawsai'r ail fwled fy reiffl, gan ddryllio'r pren a orchuddiai'r baril. Erbyn hyn yr oedd yr ymladd bron â chyrraedd ei bwynt ffyrnicaf, a'i *shrapnel* a'i saethau llai yn hisian ac ubain, fel ped aethai'r byd yn sioe bwystfilod gwylltion y Diafol, ac yntau (er mwyn elw a hwyl) wedi bwrw'r gorila a'r panther du a'r fwltur a'r cobra i'r un gell. Ond ymlaen yr elem. Th… thhh… Pyddd!

'Lloriwyd fi gan y trydydd bwled, yn debyg i ddyn wedi ei daro gan ordd anweledig. Cyn hir, o drugaredd, fe lwyddais i ymlusgo i gafn o dir wrth ymyl gardd. Clawdd pridd isel. Gwrych o goed cactws tewion a thal, ond am fy mod o'r tu deau iddo nid oedd i mi loches rhag gwres y dydd na gwlith y nos. Heb un diferyn i'w yfed. Chwe Thwrc clwyfedig; Sais wedi ei archolli, ac yn dryslyd-gropian ar ei ddeulin a'i ddwylo; un swyddog o'r Almaen a braich a choes doredig; a dau Gymro ar y chwith ac einioes un ohonynt megis fflam cannwyll yn crynu wrth ddiffodd. Pentecost yr anafusion! … gadawyd ninnau am ddeuddydd ar "Randir Neb", y comin rhwng y ddwyblaid.

'Trannoeth, a hithau'n prysur nawneiddio… gwelais ddau filwr yn codi o gŵys o gysgod draw. Gwaeddais. Ac er nad oeddynt o'r un iaith nac o'r un sect â mi, a'i bod hefyd yn cafodi ergydion, rhedasant tuag ataf. Aethant â mi yn araf ar draws milltir o fwrdd-dir agored – yr unig un a achubwyd y diwrnod hwnnw o'r pentwr dolurus a chwynfanus. Yn y man cyrhaeddwyd *Field Dressing Station*… daeth caplan heibio…

'Ar ôl sychedu am fwy na deuddydd, meiddiais ofyn iddo'n drwsgwl am ddiod o ddŵr. Mynegai i'r galon ydyw'r llygaid! Edrychodd arnaf am hanner moment; ac yna heb ddweud cymaint â sill, rhoes y llwyaid a weddillasid yn ei botel ar fy ngwefus. Anghofiais ei bregethau o bryd i bryd, ond erys oerni'r dŵr…'

Roedd cyd-filwyr Tom Nefyn Williams ar fin ennill y dydd ond drwy amryfusedd penderfynodd y Cadfridog Dobell encilio a chollwyd y cyfle i oresgyn Gaza. Collwyd 4,000 o ddynion y diwrnod hwnnw, gyda Tom Nefyn Williams ymhlith y 3,000 a glwyfwyd. Llwyddodd yntau i wella o'i anaf a, rai misoedd yn ddiweddarach ger Beersheba, newidiodd ei fywyd yn gyfan gwbl: 'O gell gyfyng fy nefosiwn traddodiadol, ffoisai fy ysbryd i awyr rydd crefydd bersonol… canolfannodd fy niddordebau a'm delfrydau mwyach yn Iesu Grist.' Wedi'r rhyfel daeth yn weinidog efengylaidd tanbaid a dadleuol ac yn heddychwr digyfaddawd.

CUSANU EI FRAWD

Roedd T H Lewis ymhlith y rhai a fu'n ceisio goresgyn Jerwsalem yn Rhagfyr 1917 o gyfeiriad lle o'r enw Kuryet el Enab. Y cynllun oedd symud yn y nos ac ymosod gyda'r wawr. Llwyddwyd i gyrraedd pentref Ein Karem, lle, yn ôl y traddodiad, y ganed Ioan Fedyddiwr, ac yna goresgynnwyd Jerwsalem ei hun.

Roedd T H Lewis ychydig yn siomedig yn y ddinas ond cafodd gyfle i ymweld â Mynydd yr Olewydd a gardd Gethsemane, yn ogystal â mannau sanctaidd eraill. Roedd yn aros mewn adeilad a fu gynt yn garchar lle gadawsai'r Tyrciaid nifer o gleifion, rhai'n dioddef o deiffws. Yn eu plith roedd 'un na fedrai ateb unrhyw gwestiynau a ofynnid iddo mewn nifer o ieithoedd y Dwyrain. Ond tybiodd rhywun y gallai'r carcharor fod yn Gymro. Galwyd arnaf i gael gair ag ef. Sylweddolais ei fod mewn cyflwr gwael iawn. Er i mi barhau i siarad Cymraeg am dros chwarter awr, nid oedd unrhyw arwydd ei fod yn deall yr un gair yn yr iaith honno mwy nag yn Saesneg. Ond, yn sydyn, dyma fflach yn ei lygaid ac wedyn dechreuodd siarad yn rhugl yn Gymraeg a llwyr adfywio. Buasai am ddyddiau yn archolledig ar faes y gad ger Gaza, heb neb yn gwybod amdano. O'r diwedd fe'i canfuwyd gan y Tyrciaid, ac wedi ei gludo'n bur wael o fan i fan, dyma le'r oedd megis yng nglyn cysgod angau.' Gwellodd y milwr ifanc a chafodd T H Lewis ar ddeall iddo ymfudo i Awstralia wedi'r rhyfel.

Roedd T H Lewis ymhlith y rhai a groesodd afon Iorddonen ddiwedd Ebrill 1918 i geisio goresgyn mynyddoedd Moab. Bu brwydro ffyrnig mewn lle o'r enw El Haud a'r digwyddiad a effeithiodd fwyaf ar T H Lewis oedd 'gweld yng ngolau llusern un milwr yn cusanu un o'r meirw. Ei frawd ydoedd.'

OSGOI LLADDFA

Sylwodd y Sarjant D J Hughes (gweler tt. 25, 75) o'r Gatrawd Gymreig fod Palestina yn wlad llawer mwy ffrwythlon na'r rhannau eraill o'r Dwyrain Canol lle bu'n gwasanaethu cynt, fel Gallipoli a'r Aifft. Roedd y tir yn greigiog ond roedd yno ddigon o ddŵr glân, a thyfai orenau, ffigys, grawnwin a ffrwythau eraill yn llu.

Yn Rhagfyr 1917 roedd yn gyfrifol am gwmni o ynnau peiriant yn yr ymosodiad ar Jerwsalem. Ar y nawfed o'r mis roedd ei gwmni mewn safle manteisiol ger waliau'r ddinas yn gwarchod y ffordd rhwng Jerwsalem a Jerico. Roedd y Tyrciaid wedi encilio i'r ddinas a gorchmynnwyd i'r unedau gynnau peiriant saethu petai unrhyw symudiad ar y brif stryd. Credai D J Hughes y byddai'r Tyrciaid yn cilio o'r ddinas petai'r magnelwyr yn saethu atynt ond roedd gorchymyn gan y Cadfridog Allenby na ddylid sielio Jerwsalem gan ei bod yn ddinas sanctaidd.

Wedi aros rhai oriau, gwelodd D J Hughes a'r Cyrnol Vaughan o Gatrawd Swydd Gaer fenywod a phlant yn dianc o'r ddinas. Yn eu plith celai ychydig o filwyr Tyrcaidd. Cytunodd y ddau nad oedd modd iddynt saethu atynt ond daeth neges o'r pencadlys dros y ffôn yn dweud wrth D J Hughes am saethu'n ddiymdroi. Gwrthododd y Cymro, gan daeru y byddai hynny'n achosi lladdfa o blant a menywod diniwed. Dywedwyd wrtho y byddai'n cael ei arestio am wrthod gweithredu gorchymyn a gwyddai y gallai'r drosedd hon olygu y câi ei saethu ar doriad gwawr, ond daliodd ei dir.

Parhaodd yr ymladd a llwyddodd y Gatrawd Gymreig i gipio Mynydd yr Olewydd ond gyda cholledion sylweddol. Dim ond wedi hynny y galwyd D J Hughes o flaen ei

D J Hughes (ar y dde yn y rhes flaen) gyda rhai o'i gyd-filwyr ym Mhalestina.

well. Yn ffodus iddo ef, roedd y Brigadydd wedi trafod y sefyllfa gyda Cyrnol Vaughan ac yn deall penbleth y sarjant. Roedd yn gryn ryddhad i'r Cymro pan gafodd ar ddeall bod y mater ar ben: 'We all make mistakes at some time or other,' oedd sylw'r Brigadydd.

TWYLLO'R TYRCIAID

Un o hanesion mwyaf rhyfeddol y rhyfel oedd ymgais y Lefftenant Elias Henry Jones (1883–1942) i ddianc o garchar rhyfel Yozgad yn Nhwrci yn 1917. Roedd y Cymro, a aned yn Aberystwyth, ymhlith y rhai a gipiwyd gan y Tyrciaid wedi i fyddin Prydain ildio tref Kut-al-Amara, Mesopotamia, yn Ebrill 1917. Llwyddodd i gerdded y 500 milltir i Yozgad heb farw ar y ffordd, sef tynged un o bob saith o'i gymrodyr.

Yn y carchar aeth ef a milwr arall o Awstralia, y Lefftenant C W Hill, ati i geisio twyllo'r gwarchodwyr. Honnent y gallai'r ddau ohonynt gyfathrebu â byd yr ysbrydion drwy gyfrwng bwrdd *ouija*. Byddent yn cynnal *séance* gan alw ar gyfryngwr ysbrydol a elwid ganddynt yn 'The Spook'. Ar un achlysur, dychrynwyd un o'r gwarchodwyr Tyrcaidd pan godod Jones ei freichiau a chanu'r hen gân Gymreig 'Tra bo dŵr y môr yn hallt', gan esgus mai un o swyn-ganeuon helwyr pennau y Waas ydoedd. Daeth prif swyddog y carchar i gredu bod modd i'r twyllwyr ddarganfod trysorau cuddiedig iddo a chawsant driniaeth arbennig oherwydd hynny.

Trodd y cynllwyn yn ymgais i ddarbwyllo'r Tyrciaid bod y ddau'n wallgof, gyda'r nod o gael eu rhyddhau a'u hanfon adref. Ysgrifenasant at Swltan Twrci yn honni eu bod wedi'u gwenwyno gan eu cyd-garcharorion. Aeth y cynllwyn bron yn rhy bell pan ffugiodd y ddau grogi eu hunain fel prawf o'u gwallgofrwydd, a dim ond mewn pryd y torrwyd y rhaffau i'w hachub rhag tagu. Yn y pen draw, trosglwyddwyd y ddau i ysbyty meddwl yng Nghaergystennin ac oddi yno cawsant eu cludo i Brydain.

Wedi'r rhyfel, cyhoeddodd E H Jones yr hanes mewn cyfrol hynod boblogaidd, *The Road to En-dor*. Daeth hefyd yn ffigwr amlwg ym mywyd cyhoeddus Cymru, gan ddod yn olygydd y cylchgrawn *The Welsh Outlook* ac yn gofrestrydd prifysgol Bangor.

PERI IDDO CHWERTHIN

Etifedd siop fawr Owen Owen, Lerpwl oedd y Lefftenant Harold Owen Owen (1895–1921). Roedd Owen Owen, a ddeuai o ardal Machynlleth, yn berchen ar eiddo yn Llundain hefyd ac yno y ganed Harold Owen. Treuliodd lawer o'i lencyndod yn hamddena ar stadau'r teulu – Tan-y-foel, Penmaenmawr, a Garthgwynion, ger Machynlleth – a chafodd hefyd addysg freintiedig yn ysgol fonedd Harrow, lle roedd yn aelod o'r Corfflu Hyfforddi Swyddogion.

Derbyniodd gomisiwn gan 6/Ffiwsilwyr Cymreig yn 1914 a threuliodd lawer o'r rhyfel yn y Dwyrain Canol. Cafodd ei glwyfo yn Gallipoli ond yn 1916 trosglwyddwyd ef i Mesopotamia. Yno atodwyd ef i uned gwn Stokes gyda Chatrawd Swydd Caerloyw. Gwn mortar syml a saethai ffrwydryn 3 modfedd oedd y Stokes – arf a ddefnyddiwyd yn effeithiol yn ystod blynyddoedd olaf y rhyfel ym mrwydrau'r ffosydd.

Bu Harold Owen yn y cyrchoedd i adennill Kut ym misoedd cyntaf 1917. Mewn llythyr at ei deulu, mynegodd ei siom na chymerodd ran yn yr ymosodiad olaf ar Kut gan nad oedd gynnau Stokes o werth mewn ymosodiadau dilynol. Serch hynny, gwyliodd gyda phleser yr holl garcharorion yn cael eu tywys o faes y gad. Adroddodd i gyfaill iddo ymddangos tuag amser te gyda 200 o garcharorion. Mae'n debyg i'r cyfaill hwn glywed y Tyrciaid yn gweiddi eu bod am ildio o ffos gerllaw. Pan groesodd dir neb gyda chwech arall, disgwyliai weld criw bach o oddeutu 10 milwr truenus yn y ffos ond cafodd sioc enfawr, gan fod y ffos yn llawn milwyr. Gorchmynnodd i un o'u swyddogion drefnu i'r milwyr eu dilyn ac arweiniwyd y 200 yn garcharorion. Roedd y cyfan yn peri i Harold Owen chwerthin.

Yn ddiweddarach, yng Ngorffennaf 1917, dioddefodd Harold Owen o lesgedd yn deillio o'r clefyd beriberi ac ni fu yng nghanol brwydrau eraill y cyfnod. Cafodd ei ryddhau o'i ddyletswyddau ym Mehefin 1919 a dychwelodd i Gymru wedi hynny. Gwaetha'r modd, er iddo oroesi'r rhyfel, roedd ymhlith y 17 o bobl a laddwyd mewn damwain drên erchyll ger Aber-miwl, sir Drefaldwyn ar 26 Ionawr 1921.

MEDDYG BAGHDAD

Mab i feddyg o Flaenau Ffestiniog oedd Tom Carey Evans (1884–1947). Ac yntau wedi hyfforddi i fod yn feddyg, ymunodd â'r fyddin a derbyn comisiwn gyda Gwasanaeth Meddygol India yn 1909. Gweithredodd fel meddyg gyda byddin India yn y rhyfel, gan wasanaethu ym merw'r

Dr Tom Carey Evans o flaen ei ysbyty yn Ali al Gharbi.

brwydro yn Gallipoli. Pan laniwyd ym Mae Suvla, treuliodd bedwar diwrnod yn gweini mewn ysbyty maes ar gyrion y brwydro. Adroddodd am ei brofiadau mewn llythyr at ei dad: 'Symudwyd y clwyfedigion ar eu hunion o'r fan hyn i ysbytai ar y traeth a thrachefn i fadau. Nid oedd llecyn dyogel yn unman; ail anafwyd y clwyfedigion, a chafodd rhai cludwyr y "stretchers" eu lladd ar bob llaw.'

Wedi'r gyflafan yn Gallipoli, trosglwyddwyd ef i Fesopotamia a daeth yn swyddog meddygol sifil yn Baghdad. Sefydlodd ysbyty yn Ali al Gharbi ar lannau afon Tigris a gynigiai wasanaeth meddygol i'r trigolion lleol. Ar un achlysur daeth menyw bendefigaidd i'r ysbyty am driniaeth. Daeth ag wyth gwarchodwr yn cario arfau miniog gyda hi. Rhybuddiwyd hwy nad oedd modd iddynt fod yn bresennol yn yr ystafell lawdriniaeth ond mynnent aros. Penderfynodd Tom Carey Evans, o weld eu gwaywffyn, y byddai'n caniatáu iddynt fod yn bresennol yn y llawdriniaeth ond llewygodd un o weld y gwaed yn llifo ac felly hefyd y gweddill yn eu tro a rhaid oedd eu cludo o'r ystafell.

Yn 1917, priododd y meddyg Olwen, un o ferched Lloyd George, gan wasanaethu yn India a Llundain wedi'r rhyfel, cyn symud i ardal Cricieth yn 1945.

27

YN GAETH YN YR ALMAEN

Amcangyfrifir bod o leiaf 300,000 o sifiliaid wedi'u halltudio neu eu carcharu yng ngorllewin a chanol Ewrop yn ystod y rhyfel. Caethiwyd rhai miloedd yng ngwersyll Ruhleben, hen gwrs rasio a stablau ger Berlin, llawer ohonynt yn forwyr neu bysgotwyr a oedd yn y fan anghywir ar yr adeg anghywir. Deuent o bob gwlad dan haul, ond roedd y mwyafrif ohonynt o Brydain. Amcangyfrifir bod rhwng 4,500 a 5,500 o ddynion yn y gwersyll (ni chaethiwyd menywod yno) a threfnwyd pob math o weithgareddau gan y carcharorion eu hunain, o adloniant ysgafn a chwaraeon i operâu a gwersi iaith, gan gynnwys gwersi Cymraeg. Roedd 70 o Gymry yn y gwersyll a ffurfiwyd Cymdeithas Geltaidd yno yn Chwefror 1915.

Yn yr Almaen hefyd carcharwyd rhai miloedd o filwyr a morwyr a gipiwyd wedi'r brwydrau. Caent eu trin yn wael mewn sawl gwersyll a rhoddwyd llawer ohonynt i weithio ar ffermydd neu mewn pyllau glo. Tueddai'r bwyd i fod yn annigonol ond llwyddai rhai i dderbyn parseli bwyd o gartref drwy law'r Groes Goch. Llwyddodd un carcharor i dwyllo sensoriaid yr Almaenwyr ac anfon adref lythyr a roddai syniad go dda o'r bwyd a oedd ar gael iddo. Defnyddiodd yr enwau Cymraeg am fwydydd gan esgus mai enwau dynion oeddent: 'You will be glad to hear news of old friends. Mr Bwyd is very bad here. Mr Bara is very much darker than when you saw him, and is quite hard. I never saw Mr Cig and Mr Ymenyn but seldom; he was very bad indeed the last few times I met him. I used at first to meet Mr Llaeth every day, but he has not been here for some time now.' Ychydig o driniaeth feddygol oedd ar gael a bu farw sawl un o'u clwyfau neu o glefydau.

Am wythnosau ni wyddai eu teuluoedd gartref lle roedd y carcharorion ac a oeddent yn fyw ai peidio. Cofrestrwyd

Tîm pêl-droed Cyffinwyr De Cymru yng ngwersyll carcharorion rhyfel Limburg, yn nhalaith Hesse, yr Almaen. Cafodd hyd at 12,000 o filwyr eu carcharu yn y gwersyll hwn.

marwolaeth rhai er eu bod yn dal yn fyw. Dyna ddigwyddodd i Frank Hopkins, Abertawe. Cofrestrwyd ei farwolaeth ym mis Hydref 1917 ond clywodd ei deulu yn Ionawr 1918 ei fod mewn gwersyll i garcharorion rhyfel yn yr Almaen.

Ychydig a lwyddodd i ddianc o'r gwersylloedd ond cafodd rhai carcharorion ffodus, fel y Preifat Joseph Whiffen, Rhosllannerchrugog, aelod o'r RAMC, eu cyfnewid am garcharorion Almaenig. Roedd Whiffen wedi'i gipio ar ddechrau'r rhyfel ond fe'i rhyddhawyd yn 1915, wedi deg mis yn garcharor. Eto i gyd, bu raid i eraill aros hyd ddiwedd y rhyfel cyn cael dychwelyd adref.

Cafodd rhai swyddogion eu trin yn well na'r milwyr cyffredin. Ysgrifennodd y Lefftenant P Aubrey Roberts, Blaenau Ffestiniog, adref yn Rhagfyr 1917 yn gofyn i'w deulu anfon pecyn o fwyd ar gyfer cinio Gŵyl Ddewi 1918 mewn gwersyll-garchar ar gyfer swyddogion yn Clausthal. Roedd y swyddogion eraill hefyd yn anfon ceisiadau tebyg adref. Gofynnodd y Cymro am ddau bwys o flawd, hanner pwys o fenyn, chwarter pwys o siwgr gwyn, pot bach o wyau Cock's Farm, pwys o gyrens, pot o pâté de fois gras, pot o gafiar, pwys o siocled a chennin. Gwaetha'r modd, ni ddaeth y cennin mewn pryd ond dathlwyd dydd nawddsant Cymru ym mhellafoedd yr Almaen mewn steil, gyda 19 o swyddogion yn bresennol yn y cinio.

Pan gyhoeddwyd y cadoediad yn Nhachwedd 1918 roedd y swyddogion Almaenig yn Fulda, talaith Hesse, yn dal i ddisgwyl i'r carcharorion, a oedd yn cynnwys T L Thomas, Boncath, weithio, ond ymateb y carcharorion oedd bygwth torri'r drysau oni bai eu bod yn cael eu rhyddhau. Cymerodd gryn amser i rai o'r carcharorion ddychwelyd i Brydain, gyda llawer ohonynt yn dioddef o ddiffyg maeth ac o bob math o glefydau. Roedd hi'n fis Chwefror 1919 cyn i'r Gynnwr Gilbert Turnbull ddychwelyd i'w gartref yn Nhrefaldwyn gan ei fod yn dioddef o salwch wedi cyfnod o weithio fel glöwr yn Waldenburg. Treuliodd gyfnod mewn ysbyty yn Lamsdorf dan ofal meddygon o Loegr cyn ei fod yn ddigon cryf i ddychwelyd i Gymru.

YSGOLHEIGION RUHLEBEN

Ymhlith y rhai a garcharwyd yng ngwersyll Ruhleben roedd ysgolheigion, athrawon a myfyrwyr a oedd yn digwydd bod yn yr Almaen ar ddechrau'r rhyfel. Rhoddai'r Almaenwyr gryn ryddid i'r carcharorion drefnu gweithgareddau hamdden ac addysgiadol.

Pan ffurfiwyd y Gymdeithas Geltaidd yn Chwefror 1915,

anfonodd Dr Tom Williams (?1888–1982) lythyr i Gymru drwy'r Groes Goch yn apelio am lyfrau. Brodor o Lanelli a raddiodd mewn cemeg yn Aberystwyth yn 1909 oedd Tom Williams. Symudodd i'r Almaen yn 1911, gan ennill gradd doethuriaeth ym mhrifysgol Karlsruhe, ac roedd yn gweithio yno yn 1914 pan gafodd ei gipio. Bu cais Tom Williams yn llwyddiannus ac anfonwyd llyfrau i Ruhleben o'r Llyfrgell Genedlaethol a sefydliadau eraill. Erbyn 1916 roedd 6,000 o lyfrau ar bob pwnc dan haul yn llyfrgell y gwersyll.

Wedi'r rhyfel bu Tom Williams yn darlithio yn Llundain ond byd y ddrama oedd ei brif ddiléit. Mae'n debyg mai un o'r carcharorion eraill, Matthew S Frichard, a fu'n gyfrifol am ysgogi'r diddordeb hwnnw. Wedi iddo ymddeol dychwelodd Tom Williams i ardal Llanelli a throi ei gefn ar wyddoniaeth gan bryderu y byddai datblygiadau technolegol yn arwain at ddinistrio'r ddynoliaeth. Daeth yn heddychwr a chenedlaetholwr Cymreig brwd.

Aelod arall o'r Gymdeithas Geltaidd oedd David Evans (1886–1968), neu 'Dai Deutsch' fel yr adwaenid ef gan ei fyfyrwyr yng ngholeg Aberystwyth wedi'r rhyfel. Ac yntau'n enedigol o Flaen-ffos ger Aberteifi, roedd yn ddarlithydd Saesneg ac yn fyfyriwr ym mhrifysgol Berlin wedi iddo raddio mewn Almaeneg yn y brifysgol yn Aberystwyth yn 1910. Cafodd ei arestio yn Charlottenburg ar 5 Hydref 1914 a'i garcharu. Yn y carchar daeth gwarchodwr i'w weld un noson a dweud wrtho y byddai'n cael ei saethu y bore canlynol. Ni ddigwyddodd hynny a thybiai David Evans mai math o jôc greulon oedd hon gan yr Almaenwr. Yn ddiweddarach, trosglwyddwyd ef i wersyll Ruhleben. Ef oedd y pennaeth astudiaethau Celteg yno ac er mai Cymro ydoedd, etholwyd ef yn llywydd cymdeithas y Gwyddelod. Wedi'r rhyfel, bu'n dysgu Almaeneg i genedlaethau o fyfyrwyr yn Aberystwyth rhwng 1920 ac 1952.

Un o ddisgyblion y dosbarthiadau Cymraeg yn Ruhleben oedd myfyriwr ifanc disglair o Aberdâr o'r enw Ivor L Evans (1897–1952). Roedd wedi'i dderbyn i'r brifysgol yng Nghaergrawnt ond ystyriai y byddai teithio Ewrop er mwyn gwella ei Ffrangeg a'i Almaeneg cyn mynd i'r brifysgol yn fwy buddiol iddo. Tra oedd ym Mafaria ar ddechrau'r rhyfel cafodd ei gipio oherwydd bod yr awdurdodau yno yn credu mai ysbïwr ydoedd. Ar ôl cyfnod yn y carchar yn Nuremberg trosglwyddwyd ef i Ruhleben.

Er bod ei dad yn Gymro Cymraeg, nid oedd Ivor Evans yn medru'r Gymraeg cyn y rhyfel. Er hynny, meistrolodd yr iaith yng ngwersi David Evans yn Ruhleben. Newidiodd ei enw o Ivor i Ifor a phan gafodd ei ryddhau cyfarchodd ei dad yn y Gymraeg am y tro cyntaf erioed yng ngorsaf Aberdâr.

Carcharorion Ruhleben yn darllen yn yr haul.

Y cylchgrawn a gynhyrchwyd gan
y carcharorion.

Yn ddiweddarach, datblygodd yn ysgolhaig disglair a phenodwyd ef yn brifathro Coleg y Brifysgol, Aberystwyth yn 1934.

LLONGWYR PORTHMADOG

Dros y blynyddoedd, o ganlyniad yn bennaf i'r fasnach lechi, datblygodd perthynas agos rhwng porthladd Hamburg yn yr Almaen a Phorthmadog. Roedd nifer o longau Prydeinig ar afon Elbe pan ddechreuodd y rhyfel a chipiwyd y morwyr a'u llongau gan yr Almaenwyr.

Yn eu plith roedd y Capten Rowland Humphreys (g.1888). Un o feibion Amlwch ydoedd ond cafodd ei fagu ym Morfa Bychan ac aeth i'r môr yn ddyn ifanc.

Bum diwrnod cyn cyhoeddi'r rhyfel roedd yn llywio'r *SS Saxon* ger Hamburg pan gipiwyd ef a'r criw o 15, a ddeuai yn bennaf o Gymru, gan gynnwys o leiaf chwech o ardal Amlwch. Cawsant eu cadw mewn ysgerbwd llong, neu hwlc, cyn cael eu trosglwyddo i wersyll Ruhleben. Ymhlith y Cymry eraill o Borthmadog a oedd yno roedd y Capten Robert Evans, capten y llong hwylio *George Casson*, a'i mêt, Lloyd Williams, a hefyd Jac Edmunds a David Owen, neu 'Dafydd Ffrench' i'w gyfoedion. Roedd yntau'n ddyn ffraeth, yn ddynwaredwr deifiol ac yn bêl-droediwr penigamp. Yno hefyd roedd Arthur Owen o Benrhyndeudraeth ond bu farw o'r diciâu yn y gwersyll yn 1916. Capten arall yn y gwersyll oedd y Capten Jones o Borth-y-gest a'i fêt, Tom Williams. Pryderai'r Capten Jones y byddai'r Almaenwyr yn clywed bod ei long wedi suddo llong danfor Almaenig oherwydd fe glywodd fod capten arall wedi'i saethu gan yr Almaenwyr am weithred debyg.

Rhyddhawyd y Capten Rowland Humphreys yn Ionawr 1918 a bu raid i'w wraig deithio i Hull i gwrdd ag ef. Nid oedd ei blant bach yn gyfarwydd ag ef a'u hunig gysylltiad ag ef oedd ffotograff ohono. Llun mawr o'i ben oedd y ffotograff, a gofynnodd ei ferch bedair oed a fyddai'n tyfu breichiau a choesau pan ddeuai adref!

Wedi'r rhyfel, gorfodwyd Rowland Humphreys i fynd i'r llys i hawlio iawndal a defnyddiwyd un darn o dystiolaeth anghyffredin iawn, sef darn o bapur newydd yn cyfeirio at gipio'r *Saxon* bum diwrnod cyn dechrau'r rhyfel. Roedd y darn wedi'i anfon at y capten yn Ruhleben gan ei wraig, mewn torth a bobwyd ganddi.

DARN O FARA DU

Cafodd y Preifat David (Dai) T Sayce (1882–1952) o Nantyffyllon, sir Forgannwg, ac Aberteifi brofiadau lu yn ystod ei bedair blynedd yn gloddiwr gyda'r lluoedd. Croesodd i Ffrainc ar 13 Awst 1914 gydag 2/Catrawd Gymreig, ond wedi hynny trosglwyddwyd ef i'r Peirianwyr Brenhinol.

Roedd ym mrwydr fawr Mons yn 1914 ac yn ystod yr enciliad roedd yn falch o'r cyfle i fod ymhlith nifer o filwyr a saethodd aelod o Uhlans yr Almaenwyr yn farw. Bu hefyd ym mrwydrau Marne, Loos a Cambrai, cyn cael ei ddal gan yr Almaenwyr yn ystod eu hymosodiad mawr olaf ym Mawrth 1918.

Ar y pryd roedd ef, corpral a dau gloddiwr arall yn cloddio ffos amddiffynnol yn nannedd ymosodiad yr Almaenwyr. Saethwyd y corpral ac un cloddiwr arall ac wrth i Dai Sayce redeg i ffwrdd, saethwyd ef yn ei gefn. Aeth y fwled drwy ei fol ond llwyddodd i rwymo'r anaf gyda chadach. Galwodd yr Almaenwyr ef yn 'Tommy Englander' a'i siarsio i fynd i ysbyty'r Almaenwyr. Ar y ffordd yno, ataliwyd ef gan griw o Almaenwyr meddw a thrawsant ef droeon â charnau eu gynnau. Ond daeth un Almaenwr dyngarol draw a'i achub.

Yn ddiweddarach, wrth iddo gysgodi mewn ffos, cafodd ei weld gan swyddog Almaenig a holodd o ble y deuai. Ateb Dai Sayce oedd 'English'. 'What part of England?' meddai'r swyddog. Atebodd yntau 'Wales'. Y mateb y swyddog oedd 'Ah, Lloyd George, Asquith, kaput.' Cafodd gymorth Almaenwr arall a oedd hefyd wedi'i glwyfo, ac wedi iddo gyrraedd Mons rhoddwyd ef mewn gwersyll i filwyr clwyfedig. Ni chafodd driniaeth feddygol ond bu'r milwyr yno yn cynorthwyo ei gilydd. Yna fe'i trosglwyddwyd i garchar Marsberg a bu'n gweithio ar ffermydd lleol hyd ddiwedd y rhyfel.

Wedi iddo ddychwelyd i Gymru, cafodd groeso brwd gan drigolion Aberteifi. Mewn seremoni arbennig, cyflwynodd ddarn o fara du i faer y dref, sef y dogn diwrnod a gâi carcharorion rhyfel yn yr Almaen.

Croesi'r Ffin

Y Preifat Robert Phillips (1893–1934) o Dredegar Newydd, Cwm Rhymni, oedd un o'r ychydig garcharorion a lwyddodd i ddianc o'r Almaen a dychwelyd yn ddiogel i Gymru. Ac yntau'n aelod o'r Gatrawd Gymreig, cafodd ei gipio gan yr Almaenwyr ger Vermelles yn 1915, a threuliodd gyfnodau mewn gwersylloedd carchar yn Münster, Mettingen ac ardal lofaol y Saar. Yno, gorfodwyd iddo weithio am oriau maith yn y pyllau glo lleol a châi ef a'i gyd-garcharorion eu trin yn wael gan yr Almaenwyr, gan gynnwys cael eu dyrnu gan warchodwyr milain.

Wedi 15 mis, llwyddodd Robert Phillips i ddianc o'r gwersyll yn hwyr un noson gan gerdded oddi yno i gyfeiriad gwlad niwtral yr Iseldiroedd drwy ddefnyddio'r sêr i lywio'i daith. Teithiai gyda'r nos gan gadw draw o'r ffyrdd prysuraf. Byddai'n dwyn wyau ac ieir o ffermydd gan gysgu yn ystod y dydd mewn tyllau y byddai'n eu tyrchu ei hun. Pan welai Almaenwyr byddai'n mynd heibio gan chwibanu alawon Almaenig yr oedd wedi'u clywed yn y gwersyll.

Wedi cyrraedd y ffin, bu raid iddo lusgo ei hun ar ei fol heibio gwarchodwr Almaenig a safai ddecllath i ffwrdd. Llwyddodd wedi hynny i groesi ar gwch o'r Iseldiroedd i Loegr gan gyrraedd yn ôl i Gymru ar ddydd Nadolig 1916. Roedd ôl y driniaeth wael a gafodd yn y gwersylloedd ac effaith ei daith i ryddid i'w gweld arno ond wedi gwella dychwelodd i weithio fel glöwr. Serch hynny, byddai'n dioddef o iselder ysbryd a hunllefau.

Yn 1934, pan oedd yn 40 mlwydd oed, roedd yn gweithio ym mhwll Bedwas pan syrthiodd to'r ceudwll lle roedd yn cloddio ar ei ben gan ei ladd.

Dani Hapus

Roedd diwedd y rhyfel a'r cyfle i ddychwelyd adref i weld teulu a chyfeillion yn destun llawenydd i'r miloedd a garcharwyd yn yr Almaen, a hwythau'n cael ailgydio mewn bywyd mwy cysurus a rhydd.

Un o'r carcharorion hyn oedd y Sarjant Daniel (Dani) Horton Davies (g.1893), a ryddhawyd o garchar Altdamm ar lan afon Oder ar ddiwrnod olaf Tachwedd 1918. Gwasanaethodd Davies gyda'r Magnelwyr Maes Brenhinol ac yr oedd ymhlith y miloedd a gipiwyd gan yr Almaenwyr o ganlyniad i'r ymosodiad mawr yng ngwanwyn 1918.

Cafodd ei deulu wybod ei fod yn fyw ac yn iach ac mewn gwersyll i garcharorion drwy gerdyn post a arwyddwyd ganddo â'r enw 'Dani Hapus'.

Gyda 1,200 o garcharorion eraill, gadawodd Davies y gwersyll ar 30 Tachwedd ac erbyn 1 Rhagfyr roedd wedi cyrraedd Copenhagen, Denmarc, lle bu'n aros am gyfnod mewn gwersyll milwrol.

Ysgrifennodd adref at ei wraig Edyth, a oedd yn byw ar y pryd yn y cartref teuluol, tafarn yr Eryr, Stryd y Castell, Aberteifi, gan ddweud ei fod yn disgwyl bod adref cyn y Nadolig: 'Prin y gallaf gredu ei fod yn wir ac mae arnaf ofn deffro unwaith eto i ddarganfod mai breuddwyd ydyw, ond byddwn yn dod i arfer ag ef yn fuan yn awr.' Roedd wedi bwriadu ysgrifennu llythyr hir, meddai, ond roedd mor llawen fel nad oedd modd iddo wneud hynny a byddai'n well ganddo adrodd ei hanes gartref o flaen y tân. Edrychai ymlaen at ddyfodol hapus ond roedd ganddo neges i'w fab Eldred, sef na ddylai fod mor ddrygionus â'i dad.

Daniel Horton Davies (yn gwisgo cap yn y rhes flaen) yng ngwersyll Altdamm.

28

PILCKEM A PASSCHENDAELE, 1917

Dymuniad y Cadfridog Haig yn 1916 oedd ymosod yn Fflandrys yn hytrach nag yn Ffrainc ond, dan bwysau gan y Ffrancwyr, penderfynwyd mai ar lannau afon Somme y byddai'r cyrch mawr yn cael ei gynnal. Er gwaethaf y lladdfa fawr a gafwyd yno, roedd awydd gan Haig i wireddu'i ddymuniad a cheisio ennill y rhyfel gydag un ymosodiad nerthol yn Fflandrys yn haf 1917.

Cryfhawyd ei optimistiaeth gan fuddugoliaeth ysgubol yng ngham cyntaf y rhyfelgyrch, ar Gefn Messines i'r de o Ypres ddechrau Mehefin 1917. Roedd y paratoadau ar gyfer y frwydr hon yn drylwyr ac effeithiol, ac roedd y ffrwydron a osodwyd mewn twneli a gloddiwyd dan ffosydd yr Almaenwyr yn allweddol i'r llwyddiant. Pan chwythwyd rhain ar 7 Mehefin, agorwyd bylchau mawr yn amddiffyn yr Almaenwyr a llwyddwyd i symud ymlaen rai milltiroedd yn ardal Messines. Atgyfnerthwyd y safleoedd a gipiwyd er mwyn gwrthsefyll gwrthymosodiad yr Almaenwyr. Dyma fyddai'r dacteg gan rai o'r cadfridogion craffaf erbyn hynny, sef ennill talp o dir a sicrhau ei fod yn cael ei gadw'n ddiogel yn wyneb gwrthymosodiad – y dacteg 'cnoi a dala'.

Gwaetha'r modd, ni fanteisiwyd ar y llwyddiant cynnar ac oedwyd tan ddiwedd Gorffennaf cyn cymryd yr ail gam o ymosod ar y gefnen uwchlaw tref Ypres. Nid oedd y Prif Weinidog, Lloyd George, na'r Cabinet Rhyfel yn hyderus y byddai'r ymosodiad hwn yn llwyddiannus ac ofnent y gallai arwain at laddfa debyg i'r un ar y Somme yn 1916. Gan fod yr Unol Daleithiau wedi ymuno â'r Cynghreiriaid yn Ebrill 1917, credent y dylid aros i'r Americanwyr ymbaratoi eu byddin cyn ymosod ar raddfa fawr. Ond roedd byddin Ffrainc dan bwysau unwaith eto a dadleuai Haig fod morâl milwyr yr Almaen yn isel ac y gellid dod

â'r rhyfel i ben gydag un ymosodiad grymus arall. Ar yr un pryd, dadleuwyd y byddai modd lleihau'r bygythiad gan longau tanfor yr Almaenwyr petai'n bosibl cipio porthladdoedd Gwlad Belg ar ôl ennill buddugoliaeth fawr yn Fflandrys. Profodd honno'n ddadl ffug gan mai o borthladdoedd yr Almaen yr hwyliai mwyafrif y llongau tanfor, nid o Wlad Belg.

Ar ddiwedd y dadlau, ildiodd y gwleidyddion i'r arbenigwyr milwrol a chafodd Haig rwydd hynt i ddechrau'r ymosodiad. Ei obaith oedd cyrraedd pentref o'r enw Passchendaele, tua 4.5 milltir o'r rhengoedd blaen, a hynny o fewn pedwar diwrnod, ond cymerodd bedwar mis i gyrraedd y nod hwnnw a dioddefwyd colledion aruthrol.

Dechreuodd y frwydr ar fore 31 Gorffennaf, gyda byddinoedd y Cynghreiriaid yn ymosod ar hyd ffrynt o 15 milltir. Yn eu plith roedd milwyr Cymreig y 38ain Adran, a fu ar flaen y gad mewn ymosodiad ar Gefn Pilckem, rhwng camlas Yser a phentref Langemark. Nododd un ohonynt, David Davies o Landysul: 'Yn barod i fyned i fyny i'r firing line... Teimlo'n ddigalon. Y dyfodol yn dywyll. "O am nerth i ddal."'

Ar bapur, roedd y cynllun yn ymddangos yn rhesymol ond ni chymerwyd i ystyriaeth nerth cadarnleoedd yr Almaenwyr na chwaith natur gorslyd y tir. Cyn yr ymosodiad roedd bombardio gan y gynnau mawr wedi chwalu'r holl ffosydd oedd yn draenio'r tir ac, ar ben hynny, fe fu'r glaw trwm a syrthiodd yn gyson drwy gyfnod yr ymosodiad yn fodd i droi'r tir yn gors. Roedd ymosod dros dir llithrig a thrwm yn feichus a methwyd â chyrraedd pob nod.

Am wythnosau wedi hynny bu'r milwyr yn ymbalfalu mewn amgylchiadau anodd ac, fel ar y Somme, roedd y colledion yn enfawr. Boddwyd llawer wrth iddynt gysgodi mewn tyllau a lenwai'n gyflym â dŵr. Yn yr holl frwydrau dros 16 wythnos, collodd y Cynghreiriaid dros 300,000 o filwyr. Oherwydd bod gan yr enw Passchendaele gyseinedd ystyrlon, cysylltwyd yr enw fyth wedi hynny â thrueni'r brwydro yn 1917.

Lladd, Clwyfo a Dychryn

Cafodd y Lefftenant Francis Martin St Helier Evans (1896–1984) gryn brofiad o'r brwydro yn ardal La Boiselle ar y Somme yn 1916, ond erbyn Mehefin 1917 roedd y mab i reithor Brampton Abbotts ar lannau afon Wysg gyda 9/Catrawd Gymreig yn ne Fflandrys yn paratoi ar gyfer ymosodiad ar Gefn Messines.

Roedd y paratoadau ar gyfer y cyrch yn ofalus a thrylwyr, a hynny'n nodweddiadol o un o gadfridogion mwyaf praff y fyddin, Syr Herbert Plumer. Bu Evans yn arwain grwpiau bach o filwyr i dir neb er mwyn casglu gwybodaeth am y llwybrau y byddent yn eu dilyn yn ystod yr ymosodiad.

Ar fore 7 Mehefin, chwythwyd ffrwydron anferth o dan Gefn Messines (gweler t. 82) gan ladd, clwyfo a dychryn miloedd o filwyr yr Almaen. Rhoddodd hynny fantais aruthrol i'r ymosodwyr a llwyddwyd i ennill tir sylweddol. Roedd Evans a'i fataliwn yn sector Wytschaete: 'Aethom dros y top am 3.30. Chwythwyd tri ffrwydryn mawr o'n blaen – roedd eraill hefyd. Mewn un achos, chwythwyd un cwmni cyfan o Hyniaid i ebargofiant. Hwrê fawr. Roeddem i fod i gymryd y 3edd a'r 4edd llinell, ond roedd yn rhy syml; cerddasom i mewn iddynt, diolch i'n gynnau a fu'n ffrwydro pob modfedd. Cliriwyd y ffordd gan y pledu dwys a rhedai'r Hyniaid a oedd ar ôl atom gyda'u dwylo i fyny.'

Mor gyflym fu'r ymosodiad fel bod sieliau'n taro'r ymosodwyr gan glwyfo neu ladd rhai ohonynt. Wedi cyrraedd y nod terfynol ar y ffordd rhwng Wytschaete a St Eloi, dechreuwyd cloddio ffosydd: 'Mae'r rhan fwyaf o'n dynion yn hanu o Gwm Rhondda a buont yn tyrchu fel eu bod yn ôl yn y glofeydd; o fewn dim roedd gennym ffos o ryw fath…' Yna galwyd Evans draw a gwelodd ar lawr y ffos newydd filwr ifanc 19 mlwydd oed o'r enw James Charles Waggett a oedd yn marw o golli gwaed: 'Roedd ei wyneb gwyn a'i gorff main yn druenus, edrychai fel offrwm. Mor ifanc, mor ddiniwed, yn gorffwys wedi'r storm. Rhaid fy mod wedi gweld cannoedd yn cael eu lladd, ond ni fydd y cof hwn fyth yn cael ei ddileu. Sylwn yr un mor aml pa mor garedig y daw marwolaeth, mae'n tynnu o'r neilltu y mwgwd a wisgwn gan adael osgo o hunanfeddiant, a thangnefedd mor lân a gweddus ag y byddai Duw am i ni fod, efallai yn ei ddelwedd Ef. Rhaid bod y milwyr yn meddwl fy mod yn ddideimlad pan droais i ffwrdd. Doedd gen i ddim geiriau. Claddasant y corff bregus a thruenus mewn twll siel gerllaw ac fe gariasom ymlaen.'

'Angau yn Gwelwi Pob Wyneb'

Roedd y Preifat John M Davies (1887–1983) wedi hen arfer â saethu gwn cyn iddo ymuno â'r fyddin yn 1915. Ac yntau'n fab fferm o Bonterwyd, Ceredigion, bu'n saethu llwynogod ar lethrau Pumlumon ers ei fod yn llanc ifanc a daeth yn 'crack shot' gydag 11/Cyffinwyr De Cymru.

Saethu Almaenwyr oedd ei dasg yn ystod yr ymosodiad cyntaf gan y 38ain Adran, 'y fyddin Gymreig', ar Gefn Pilckem ar 31 Gorffennaf. Sylwodd cyn yr ymosodiad sut nad oedd 'neb yn yngan gair; pob un yn edrych i lygaid ei gilydd ac Angau yn gwelwi pob wyneb. Yna aros yn y fan honno i ddisgwyl yr alwad; y nerfau'n dynn a'r meddwl yn gwibio i bobman.'

J M Davies

Bu J M Davies ym merw'r brwydro ar Gefn Pilckem a phan alwyd ei gwmni yn ôl o'r rhengoedd blaen, dim ond ef a phedwar arall oedd yn weddill. Rhyfeddodd wrth edrych yn ôl ar faes y gad: 'Nid oedd na phentref, na thŷ, na mur, na choeden na'r un blewyn glas yn sefyll. Roedd popeth wedi'u chwythu a'u chwalu a phob planhigyn wedi'i ddifa.'

Yn ystod y cyfnod o 'orffwys' ar lannau camlas Yser roedd y dyletswyddau peryglus yn parhau. 'Byddai'n rhaid i ni fynd i fyny i'r lein yn y nos fel parti-gwaith a helpu'r peirianwyr i osod weier bigog i lawr yn "nhir-neb". 'Roedd reiliau wedi'u gosod i lawr yn barod cyn belled â Pilckem Ridge. Wedi llenwi dram â weier a physt haearn gorfu i mi ac un arall dynnu'r ddram lwythog fel dau geffyl i fyny'r rhiw am tua milltir o ffordd heb yr un help a'r gweddill o'r parti yn cerdded rhyw ugain llath o'r tu ôl i ni. Erbyn cyrraedd y top a dadlwytho a chario'r

defnyddiau yn llechwraidd ymlaen, 'roeddem ein dau yn chwys diferol. Yna dywedodd Capt. Roberts wrthym ein bod wedi gwneud ein siâr o'r gwaith am y nos, a'n gorchymyn i fynd â'r ddram yn ôl a gorffwys. Gyda hyn aeth y goleuadau Vérey i fyny gan droi'r nos yn ddydd a ninnau'n amlwg i'r gelyn. Yn ddi-oed dechreuwyd tanio arnom a'r shrapnel yn disgyn o bob cyfeiriad. Aeth fy mhartner i mewn i'r ddram a minnau'n rhedeg o'r tu ôl gan ei thynnu â'r rhaff rhag iddi fynd yn rhy gyflym. Ond aeth yn boeth arnom a'm cyfaill yn gweiddi, "Neidia i fewn a gad i'r ddram fynd i..." a dyna a wneuthum. Cyn hir 'roeddem yn trafaelu gyda chyflymder arswydus ac amhosibl oedd rhoi'r brêc ymlaen. Cefais ddychryn ofnadwy, – ofn rhag i'r ddram fynd oddi ar y rêl neu i ddram arall ddod i fyny i'n cwrdd. Yn ffodus cyraeddasom y gwaelod a'r gwersyll gorffwys yn ddiogel a chael noson o gwsg melys ar ôl dihangfa gyfyng – a'r gweddill o'r criw

yn gorfod gweithio drwy'r nos dan gawodydd o fwledi. Mae'n rhaid fy mod wedi fy ngeni dan blaned lwcus.

'Gwnaeth y Cymry ymdrech fawr arall yn Pilckem ar Awst 20fed ond ni bu'r trefniadau yn ddigonol. Y tro hwn eto dangosodd y Cymry wroldeb anhygoel wrth symud ymlaen ac ymosod ond ni chawsant gymorth gan y cwmnïoedd ar eu hesgyll. Y gwir amdani yw na fedr ond ychydig filwyr ymladd yn ddewr ond mewn un frwydr fawr. Yr eilwaith mae rhywbeth yn mynd i'w golli a'r straen yn ormod ar y nerfau. Rhaid cael milwyr ffres bob amser i ymgymryd ag unrhyw ymosodiad pwysig.

'Diwrnod bythgofiadwy oedd hwn ar lawer cyfri. Wrth ddychwelyd methwn yn deg â chael hyd i fwlch yn y weier bigog, a'r bwledi'n chwiban o'm cwmpas. Euthum yn sownd yn y weier a methu'i datrys. Yna rhoddais sprong fel hwrdd o'r drysni neu lew o fagl yr heliwr gan adael darnau o'm dillad os nad o'm cnawd ar ôl. A Chapt. Roberts, wrth ein harwain yn ôl, yn pwnio'r ddaear â'i wialen ac o'i go'n gaclwm gwyllt am nad oedd pawb yn cyd-symud!'

Wedi'r rhyfel dychwelodd J M Davies i Geredigion gan gadw'r Free Trade Hall, Taliesin, am flynyddoedd lawer,

Y dinistr ar Gefn Messines wedi'r frwydr ym Mehefin 1917.

a dod hefyd yn bregethwr cynorthwyol. Yn 1962 cyfarfu am y tro cyntaf ers y rhyfel â hen gyfaill o'r enw Evan Hughes, Llanfyllin, a gwahoddwyd ef i bregethu yng nghapel ei gyfaill ar ddiwrnod olaf Gorffennaf, union 45 mlynedd ers i'r ddau fynd dros y top gyda'i gilydd ym mrwydr Cefn Pilckem.

Ennill Croes Fictoria

Enillodd dau Gymro fedalau Croes Fictoria am eu dewrder ar Gefn Pilckem ar 31 Gorffennaf, ond dim ond un ohonynt a oroesodd y brwydro milain y diwrnod hwnnw.

James Llewelyn Davies

Ar drothwy'r rhyfel roedd James Llewelyn Davies (1886–1917) yn byw gyda'i wraig a phedwar o blant ym mhentref glofaol Nant-y-moel, Cwm Ogwr, sir Forgannwg. Ymunodd â'r fyddin yn Hydref 1914 ac yn ddiweddarach daeth yn aelod o 13/Ffiwsilwyr Cymreig gan wasanaethu yn y Dardanelles yn 1915. Yno dioddefodd o'r dwymyn goludd (*enteric fever*) a threuliodd gyfnod mewn ysbyty yn yr Aifft.

Erbyn Gorffennaf 1917 roedd yn gorpral gyda'i fataliwn yn paratoi am y frwydr fawr yn Fflandrys. Ysgrifennodd adref at ei wraig gan erfyn arni hi a'r teulu i beidio â phoeni amdano a phe bai'n cael ei ladd y dylent ddeall iddo farw 'dros ei wraig a'r plant a dros ei Frenin a'i Wlad'.

Yn ystod bore'r frwydr ar 31 Gorffennaf roedd 13/Ffiwsilwyr Cymreig ar gyrion pentref Pilckem pan arafwyd yr ymosodiad gan ddycnwch amddiffynnol yr Almaenwyr. Ar groesfan ger Pilckem roedd cadarnle concrit grymus ac oddi yno y saethai'r Almaenwyr at y Cymry. Aeth James Davies ar ei ben ei hun drwy genllysg o fwledi i geisio goresgyn y cadarnle a thrwy ryw wyrth llwyddodd i'w gyrraedd heb gael ei daro. Llwyddodd i ladd un Almaenwr gyda'i fidog ac yna gwelwyd ef yn dychwelyd ac yn hebrwng carcharor ynghyd â'r gwn peiriant a fu'n creu cymaint o drafferth.

Ar gornel y groesfan roedd tŷ a adwaenid fel 'Corner House' ac yr oedd yr Almaenwyr yn saethu o'r fan honno hefyd. Arweiniodd James Davies grŵp bach o filwyr gyda grenadau a llwyddwyd i oresgyn yr adeilad. Yna saethodd y Cymro sneipiwr cyn iddo yntau gael ei saethu yn ei ochr. Cludwyd ef i orsaf driniaeth ond bu farw yno.

Claddwyd ef ym mynwent Canada Farm, Elverdinghe.

Ar 20 Hydref y flwyddyn honno teithiodd ei weddw, ei fab hynaf, William John, a'i dad yng nghyfraith i Balas Buckingham pryd y cyflwynwyd Croes Fictoria iddynt.

Ychydig wedi gweithredoedd dewr James Davies, roedd 11/Cyffinwyr De Cymru wedi llwyddo i groesi afon Steenbeck i'r de o Langemark ond o'u blaen roedd yr Almaenwyr yn saethu atynt o gadarnleoedd grymus. Ymhlith yr ymosodwyr roedd y Sarjant Ivor Rees (1893–1967), cyn yrrwr craen o Felin-foel, Llanelli. Roedd wedi ymrestru yn Nhachwedd 1914 a chymerodd ran ym mrwydr Mametz cyn dychwelyd adref yn dioddef o glefyd poenus twymyn y ffosydd.

Fodd bynnag, erbyn 31 Gorffennaf 1917 roedd gyda Chwmni C 11/Cyffinwyr De Cymru yn chwilio am gyfle i dawelu gynnau peiriant yr Almaenwyr. Arweiniodd ei blatŵn ymlaen mewn rhuthrau sydyn, gan fanteisio ar bob safle cysgodol. Llwyddwyd i gyrraedd cefn cadarnle'r Almaenwyr ond Ivor Rees yn unig a ruthrodd yn ei flaen am yr 20 llath olaf. Saethodd un o'r gynwyr a lladdodd un arall gyda'i fidog. Wedi tewi'r gwn, aeth ati i ymosod ar y cadarnle concrit cyfagos, lle y lladdodd bum Almaenwr a chymryd dau swyddog a 30 o ddynion yn garcharorion.

Er y llwyddiant hwn, gwrthymosododd yr Almaenwyr y prynhawn hwnnw a gwthiwyd y Cymry yn ôl i ochr arall afon Steenbeck. Ar 2 Awst, tynnwyd 11/Cyffinwyr De Cymru, a oedd wedi dioddef 350 o golledion, yn ôl o'r rhengoedd blaen.

Ivor Rees

Dychwelodd Ivor Rees i Brydain wedi hynny a chyflwynwyd Croes Fictoria iddo gan y Brenin. Pan ddychwelodd i Lanelli, roedd 20,000 o bobl ar y strydoedd i'w groesawu adref. Tra oedd yn y dref, trefnodd i briodi Mattie Jenkins yng nghapel Triniti, Heol y Doc Newydd.

Wedi'r rhyfel cafodd Ivor Rees, fel llawer o'i gyfoedion, drafferth i ddarganfod gwaith ond yn y pen draw fe'i cyflogwyd gan Gyngor Bwrdeistref Llanelli. Ymgartrefodd yn Stryd Craddock yn y dref, lle bu farw yn 1967.

'Mwy Trist Na Thristwch'

O'r holl filwyr Cymreig a laddwyd ar Gefn Pilckem ar 31 Gorffennaf, y Preifat Ellis Humphrey Evans (1887–1917) o Drawsfynydd sydd wedi denu'r sylw mwyaf. Gyda chodi cofeb iddo yn Nhrawsfynydd ac agor ei hen gartref, yr Ysgwrn, i'r cyhoedd, llunio cerddi a chofiannau iddo a chynhyrchu ffilm am ei fywyd, mae'r milwr hwn, a adwaenid yn ôl ei enw barddol, Hedd Wyn, yn parhau'n symbol o ddinistr diniweidrwydd ac o natur anwaraidd rhyfela.

Ac yntau'n fab fferm ac yn fardd addawol, galwyd Hedd Wyn i'r fyddin yn Ionawr 1917. Roedd yn aelod o 15/Ffiwsilwyr Cymreig ac ystyriai ei gyd-filwyr ef yn '[f]achgen clên distaw o Feirion'. Ar fore 31 Gorffennaf roedd yn rhan o'r cyrch i gipio safle ger lle a elwid yn Iron Cross, rhwng Pilckem a phentref Langemark. Yn ystod y brwydro yno, trawyd Hedd Wyn yn ei gefn gan dân-belen. Gorweddodd wedi'i glwyfo'n ddrwg am deirawr, gan nad oedd modd i'r elorgludwyr ei gyrraedd. Yna fe'i cludwyd yn ôl am driniaeth ond bu farw yn fuan wedi hynny ac fe'i claddwyd gerllaw. Yn ddiweddarach, symudwyd ei gorff a'i gladdu ym mynwent Artillery Wood.

Cyn y frwydr, anfonodd Hedd Wyn awdl ar y testun 'Yr Arwr' i'r Eisteddfod Genedlaethol ar gyfer cystadleuaeth y Gadair. Cynhaliwyd yr Eisteddfod yn 1917 ym Mhenbedw, tua phum wythnos wedi marwolaeth y bardd, a gwyddai'r swyddogion am yr amgylchiadau. Eto i gyd, pan gynhaliwyd seremoni'r cadeirio, yn unol â'r drefn arferol, cyhoeddwyd ffugenw'r bardd buddugol, *Fleur-de-lys*, ond nid oedd y bardd yno i'w gadeirio.

Hedd Wyn

Mewn ton o dristwch a galar, gosodwyd lliain du dros y gadair wag ac o ganlyniad adwaenid Hedd Wyn fel 'Bardd y Gadair Ddu'.

SAETHU CARCHARORION

Un o gyfeillion Hedd Wyn oedd y Preifat Simon Jones (1893–1982) o Lanuwchllyn. Roedd wedi ei alw i'r fyddin gyda 15/Ffiwsilwyr Cymreig yr un pryd â Hedd Wyn a threuliodd lawer o amser yn ei gwmni. Ar Gefn Pilckem, gwelodd Hedd Wyn yn syrthio, wedi'i daro gan dân-belen, ond bu raid iddo yrru ymlaen gyda'r ymosodiad yn hytrach na rhoi cymorth i'w gyfaill.

Flynyddoedd yn ddiweddarach, disgrifiodd ei brofiadau yn y frwydr waedlyd honno: 'Wel, mi gymson ni'n *objective* ar dop Pilckem. Odd relwe'n rhedeg fyny efo'n ochor ni, hen relwe. Am dre Langemarck oeddan ni'n anelu a'n *objective* ni odd ryw hen gae mawr a tri *pillbox* yn 'i flaen o. Tai wedi'u smentio i fyny odd rheini, wyddoch chi, gan y *Germans*, a dwi'n cofio pen on ni'n adfansio fyny efo'r lein a, dewc, dene *Germans* yn dŵad dros 'rochor arall i'r lein. Ac odd 'ne Cyrnol Norman efo ni – dwi'n gofio fo'n iawn – yn gweiddi, '*Shoot, shoot, shoot the buggers!*' Ac erbyn hynny *prisoners* odd rheini. Odd y *Welsh Guards* 'rochor draw i'r lein wedi adfansio o'n blaene ni, wyddoch chi, a wedyn *prisoners* nhw'n dŵad yn ôl a ninne'n saethu nhw, meddwl mai *Germans* yn atacio ni odden nhw, 'dê.'

Bedd Hedd Wyn ym mynwent Artillery Wood.

Rhan o fynwent anferth Tyne Cot, ger Passchendaele, lle claddwyd tua 12,000 o filwyr.

COLLI BATALIWN

Roedd y Lefftenant Harry Morrey Salmon (1891–1985) o Gaerdydd wedi'i amlygu ei hun fel swyddog cudd-wybodaeth cyn y brwydro mawr yn Awst 1917.

Pan oedd ei fataliwn, 16/Catrawd Gymreig (Caerdydd), ar lannau camlas Yser ger Boezinge, roedd unrhyw ymgais i groesi'r gamlas yn llechwraidd bron yn amhosibl. Roedd yn rhy fwdlyd yn yr haf a byddai'r Almaenwyr yn sicr o glywed unrhyw un a geisiai groesi ar y rhew yn ystod y gaeaf. Ateb Morrey Salmon oedd dyfeisio tramwyfa arnofiol wedi'i gwneud o weiar-netin, hesian ac estyllod pren a fyddai'n caniatáu i batrôl groesi'n dawel yn y nos. Wedi adeiladu'r dramwyfa, hyfforddodd dîm o filwyr i'w chroesi. Ei obaith oedd eu harwain ar draws y gamlas ond galwyd ef i ymgymryd â dyletswydd newydd, sef gweithredu fel dirprwy i'r bataliwn. Eto i gyd, gwyliodd ei arbrawf yn llwyddo wrth i dîm o filwyr lwyddo i groesi'r gamlas a dychwelyd gyda charcharorion a llawer o wybodaeth ddefnyddiol.

Ganol Awst 1917, wrth i'r ymosodiad ar dref Langemark gael ei atal, aeth Morrey Salmon a'r Cyrnol Fred Smith draw i gyrion y pentref ar archwiliad strategol. Yn erbyn y rheolau, cludai Morrey Salmon, a oedd yn ffotograffydd amatur brwdfrydig, gamera bach (Vest Pocket Kodak) a thynnodd ffotograffau o faes y gad.

Harry Morrey Salmon ar Gefn Pilckem.

Nid oedd y sefyllfa'n addawol o gwbl ond gorchmynnwyd i'r bataliwn ymbaratoi am ymosodiad ar safle a adwaenid fel 'Eagle Trench' ar brynhawn 27 Awst. Gobeithid y byddai ymosod yn y prynhawn yn annisgwyl ond nid oedd y paratoadau'n effeithiol a chafwyd anlwc unwaith eto gyda'r tywydd. Pan symudodd y milwyr i'w safleoedd ymosod, dechreuodd glaw trwm iawn ddisgyn ac roedd pawb yn oer ac yn wlyb wrth aros am yr ymosodiad. Ceisiodd y Cyrnol Smith atal y cyrch gan fod yr amgylchiadau mor druenus. Ymateb y Brigâd-gapten Miles King oedd bod ymosodiadau eraill wedi'u trefnu a'r milwyr yn eu lle ac nad oedd modd newid y cynllun. Ychwanegodd, yn ôl Morrey Salmon: 'It looks to me, Colonel, that you will either get Eagle Trench or you will lose your battalion.'

Pan gychwynnodd yr ymosodiad, methodd y milwyr oer a gwlyb â symud yn ddigon cyflym trwy'r mwd ac fe'u lloriwyd gan ynnau peiriant yr Almaenwyr. Difodwyd yn llwyr yr ychydig a lwyddodd i gyrraedd Eagle Trench. Roedd y cyfan drosodd mewn mater o funudau. Dim ond dau swyddog iau a oedd heb eu clwyfo ac, o'r 400 a fu'n rhan o'r ymosodiad, roedd cyfanswm o 11 swyddog a 195 o filwyr wedi'u lladd neu eu clwyfo.

Wedi'r rhyfel dychwelodd Morrey Salmon i Gymru gan ddod yn ddyn busnes llwyddiannus a gwasanaethu fel cyrnol yng ngogledd Affrica a'r Eidal yn ystod yr Ail Ryfel Byd.

BONEDD A GWRÊNG

Parhaodd y brwydro yn nalgylch Ypres drwy gydol hydref 1917. Roedd 2/Ffiwsilwyr Cymreig yn un o frwydrau mawr y cyfnod, yr ymgais i oresgyn Coedwig Polygon ar 26 Medi. Yn eu plith roedd dau swyddog ifanc o gefndiroedd tra gwahanol. Deuai'r Lefftenant Randal Alexander Casson (1893–1917) o deulu cefnog ac yr oedd ei dad yn bartner yng nghwmni cyfreithwyr Breese, Jones a Casson, Porthmadog ac yn byw ym mhlasty Bron-y-garth. Ac yntau'n ddyn ifanc tal a chydnerth, cafodd y lefftenant ei addysg yn ysgol fonedd Winchester a graddiodd yng Ngholeg Crist, Rhydychen yn 1915, cyn derbyn comisiwn gyda'r fyddin yn ddiweddarach y flwyddyn honno.

Cefndir gwahanol oedd gan y Lefftenant Hywel Llywelyn Evans o Gaerdydd (1893–1917). Roedd ei dad, a oedd yn enedigol o Flaenau Ffestiniog, yn ohebydd papur newydd yn y ddinas tra oedd ei fam yn Gymraes a aned yn Pennsylvania, yr Unol Daleithiau. Yn wahanol i deulu Casson, roedd y teulu'n byw mewn tŷ teras yn Stryd

Llandough, ger gorsaf Cathays, Caerdydd. Cyn y rhyfel bu Hywel Llywelyn Evans yn hyfforddi i fod yn athro ond, fel Casson, derbyniodd yntau gomisiwn gyda'r Ffiwsilwyr Cymreig.

Ceir disgrifiad da o'r ddau gan un o'u cyd-swyddogion, y Capten Siegfried Sassoon, un o feirdd amlycaf y rhyfel: 'Roedd Mess Cwmni B yn cynnwys cyferbyniad rhyfel nodweddiadol yn Casson ac Evans. Roedd Casson, 23 oed, wedi bod yn Winchester a Christ Church; roedd yn llanc sensitif, llednais, a chanddo glecs difyr. Roedd Evans yr un oedran, ond nid oedd wedi "mwynhau'r un manteision cymdeithasol". Roedd yn swnllyd a chlebrog iawn, bob amser yn llyfu ei fawd wrth ddelio cardiau, gan ddweud "Pardwn?" bron yn ddieithriad mewn ymateb i unrhyw sylw. Daeth y "pardwn" hwnnw'n fwrn ar adegau.'

Yn Ebrill 1917 aeth Sassoon am dro gyda Casson ar fryn ger pentref Fontaine-lès-Croisilles. Gwelsant res o filwyr marw, y rhan fwyaf ohonynt wedi'u saethu yn eu pennau. Ni chredai Sassoon y dylai dynion ifanc sensitif fel Casson weld y fath olygfa ond ceisiodd y lefftenant ifanc ymddwyn fel petai'r cyfan yn gwbl naturiol ac yn rhan o 'erchyllterau rhyfel'.

Yn ystod y frwydr ar gyrion Coedwig Polygon ar 26 Medi, roedd Evans yn arwain Cwmni A 2/Ffiwsilwyr Cymreig mewn ymosodiad ar gadarnle concrit ar safle fferm a adwaenid gan y fyddin fel 'Lone Farm', tua hanner

Randal Casson

milltir i'r gogledd o Ffordd Menin. Ync cafodd Evans ei glwyfo a bu farw ychydig oriau'n ddiweddarach. Tua 2 o'r gloch y prynhawn hwnnw, glaniodd ffrwydryn lle roedd Casson, ynghyd â dau swyddog arall, yr Uwch-gapten Roger Poore a'r Lefftenant Ernest F C Colquhoun, yn trafod y sefyllfa. Lladdwyd y tri yn y fan a'r lle. Claddwyd y tri swyddog hynny ym mynwent Poelcapelle, ond claddwyd Hywel Evans mewn bedd anhysbys ar faes y gad. Ceir cofnod amdano ar gofeb Tyne Cot, ymhlith enwau'r 34,924 o'i gyd-filwyr a laddwyd ym mrwydrau Passchendaele.

Chwe blynedd yn ddiweddarach, darganfu coedwigwr o'r enw Leon Kindt ffotograff o Casson a gollwyd yn ystod y brwydro.

PLAC COFFA

Roedd un o gadarnleoedd concrit yr Almaenwyr ar Gefn Pilckem wedi'i leoli ger fferm o'r enw Gournier, nid nepell o'r fan lle lladdwyd Hedd Wyn. Byddai'r Almaenwyr yn saethu oddi yno ar y Cymry a oedd yn ymosod dros dir agored mwdlyd, ond llwyddwyd i gipio'r cadarnle yn y pen draw. Cofiai sarjant gyda 13/Ffiwsilwyr Cymreig, Thomas H Davies o Aberdâr, gysgod: yno yn ystod y brwydro ac wedi iddo ymddeol o fod yn rheolwr siop ddillad ymwelodd â maes y gad ddiwedd y 1950au. Wedi hynny penderfynodd y dylid cofnodi gwrhydri'r Cymry drwy osod plac ar dalcen y cadarnle ar fferm Gournier.

Ar 24 Ebrill 1960, dadorchuddiwyc y plac gan gynfilwr arall, Huw T Edwards, a oedd yn gadeirydd y Bwrdd Croeso ar y pryd.

Y plac coffa ar fferm Gournier, Cefn Pilckem.

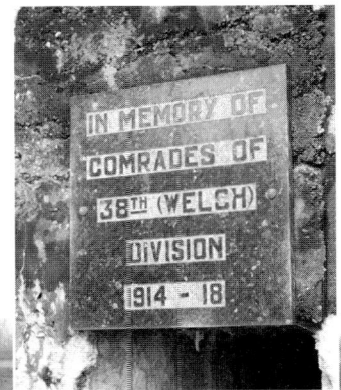

Aelodau o 10/Ffiwsilwyr Cymreig yn cludo ffrwydron cyn yr ymosodiad llwyddiannus ar Goedwig Polygon, 25 Medi 1917.

29
MIWTINI

Wrth i'r rhyfel barhau, a hynny heb arwydd o ddiweddglo cadarnhaol, pryderai uwch-swyddogion y fyddin am forâl y milwyr cyffredin. Serch hynny, ac ystyried y pwysau oedd ar y milwyr, mae'n rhyfeddol na fu mwy o anufudd-dod, ac ychydig iawn o ymddygiad gwrthryfelgar a gaed. Cyhuddwyd ychydig dros 300 o filwyr o fiwtini yn ystod y rhyfel, llawer ohonynt ar dir Prydain yn hytrach na thramor. Roedd y cyhuddiad hwn yn wahanol i gyhuddiad o wrthgilio, â'r pwyslais ar gynllwyn gan ddau neu fwy i wrthsefyll neu gymell eraill i wrthsefyll awdurdod milwrol cyfreithiol.

Cafodd cyfanswm o 23 o filwyr o gatrodau Cymreig eu cyhuddo o fiwtini yn ystod y rhyfel, a chafodd rhai ohonynt eu carcharu. Eto i gyd, er yr ystyrid y drosedd yn un ddifrifol, y gosb fwyaf a roddwyd oedd mewn achos o anufudd-dod yng ngwersyll Parc Cinmel ger Abergele ym Mehefin 1918, sef blwyddyn o lafur caled mewn carchar. Dyma oedd y dyfarniad ar un o'r troseddwyr, y Preifat C Morgan o'r Ffiwsilwyr Cymreig, ond yn ddiweddarach lleihawyd y gosb i garchariad yn unig.

Yn ystod 1917 cafwyd sawl miwtini ym myddin Ffrainc a dienyddiwyd dros 50 o filwyr yn ystod yr haf y flwyddyn honno wedi cyfres o derfysgoedd, ond ni chafwyd yr un problemau ym myddin Prydain. Mae'n wir fod uwch-swyddogion y fyddin a gwleidyddion yn gofidio y gallai'r milwyr ddilyn esiampl y Bolsieficiaid yn Rwsia yn 1917 a chymell chwyldro go iawn, ond serch hynny, nid ar sail gwleidyddiaeth y cafwyd anghydfodau. Nid oedd yna chwaith elfen o gynllwyn ynddynt; yn hytrach, protestio yn erbyn eu hamodau gwasanaeth yr oedd y milwyr ar y cyfan.

Dim ond un achos difrifol o fiwtini a gafwyd ymhlith

milwyr Prydain, a hynny ym mis Medi 1917. Digwyddodd hyn ymhell o'r rhengoedd blaen, yng ngwersyll hyfforddi Étaples ger Boulogne sur Mer, Ffrainc.

Bwch Dihangol

Crëwyd esiampl o un milwr wedi'r terfysg yng ngwersyll milwrol Étaples ym Medi 1917 pan ddienyddiwyd Jesse Robert Short, glöwr 31 mlwydd oed a aned ym Medwellte, sir Fynwy.

Roedd tua 50,000 o filwyr wedi'u cronni yng ngwersyll cyfyng Étaples, lle roedd enw gwael i'r cyfleusterau, y bwyd a'r llety. Roedd y 'Bull Ring', lle hyfforddid y milwyr, yn ddrwg-enwog am ddisgyblaeth lem a disgrifiwyd y gwersyll yno gan un milwr fel pasio trwy uffern am bythefnos. Roedd y milwyr yno'n casáu'r swyddogion a heddlu'r fyddin – y capiau coch – a geisiai gadw trefn.

Daeth yr anfodlonrwydd i'w benllanw ar 9 Medi 1917 pan arestiwyd milwr o Seland Newydd. Yn ystod y terfysg a achoswyd wedi hynny, cafodd milwr cyffredin ei saethu'n ddamweiniol gan un o'r swyddogion. Yn ystod y ddau ddiwrnod dilynol bu criwiau o filwyr yn bygwth y swyddogion, er bod tystiolaeth eu bod mewn hwyliau da yn gyffredinol. Serch hynny, ar 11 Medi, o ganlyniad i ymrafael wrth y bont dros afon Cranche, arestiwyd y Corpral Jesse

Short. Er bod rhwng 70 ac 80 o filwyr wedi ymgynnull yn fygythiol wrth y bont, wrth iddynt geisio adfer trefn fe glywodd y swyddogion Short yn gweiddi 'Don't listen to that bloody officer… What you want to do to that bugger is put a stone round his neck and throw him into the river.'

'Welsh coalminer' oedd y disgrifiad o Short yn nogfennau'r cwrt-marsial a ddilynodd, ond roedd wedi hen symud o Gymru erbyn hynny. Yn 1911 roedd wedi priodi merch o'r enw Dinah Lowe o Gorwen a symud i bentref glofaol Felling yn swydd Durham. Ganed dwy ferch iddynt yno. Ymunodd â 24/Ffiwsilwyr Northumberland (y Tyneside Irish) ac yn ystod y rhyfel fe'i dyrchafwyd yn gorpral. Dioddefodd ei fatalïwn golledion sylweddol yn ardal La Boisselle ar ddiwrnod cyntaf brwydr y Somme, 1 Gorffennaf 1916.

Yn y cwrt-marsial, ceisiodd Short amddiffyn ei hun drwy honni ei fod yn feddw ar y pryd ond roedd digon o dystiolaeth nad oedd hynny'n wir. Eto i gyd, fel arfer byddai wedi derbyn cosb o gyfnod yn y carchar am y fath drosedd, yn arbennig gan nad oedd wedi troseddu o'r blaen. Ond roedd y fyddin wedi'i dychryn gan yr holl anufudd-dod a phenderfynwyd gwneud esiampl ohono. O'r 50 neu fwy o filwyr a arestiwyd yn ystod cyfnod byr o derfysg yn Étaples, dim ond pedwar a gyhuddwyd o fiwtini, a Short yn unig a wynebodd y gosb eithaf. Saethwyd ef ar doriad gwawr ar 4 Hydref 1917 – bwch dihangol os bu un erioed.

Y fyddin yn ymarfer ger Étaples.

30

Y RHYFEL YN YR AWYR

Er bod balŵns wedi cael eu defnyddio ar gyfer ysbïo ar symudiadau byddinoedd ers rhai blynyddoedd, roedd defnyddio awyrennau ar gyfer rhyfela yn ddatblygiad newydd yn y rhyfel. Roedd hwn yn gyfnod o ddysgu i adeiladwyr awyrennau, cadfridogion a pheilotiaid fel ei gilydd, wrth i holl fanteision mynd â'r rhyfel at y gelyn o'r awyr esblygu.

Serch hynny, parhaodd yr Almaen i ddefnyddio balŵn anferth a bwerwyd gan injan o'r enw'r Zeppelin. Gallai'r Zeppelin hedfan yn uchel iawn a byddai'r criw yn taflu bomiau ar dargedau islaw. Er nad oedd eu hannel yn gywir gan amlaf, achoswyd difrod mawr, yn bennaf yn Llundain a dinasoedd dwyrain Lloegr. Cafwyd 53 cyrch yn Lloegr a'r Alban rhwng 1915 ac 1917. Mewn un cyrch ar Lundain yn Hydref 1915 lladdwyd Kate Jones, merch 23 mlwydd oed o Bontarfynach, Ceredigion, a weithiai yn llaethdy'r teulu yn Llundain. Ond daeth y Zeppelins yn fwy a mwy aneffeithiol wrth i awyrennau a gynnau ddatblygu dulliau o danio atynt a'u rhoi ar dân.

Ni fu'r Zeppelin yn ymosod ar Gymru, na chwaith yr awyrennau bomio, y Gotha G.IV a'r Staaken, a achosodd niwed difrifol i rannau o dde-ddwyrain Lloegr. Serch hynny, roedd cyfraith y blacowt mewn grym yng Nghymru yn ogystal â gweddill Prydain o 14 Ebrill 1916 ymlaen.

Yn 1914, dim ond tua 60 o awyrennau oedd gan y Corfflu Hedfan Brenhinol, a ffurfiwyd yn 1912. Roedd awyrennau hefyd gan Wasanaeth Awyr Brenhinol y Llynges ac roedd cryn gystadleuaeth rhwng y ddau wasanaeth. Dim ond yn 1918 yr unwyd y ddau gorfflu i ffurfio awyrlu mwy effeithiol yr Awyrlu Brenhinol (RAF). Erbyn hynny roedd tua 8,000 o awyrennau o bob gwlad yn hedfan uwchlaw y ffrynt gorllewinol.

Bregus iawn oedd awyrennau cynharaf y Rhyfel Mawr. Gwnaed hwy o galico a phren haenog, caent eu gyrru gan injan â marchnerth o 50 ac nid oeddent yn medru hedfan yn gyflymach na 60 milltir yr awr. Roedd y peilot yn eistedd yn yr elfennau ac, yn y dyddiau cynnar, nid oedd ganddo barasiwt na radio i anfon negeseuon. Ar

Awyrennau rhyfel Bristol ym maes awyr Cerny, rhwng Béthune a Saint-Omer, Ffrainc, yn 1917. Gallai'r awyrennau dwy sedd hyn hedfan ar gyflymder o 110 milltir yr awr.

ddechrau'r rhyfel byddent yn ymladd â'r gelyn drwy saethu gynnau llaw a theflid bomiau o'r llaw at y gelyn islaw. Roedd llawer o'r awyrennau yn rhai dwy sedd, gydag arsyllwr yn yr ail sedd. Gallai yntau bwyso dros ochr yr awyren i wylio symudiadau'r gelyn a nodi lleoliad gynnau mawr, gan dynnu ffotograffau ohonynt. Un datblygiad oedd gosod gynnau peiriant er mwyn medru saethu at awyrennau a ddeuai o'r ochr neu'r cefn. Roedd saethu ymlaen yn fwy o broblem oherwydd y perygl o daro'r propelor, ond erbyn 1915 datblygwyd dull o danio gwn heb ei niweidio.

Roedd llawer o'r peilotiaid yn anturus ac yn ddi-hid o'r peryglon, a chafodd llawer ohonynt eu lladd oherwydd bod yr offer yn ddiffygiol yn hytrach na chan ymosodiadau gan y gelyn. O'r 22,000 o beilotiaid a fu'n gwasanaethu yn lluoedd Prydain yn ystod y rhyfel, collwyd 50 y cant ohonynt.

Ystyrid rhai peilotiaid, yr 'aces' neu 'farchogion yr awyr', yn arwyr rhamantaidd, fel yr Almaenwr von Richthofen, y Barwn Coch, a Tom Vicars Hunter, Sais a oedd yn byw ym Mharc Abermarlais, sir Gaerfyrddin. Un goes oedd gan hwnnw, wedi iddo gael ei glwyfo'n ddrwg yn Ionawr 1915. Yn 1917 ymunodd 'Sticky', fel yr adwaenid ef oherwydd ei goes bren, â'r awyrlu a bu'n hedfan Sopwith Pups cyn dod yn gadlywydd hedfan.

Erbyn diwedd y rhyfel byddai sgwadronau o awyrennau'r awyrlu yn hedfan ar gyrchoedd bomio i berfeddwlad yr Almaen, gan ollwng bomiau ar ddinasoedd fel Cwlen – argoel o'r dulliau rhyfela a welid o'r 1930au ymlaen. Ar gyrch felly yr oedd y Lefftenant A W R Evans (1898–1965) o Gaerdydd yn Hydref 1918. Roedd ef yn beilot ar un o 10 o awyrennau a geisiodd hedfan i Gwlen er mwyn bomio'r ddinas. Fodd bynnag, oherwydd i'r tywydd droi'n gymylog iawn, collasant eu ffordd ac fe fethodd wyth o'r awyrennau â dychwelyd. Er bod ei awyren yn brin o danwydd, llwyddodd y Cymro i lanio y tu ôl i rengoedd yr Almaenwyr. Cafodd ei garcharu a chafodd ei deulu wybod ei fod yn ddiogel gan fod awyren Almaenig wedi gollwng neges yn rhestru'r peilotiaid a oedd mewn gwersylloedd i garcharorion rhyfel.

Yn y pen draw ni fu rheolaeth c'r awyr cyn bwysiced yn y rhyfel ag y daethai erbyn yr Ail Ryfel Byd, ond roedd manteision allweddol o fedru casglu gwybodaeth am safleoedd a gweithgareddau islaw, lle roedd y brwydrau mawr yn digwydd.

TOM REES A'R BARWN COCH

Peilot enwocaf y rhyfel oedd yr Almaenwr Barwn Manfred von Richthofen, y 'Barwn Coch'. Cyn ei farwolaeth yn Ebrill 1918, hawliai iddo saethu 80 o awyrennau'r Cynghreiriaid i'r ddaear. Cymaint oedd ei hyder a'i ymffrost fel y peintiodd ei awyren Albatros yn goch, fel y gallai pawb ei adnabod.

Cymro 21 mlwydd oed oedd y cyntaf iddo'i ladd, sef y Lefftenant Tom Rees (1895–1916) o Ddefynnog ger Aberhonddu. Roedd Tom Rees mewn un o saith awyren fomio dwy sedd a oedd yn ceisio bomio gorsaf reilffordd ar 17 Medi 1916. Y peilot oedd Llundeiniwr o'r enw Lionel Morris. Daeth pum awyren Almaenig o'r cymylau ac ymosod arnynt. Von Richthofen oedd peilot un ohonynt a llwyddodd i hedfan y tu ôl i awyren Lionel Morris gan saethu ato gyda'i wn peiriant. Mae'n debyg iddo daro Tom Rees, a oedd wedi codi o'i sedd i saethu at yr Almaenwr gyda phistol, ac anafwyd Lionel Morris. Llwyddodd yntau i lanio'r awyren, er bod yr injan wedi'i dryllio, a glaniodd von Richthofen gerllaw er mwyn hawlio'r 'kill'. Erbyn iddo gyrraedd yr awyren, gwelodd fod Lionel Morris a Tom Rees wedi'u hanafu'n ddrwg. Bu farw Tom Rees yn y fan a'r lle a Lionel Morris ychydig yn ddiweddarach. Claddwyd Tom Rees ym mynwent Plouich yn Ffrainc.

Mewn cyd-ddigwyddiad trist, cafodd teulu Tom Rees glywed am ei farwolaeth ar yr union ddiwrnod y claddwyd ei frawd John, a fu farw mewn damwain ger ei gartref.

HAEDDU TYNGED WELL

Cysylltydd radio gyda Batri Trwm y 38ain Adran Gymreig oedd John Wynne Lewis o'r Barri, a chadwodd ddyddiadur manwl o'i brofiadau. Ar 16 Tachwedd 1916, yn y rhengoedd blaen mewn lle o'r enw Habarcq ger Arras yn Ffrainc, gwyliai awyren Almaenig yn hedfan uwchlaw. Mewn dim o dro roedd awyren Brydeinig wedi ymosod arni ac ymunodd 10 arall yn y cyrch. I John Lewis, edrychai fel haid o gacwn yn ymosod ar un wenynen. Clywai'r gynnau peiriant wrth i'r awyrennau gau'r rhwyd o gylch yr Almaenwr. Yna, fe lwyddodd yntau i gael y gorau ar ei ymosodwyr drwy blymio tua'r ddaear.

Roedd yn amlwg fod awyrenwyr Prydain o'r farn bod yr awyren wedi'i chwalu, ond nid ydoedd. Roedd yr Almaenwr wedi glanio a llywio'i awyren ar wib ar hyd y ddaear wrth i'r Prydeinwyr esgyn mewn gorfoledd. Pan oeddent wedi esgyn yn uwch, cyflymodd awyren yr Almaenwr a chodi i uchder o tua 20 troedfedd, gan anelu am rengoedd yr Almaenwyr. Hedfanodd uwchben y gwyliwr o Gymro a gallai hwnnw weld wyneb y peilot yn glir. Er i'r gynnau gwrthawyrennol saethu ato, llwyddodd i ddianc hyd nes i filwr cyffredin yn y ffosydd ei daro ag ergyd ar hap o'i reiffl. Drylliwyd yr awyren a lladdwyd y peilot.

Teimladau cymysg oedd gan John Lewis. Roedd yn flin ganddo glywed am farwolaeth y peilot, gan ei fod wedi ymladd mor ddygn a'i fod yn ddyn o wrhydri mawr. Iddo ef, roedd yr Almaenwr hwn yn haeddu tynged well.

'AWYR A DAEAR BOB YN AIL'

Datblygodd technoleg awyrennau'n gyflym iawn yn ystod y rhyfel, yn arbennig drwy weithgareddau canolfan y Corfflu Hedfan Brenhinol yn Hendon, gogledd Llundain. Un a weithiai yno oedd W M Hughes ('Willie Rhiwen', g.1889), Deiniolen, ger Llanberis. Roedd wedi ymuno â'r Corfflu Hedfan Brenhinol yn 1915 wedi cyfnod gyda'r llynges, ac yn Hendon fe ddatblygodd sgiliau peirianyddol defnyddiol. Yn ogystal â hyn, bu'n arwain seindorf, y gyntaf i gael ei sefydlu gan yr awyrlu.

Roedd Hendon yn lle prysur iawn ac yn darged i Zeppelins ac awyrennau'r Almaen. Bu W M Hughes yn ffodus ar sawl achlysur a gwelodd nifer o beilotiaid yn cael eu lladd. I gychwyn injan awyren roedd angen troi neu swingio'r propelor. Roedd y weithred hon yn un hynod o beryglus ac anafwyd llawer yn y broses, gan gynnwys W M Hughes ei hun, a dreuliodd gyfnod yn yr ysbyty.

Ei brofiad mwyaf peryglus oedd mewn awyren dwy sedd R.E.8 gyda'r Lefftenant Hambley, peilot prawf o Ganada. Yn ddiweddarach, disgrifiodd W M Hughes ei brofiad: 'Yr oeddem i fyny, tua naw mil o droedfeddi uwchben Llundain, pan ddigwyddodd rhyw anffawd i'r peiriant. Dechreuodd yr awyren golli sbîd, er bod y peilot yn ymdrechu ei orau i gadw rheolaeth arni. Yn sedd y gwyliwr yr oeddwn i. Edrychais i gyfeiriad y peilot. Rhoddodd yr arwydd *thumbs down* i mi a chefais fraw. Dylwn ddweud bod sedd y gwyliwr rhwng y peilot a'r gynffon, a'r unig gysylltiad rhyngof a'r peilot oedd tiwb bychan i siarad trwyddo, fel y gwelsoch mewn hen Rolls Royce Saloon erstalwm. Ond oherwydd crecian yr hen awyren ar y pryd, pe baech yn siarad neu chwibanu hyd ddiwedd amser nid oedd ateb i'w gael. Yr oeddem â'n pennau allan a'n hysgwyddau i fyny, a rhyw sgrin fach hanner crwn o seliwloid o'n blaenau y pryd hynny, a thipyn o f[f]elt am ein canol i'n cadw

rhag disgyn allan… wel, ni allaf ddisgrifio'n iawn beth oedd yn digwydd. Gwyddwn fod yr awyren erbyn hyn allan o bob rheolaeth ac yn prysur ddisgyn yn nes i'r ddaear, ac awyr a daear bob yn ail fel pe'n ymddangos uwch fy mhen. O'r diwedd rhois fy mhen i lawr a chau fy llygaid a dechreuais adrodd Gweddi'r Arglwydd drosodd a throsodd; ac, yn rhyfedd iawn, pan oedd fy llygaid yn gaead yr oedd fy mam, fy chwaer a'm brawd yn fyw iawn gyda mi. Ond, yn sydyn, teimlais fod yr awyren yn dechrau dod o dan lywodraeth y peilot. Gellwch amgyffred fy nheimladau. Pan godais fy mhen ac edrych i gyfeiriad y peilot, fe roes arwydd *thumbs up* i mi.'

Wedi glanio, diolchodd i'r peilot ond ei ymateb coeglyd ef oedd: 'I have never yet left anyone up there!'

DISGYN O 5,000 O DROEDFEDDI

Mewn swigen hofran (*kite balloon*) fry uwchben Cefn Vimy, Ffrainc, yn y bore bach ym mis Mai 1916 yr oedd yr Is-gorpral William Sylvanus Lewis (1890–1971), ynghyd â lefftenant o'r awyrlu. Roeddent tua 5,000 o droedfeddi uwchlaw maes y gad yn ceisio darganfod lleoliad un o fagnelau'r Almaenwyr a fu'n achosi trafferth i filwyr y fyddin islaw.

Credai Lewis, a oedd yn enedigol o sir Benfro ond a fagwyd yn Llundain gan fod ei dad yn blismon yno, bod hedfan mewn balŵn yn brofiad tawel a swynol ac yn adferol ac esmwyth. Ond roedd hefyd yn brofiad peryglus. Wrth i'r ddau edmygu codiad gogoneddus yr haul, byrstiodd y balŵn gan syrthio ar y fasged.

Nid oedd gan y ddau unrhyw ddewis ond neidio. Yn ffodus, ac yn wahanol i ddyddiau cynnar y rhyfel, roedd gan y balwnwyr barasiwt, ond cafodd W S Lewis ei dagu gan linynnau ei barasiwt ef wrth iddo ddisgyn. Disgrifiodd y profiad dychrynllyd hwn fel un 'ofnadwy a bythgofiadwy; fy wyneb yn ymddangos fel petai wedi chwyddo i ddwywaith ei faint, a'm llygaid yn ymddangos yn rhy fawr ar gyfer eu socedi'.

Llwyddodd i ddatrys y broblem ond roedd y parasiwt wedi'i rwygo. Yn wyrthiol, glaniodd ar ben parasiwt y lefftenant. Canfuwyd ef wedi ffwndro ger ffosydd milwyr o Ganada a chafodd ei gludo i ddiogelwch.

Gwasanaethodd W S Lewis gyda'r awyrlu hyd nes iddo gael ei ryddhau o'r lluoedd arfog yn 1919, pan ymunodd â'r gwasanaeth sifil. Go brin iddo gael, yn y gwaith hwnnw, brofiad mwy rhyfeddol na'r un a gafodd y bore hwnnw uwchlaw Cefn Vimy yn 1916.

Llun dychmygol o rywrai'n dianc o swigen hofran.

'Mae'r Uwch-gapten yn Wallgof'

Ganed Lionel Wilmot Brabazon Rees (1884–1955) ym Mhlas Llanwnda, Caernarfon, yn 1884. Roedd yn ŵyr i James Rees, sylfaenydd papur newydd *Yr Herald Cymraeg*, ond, fel ei dad, dilynodd Rees yrfa gyda'r fyddin, gan wasanaethu gyda Magnelwyr y Gwarchodlu Brenhinol. Dysgodd sut i hedfan yn 1912 ac ar ddechrau'r rhyfel bu'n hyfforddi peilotiaid gyda'r Corfflu Hedfan Brenhinol. Erbyn 1915 roedd yn un o'r peilotiaid mwyaf mentrus a llwyddiannus, ac enillodd fedal y Groes Filwrol am wrhydri wrth ymosod ar awyren Almaenig uwchben brwydr Loos ym mis Medi'r flwyddyn honno.

Ar ddiwrnod cyntaf brwydr y Somme, 1 Gorffennaf 1916, roedd Rees yn hedfan ei DH2 un sedd ar batrôl uwchlaw'r frwydr pan welodd awyren Almaenig yn ymosod ar awyrennau Prydeinig. Saethodd at yr ymosodwr a'i daro. Yna ymosododd ar awyren Roland – math o awyren ragchwilio – gan saethu 300 rownd o fwledi ati. Wedi i'r awyren honno ddianc, aeth Rees ar ei ben ei hunan ar ôl pum awyren arall. Er iddo gael ei daro yn ei glun gan fwled, parhaodd i ymosod. Wedi iddo ddihysbyddu'r bwledi yn ei wn peiriant, estynnodd am ei rifolfer ond syrthiodd hwnnw i'r cocpit. Er nad oedd yn medru saethu bellach, parhaodd â'i ymosodiad gan chwalu trefniant ymosod awyrennau'r Almaenwyr. Wedi iddo ddychwelyd yn ddiogel, fe'i cludwyd i ysbyty i wella o'r clwyf yn ei goes. Dyfarnwyd Croes Fictoria iddo am ei fenter a'i wrhydri.

Oherwydd yr anaf, dyna'r tro olaf i Lionel Rees hedfan dros faes y gad ac wedi hynny bu'n hyfforddi peilotiaid yn yr Alban. Edmygid ef yn fawr gan y cyw-beilotiaid, a gredai ei fod yn hynod o ddewr. Yn eu plith roedd peilot ifanc o'r enw Gwilym Lewis (1897–1996), a nododd mewn llythyr at ei rieni: 'Mi ddywedais wrthych mai ef oedd y dyn dewraf yn y byd… Roedd yr Hyniaid mewn clwstwr tyn pan ddaeth ef ar eu traws – ar ôl iddo orffen roeddent wedi'u gwasgaru ar draws yr awyr, heb wybod pa ffordd i fynd… Wrth gwrs, mae pawb yn gwybod bod yr Uwch-gapten yn wallgof. Nid wyf yn credu iddo fod yn fwy hapus yn ei fywyd nag wrth ymosod ar yr Hyniaid hyn.'

Wedi'r rhyfel anrhydeddwyd Lionel Rees gan ei dref enedigol pan gyflwynwyd iddo Ryddfraint Bwrdeistref Caernarfon yn 1920. Yn 1933, hwyliodd ar ei ben ei hun o Gymru ar draws Môr Iwerydd gan lanio yn y Bahamas, lle bu'n byw am gyfnodau wedi hynny. Yno yn 1947, ac yntau'n 62 mlwydd oed, priododd ferch ifanc groenddu, er mawr syndod i'w gyfoedion. Cawsant dri o blant ond trawyd Rees yn wael gyda lewcemia a bu farw yn 1955.

Lionel Brabazon Rees

DIAL AR RAN EI FFRINDIAU

Ymhlith peilotiaid mwyaf lliwgar y rhyfel roedd James Ira 'Taffy' Jones (1896–1960), a enillodd lu o fedalau wrth hedfan gyda Sgwadron 74 yr awyrlu.

Ac yntau'n blentyn siawns a aned ar fferm Woolstone ger Sanclêr, sir Gaerfyrddin, yn 1896, roedd ei gefndir cwbl Gymreig yn un tra gwahanol i eiddo llawer o beilotiaid a ddeuai o ysgolion bonedd Lloegr. Roedd yn ddyn byr, 5 troedfedd 4 modfedd, ac yn yfwr trwm. Dioddefai o atal dweud, ond nid amharodd hyn oll ar ei ddewrder.

Gwasanaethodd fel peiriannydd yn yr awyrlu gan ennill y Fedal Filwrol ym mis Mai 1916 am achub dau ynnwr clwyfedig yn wyneb tanio gan ynnau mawr tra oedd yn gweithio mewn gorsaf radio ryng-gipio yn y rheng flaen.

Yn ddiweddarach, cafodd Ira Jones hyfforddiant peilot a rhwng Awst 1918 a diwedd y rhyfel ym mis Tachwedd enillodd fedalau am ei wrhydri beiddgar gyda Sgwadron 74. Yn ystod cyfnod o 11 diwrnod ym mis Awst, llwyddodd i saethu chwe awyren i lawr, a derbyniodd y DFC (Croes Hedfan Neilltuol) am 'arddangos dewrder

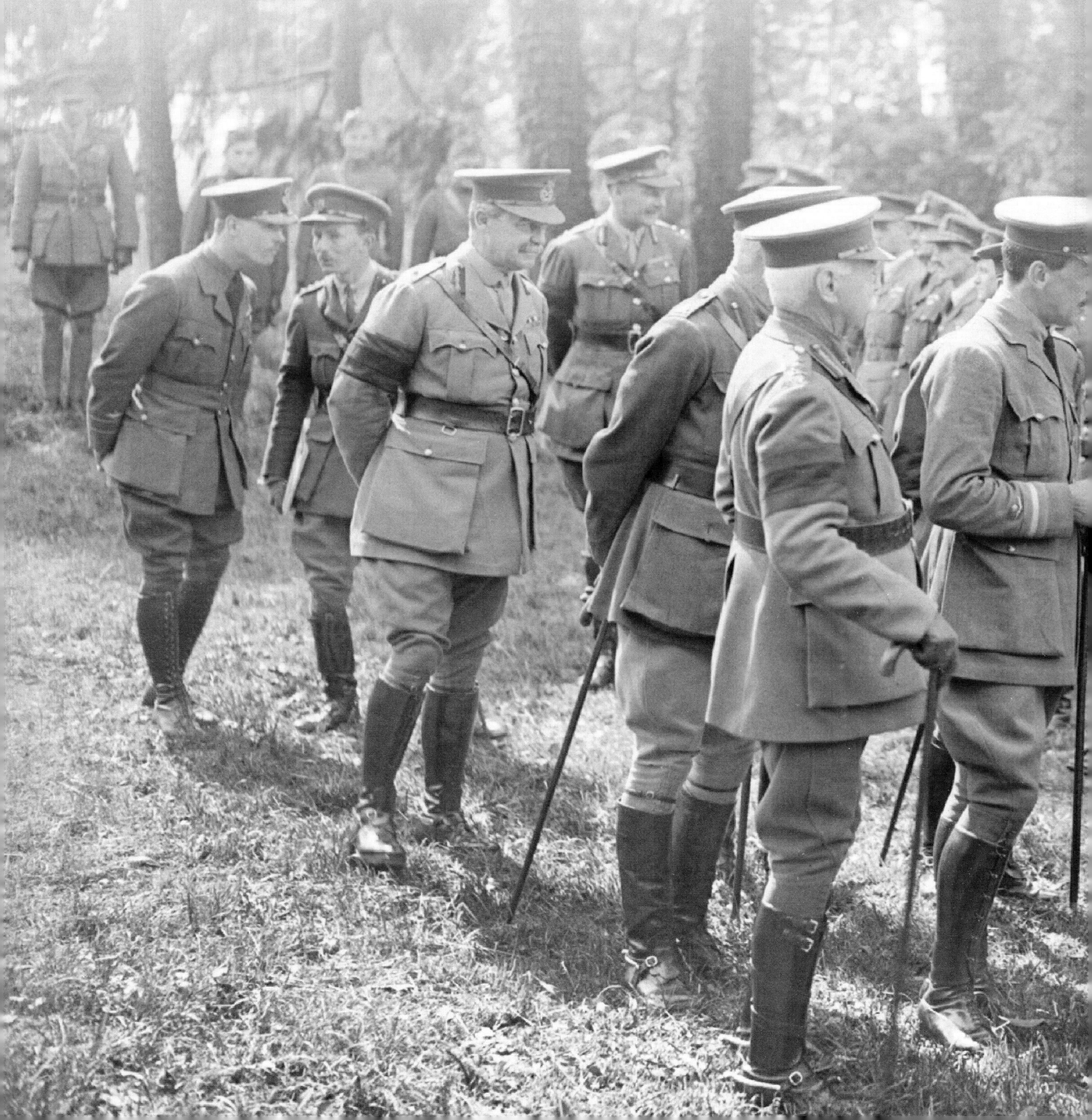

mawr, medrusrwydd a menter'. Yn ystod yr wythnosau canlynol, enillodd fedalau'r Groes Filwrol a'r DSO. Amcangyfrifir iddo ddryllio cyfanswm o 37 o awyrennau a balwnau'r gelyn mewn cyfnod byr iawn yn yr awyr.

Serch hynny, cafodd enw drwg am chwalu ei awyren wrth lanio. Yn wir, roedd yn ffodus sawl tro i osgoi anaf drwg o ganlyniad i lanio blêr. Roedd hefyd yn gymeriad digyfaddawd. Honnodd iddo bledio cyn ei hediad cyntaf: 'O Dduw, plîs gaf i ladd o leiaf un Almaenwr cyn i mi farw', ac ar adeg arall dywedodd: 'Arweiniodd fy arfer o ymosod ar Hyniaid oedd yn hongian ger eu parasiwtiau

at nifer o ddadleuon yn y Mess. Ystyriai rhai swyddogion o'r math a ddeuai o Eton a Sandhurst fod gwneud hynny yn "unsportsmanlike". Gan na fynychais ysgol fonedd, nid oedd ystyriaethau o'r math hwn o ffurfioldeb yn fy rhwystro. Byddwn yn tynnu sylw at y ffaith ein bod mewn rhyfel gwaedlyd a'i bod yn fwriad gen i ddial ar ran fy ffrindiau.'

Arhosodd yn yr awyrlu wedi'r rhyfel, cyn ymddeol yn 1936. Ailymunodd â'r awyrlu yn ystod yr Ail Ryfel Byd, gan ddangos ei wrhydri unwaith yn rhagor. Bu farw yn 1960 wedi iddo ddisgyn oddi ar ysgol yn ei gartref yn Aberaeron.

Ira Jones yn ysgwyd llaw â'r Brenin Siôr V ger Saint-Omer, 6 Awst 1918. Mae'n debyg i'r Cymro ddinistrio dwy awyren Almaenig y bore hwnnw.

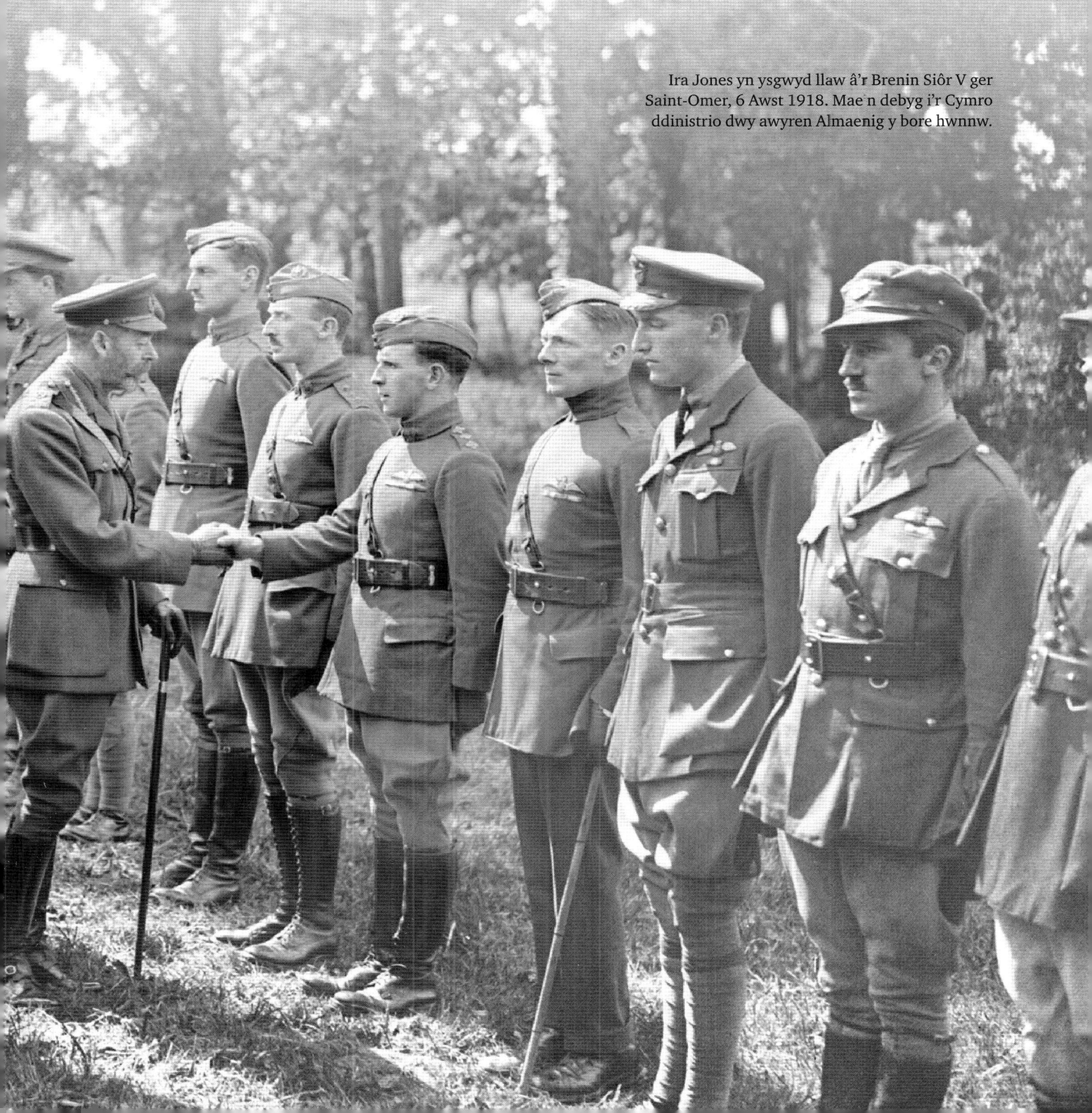

31

BRWYDRAU 1918

Gyda Rwsia wedi negodi cadoediad yn dilyn y chwyldro yno yn Nhachwedd 1917, gallai'r Almaenwyr a'r Awstriaid drosglwyddo llawer o'u milwyr i atgyfnerthu eu byddinoedd yn y gorllewin. Erbyn gwanwyn 1918 roedd ganddynt 192 o adrannau yn y gorllewin yn wynebu 156 o adrannau'r Cynghreiriaid, ond gwyddai'r Almaenwyr y byddai'r sefyllfa yn newid pan fyddai byddin yr Unol Daleithiau yn cyrraedd maes y gad. Roedd yr Unol Daleithiau wedi ymuno â'r Cynghreiriaid yn Ebrill 1917 ond dim ond tua 28,000 o filwyr Americanaidd oedd wedi cyrraedd Ewrop erbyn Mawrth 1918. Fodd bynnag, roedd llawer mwy yn derbyn hyfforddiant – digon i droi'r fantol maes o law.

Gan hynny, cynlluniodd yr Almaenwyr i ymosod ar y ffrynt gorllewinol ym Mawrth 1918 a cheisio ennill y rhyfel cyn bod yr Americanwyr yn cyrraedd mewn digon o nerth i atal y llif. Roedd y Cynghreiriaid yn disgwyl y fath ymosodiad ond amharwyd ar eu paratoadau gan ddiffyg hyder y gwleidyddion, yn arbennig Lloyd George, yn arweinyddiaeth Haig. Ar ben hynny, credai Lloyd George y gellid o hyd ennill y rhyfel ar y ffryntiau yn yr Eidal a'r Dwyrain Canol yn hytrach na thrwy ymosod ar y ffrynt gorllewinol. Camsyniad dybryd oedd hynny, ac arweiniodd at fethu ag atgyfnerthu'r fyddin yn y mannau lle deuai'r ymosodiadau mwyaf peryglus. Yn wir, penderfynodd yr Almaenwyr ganolbwyntio eu hymosodiad ar y rhannau o'r ffrynt a amddiffynnid gan y Prydeinwyr, gan ystyried y byddai'n rhwyddach goresgyn y Ffrancwyr petai byddin Prydain wedi'i gwanhau.

Dechreuodd ymosodiad y 'Kaiserschlacht' (brwydr yr Ymerawdwr) ar 21 Mawrth yn ardal y Somme, gyda bombardiad aruthrol gan ynnau'r Almaenwyr. Crëwyd anhrefn: chwalwyd y rhwydweithiau cyfathrebu, targedwyd y magnelau gan ddifetha llawer ohonynt, defnyddiwyd nwy ar raddfa eang, ac ar ben hynny daeth niwl trwchus a brofodd yn ddefnyddiol i'r ymosodwyr.

Dau o'r meirw wedi ymosodiad yr Almaenwyr, Mawrth 1918.

Roedd yr ymosodiad gan y milwyr traed yn un cyflym a threiddiol a dros y diwrnodau canlynol cipiodd yr Almaenwyr yr holl diroedd a gollwyd ym mrwydrau'r Somme yn 1916, gan gynnwys Coedwig Mametz. Daeth ymosodiadau pellach yn ardal Armentières ym mis Ebrill, a thrachefn ar afon Aisne ym Mai a Mehefin, ond er iddynt ennill brwydrau tactegol, nid oedd gan yr Almaenwyr y nerth i fanteisio ar eu cyfle. Erbyn canol yr haf roedd y Cynghreiriaid yn cael eu hatgyfnerthu gan oddeutu 300,000 o Americanwyr y mis. Trodd y fantol yn erbyn yr Almaenwyr, gan sigo morâl eu byddin.

Dangoswyd hyn yn yr ymosodiad, dan arweiniad 456 o danciau, a darodd linellau'r Almaenwyr yn annisgwyl i'r dwyrain o Amiens ar 8 Awst. Ysgubwyd ymlaen am 8 milltir gan dorri ysbryd yr Almaenwyr yn yr hyn a ddisgrifiwyd gan y Cadfridog Ludendorff fel 'diwrnod du' y fyddin Almaenig. O hynny ymlaen, a'r momentwm gyda'r Cynghreiriaid, gwthiwyd yr Almaenwyr yn ôl mewn brwydrau ffyrnig ond costus, yn arbennig wrth dorri trwy Linell Hindenburg, lle roedd safleoedd amddiffyn nerthol gan yr Almaenwyr. Roedd y 38ain Adran (Gymreig) yn flaenllaw ym mrwydrau Ancre, Gouzeaucourt, Villers-Outréaux, Selle a Choedwig Mormal yn ystod y cyfnod hwn.

O'r 1.2 miliwn o filwyr o fyddin Prydain a'r Ymerodraeth a wasanaethai yn Ffrainc a Gwlad Belg rhwng Awst a Thachwedd 1918, collwyd cynifer â 360,000. Daeth y colledion echrydus hyn o ganlyniad i gyrchoedd ar dir agored, elfen a oedd, yn ei hanfod, yn wahanol i'r brwydro athreuliol a nodweddai'r blynyddoedd blaenorol. Dioddefodd rhai o'r catrodau Cymreig golledion aruthrol, gyda dros 15 y cant (tua 3,800) o'r rhai a laddwyd o blith y Ffiwsilwyr Cymreig, y Gatrawd Gymreig a Chyffinwyr De Cymru yn ystod y rhyfel (cyfanswm o tua 24,500) yn colli eu bywydau rhwng Awst a Thachwedd 1918.

Erbyn yr hydref roedd y sefyllfa economaidd a chymdeithasol o fewn yr Almaen yn fregus, gydag anhrefn a gwrthdystiadau ar y strydoedd. Ildiodd y Kaiser ei safle fel Ymerawdwr a dianc i'r Iseldiroedd. Ar 11 Tachwedd daeth y rhyfel i ben gyda chadoediad a arwyddwyd gan y ddwy ochr yn Compiègne ger Paris. Roedd y Cynghreiriaid yn fuddugol ond bu cost enfawr i'w thalu am hynny.

'PAM?'

Llanc 16 a hanner mlwydd oed oedd Wilfred George Bowden (1898–1986) o Abercynon pan ymunodd â'r fyddin yn Chwefror 1915, gan ddweud celwydd am ei oedran. Flwyddyn yn ddiweddarach roedd yn Ffrainc gyda 4/Ffiwsilwyr Cymreig ac erbyn 1918 roedd wedi'i ddyrchafu'n gorpral.

Ar fore 23 Mawrth 1918, gwyliai Bowden filoedd o Almaenwyr yn cronni rhyw 2 neu 3 milltir o'i flaen ar Linell Hindenburg. Roedd yn amlwg fod ymosodiad ar y gweill ond ni fu unrhyw ymgais i sielio nac amharu ar yr ymgryfhau a oedd yn digwydd yno.

Roedd Bowden yn gyfrifol am chwech o ddynion yn y ffosydd. Roedd un ohonynt eisoes am ei heglu hi ond fe'i perswadiwyd i aros yn y rheng. Yna daeth y gorchymyn i symud yn ôl. Roedd y broses yn un araf ac erbyn hyn glaniai ffrwydron yng nghanol y ffosydd a dechreuodd yr ymosodiad gan y milwyr traed. Gwelodd Bowden helmedau dau Almaenwr yn un o'r ffosydd ac aeth atynt gyda'r bwriad o daflu bomiau Mills atynt ond methodd â darganfod y milwyr.

Yna, ac yntau ar ei ben ei hun ac yn crynu ag ofn, canfu'r ddau Almaenwr, a edrychai mor ofnus ag ef. Tarodd un ohonynt â'i reiffl a llwyddo i ddianc oddi yno gan chwilio am ei gyd-filwyr. Bu'n cropian dros nifer o gyrff meirw ac, wrth droi cornel, ataliwyd ef rhag symud ymhellach gan gorff milwr a adwaenai'n dda. Hen was fferm tawel a diymhongar o swydd Amwythig o'r enw Woollam oedd hwnnw: 'Dyna ble'r oedd e, ei lygaid yn llydan agored, twll bach yng nghanol ei dalcen, dim gwaed ar ei wep lwydwyn, yn edrych tua'r nefoedd, fel petai'n holi mewn syndod "Pam?", a minnau, er fy mod mewn panig, yn ategu'r cwestiwn.' Rhaid oedd iddo ddringo dros y corff wrth i'r bwledi barhau i wibio heibio.

Yn ddiweddarach, wrth geisio rhedeg oddi wrth yr Almaenwyr, clywodd lais yn gweiddi 'Wilf, helpa fi.' Y milwr clwyfedig oedd y Corpral Ossie Jones. Yn gorfforol, roedd Jones yn fwy na Bowden ac er iddo geisio'i gario i ddiogelwch, methodd â'i gludo fwy na decllath. Wrth ei ollwng i'r llawr dywedodd 'Mae'n flin gen i, Oss, alla i fyth â gwneud mwy, maen nhw yma.' Yna cafodd Bowden ei daro yn ei ben a syrthiodd yn anymwybodol.

Pan ddaeth ato'i hun, darganfu ei fod wedi'i saethu drwy ei wddf a'i fod wedi'i gipio gan yr Almaenwyr. Treuliodd weddill y rhyfel yn garcharor cyn dychwelyd i'w gartref genedigol yng Nghwm Cynon yn Rhagfyr 1918.

'COD ANRHYDEDD YR ALMAENWR'

Yn Ebrill 1918 anfonwyd 1/Cyffinwyr De Cymru i ymgyfnewid â chatrawd y Liverpool Scottish yn ardal Festubert, lle roedd y gatrawd honno wedi dioddef yn enbyd yn ystod ymosodiad gwanwyn yr Almaenwyr. Ymhlith y Cyffinwyr roedd yr Is-gorpral Thomas A Owen, a welodd ugeiniau o gyrff meirw mewn ystumiau grotésg a chlywed sŵn y llygod mawr yn bwydo ar y celanedd.

Wedi cyfnod tawel, dechreuodd y sielio o ddifrif ar fore 18 Ebrill. Trefnodd Owen i osod gwn peiriant Lewis ar barapet y ffos ond erbyn hynny roedd cenllysg o ffrwydron yn disgyn arno ef a'i gyd-filwyr. Roedd pawb yn llawn dychryn ac yn cysgodi gymaint ag y medrent yng ngwaelod y ffos: 'Gwenodd marwolaeth arnom ond ni laniodd yr un siel yn union ar ein ffos ni.'

Yn ddiweddarach, gwelodd Owen un o'i gyd-filwyr yn disgyn ar ei ben-gliniau a'i berfedd wedi'i ddryllio. Pasiodd Owen y botel o rỳm o gwmpas gan ei fod yn credu bod y gwirod hwn 'yn gwneud gwyrthiau ac yn cynorthwyo i ddyn farw'n urddasol'. Gwelodd un tîm o ynwyr peiriant yn cael eu chwythu i ebargofiant gan ffrwydrad ac ofnai mai dyma fyddai ei dynged ef hefyd. Roedd pawb yn griddfan mewn ofn, fel petaent yn blant. Pan oedodd y sielio, gwyddai fod ymosodiad gan filwyr traed i ddilyn. Cododd i'r parapet a gweld llinellau hir o Almaenwyr yn eu cotiau llwyd yn agosáu. Saethwyd atynt ond roedd miloedd ohonynt yn ymosod. Gwaeddodd y Sarjant Winn ar y Cyffinwyr i dynnu'n ôl i'r rheng ategol. Gyda hyn, trawyd y sarjant yn ei ben gan fwled, a syrthiodd yn farw.

Wrth iddo ddianc, trawyd Owen yn ei benelin ac ar yr un pryd trawyd un o'i gyd-filwyr, gŵr o'r enw Baker, yn ei ben a syrthiodd yn ôl i'r ffos yn gelain. Yna lloriwyd Owen gan fwled a'i tarodd yn ei benelin arall a syrthiodd i'r ddaear. Credai iddo golli'i fraich ac roedd mewn poen ddychrynllyd. Tra oedd ar y llawr, teimlodd yr Almaenwyr yn rhedeg dros ei gorff a phan gododd gwelodd fwy o Almaenwyr yn agosáu. Credai iddo gael ei saethu ond gorchmynnodd swyddog Almaenig iddo gerdded trwy'r rhengoedd. Wedi hynny, gan ei fod yn colli gwaed, syrthiodd i freichiau Almaenwr barfog. Rhwymodd yntau ei glwyfau a rhoi coffi cynnes iddo: 'Os oeddwn erioed wedi teimlo atgasedd tuag at yr Almaenwr, roeddwn wedi fy iacháu erbyn hynny. Er nad oedd yr un o'r ddau ohonom yn deall ein hiaith ein gilydd, roeddem yn deall cod anrhydedd yr Almaenwr – byddwn innau wedi gwneud yr un fath iddo ef. Ysgydwon ni law wrth ymadael â'n gilydd.'

Cludwyd Owen ymhen hir a hwyr i garchar yn yr Almaen, lle bu'n gaeth am weddill y rhyfel. Cafodd ddod adref ar 2 Rhagfyr 1918.

Y Brigadydd Conway Rees yn sgwrsio gyda'r Kaiser, Mai 1918.

CWRDD Â'R KAISER

Mab ficer Conwy oedd Hubert Conway Rees (1882–1948) a ganed ef yn y dref honno yn 1882. Ymunodd â'r fyddin yn ddyn ifanc iawn a dringo i fod yn gadlywydd cwmni gydag 2/Catrawd Gymreig erbyn dechrau'r Rhyfel Mawr.

Roedd yn rhan o'r enciliad o Mons yn 1914 ac ef oedd y cadfridog â chyfrifoldeb am y 94ain Brigâd yn un o ymosodiadau mwyaf trychinebus brwydr y Somme yng Ngorffennaf 1916. Roedd ei frigâd i fod i geisio goresgyn pentref Serre ar ddiwrnod cyntaf y frwydr. Cafodd ei feirniadu'n hallt gan rai am ei agwedd ddi-hid at y milwyr cyffredin a laddwyd yn eu miloedd ar y diwrnod hwnnw, ond mae digon o dystiolaeth i ddangos nad oedd yn ddiystyriol o dynged ei filwyr. O'r cychwyn cyntaf, roedd yn amheus o'r cynllun ymosod, gan ystyried ei fod yn rhy uchelgeisiol, a gwrthododd anfon mwy o filwyr i'r frwydr pan welodd nad oedd gobaith ennill y dydd. Profwyd ef yn iawn yn ei amheuon, fel y tystiodd ei adroddiad ynglŷn â'r cyrch.

Erbyn gwanwyn 1918 roedd wedi'i benodi'n Frigadydd ac yn arwain yr 150fed Brigâd yn ardal Chemin des Dames. Ar 27 Mai amgylchynwyd ei frigâd gan ymosodiad beiddgar a sydyn gan yr Almaenwyr ac fe'i cipiwyd yn garcharor a'i gludo o faes y gad. Wedi hynny, adroddodd y cadfridog iddo ef a dau swyddog arall gael gorchymyn tua 11 y bore i fynd i mewn i gar ac fe'u gyrrwyd i dref Craonne. Yno, yn ei eiriau ei hun, 'gorchmynnwyd ni i fynd allan â cherdded i fyny i lwyfan cir. Roeddwn yn gandryll gan fy mod yn dychmygu eu bod yn mynd â ni i weld rhyw gadlywydd corfflu â'r bwriad o'n bychanu. Gwnes sylw i'r perwyl hwn wrth fy nghyd-swyddog, Laverack. Clywodd y swyddog staff o Almaenwr a oedd

gyda ni hyn a dweud, "Pan fyddwch yn cyrraedd y brig, byddwch yn gweld Ei Fawrhydi Ymerodrol y Kaiser, sy'n dymuno siarad â chi."'

Mewn cyfweliad byr ond arwyddocaol, siaradodd Rees â'r Kaiser, a oedd mewn hwyliau myfyriol a blinedig bron: 'Gofynnodd i mi nifer o gwestiynau ynghylch fy hanes personol ac wedi iddo ddarganfod fy mod yn Gymro dywedodd "Yna rydych o'r un tylwyth â Lloyd George." Ni ofynnodd unrhyw gwestiynau na allwn eu hateb heb ddatgelu gwybodaeth ac ni wnaeth unrhyw ymgais anuniongyrchol chwaith i sicrhau gwybodaeth o'r math hwn. Yn y man, meddai, "Ni ddylai eich gwlad a ninnau fod yn ymladd yn erbyn ein gilydd, dylem fod yn ymladd gyda'n gilydd yn erbyn trydedd wlad. Doedd gen i ddim syniad y byddech yn ymladd yn f'erbyn i. Roeddwn yn gyfeillgar iawn gyda'ch teulu brenhinol, yr wyf yn perthyn iddynt. Mae hynny, wrth gwrs, wedi newid i gyd bellach a llusga'r rhyfel hwn ymlaen â'i ddioddefaint a'i dywallt gwaed ofnadwy, nad wyf yn gyfrifol amdanynt." Ychwanegodd rai sylwadau pellach ar y casineb dwys a ddangosid gan y Ffrancwyr at yr Almaen, ac yna gofyn, "A yw Lloegr yn dymuno heddwch?" "Mae pawb yn dymuno heddwch," atebais. Yna ar ôl saib dywedodd, "Cyflawnodd fy milwyr ymosodiad llwyddiannus ddoe. Gwelais rai o'ch dynion, sydd wedi cael eu cymryd yn garcharorion; roeddent yn edrych fel pe baent wedi bod drwy awr ddrwg. Roedd llawer ohonynt yn ifanc iawn." Ac yna dywedais fy mod yn gobeithio bod fy milwyr wedi ymladd yn dda yn ei erbyn. Dywedodd, "Mae'r Saeson bob amser yn ymladd yn dda" ac ymgrymu fel arwydd bod y cyfweliad wedi dod i ben… Siaradai Saesneg heb ddim acen bron.'

Cadwyd Conway Rees yn garcharor tan fis Rhagfyr 1918 ac ymddeolodd o'r fyddin yn 1922.

CYNHAEAF GWAED

Gwas fferm a aned yng Nghoedana ger Llannerch-y-medd, sir Fôn, oedd Tom Owen (1895–1918). Roedd yn briod â merch leol o'r enw Hannah pan ymrestrodd yn y fyddin yn 1916 ac erbyn 1917 roedd yn Ffrainc gyda 10/Cyffinwyr De Cymru. Cadwodd lyfr nodiadau yn cynnwys hanes ei brofiadau a hynny yng Nghymraeg llafar sir Fôn.

Yn haf 1918 roedd yn y ffosydd yn ystod ymosodiadau'r Almaenwyr: 'Ac foreu llun tua 5 or gloch boreu, mei fuon yn shellio arnom yn galed am awr a hanner. Welais hi monni mor boeth arnaf ers pan yn France yma, eiddan yn desgin mor agos os oedd ddaer yn dod fell gafodydd o eira ar fy gefn. Mi oedd mor galed arnaf os eiddwn yn gyrnu fel dialen. Ac yr un modd mi eiddwn yn drio gweddio. Ac mi gefais fy gwrandaw ac fy amddiffin truy ddiolch am nerth a chysgod pan oedd hi yn ofnadwy arnom. Mi

Y cynhaeaf a'r rhyfela nesaf at ei gilydd yn Ffrainc – dyma fu profiad Tom Owen.

glwyfwyd Llawer. A phan eidden yn dechrau shellio ni
mi eiddwn ar bryd yn gario bachgen wedi ei glwyfo oedd
grefannu trwy bod trench yn gul ac yn annodd yw gario
a shells yn wir yn disgyn mor agos fell rhan fwia ohonynt
yn ein dallu.'

Disgrifiodd hefyd ei brofiad o fynd allan i dir neb yn
ystod y nos i osod 'wiran bikog'.

Ddechrau Awst, oherwydd ei gefndir amaethyddol,
cafodd ei drosglwyddo i 'Harvist Camp i trio gael y gynuaf
ud i fewn'. Roedd y Ffrancwyr wedi tynnu'n ôl felly y
'British' oedd yn gorfod sicrhau na fyddai'r cynhaeaf yn
methu. Adroddodd fod tua 200 o filwyr yn gweithio ar
y cynhaeaf, llawer ohonynt yn Gymry. Arhosai mewn
pentref bach ymhell o'r ffrynt gan weithio pum awr y
dydd. Roedd angen torri 1,000 o aceri ond doedd dim
digon o bladuriau, ac ystyriai y byddai'r gwaith hwn yn
cymryd deufis o lafurio.

Ar 4 Awst ysgrifennodd: 'Mi rwyf yn bur falch o gael
gwaith yma. Ond mi fusa yn llawer gwell tasawn yn gael
dod trosodd i sir fon. Ond diolch byth am gael spario fod
yn y trenches yna ac spario fod yn Battles mawr yna fell
mae rhau oin bechgyn yn diodde.'

Gwaetha'r modd, ganol Awst roedd yn ôl ym merw'r
brwydro. Roedd ei fataliwn wedi cyrraedd pentref
Lesbœufs erbyn 30 Awst ac wedi hynny gwthiasant
ymlaen tuag at Sailly-Saillisel, pryd y lladdwyd Tom
Owen ar 2 Medi. Ni ddarganfyddwyd ei gorff a chofnodir
ei enw ar gofebau yn Vis-en-Artois, Lesbœufs ac ym
mhentref Llannerch-y-medd.

'COSBEDIGAETH DRAGWYDDOL'

Ymunodd yr Uwch-gapten Wynn P Wheldon (1880–
1961) â'r fyddin ddiwedd 1914 pan oedd yn gweithio
fel cyfreithiwr yn Llundain. Ac yntau'n fab i weinidog
enwog yn ei ddydd, T J Wheldon, ganed ef ym Mlaenau
Ffestiniog a'i fagu ym Mangor. Bu'r fyfyriwr disglair, gan
ennill graddau o Brifysgol Cymru a Chaergrawnt cyn
symud i Lundain.

Gyda 14/Ffiwsilwyr Cymreig, bu ym mrwydrau
Coedwig Mametz a Chefn Pilckem, gan ennill medal
y DSO am ei wrhydri. Yn Chwefror 1918 penodwyd
ef yn benswyddog y bataliwn ond o fewn rhai
diwrnodau clwyfwyd ef a bu yn yr ysbyty am gyfnod. Yn
ddiweddarach, yng Ngorffennaf 1918, trosglwyddwyd
ef i Aldershot lle yr hyfforddai swyddogion ond erbyn
mis Hydref roedd wedi dychwelyd i faes y gad. Yn
ystod y mis hwnnw ysgrifennodd lythyr dadlennol at ei

Wynn P Wheldon (ar y chwith).

gyd-swyddog, y Capten A E O Humphreys Owen,
Glansevern, a oedd wedi'i anafu yn ei goes mewn cyrch
blaenorol.

Roedd Wheldon yn ffyddiog y byddai'r rhyfel yn
dod i ben yn fuan: 'Mae'n edrych felly ond bydd llawer
yn dibynnu ar allu [yr Arlywydd] Wilson i reoli ei
"chwythwyr tân" yn ei wlad ei hun – heb sôn am ein
casgliad rhagorol o ryfelgwn sydd gyda'u presenoldeb
a'u grymoedd yn y byd hwn wedi f'argyhoeddi o'r angen
diamod am system drwyadl o gosbedigaeth dragwyddol
fel rhan o'r cynllun Dwyfol.'

Disgrifiodd y frwydr yng Nghoedwig Mortho ar linell
Beaurevoir ar 8 Hydref – 'rather a bloody business' – lle
collodd y gatrawd tua 130 o ddynion, gyda 30 ohonynt
wedi'u lladd. Y bore canlynol, diolch i'r tanciau, cliriwyd y
tir o'u blaen: 'Pan oeddem wedi cyrraedd ein hamcanion
terfynol, anfonais am fy ngheffyl a marchogaeth ymlaen
am 1:00 y prynhawn tua 4 milltir i archwilio ein safle.'

Daeth y frwydr nesaf ger Le Cateau ar 20 Hydref. Rhaid oedd croesi afon Selle ac yna dringo bryn serth, cyn ymosod ar drychfa reilffordd (*cutting*) a oedd yn amddiffynfa gadarn i'r Almaenwyr. Wheldon a oedd yn gyfrifol am reoli'r ymosodiad a hynny ganol nos, gyda'r glaw yn syrthio'n drwm. Yn ffodus, roedd y lleuad yn llawn. Llwyddodd y bataliwn i gipio'r safle gyda saith yn cael eu lladd a 27 wedi'u clwyfo. Iddo ef, roedd hynny'n rhyfeddol.

Ychwanegodd ar ddiwedd ei lythyr: 'Mae pethau'n dawel nawr – ond yn ddiamau bydd mwy i ddod.' Y mis canlynol, gwireddwyd ei broffwydoliaeth pan gafodd ei anafu yn y brwydro yng Nghoedwig Mormal yn rhan o frwydr camlas Sambre ar 4 Tachwedd, lai nag wythnos cyn y cadoediad. Dyma'r frwydr y lladdwyd y bardd adnabyddus Wilfred Owen ynddi.

Wedi'r rhyfel daeth Wheldon yn gofrestrydd prifysgol Bangor ac yn Ysgrifennydd Parhaol yr Adran Addysg Gymreig yn Llundain. Urddwyd ef yn farchog yn 1939. Wedi'i brofiadau yn y rhyfel, byddai bob amser yn dweud ei fod yn arswydo wrth weld diwrnod glawog.

Y Dyn a Ddaeth â'r Rhyfel i Ben

Bu'n rhaid aros tan 1931 i un weithred hollbwysig gan gynblismon o Gaerau ger Maesteg ddod i sylw'r cyhoedd. Yn y flwyddyn honno, dan y pennawd 'The Man who Ended the War... Where is He?', cyhoeddodd y *Sunday Express* fod swyddog anhysbys wedi cipio mapiau a chynlluniau oddi ar swyddog Almaenig a roddodd syniad clir i'r fyddin Brydeinig am gadarnleoedd Llinell Hindenburg. Y llinell hon oedd amddiffynfa rymus yr Almaenwyr y bwriedid ceisio ei goresgyn ym mis Medi 1918. Trwy astudio'r dogfennau, roedd modd i'r cadfridogion addasu eu cynlluniau ac yn y pen draw llwyddwyd i dorri trwy'r llinell.

Er mai gor-ddweud yr oedd y *Sunday Express*, roedd cipio'r dogfennau yn weithred bwysig. Dechreuwyd chwilio am y swyddog anhysbys a chynigiodd Lady 'Poppy' Houston £5,000 yn wobr iddo. Daeth y cyfan i'r golwg yn 1931 pan ganfu mecanic a fu gyda'r awyrlu gyfeiriad at yr hanes yn ei ddyddiadur. Ynddo, ddiwedd Medi 1918, roedd wedi cofnodi'n fanwl y newidiadau i'r cynllun ar gyfer yr ymosodiad ar Linell Hindenburg. Roedd y newidiadau'n cael eu gwneud yn sgil gweithred swyddog iau a oedd wedi dwyn cynlluniau'r Almaenwyr oddi ar swyddog uwch o fyddin yr Almaen.

O ymchwilio ymhellach, cadarnhawyd bod y stori'n wir ac i'r cynlluniau cael eu cipio yn ystod cyrch beiddgar y tu ôl i rengoedd yr Almaenwyr ar 8 Awst. Mae'n debyg mai swyddog mewn modur arfog oedd yn gyfrifol am y weithred ond roedd enw'r swyddog hwnnw'n parhau'n ddirgelwch. Yna tystiodd y Lefftenant J T Yeoman, a gafodd ei anafu yn y cyrch, mai'r Lefftenant Ernest Rollings oedd y swyddog, a chadarnhawyd hynny gan gadlywydd y bataliwn, y Cyrnol E J Carter.

Nid oedd Ernest James Rollings (1893–1966) wedi clywed am y dirgelwch nac am arwyddocâd y weithred ond gallai gadarnhau iddo gipio dogfennau a'u cludo yn ôl wedi'r cyrch ar 8 Awst. Deuai Rollings yn wreiddiol o'r Gororau a gweithiodd fel postmon yn Nhrefyclo, sir Faesyfed, cyn ymuno â heddlu Morgannwg yn 1913. Ymunodd â'r fyddin yn 1914 ac yn Awst 1917 enillodd y Groes Filwrol am ei wrhydri yn gyrru tanc yn nhrydedd frwydr Ypres. Yn Awst 1918 y digwyddodd y cyrch ar bentref Framerville, pentref bach rhwng Amiens a Saint-Quentin, a ddaeth ag enwogrwydd iddo yn ddiweddarach yn ei fywyd.

Yn fuan wedi'r cyrch, cafodd ei glwyfo yn ei ben a dychwelodd i Gymru ac i blismona yng Ngwauncaegurwen, Ystalyfera a Chastell Nedd. Daeth Rollings yn ddyn enwog yn sgil y stori papur newydd yn 1931 a chyflwynwyd iddo siec am £5,000 gan Lady Houston ynghyd â sgrôl mewn cist arian. Serch hynny, parhaodd i fyw yng Nghwm Nedd gan ddod yn Brif Gwnstabl gweithredol. Wedi ymddeol, gweithredai fel ysgrifennydd y Blaid Geidwadol yng Nglyn-nedd. Bu farw yn Chwefror 1966.

Y Brigadydd J V Campbell yn annerch milwyr o bont Riqueval dros gamlas Saint-Quentin ddiwedd Medi 1918.

32

HEDDWCH

Ar yr unfed awr ar ddeg o'r unfed diwrnod ar ddeg o Dachwedd 1918 daeth y rhyfel i ben, wedi 15,698 o ddyddiau o ymladd. Hyd yn oed ar y diwrnod olaf, lladdwyd 863 o aelodau lluoedd y Cynghreiriaid ac yr oedd cyfanswm y colledion yn 11,000 ar y ddwy ochr, gan gynnwys, fe dybir, y Cymro olaf i gael ei ladd. Morwr 26 mlwydd oed o Went a wasanaethai ar *HMS Garland* oedd Richard Morgan. Ar 11 Tachwedd, boddodd wedi i gwch ddymchwel yn ddamweiniol. Claddwyd ef ym mynwent eglwys Cilgwrrwg, ger y Dyfawden, sir Fynwy.

Bore oer a barugog oedd dydd Llun 11 Tachwedd ar y ffrynt gorllewinol. Roedd y milwyr yn nerfus, ac yn ofni colli eu bywydau ar y funud olaf. Pan ddaeth y newyddion y byddai cadoediad yn dod i rym am 11 y bore, safai milwyr Catrawd Mynwy, yn ôl Sarjant Walter Sweet, mewn 'syfrdandod a dryswch', a dim ond am 11 o'r gloch y daeth y bloeddio a'r dathlu.

Gartref, pan ddaeth y newyddion am y cadoediad, canwyd clychau'r eglwysi a threfnwyd gwasanaethau o ddiolch. Roedd yn ddydd Llun Ffair Pentymor ym Mhwllheli ac adroddwyd yn *Yr Udgorn* i ddyfodiad heddwch gael ei groesawu 'gyda breichiau agored a banllefau o ddiolchgarwch cyffredinol. Rhoed baneri i fyny i ddathlu yr amgylchiad gogoneddus, a chlywid clychau a lleisiau plant a phobl yn rhwygo'r awyr gan folawd o lawenydd. Yn y prydnawn cynhaliwyd cyfarfod

Disgwyl i'r milwyr gyrraedd adref ar orsaf Llandeilo, 1918.

gweddi ar y Maes i ddiolch i'r Goruchaf am ddwyn oddiamgylch unwaith eto heddwch i fyd aflonydd, ac yr oedd cannoedd yn bresennol. Bydd y dydd hwn yn gysegredig fyth yn nghof pawb sy'n fyw heddyw.' Serch hynny, mwy syber oedd yr ymateb yn Nyffryn Conwy, yn ôl gohebydd *Y Dinesydd*: 'Llawenhawn fel ardal fod y wawr wedi torri, a dydd y brwydro poeth wedi dirwyn i ben. Derbyniwyd y newyddion yn y llecyn hwn gyda llawenydd anhraethadwy. Ni wnawd un cynnwrf allanol. Ni chlywyd neb yn bloeddio nac yn gwaeddi yn unlle, ond diolchodd llawer un yn ei galon ei hun fod yr aflwydd ofnadwy drosodd. Hiraethai ein calonnau am weld y bore y buasai'r cenhedloedd oll yn gosod eu cleddyfau yn y wain. Daeth y dydd y gobeithiasom amdano a gorfoleddwn a llawenychwn yn ein calon… Hawdd i lawer ohonom sydd wedi cadw ein crwyn yn iach, a chrwyn ein plant, waeddi "Hwre" a "Haleliwia," ond nid mor hawdd i'r rhai sydd wedi colli eu gwyr a'u plant ydyw gwaeddi "Hwre" a "Haleliwia."'

Ar yr union adeg y daeth y rhyfel i ben, roedd Cymru'n dioddef o effeithiau pandemig ffliw a laddodd rhwng 40 a 50 miliwn o bobl ar draws y byd – chwe gwaith yn fwy na'r nifer a laddwyd yn ystod y rhyfel. Dyma oedd tynged y Preifat Isaac Richards o Frychdyn ger Wrecsam,

a oroesodd dros bedair blynedd o frwydro. Wedi iddo ddychwelyd adref, fe'i trawyd yn wael ym mis Hydref 1918 a bu farw o'r ffliw yn Ysbyty Milwrol Wrecsam.

Roedd diffyg nyrsys a doctoriaid yn broblem yn 1918–19, gan fod y rhan fwyaf ohonynt yn ymwneud â'r rhyfel. Tueddai'r firws i daro pobl ifanc yn hytrach na'r rhai mwyaf bregus yn y boblogaeth, fel yr henoed neu blant bach. Bu farw dros 150,000 yng Nghymru a Lloegr, gyda thrigolion sir Gaernarfon yn dioddef yn fwy na'r un sir arall yng Nghymru. Yno bu farw 607 o bobl o'r ffliw ac achoswyd pryder mawr ymhlith y boblogaeth. Adroddwyd sylw gan un o drigolion Llanberis yn yr *Herald Cymraeg* ar y pryd: 'Rydym yn byw mewn dyddiau enbyd yn ofni bob munud o'r dydd glywed am farw rhai o'n cymdogion a'n cyfeillion. Mae cydymdeimlad mawr i'w ganfod i'r teuluoedd sydd yng nghanol y ddrycin.'

Cafodd y firws anhawster wrth geisio croesi'r Fenai a chafodd llai o bobl eu taro'n wael yn sir Fôn o ganlyniad. Yn y De, yn ardal Trefynwy, caewyd drysau'r ysgolion gan fod athrawon a disgyblion fel ei gilydd yn dioddef o'r ffliw. Dangosodd cofnodion swyddogol fod mwy o farwolaethau nag o enedigaethau wedi digwydd yng ngwledydd Prydain yn chwarter olaf 1918 am y tro cyntaf ers blynyddoedd lawer.

Profodd dadfyddino yn broses araf, lletchwith ac aneffeithiol, gyda rhai milwyr ddim yn dychwelyd adref tan 1919 ac eraill yn cael eu denu i barhau i frwydro yn Rwsia, lle roedd Prydain yn ymyrryd yn y rhyfel cartref. Roedd rhai cannoedd o filwyr o Ganada wedi'u caethiwo i bob pwrpas ym Mharc Cinmel ger Abergele. Teimlent yn ddig gan fod eraill yn cael dychwelyd adref a hwythau'n gorfod byw dan amodau gwael. Ar 5 Mawrth 1919, dechreuwyd terfysg gan fintai o filwyr anfodlon eu byd a dygwyd bwyd a diod o ffreutur y gwersyll. Yn ystod y cythrwfl lladdwyd pump o filwyr ac ymhen hir a hwyr arestiwyd 57 o derfysgwyr a'u cludo i garchar Lerpwl. Cynhaliwyd cwrt-marsial ar gyfer 51 o filwyr a chosbwyd rhai ohonynt, ond ni safodd neb ei brawf am yr un o'r pum marwolaeth.

Yn ystod yr wythnosau wedi'r cadoediad, trefnwyd cyfarfodydd croeso i'r milwyr yn eu cymunedau wrth iddynt ddychwelyd adref. Serch hynny, dim ond wedi i'r cytundeb heddwch gael ei arwyddo yn Versailles ar 28 Mehefin 1919 y trefnwyd Diwrnod Heddwch Cenedlaethol swyddogol ar 19 Gorffennaf. Cynhaliwyd dathliadau ar hyd a lled y wlad. Yn Nolgarrog, Dyffryn Conwy, gorymdeithiodd y trigolion trwy'r ardal y tu ôl i seindorf a cherti carnifal.

Car addurnedig yn y dathliad yng Ngorffennaf 1919.

METHU GORFOLEDDU

Ei dalentau clercio, gan gynnwys ei alluoedd llaw-fer, a ddaeth ag enw Ernest Roberts (1898–1988), Bethesda, i sylw'r awyrlu pan ymunodd â'r lluoedd arfog yn Ionawr 1917. Cafodd ei drosglwyddo i un o bencadlysoedd yr awyrlu yn Farnborough, gan ddod, yn hydref 1917, yn glerc i Ddirprwy Gadlywydd yr Awyrlu. Ymunodd â'r Cadfridog Syr Edgar Ludlow-Hewitt yn ei bencadlys mewn *chateau* moethus yn Hesdin, tua 25 milltir y tu ôl i'r rhengoedd blaen yn Ffrainc.

Yn ei hunangofiant disgrifia Ernest Roberts rai o'i ddyletswyddau: 'Tua saith o'r gloch bob nos cawn *operation orders* i'w teipio a'u danfon i unedau o'r Awyrlu. Rhaglen ac amserlen o'r gwaith ar gyfer trannoeth oedd honno – y pontydd neu'r croesffyrdd i'w bomio, neu weithiau ddarn o'r tir lle y tybid y llechai gynnau'r gelyn. Yn ystod wythnosau olaf y rhyfel, a'r gelyn ar ffo, a'r lein yn symud yn aml, ceid cyfnewidiadau parhaus ar y gorchmynion er mwyn arbed bomio ein bechgyn ein hunain… Rhuthrai byddinoedd y Cynghreiriaid ymlaen mor gyflym yn ystod y cyfnod hwn fel y bu raid i'r Flying Corps (erbyn hyn yr RAF) gael pencadlys symudol i'r cadfridog a'i staff o is-swyddogion, clarcod a choginwyr. Gweithiem y dydd a chysgem y nos mewn lorïau neu hen

Yn eu plith roedd cert yn cludo caets a gynhwysai ddelw o'r Kaiser Wilhelm ac ar ddiwedd y daith yn Nhal-y-bont torrwyd pen y ddelw gan un o'r trigolion.

Er y dathlu mawr, crynhodd y bardd Amanwy o Gwm Aman deimladau llawer am y cyfnod wedi'r rhyfel: 'Hyfryd oedd gweld yr hen wynebau yn dychwelyd o un i un, a hen aelwydydd yn adfywio wedi hirnos y gwaeau. Ond, ac y mae'n *ond* ofnadwy, ni ddaeth yr hen dangnefedd yn ôl i'r lle. Yr oedd darnau o fywyd y dewrion ar faes y gad am byth.'

Ernest Roberts yn dal ei het yn yr Eisteddfod Genedlaethol. Nesaf ato mae cyn-filwr arall, Cynan.

ddygowts a adawyd gan ein milwyr, a synhwyrem fod y diwedd yn agos.'

Ar ddydd Sul, 10 Tachwedd, symudwyd y pencadlys i ran o adeilad mawr yn Valenciennes, tref sylweddol ar y ffin rhwng Ffrainc a Gwlad Belg: 'Fe'n cadwyd ar *duty* drwy nos Sul, a thua hanner awr wedi chwech fore Llun clywsom yn gyfrinachol gan un o wŷr y teleffon fod neges wedi dod o Bencadlys Haig fod y rhyfel drosodd. Ni allem orfoleddu ar y pryd heb fradychu cyfrinach y teleffonwyr, ond yn fuan wedyn fe'm galwyd i ystafell Ludlow-Hewitt.' Cafodd y Cymro orchymyn ganddo i lunio'r neges i'r holl unedau fod y rhyfela i ddod i ben am 11 y bore hwnnw.

Cafodd Ernest Roberts ei ryddhau o'r lluoedd yn Ebrill 1919 ond nid cyn i Ludlow-Hewitt ofyn iddo ymrestru am saith mlynedd arall a chynnig comisiwn swyddog iddo. Ond nid oedd y Cymro am aros: 'Petai wedi dweud "Thank you" neu "Good morning" unwaith wrthyf yn ystod y ddwy flynedd y bûm gydag ef, efallai y buaswn wedi derbyn ei gynnig. Fe'm syfrdanwyd pan roddodd ei ddreifar a'i fodur i'm cludo o Valenciennes i Dunkirk am y llong adref. Y disgyblwr llym a'r gweinyddwr medrus a adnabûm i cyn y bore hwnnw.'

Dychwelodd Ernest Roberts i'r Gogledd gan ddod yn gofrestrydd y Coleg Normal, Bangor ac yn ffigwr blaenllaw gyda'r Eisteddfod Genedlaethol.

'BETH OEDD EI BWRPAS?'

Wrth deithio'n ôl i Gymru ar y trên wedi iddo gael ei ddadfyddino, edrychodd y Preifat Charles Heare (1892–1985), un o feibion Pont-y-pŵl ac aelod o Gatrawd Mynwy, ar faes y gad ger Ypres lle roedd wedi bod yn ymladd. Sylwodd sut roedd y lle wedi'i ddryllio a holodd ei gyd-deithwyr pam roedd rhai wedi goroesi. 'Gyda llawer o lwc, clyw da ac ymdeimlad o berygl,' atebodd un. Yna gofynnodd rhywun: 'Beth oedd ei bwrpas? Beth gawsom ni ohono, neu unrhyw un arall o ran hynny?' Nid oedd gan unrhyw un ateb.

Wrth iddo agosáu at ei gartref yng Nghymru, trodd ei ffrind, y Preifat Black, a oedd wedi bod gydag ef yn Ffrainc ers dechrau'r rhyfel yn 1914, yn sentimental wrth iddo adael ei gyd-filwyr. 'Rydym wedi gorfod amddiffyn ein gilydd rhag perygl, rhannu ein cwsg a'n bwyd. Gwelsom filoedd yn farw neu'n marw. Cawsom amseroedd da, llawn cyffro a rhai drwg ac erchyll gyda'n gilydd. Ond yn awr mae'n rhaid i ni wahanu a dechrau bywyd o'r newydd. Gobeithio ein bod wedi byw drwy'r cwbl at ddibenion da.'

'HUNLLEF BARHAUS'

Daeth y cadoediad ar 11 Tachwedd 1918 â llawenydd mawr i deuluoedd ledled Ewrop ond nid felly i un teulu o ogledd Cymru. Ar fore'r cadoediad bu farw'r Lefftenant Noel Everard Evans (1898–1918) mewn ysbyty ger Rouen o ganlyniad i anafiadau a gafodd ar 4 Tachwedd pan ffrwydrodd siel ychydig lathenni oddi wrtho. Mae'n debyg i ddarn bach o shrapnel dreiddio i'w ymennydd gan achosi iddo golli ei olwg. Er iddo gael ei glwyfo mewn rhannau eraill o'i gorff, y darn bach o shrapnel a achosodd ei farwolaeth yn y pen draw.

Pan glywodd ei rieni ym Mae Colwyn ei fod wedi'i glwyfo, rhuthrasant i Ffrainc i weld eu mab ond roedd wedi marw cyn iddynt gyrraedd. Mynegodd ei dad, y Parch. Enoch Evans, ei deimladau mewn llythyr: 'Dyma'r wythnos anoddaf i'w dwyn yn fy mywyd... dyna anlwc iddo

Noel E Evans

gael ei gymryd oddi wrthym reit ar ddiwedd y rhyfel.' Ysgrifennodd ei fam, Mrs Violet Evans, at ei chwaer: 'Ac i feddwl na welwn ni ei wên annwyl byth eto. Mae'r cyfan mor greulon o galed... holl sŵn y torfeydd yn dathlu ym mhob man ddydd a nos, mae'n hunllef barhaus, ac ofnwn fod y siwrnai gartref am fod yn un ddiddiwedd...'

CODI'I GAP

Bachgen 13 mlwydd oed oedd y bardd Idris Davies (1905–1953) o Rymni pan gyhoeddwyd y cadoediad. Rai blynyddoedd yn ddiweddarach, cofnododd ei brofiadau ar y diwrnod bythgofiadwy hwnnw: 'Caewyd yr ysgol am y prynhawn a chafodd y plant hwyl fawr wrth rodio'r strydoedd yn canu ac yn chwibanu a'u holl nerth. Roeddem i gyd yn hwyr i de y prynhawn hwnnw, ond bwytasom fel llewod pan ddaethom at y bwrdd. Wedyn yn yr hwyr, dyna ni i gyd yn mynd yn rhad ac am ddim i'r sinema, lle clywais fwy o stŵr nag erioed o'r blaen. A dyna lle'r oedd llywodraethes y sinema yn cerdded 'nôl a 'mlaen ac yn gweiddi arnom: "Canwch, canwch, 'mhlant i!", fel petai eisiau'r fath gyngor arnom. "Tipperary", mi gredaf, oedd y brif gân y noson honno, yn Rhymni fel ym mhobman arall ym Mhrydain Fawr.

'Ond cofiaf yn arbennig – ac fe gofiaf hyn am byth – un digwyddiad y diwrnod mawr hwnnw ym mis Tachwedd 1918, digwyddiad mwy syml a thawel na'r lleill i gyd. Roeddwn yn dod adref o'r ysgol a digwyddwn fod wrthyf fy hun, a'm meddwl yn llawn, rwy'n sicr, o'r fuddugoliaeth fawr. Ymhob stryd roedd y bobl yn hongian eu baneri mas drwy'r ffenestri, roedd clychau'r llan yn canu, a haul gwannaidd Tachwedd yn gwenu ar y bryniau. Ac ar y palmant, yn cerdded tuag ataf, yr oedd dyn ieuanc a adwaenwn yn lled dda. Gwyddwn iddo fynd o'r coleg i'r rhyfel, ac yn awr roedd e mewn "khaki", ac yn gloff. A gwyddwn pam. Yr oedd wedi colli ei goes yn Ffrainc. A phan welais e nawr, anghofiais am y clychau a'r caneuon a'r baneri i gyd, a theimlais ryw ddeigryn yn codi i'm llygad, oherwydd, y funud honno, gwyddwn yn dda ei fod ef wedi gwneud popeth allai tuag at ennill y fuddugoliaeth i'w wlad. Ond rywfodd neu'i gilydd, cedwais fy nagrau yn ôl, a chodais fy nghap iddo mor barchus ag y gallwn. Gwenodd yntau yn dawel arnaf, a cherdded ymlaen. Rwy'n cofio i mi edrych yn ôl arno unwaith, a syllu arno yn gloff ar y palmant yn yr heulwen denau, a cheisio fy ngorau i ddychmygu beth oedd yn ei galon ef ar fore oediad y gad.'

'SEGURDOD YW CLOD Y CLEDD'

Roedd yn rhai misoedd cyn i lawer o'r milwyr ddychwelyd i Gymru wedi'r cadoediad. Gwersyllodd rhai catrodau yn yr Almaen am gyfnod, gan gynnwys 2/Cyffinwyr De Cymru, a fu yng Nghwlen ac yn Remschied. Yn eu plith roedd y Preifat David G Lloyd (g.1895), gwas fferm o Bwlchgyfyng, Llanfihangel-y-Pennant, sir Feirionnydd.

Ysgrifennodd at ei weinidog yn Bwlch, Rhoslefain, ar noswyl Nadolig 1918: 'Yr ydym wedi gael gwell groesaw gan drigolion gwlad Germani nag oeddym yn ddisgwil, maent yn llawenhau gymaint a ninau fod diwedd wedi dod ar "gyflafan Ewrop". Nid yn unig ein bod wedi rhoi dyrnod farwol i Germani, ond hefyd i filitariaeth gobeithio am byth bellach.' Gobeithiai fod y rhyfela wedi dod i ben 'am ganrifoedd... Daw y byd i drefn eto, gan bwyll, ac yn well byd, tebyg iawn. Dichion y gwna cenhedloedd y byd setlo a'i gilydd trwy gyflafareddiad, ac nid trwy cledd, fel yn yr oesau a fu.'

Dyfynnodd y cwpled o eiddo Gwilym Hiraethog:

Segurdod yw clod y cledd
A rhwd yw ei anrhydedd.

R D Rees

MARW WEDI'R CADOEDIAD

Yn ogystal â'r rhai a ddioddefodd o'r ffliw ym Mhrydain, syrthiodd rhai o'r milwyr i grafangau firws yn Ffrainc a Gwlad Belg hefyd. Un ohonynt oedd y Preifat Robert David Rees (1889–1918) o Gastell Nedd, a fu farw bedwar diwrnod wedi'r cadoediad: diwedd annhymig i un a enillodd fedal am ei wrhydri.

Gweithiai Robert Rees i'r Gwasanaeth Post cyn y rhyfel, ac ymunodd â'r Ffiwsilwyr Cymreig yn 1915. Tra oedd gyda 9/Ffiwsilwyr Cymreig cafodd ei glwyfo yn ystod y brwydro yn Ffrainc a dyfarnwyd y DCM iddo am ei ddewrder a'i flaengaredd ar 13 Medi 1918. Mae'n debyg bod yr Almaenwyr wedi ymosod ar safle ei blatŵn yn Bois du Biez, ger Neuve-Chapelle, ac er mai dim ond preifat ydoedd, cymerodd Robert Rees y cyfrifoldeb am drefnu'r amddiffyn. Rhoddodd gyfarwyddyd i'r milwyr eraill ac o ganlyniad i'w arweiniad disglair ataliwyd yr ymosodiad.

Serch hynny, erbyn y cadoediad roedd y Cymro yn yr ysbyty ger Tourgéville wedi'i glwyfo ac mae'n ddigon posibl iddo ddal y ffliw a'i lladdodd tra oedd yn yr ysbyty hwnnw.

33

COFIO AC ANGHOFIO

Mewn araith yn Wolverhampton ar 23 Tachwedd 1918, cyhoeddodd Lloyd George mai ei nod oedd sefydlu 'gwlad addas i arwyr fyw ynddi' ond er y neges obeithiol hon, dadrithiwyd llawer wedi'r rhyfel. Roedd y rhyfel wedi cyflymu newidiadau cymdeithasol a gwleidyddol a fu'n cyniwair ers blynyddoedd, gan gynnwys rhoi'r bleidlais i fenywod am y tro cyntaf. Eto i gyd, o fewn ychydig flynyddoedd cafwyd cyfnod o gyni economaidd a diweithdra enbyd. Collodd y Blaid Ryddfrydol lawer o'i chefnogaeth, gyda'r Blaid Lafur yn ennill tir sylweddol, yn arbennig yn ne Cymru. Roedd rhai o gonglfeini 'yr hen ffordd Gymreig o fyw' – yr iaith, y capel a'r gymdeithas wledig – yn dechrau datgymalu mewn rhai ardaloedd a dylanwad gwerthoedd Seisnig eu naws yn cynyddu. Ni lwyddodd yr ymgais i greu heddwch parhaol yn y byd chwaith, gyda'r gwladwriaethau mawr yng ngyddfau ei gilydd unwaith yn rhagor o fewn ugain mlynedd.

Ymhlith yr 'arwyr' y cyfeiriai Lloyd George atynt roedd y rhai a glwyfwyd yn ddifrifol. Derbynient bensiwn anabledd a ddibynnai ar natur y clwyf. Rhoddid 16 swllt am fraich dde a gollwyd o'r ysgwydd ond dim ond 14 swllt am golli braich o'r penelin i lawr. Mwyafswm y pensiwn oedd 25 swllt yr wythnos ynghyd â hanner coron am bob plentyn dibynnol ond roedd yn rhaid bod yn gwbl fethedig a diymadferth i dderbyn y swm hwnnw.

Francis Buller Thomas

Chwerwi fu hanes rhai cyn-filwyr, fel Francis Buller Thomas o Fethesda: 'Cawsom addewidion disglair iawn gan y Prif Weinidog, Dafydd Lloyd George, a soniai am rhyw "land fit for heroes". Ond o brofiad, cardota, gwerthu careiau esgidiau a matches fu'n rhaid i ni fel "heroes".'

Ni fynnai rhai cyn-filwyr siarad am eu profiadau. Er iddo ennill Croes Fictoria, tybiai'r Brigadydd Lewis Evans o Gelli Angharad ger Llanbadarn Fawr, Ceredigion, nad oedd yn briodol iddo adrodd ei hanes wrth y sawl na fu ym merw'r rhyfel gan na fyddent yn medru dirnad natur y sefyllfa. Tawedog iawn oedd llawer o gyn-filwyr wrth gael eu holi ond mae'n amlwg nad oedd eu profiadau yn y ffosydd yn bell o'u meddyliau. Câi rhai milwyr yr un freuddwyd hunllefus dro ar ôl tro tra bod eraill yn dioddef o'r hyn a elwir heddiw'n anhwylder straen wedi trawma (PTSD).

Er bod rhai milwyr yn teimlo bod eu bywydau wedi'u distrywio gan y rhyfel, roedd y gwrthwyneb yn wir am eraill. I lawer o gyn-filwyr, y rhyfel oedd profiad mwyaf cyffrous bywydau a dueddai wedi hynny i fod yn llwm a digynnwrf. Byddai peint yng nghlwb y Lleng Brydeinig a sgwrs am yr hen ddyddiau yn codi calon rhai, a threfnwyd aduniadau o fataliynau a chatrodau.

Os nad oedd pob milwr a ddychwelai yn ei chael hi'n hawdd dygymod â'u profiadau, yna roedd hynny hefyd yn wir am deuluoedd a oedd wedi colli mab neu frawd. Er y cofiai William Jones-Edwards lais peraidd Margaret Jenkins, mam ei gyfaill 'Siencyn' (John Thomas Jenkins), yn canu yng nghapel Carmel, Pontrhydfendigaid, cyn y rhyfel, ni chlywodd hi'n canu'r un nodyn yno wedi iddi golli ei mab ar Gefn Pilckem yn 1917.

Dim ond tri phentref yng Nghymru (Llanfihangel-y-Creuddyn, Ceredigion, Herbrandston, sir Benfro a Thregolwyn, sir Forgannwg), a adwaenid fel 'pentrefi

Cofeb Pencader, sir Gaerfyrddin.

COLLEDIGION GOHIRIEDIG

Deuai'r Lefftenant-Cyrnol Dyson B Williams (1877–1922) o deulu cefnog Tŷ Killay ger Abertawe. Cyn y rhyfel roedd yn gyfreithiwr a fu'n mwynhau bywyd cymdeithasol llawn. Chwaraeodd griced i Forgannwg, ymddiddorai yn y ddrama a meddai ar lais swynol. Fel llawer o fonheddwyr tebyg, roedd yn flaenllaw yn y recriwtio i'r fyddin yn 1914, gan ymuno â 14/Catrawd Gymreig (bataliwn Abertawe). Bu o fewn dim i golli'i fywyd yng Nghoedwig Mametz yn 1916 ac enillodd fedal y DSO am ei wrhydri ar Gefn Pilckem yn 1917.

Ar ddiwedd y rhyfel, cafodd y fraint o dywys y Prif Weinidog, Lloyd George, o gwmpas maes y gad ar y Somme ac ef a gyflwynodd faneri'r bataliwn i faer Abertawe yn 1919. Eto i gyd, roedd ei holl brofiadau wedi'i sigo ac nid oedd yr un dyn bywiog a llon ag a fu yn y gorffennol. Methodd yn ei ymgais i ddatblygu busnes mewn stociau a chyfrannau ac aeth i drafferthion ariannol. Ar 22 Ebrill 1922 canfuwyd ei gorff mewn swyddfa cyfaill iddo yn Llundain. Roedd wedi lladd ei hun drwy wenwyno'i hun â nwy.

Mewn teyrnged iddo, ysgrifennodd ei gyd-filwr E B D Wandsworth ei fod wedi sylwi ar y newid ynddo ers y rhyfel: 'Sylwais ar newid mawr ynddo, yn enwedig ei

diolchgar', na welsant golli yr un o'u meibion yn y rhyfel. Ym mhob cymuned arall, aed ati i goffáu'r meirw. Codwyd cofgolofnau ar hyd a lled Ewrop ac adeiladwyd neuaddau coffa ac ysbytai coffa mewn sawl man. Hyd heddiw, coffeir y meirw ar 11 Tachwedd bob blwyddyn.

Wrth fynychu'r seremonïau ar Sul y Cofio dros y blynyddoedd medrai teuluoedd a gollodd dad, gŵr, brawd neu fab gysuro eu hunain fod aberthu bywyd dros achos teilwng yn haeddu coffâd. Serch hynny, mae'n anodd gwadu gwirionedd y sylw a wnaed mewn cerdd gan Wilfred Owen mai 'hen gelwydd' yw'r dywediad 'Dulce et decorum est pro patria mori': 'melys a gweddus yw marw dros eich gwlad'.

Mae'r 'cofio' felly'n parhau, ond mae tueddiad i gamddefnyddio profiadau 1914–1918 er budd gwleidyddol, gan 'anghofio' nad oedd cyfiawnhad yn y byd i'r gyflafan ac na fu neb yn fuddugol mewn gwirionedd.

A E O Humphreys-Owen

gamu nerfus yn ôl ac ymlaen… ymddangosai'n arbennig o drist ac nid oedd yn chwerthin â'r un gwresogrwydd ag a glywais mor aml…'

Ystyrid ef yn un o golledigion gohiriedig y rhyfel a barnwyd hefyd bod bonheddwr arall, Arthur E O Humphreys-Owen (1976–?1929) wedi'i ysgwyd i'r fath raddau gan y rhyfel fel nad yr un person ydoedd pan ddychwelodd o Ffrainc yn 1918.

Cyn y rhyfel etifeddodd Humphreys-Owen stad Glansevern, sir Drefaldwyn, oddi wrth ei dad, a fu'n Aelod Seneddol dros y sir. Daeth yn gapten gyda 10/Ffiwsilwyr Cymreig gan gymryd rhan ym mrwydr allweddol Zonnebeke ym Medi 1917, pryd y dioddefodd ei fataliwn golledion sylweddol. Cafodd ei glwyfo yn ei goes ar 22 Awst 1918 a dychwelodd i Gymru, lle bu'n ffermio'r stad ac yn gweithredu fel bargyfreithiwr yn Lincoln's Inn, Llundain. Mae'n debyg hefyd iddo daro'r botel yn y cyfnod hwn ac yn 1929, tra oedd yn Llundain, diflannodd oddi ar wyneb y ddaear. Ni wyddys beth yn union a ddigwyddodd iddo ond mae'n debygol iddo, fel Dyson Williams, ladd ei hun.

YR HEN FILWR

Hen filwr a fu'n gwasanaethu yn India a Burma oedd Frank Richards (1883–1961) pan ddechreuodd y rhyfel yn 1914. Galwyd ef i'r rhengoedd gan ei fod yn aelod o'r Cefnlu a bu'n gwasanaethu gydag 2/Ffiwsilwyr Cymreig drwy gydol y rhyfel, gan ymladd ym mrwydrau Mons, y Somme, Passchendaele a Cambrai. Adroddodd am ei brofiadau mewn clasur o gyfrol o'r enw *Old Soldiers Never Die*, a gyhoeddwyd yn 1933.

Dadfyddinwyd ef yn Rhagfyr 1918 a dychwelodd i fyw i'w ardal enedigol yn sir Fynwy. Er na chafodd ei glwyfo'n ddrwg,

Frank Richards

roedd yn dioddef o'r gwynegon a chlwyf y marchogion o ganlyniad i dreulio dros bedair blynedd yn y ffosydd. Pan aeth gerbron Bwrdd Meddygol yn 1921, ni chafodd fawr o gefnogaeth. Dyfarnwyd pensiwn o 7 swllt a chwecheiniog yr wythnos iddo, am 70 wythnos yn unig. Gwyddai fod llawer o gyn-filwyr na fuont erioed yn agos i'r rhengoedd blaen wedi derbyn pensiynau mwy hael nag ef ac roedd yn hallt ei feirniadaeth o rai ohonynt:

'Mae'r dynion hyn yn cael eu hedmygu'n fawr a chyfeirir atynt yn aml fel dynion a lafuriodd yn ddygn yn ystod y rhyfel. Eto, pe bai byddin gyfan Prydain wedi bod fel nhw yn ystod y rhyfel, ni fyddai yna bensiynau ac ni fyddai yna lawer o Loegr chwaith. Mae hwn yn fyd rhyfedd a dw i wedi dod i'r casgliad mai *lead-swingers* a *dodgers* sy'n cael y gorau ohono.'

Sylwodd hefyd mai'r cyn-filwyr a wisgai eu medalau gyda'r balchder mwyaf yng ngorymdeithiau Sul y Cofio oedd y rhai a wasanaethodd yn y canolfannau 100 milltir y tu ôl i'r rhengoedd blaen, yn hytrach na'r rhai a fu ar flaen y gad. Wrth fyfyrio am y gorymdeithiau nododd 'pa mor ymffrostgar yr ydym i gyd, a faint yn well oedd yr hen Indiaid Cochion. Yn eu gwregysau gwisgent grwyn pennau eu gelynion a laddwyd ganddynt mewn brwydrau, fel prawf o'u milwriaeth, ond yr oll a wisgwn ni yw medalau rhyfel, ac mae rhai ar barêd heddiw yn gwisgo medalau rhyfel ar eu brest fel pe baent yn dweud eu bod wedi bod *in action* – ond yr unig '*action*' a welsant erioed oedd gyda rhai o'r morynion swynol yn y Lampau Coch y tu ôl i'r Ffrynt ac i lawr yn y Canolfannau lle buont yn gwasanaethu. Roedd yr Indiaid Cochion yn ymffrostgar, ond roeddent yn onest.'

CEISIO AM DDEALLTWRIAETH RYNGWLADOL

Roedd David Davies (1880–1944) yn un o Gymry cyfoethocaf ei ddydd. Etifeddodd y cyfoeth enfawr a gronnwyd gan ei dad-cu, David Davies, Llandinam, yng ngweithfeydd glo'r Rhondda a dociau y Barri. Roedd yn gymeriad egnïol ac awdurdodol, a bu'n gyfrifol am nifer o weithredoedd dyngarol, yn arbennig ym meysydd iechyd ac addysg. Etholwyd ef yn Aelod Seneddol dros sir Drefaldwyn yn 1906.

Yn ystod y rhyfel roedd yn leftenant-cyrnol gyda'r Ffiwsilwyr Cymreig, cyn cael ei alw i wasanaethu Lloyd George yn 1916. Wedi'r rhyfel taflodd ei holl egni i geisio sicrhau dealltwriaeth ryngwladol a heddwch yn y byd. Ac yntau'n rhyddfrydwr imperialaidd o ran natur, ni ddeuai o'r hen draddodiad o heddychiaeth Gymreig. Barnai y dylai gwladwriaethau'r byd ddod ynghyd i ddiogelu heddwch rhyngwladol ac roedd yn gefnogwr brwd o Gynghrair y Cenhedloedd, a grëwyd yn 1919–20 â'r diben o sefydlu heddwch yn y byd. Ariannodd lawer o weithgareddau Undeb Cynghrair y Cenhedloedd ym Mhrydain yn ystod y 1920au ond gwanhawyd holl ymdrechion egwyddorol Cynghrair y Cenhedloedd gan hunanoldeb a thrachwant gwladwriaethau mawr y byd, fel yn y dyddiau cyn y rhyfel.

Erbyn y 1930au, daethai Davies i'r casgliad fod angen tribiwnlys rhyngwladol wedi'i gefnogi gan fyddin heddwch ryngwladol er mwyn datrys anghydfodau yn y byd. Ffurfiodd Gymdeithas y Gymanwlad Newydd yn 1932 er mwyn hyrwyddo'r syniad. I raddau daeth ei syniadau i fodolaeth wedi i David Davies (yr Arglwydd Davies erbyn hynny) farw yn 1944, gyda sefydlu'r Cenhedloedd Unedig yn 1945 a llu cadw heddwch y sefydliad hwnnw.

David Davies yn ystod y rhyfel.

Mae cofeb i haelioni ac ymroddiad David Davies i heddwch i'w gweld o hyd ym Mharc Cathays, Caerdydd, gan mai ef a dalodd gost adeiladu'r Deml Heddwch. Yno ceir llyfr coffadwriaeth sy'n cynnwys enwau 35,000 o ddynion a menywod o enedigaeth neu dras Gymreig, ynghyd ag aelodau o gatrodau Cymreig, a gollodd eu bywydau yn y rhyfel.

DISODLI'R RHYDDFRYDWYR

Yn 1919 aeth glöwr ifanc o'r Betws ger Rhydaman i goleg yn Llundain o'r enw The Central Labour College, lle dysgid yn bennaf athrawiaethau comiwnyddol Marcsaidd. Serch hynny, roedd Jim Griffiths (1890–1975) eisoes wedi'i drwytho mewn syniadaeth sosialaidd drwy ei weithgareddau gyda'r ILP, undeb y glowyr ac mewn canolfan astudio a thrafod anghyffredin o fywiog yn Rhydaman o'r enw The White House, a fu'n ganolfan flaenllaw yn ei gwrthwynebiad i'r rhyfel. Roedd y dylanwadau hyn ar Griffiths, ynghyd â'r capel a'r lofa, yn gymaint o ysbrydoliaeth iddo â'r hyn a ddysgodd yn y coleg yn Llundain. Mae'n wir ei fod yn gyfarwydd â syniadaeth y rhyfel dosbarth ond wrth i'w yrfa ddatblygu gwelai ei hun fel cymodwr yn hytrach nag ymgyrchydd milwriaethus. Yn hyn o beth roedd yn fwy cynrychioliadol o'i gyfnod na rhai o'i gyfoedion yn y mudiad llafur.

Roedd gobeithion sosialwyr yn uchel wedi'r rhyfel ac, ynghyd â'r strwythur cyfansoddiadol a luniwyd ar gyfer gweithgareddau'r Blaid Lafur, yn cynnig hyder o'r newydd i Griffiths a'i debyg. Daeth y glowyr a'u hundeb, 'Y Ffed', yn ddylanwadol iawn yn ystod y cyfnod wedi'r rhyfel a mynegwyd siom aruthrol pan wrthododd llywodraeth Lloyd George â gwladoli'r diwydiant glo. Ar ben hynny, rhoddai'r rhwygiadau yn y Blaid Ryddfrydol, a oedd wedi dominyddu gwleidyddiaeth Cymru cyn y rhyfel, gyfle i'r mudiad Llafur, yn arbennig yng nghymoedd glofaol de Cymru. Jim Griffiths oedd asiant Dr J H Williams, ymgeisydd y Blaid Lafur yn etholaeth Llanelli yn etholiad cyffredinol 1922, ac enillwyd y sedd

Aduniad aelodau o 14/Ffiwsilwyr Cymreig yn Llandinam, cartref y Cyrnol David Davies, haf 1937.

Jim Griffiths

Enillodd y Fedal Filwrol ym Mai 1917 ond, ar wahân i'r lladdfa a welai o ddydd i ddydd, effeithiodd dau ddigwyddiad penodol ar ei safbwynt wedi'r rhyfel. Yn gyntaf, rhwygodd swyddog lythyr o'i eiddo gan ei fod wedi'i ysgrifennu yn Gymraeg, gan achosi iddo deimlo 'sarhad i'r byw'. Yna cyfarfu â Gwyddel ifanc yn y ffosydd a daerodd na allai ymladd mwyach dros ryddid Gwlad Belg tra bod ei wlad ei hun, Iwerddon, yn parhau i fod yn gaeth.

Daeth Ben Owen i'r casgliad 'mai rhagrith a chelwydd gwleidyddion anonest a fu'n llunio'r esgus o "ryddid cenhedloedd bychain". Nid rhyddid dyn na chenedl, ac nid crefydd na byd gwell oedd y gwir reswm dros y rhyfel.'

Wedi'r rhyfel mynychodd Goleg Bala-Bangor gan ddod yn weinidog gyda'r Bedyddwyr yn Llanberis ac, yn ddiweddarach, yn Nhre-wern yn agos i'w hen gartref. Roedd yn ddigymrodedd wrth bregethu neges heddwch a daeth yn un o aelodau mwyaf pybyr a gweithgar y Blaid Genedlaethol (Plaid Cymru wedi hynny), a sefydlwyd yn 1925. Roedd ymhlith y rhai a oedd yn awyddus i gymryd rhan yn y weithred gan genedlaetholwyr i losgi'r ysgol fomio ym Mhenyberth yn 1936. Yn ôl un o'r gweithredwyr, Lewis Valentine, Ben Owen oedd y

Ben Owen

mwyaf awchus i gymryd rhan 'ac yr oedd yn ddig hyd yr olaf awr na chafodd ei ddewis'.

gyda mwyafrif llethol. Dyma oedd y patrwm yn ne Cymru drwyddi draw, a disodlwyd y Rhyddfrydwyr fel prif blaid Cymru o hynny allan.

Olynodd Jim Griffiths J H Williams fel Aelod Seneddol Llanelli yn 1936, gan ddod yn un o wleidyddion mwyaf dylanwadol y cyfnod wedi'r Ail Ryfel Byd. Yn 1964 penodwyd ef yn Ysgrifennydd Gwladol cyntaf Cymru.

'RHAGRITH A CHELWYDD GWLEIDYDDION ANONEST'

Un o feibion Blaengoro ger pentref Llanfyrnach, sir Benfro, oedd Ben Owen (1896–1960). Disgrifiodd D J Williams ef fel 'Mab y mynydd yn byrlymu ag arabedd gloywder ac iechyd… corff cydnerth ac ystwyth a'i ysbryd heb y mymryn lleiaf o falais na drwg yn agos ato.'

Fel llawer o'i gyfoedion gwledig ar ddechrau'r ganrif, bu'n gweithio yng nglofeydd y De, ac wrth gloddio dan ddaear yn y Tymbl cafodd y profiad ysgytwol o weld ei dad yn cael ei ladd mewn damwain. Roedd ymhlith y rhai brwdfrydig a ymunodd â'r fyddin yn Awst 1914 gan nodi'n ddiweddarach: 'Credwn yn angerddol ei fod yn rhyfel cyfiawn; yr oeddwn yn rhy ieuanc ac anwybodus i gredu'n wahanol.' Daeth yn 'filwr mewn meddwl, ysbryd, syniad a chredo, wedi llwyr dderbyn athroniaeth grym milwrol fel athroniaeth bywyd. Collais Dduw wrth drin y cledd.'

Y FFORDD I JERWSALEM

Ac yntau â'i fryd ar ddilyn ei dad i'r weinidogaeth, newydd raddio o brifysgol Caerdydd yr oedd Morgan Watcyn-Williams (1891–1938) pan ddechreuodd y rhyfel yn Awst 1914. Treuliodd nosweithiau di-gwsg yn y cyfnod hwnnw gan drafod y sefyllfa gyda'i dad hyd oriau mân y bore. Derbyniai nad drwy ryfel yr oedd 'y ffordd i Jerwsalem' ond roedd y newyddion bod peiriant milwrol mawr yn sathru ar ddynion a menywod gwlad fechan a bod ei gyd-wladwyr yn mentro'u bywydau ac yn marw yn ddigon iddo benderfynu ymuno â'r lluoedd arfog.

Treuliodd bron i bedair blynedd yn y fyddin gan ddod yn gapten gyda 10/Ffiwsilwyr Cymreig ac ennill y Groes Filwrol am ei wrhydri ym mrwydr Arras. Cafodd gryn drafferth wrth wynebu sawl profiad enbyd ac

215

yntau'n ceisio dirnad ei sefyllfa fel milwr a Christion o argyhoeddiad. Wedi iddo gael ei ddadfyddino yn 1918 ar ôl iddo gael ei glwyfo yn Ffrainc, cynorthwyodd Ffederasiwn Cenedlaethol y Morwyr a'r Milwyr a Ryddhawyd ac a Ddadfyddinwyd i geisio sicrhau chwarae teg i gyn-filwyr. Ar yr un pryd, ordeiniwyd ef yn weinidog gyda'r Eglwys Bresbyteraidd.

Yn 1933 cefnogodd fyfyrwyr Rhydychen yn y ddadl enwog yn erbyn rhyfela dros frenin a gwlad, a chafodd ei feirniadu am wrthod derbyn gwahoddiad i annerch y Lleng Brydeinig oherwydd ei ddaliadau heddychol. Derbyniai nad oedd ymylon ei egwyddorion yn berffaith lyfn ond haerai iddo, yn ystod ac wedi'r rhyfel, ymdrechu i fod yn heddychwr.

Lai na blwyddyn wedi i'r gweinidog diddorol hwn farw yn Hydref 1938, roedd y byd wedi troi at ryfel unwaith yn rhagor.

Collodd y Preifat Evan J Jones (1898–1972), Aberbanc, ger Llandysul, un llygad wrth wasanaethu gyda Chyffinwyr De Cymru yn y rhyfel. Eto i gyd, cafodd waith fel postmon ardal Henllan a Bryngwenith wedi'r rhyfel.

Sul y Cofio, Machynlleth, Tachwedd 2013.

216

Ffynonellau

DS: Mae llawer o'r dystiolaeth a ddefnyddiwyd wrth baratoi'r llyfr hwn yn deillio o lawysgrifau a phapurau newydd sydd bellach wedi'u digido a'u gosod ar wefannau fel *cymru1914.org*. Ceir gwybodaeth am ffynonellau eraill drwy gatalogau ar-lein Archifau Cymru, Amgueddfa Cymru a'r Imperial War Museums.

GWEFANNAU
archifaucymru.org.uk
cylchgronaucymru.llgc.org.uk
cymru1914.org/cy
discovery.nationalarchives.gov.uk
papuraunewyddcymru.llgc.org.uk/cy
walesinthefirstworldwar.typepad.com/wales_in_the_first_world_
www.cardiff.ac.uk/share/research/projectreports/welshvoices
www.casgliadywerincymru.co.uk
www.christmastruce.co.uk/soldiers.html
www.cymruncofio.org
www.iwm.org.uk/centenary
www.powell76.talktalk.net/greatwarliveshomepage.htm
www.rwfmuseum.org.uk/cym/nb.html
www.theaerodrome.com/aces/wales/index.php
www.walesonline.co.uk/news/wales-news/welsh-history-month
    recruits-who-1837400
www.womenslandarmy.co.uk/tag/wales
www.wwwmp.co.uk
www.1914-1918.net
1914-1918.invisionzone.com/forums/index.php

LLYFRAU
ap Glyn, Ifor, *Lleisiau'r Rhyfel Mawr* (2008)
Arthur, Max, *We Will Remember Them* (2009)
do., *Forgotten Voices of the Great War* (2002)
Beckett, I F W a Simpson, K, *A Nation at Arms* (2004)
Beckett, I F W, *Home Front 1914–18* (2006)
Beddoe, Deirdre, *Out of the Shadows* (2008)
Clark, Christopher, *The Sleepwalkers* (2013)
Cooper, K a Davies, J E, *The Cardiff Pals* (1996)
Corns, Cathryn a Hughes-Wilson, John, *Blindfold and Alone* (2005)
Dakers, Caroline, *The Countryside at War 1914–18* (1987)
Davies, David Wyn, *A Welshman in Mesopotamia* (1986)
Davies, Dewi Eurig, *Byddin y Brenin* (1988)
Davies, Ithel, *Bwrlwm Byw* (1984)
Davies, J D, *Britannia's Dragon* (2013)
Davies, J M, *O Gwmpas Pumlumon: Atgofion a Hanesion* (1966)
Davis, Norman, *Vanished Kingdoms* (2012)
Dilworth, Thomas, *David Jones and the Great War* (2012)
Dunn, J C, *The War the Infantry Knew 1914–1919* (1989)
Edmonds, John, *The History of Rotherwas Munitions Factory, Hereford* (2004)
Evans, Olwen Carey, *Lloyd George was My Father* (1985)
Ferguson, Niall, *The Pity of War* (1998)
Fishman, Nina, *Arthur Horner, 1894–1944* (2010)
Gilbert, Martin, *First World War* (1995)
Graves, Robert, *Goodbye to All That* (1960)
Griffith, Wyn, *Up to Mametz* (1981)
Griffiths, Robert, *S. O. Davies: A Socialist Faith* (1983)
Grigg, John, *Lloyd George: From Peace to War 1912–16* (1997)
do., *Lloyd George: War Leader 1916–18* (2002)
Gruffydd, Ifan, *Y Gŵr o Baradwys* (1963)
Gwatkin-Williams, R S, *Prisoners of the Red Desert* (1919)
Hanson, J Ivor, *Plough & Scatter* (2009)
Hart, Peter, *The Great War* (2013)
do., *The Somme* (2006)
do., *Gallipoli* (2011)
Hochschild, Adam, *To End All Wars* (2011)
Holmes, Richard, *Tommy* (2004)
Hughes, Colin, *Mametz* (1982)
Hughes, J Elwyn, *Byd Go Iawn* Un Nos Ola Leuad (2008)
Hughes, R R, *Y Parchedig John Williams (Brynsiencyn)* (1929)

James, Gerwyn, *Y Rhwyg* (2013)
Jenkins, Gwyn, *Prif Weinidog Answyddogol Cymru: Cofiant Huw T Edwards* (2007)
John, Angela (gol.), *Our Mother's Land* (2011)
John, Steven, *The Carmarthen Pals* (2009)
Jones, E H, *The Road to En-dor* (1955)
Jones, Geraint, *Epil Gwiberod yr Iwnion Jac* (2009)
Jones, Grevin, *Heroes and Gentlemen All* (2013)
Jones, Simon, *Underground Warfare 1914–18* (2010)
Jones-Edwards, William, *Ar Lethrau Ffair Rhos* (1963)
Langley, David E, *Duty Done: 2nd Battalion Royal Welsh Fusiliers in the Great War* (2001)
Leonard, John a Leonard-Johnson, Philip, *The Fighting Padre* (2010)
Livesey, Anthony, *The Viking Atlas of World War I* (1994)
Llwyd, Alan, *Gwae Fi Fy Myw: Cofiant Hedd Wyn* (1991)
Llwyd, Alan ac Edwards, Elwyn, *Gwaedd y Bechgyn* (1989)
MacDonald, Lyn, *1915: The Death of Innocence* (1993)
do., *The Roses of No Man's Land* (1993)
do., *They Called It Passchendaele* (1978)
McDermott, James, *British Military Service Tribunals 1916–18* (2011)
Morgan, D Densil, *Cedyrn Canrif* (2001)
Morris, William (gol.), *'Roeddwn i Yno* (1966)
Nicholas, David, *They Fought with Pride* (2005)
Pennell, Catriona, *A Kingdom United* (2012)
Pretty, David A, *Rhyfelwr Môn* (1989)
Purdom, C B (gol.), *True World War I Stories* (2009)
Richards, John (gol.), *Wales on the Western Front* (1994)
Roberts, Ernest, *Ar Lwybrau'r Gwynt* (1965)
Richards, Frank, *Old Soldiers Never Die* (1983)
Roberts, G D, *Witness These Letters* (1983)
Roynon, Gavin (gol.), *Home Fires Burning: The Great War Diaries of Georgina Lees* (2006)
Ruck, Berta, *A Story-teller Tells the Truth* (1935)
Salmon, Norman a Salmon, Hugh, *Footprints on the Sands of Time* (2011)
Scott, Vernon, *When the Poppies Bloom Again: Pembrokeshire and the Great War* (1998)
Sheehan, William, *The Western Front: Irish Voices from the Great War* (2011)
Souhami, Diana, *Edith Cavell* (2011)
Stevenson, Frances, *Lloyd George: A Diary* (1971)
Stibbe, Matthew, *British Civilian Internees in Germany* (2008)
Thomas, Francis Buller, *O'r Wyrcws i Baradwys* (1971)
Thursby, Robert C, *Eheda: Glamorgan Aviation* (2002)
Tomos, Angharad, *Hiraeth am Yfory* (2002)
Valentine, Lewis, *Dyddiadur Milwr a Gweithiau Eraill* (1988)
Vittle, Arwel, *Valentine* (2006)
Van Emden, R a Humphries, S, *All Quiet on the Western Front* (2003)
Warner, Philip, *The Battle of Loos* (2000)
Watcyn-Williams, Morgan, *From Khaki to Cloth* (1949)
Williams, R R, *Breuddwyd Cymro mewn Dillad Benthyg* (1964)
Williams, W Alister, *Heart of a Dragon: The VCs of Wales and the Welsh Regiments 1914–82* (2006)
Woollacott, Angela, *On Her Their Lives Depend: Munitions Workers in the Great War* (1994)

TRAETHODAU PRIFYSGOL CYMRU
Barlow, Robin, 'Aspects of the Great War in Carmarthenshire' (2001)
Hughes, Clive, 'Army Recruitment in Gwynedd 1914–16' (1983)
Llewelyn, Jen, 'The Sun in Splendour: George M Ll Davies' (2010)
Quinn, D F, 'Voluntary Recruitment in Glamorgan 1914–16' (1995)

PAPURAU NEWYDD (nad ydynt ar gael ar y we)
Cardigan & Tivyside Advertiser; *Oswestry & Border Counties Advertiser*; *Pembrokeshire Times*; *Rhos Herald*; *Y Werin a'r Eco*; *Yr Wythnos a'r Eryr*

CYLCHGRONAU (nad ydynt ar wefan Cylchgronau Cymru)
Cymru a'r Môr; *IWM Review*; *Llafur*; *Three Feathers*; *Trafodion Cymdeithas Hanes Sir Gaernarfon*

Cydnabyddiaethau Lluniau

Daw'r holl luniau o gasgliadau'r Llyfrgell Genedlaethol (rhai i'w gweld bellach ar wefan *cymru1914 org*) ac eithrio'r carlynol

LLUNIAU A ARCHEBWYD GAN SEFYDLIADAU/CWMNÏAU MASNACHOL

© Imperial War Museums: 1, 2–3, 10, 28, 29, 56, 57, 58–59, 60–61, 67 (gwaelod), 68–69, 70–71, 102–103, 106–107, 128–129, 130–131, 138–139, 142–143, 182–183, 188–189, 190–191, 195 (gwaelod), 196–197, 198, 200–201, 202, 205

Royal Collection Trust / © Her Majesty Queen Elizabeth II 2014: 11

Amgueddfa ac Oriel Gelf Casnewydd: 78–79

Amgueddfa y Peirianwyr Brenhinol: 84 (chwith)

Mirror Syndication International: 96–97

Archifau Sir Ddinbych: 114

The Royal London Hospital Archives: 132 (chwith)

British Pathé: 134

Amgueddfa Genedlaethol Cymru: 148–149

Atgof (Iestyn Hughes): 216 (gwaelod), 217

LLUNIAU A GAFWYD AM DDIM DRWY GAREDIGRWYDD

Amgueddfa Gatrodol y Cymry Brenhinol: clawr, 5, 34–35, 54–55, 127 (dde), 186

Archifau Prifysgol Bangor: 16, 203

Gil Jones: 20–21, 103, 140

Llyfrgell Ceredigion: 44 (top)

Yr awdur: 44 (gwaelod), 51(gwaelod), 53 (top), 72, 73, 76, 77, 81, 89, 135, 145, 146, 156 (gwaelod), 161, 185 (gwaelod), 187 (gwaelod), 212 (top)

Nia Evans: 53 (gwaelod)

Steffan John: 58

Siwan Jones: 63

Gwynne Williams: 65

Dinah Jones: 86 (top)

Amgueddfa Forwrol Caergybi (drwy law Aled L Jones) 92 (top a gwaelod)

Margaret Pritchard: 104

Archifdy Ceredigion: 111 (chwith), 179

Teulu Cynan: 111

Angharad Tomos: 122

Mair Orville Thomas: 124

Amgueddfa Cae'r Gors: 127 (chwith)

Jonathon Riley: 141, 154

Dafydd Islwyn: 162

Enid Gruffudd: 163

Richard Williams: 169

Jane E Williams: 172

Eiriona Metcalfe: 181

Jeff Griffiths: 210

Mynegai